Vincenzo Paglia

Das Wort Gottes jeden Tag 2019/2020

VINCENZO PAGLIA

Das Wort Gottes jeden Tag

Liturgisches Jahr 2019/2020

Vincenzo Paglia
Gemeinschaft Sant'Egidio

echter

Titel der italienischen Originalausgabe:
La Parola di Dio ogni giorno 2020

Übersetzung: Gabriele Stein und Susanne Bühl

Erschienen bei:

Piazza Soncino 5 – 20092 Cinisello Balsamo (Milano) – ITALIA
www.edizionisanpaolo.it

Bibliografische Information der Deutschen Nationalbibliothek

Die Deutsche Nationalbibliothek verzeichnet diese Publikation
in der Deutschen Nationalbibliografie; detaillierte bibliografische Daten
sind im Internet über ›http://dnb.d-nb.de‹ abrufbar.

1. Auflage 2019

www.echter.de

Gestaltung: Crossmediabureau
Druck und Bindung: CPI books, Clausen & Bosse, Leck
ISBN 978-3-429-05426-7

INHALT

EINFÜHRUNG

Das Wort Gottes jeden Tag 2019/2020 zeigt auf der Titelseite die Ikone der „neuen Märtyrer“ und der Glaubenszeugen des 20. Jahrhunderts. Sie wird in Rom in der Basilika San Bartolomeo auf der Tiberinsel verehrt, die der heilige Johannes Paul II. der Gemeinschaft Sant'Egidio anvertraute, um sie zum Gedenkort für die neuen Märtyrer in Rom zu machen. Vor zwanzig Jahren feierte der Papst während des großen Jubiläums des Jahres 2000 zum ersten Mal ein solches Gedenken am römischen Kolosseum. Dies war für alle Christen der verschiedenen Konfessionen ein deutlicher und eindrucksvoller Aufruf, im Blick auf diese Zeugen die Glaubenskraft neu zu entdecken, um dem Bösen durch die Liebe Widerstand entgegenzusetzen, die zum Einsatz des eigenen Lebens für das Evangelium führt. Bei dieser Feier während des Jubiläums sagte der heilige Johannes Paul II. in seiner Homilie: „Aber die Glaubenszeugen, die auch an diesem Abend mit ihrem Beispiel zu uns sprechen, haben nicht auf ihren eigenen Vorteil geschaut; sie haben ihr eigenes Wohl und ihr eigenes Überleben nicht über die Treue zum Evangelium gestellt. Auch in ihrer Schwachheit haben sie dem Bösen tapfer Widerstand geleistet … Das wertvolle Erbe, das uns diese mutigen Zeugen überliefert haben, ist ein gemeinsames Erbe aller Kirchen und aller kirchlichen Gemeinschaften. Es ist ein Erbe, das lauter spricht als die Faktoren der Trennung. Der Ökumenismus der Märtyrer und der Glaubenszeugen überzeugt am meisten. Er zeigt den Christen des einundzwanzigsten Jahrhunderts den Weg zur Einheit auf. Es ist das Erbe des Kreuzes, das im Licht von Ostern erlebt wird: ein Erbe, das die Christen reich macht und aufrichtet, während sie sich auf den Weg ins neue Jahrtausend machen.“ Zwanzig Jahre sind seit diesem Gedenken vergangen. Doch dieser Aufruf scheint noch dringender zu sein. Es waren oft dramatische zwanzig Jahre. Leider zeigt sich die Zukunft weiterhin voll von finsteren Wolken. Viele lassen sich von gegenwärtigen Ängsten beherrschen. Wir erkennen, wie leicht sich die Männer und Frauen heute in sich zurückziehen und schwertun, den Blick zum Höchsten und zu den anderen hin zu erheben. Viele Her-

zen sind von Angst, Wut, Hass oder Gewalt erfüllt. Überall scheint sich der Individualismus auszubreiten.
Vor diesem Szenarium, das uns nicht unbeteiligt lassen darf, greifen wir die Bitte des Psalmisten auf: „Ich erhebe meine Augen zu den Bergen: Woher kommt mir Hilfe?“ Die Schrift legt uns daraufhin die Antwort in den Mund: „Meine Hilfe kommt vom HERRN, der Himmel und Erde erschaffen hat“ (Ps 121,1–2). Die „neuen Märtyrer“ haben die Wahrheit und Kraft dieses Psalms am eigenen Leib erfahren. Sie erinnern uns daran, dass die Hilfe vom Herrn kommt. Erheben wir daher unsere Augen zum Himmel. Der Herr wird zu uns kommen, damit wir die uns geschenkten Tage des Jahres im Licht seines Wortes leben können: „Der HERR behütet dich vor allem Bösen, er behütet dein Leben. Der HERR behütet dein Gehen und dein Kommen von nun an bis in Ewigkeit“ (Ps 121,7–8) – so endet das Gebet des Psalmisten. *Das Wort Gottes jeden Tag 2019/2020* möchte in einfacher und demütiger Weise eine Hilfe sein, um unseren Blick zum Herrn zu erheben, auf sein Wort zu hören und dadurch unser Herz und unsere Tage zu verändern. Das tägliche Gebet wird uns auf dem Weg des Herrn bewahren.
P. Mourad, der in Syrien über sechs Monate lang vom Islamischen Staat in Syrien entführt wurde, gibt ein schönes Zeugnis über die Kraft des Gebetes in schwierigen Zeiten seines Lebens: „Ohne das Gebet, ohne diese inständige Wiederholung der Bitten an Gott um sein Erbarmen, ohne diese tägliche Stunde von stiller Meditation hätte ich niemals die Vorstellung akzeptiert, die Muslime zu lieben.“ Alle fordert er auf, täglich die Augen des Herzens zu öffnen, um den vorübergehenden Gott zu erkennen: „Gott geht vorüber, er handelt, er wendet unser Herz den anderen zu, dem Unbekannten, dem Fremden oder auch dem Feind. Es gibt eine tiefe Verbundenheit zwischen dem Öffnen des Herzens und dem Gebet. Das Gebet beseitigt Barrieren und ermöglicht es, authentische Beziehungen zu leben … ganz unentgeltlich und voller Liebe.“
Das täglich betrachtete Wort Gottes wird im Geist und im Herzen fest eingeprägt und macht stark und weise, um das Leben zu bewältigen. Neben vielen Kirchenvätern ermahnte der heilige Cyprian seine Gläubigen mit folgenden Worten: „Wenn du betest, sprichst du zu

Gott; wenn du liest, ist er es, der zu dir spricht." Beten bedeutet, mit offenem Herzen auf das Wort Gottes zu hören und sich an ihn mit den Worten zu wenden, die in unser Herz eingegeben werden. Die Alltäglichkeit dieses Dialogs mit dem Herrn besitzt eine ganz besondere Bedeutung. Denn in der Alltäglichkeit kommt etwas zum Ausdruck, das nicht aufgegeben werden darf. Wie man die lebensnotwendigen Funktionen unserer Existenz (wir essen und trinken täglich) vollziehen muss, was auch geschehen mag, so sind wir täglich zum Gebet aufgerufen, um unser Herz dem Herrn zuzuwenden und uns von seinem Wort zu nähren. Denn als Christen ist das Beten unser Beruf. Luther sagte: „Wie der Schuster Schuhe macht, und der Schneider Jacken, so betet der Christ. Der Beruf des Christen ist das Beten." Das Gebet schenkt ein Herz und wendet es wieder dem Herrn zu.

Das Kirchenjahr

Das Buch *Das Wort Gottes jeden Tag 2019/2020* richtet sich erneut nach der täglichen Messfeier im liturgischen Kalender der lateinischen Kirche. An den Sonn- und Feiertagen werden daher – im Rahmen des Dreijahresrhythmus der Kirchenjahre – die Bibelstellen aus dem Lesejahr A mit dem Matthäusevangelium kommentiert, das im Ablauf des Jahres gelesen wird. An den Werktagen, für die es bei den Lesejahren einen zweijährigen Rhythmus gibt, werden die ersten Lesungen von Jahr II der Messfeier kommentiert. Die Entscheidung für die Bibeltexte der ersten Lesung aus den verschiedenen Abschnitten des Kirchenjahres möchte eine Hilfe sein, um Christus ähnlich zu werden und so wie er gesinnt zu sein, wie der Apostel schreibt: „Seid untereinander so gesinnt, wie es dem Leben in Christus Jesus entspricht" (Phil 2,5).
Das Kirchenjahr beginnt bekanntermaßen mit der Adventszeit in der Erwartung des Erlösers und führt zum Höhepunkt von Weihnachten. Dabei wird nicht nur an ein fernes Ereignis erinnert, sondern es wird im eigenen persönlichen und gemeinschaftlichen Leben nachvollzogen. Es folgen die Offenbarung Jesu vor der Welt (die Epiphanie vor

den Sterndeutern) und dann jene von Christus vor Israel (die Taufe im Jordan). Dann schließen sich die als „Zeit im Jahreskreis“ bezeichneten Wochen bis zum Aschermittwoch an, an dem die Fastenzeit mit der vierzigtägigen Vorbereitung der Kirche auf Ostern beginnt. Es ist die Zeit der „Rückkehr“ zum Herrn. Bevor das Geheimnis des Leidens, Sterbens und der Auferstehung des Herrn gefeiert wird, müssen unsere Gedanken für das Hören auf Gottes Wort gereinigt und unser Herz mit vermehrter Großzügigkeit im Dienst an den Armen auf Gott hin ausgerichtet werden. Ein demütiges und reuiges Herz kann die Früchte der großen und heiligen Karwoche mit dem Höhepunkt des heiligen Triduums empfangen. Die fünfzig Tage nach Ostern führen zum Pfingstfest, der Erfüllung von Ostern.
Nach Pfingsten beginnt die Geschichte der Kirche. Seit dem ersten Hinausgehen aus dem Abendmahlsaal ist jede christliche Generation aufgerufen, auf die Wege der Welt hinauszugehen und allen das Evangelium des Herrn weiterzugeben. In dieser Zeit nach Pfingsten werden keine besonderen Gedenktage des Herrn gefeiert. Erfüllt vom Heiligen Geist sind die Jünger damals und heute ausgesandt auf die Straßen der Welt, um Geschwisterlichkeit unter den Völkern zu verbreiten und die Erde zu einem gemeinsamen Haus für alle zu machen. Dadurch wird der letzte Tag vorbereitet, an dem Jesus als König zurückkehren wird und uns in Fülle in seinem Reich der Liebe und des Friedens leben lässt.
Ostern ist das Herz des Kirchenjahres. Anfangs war Ostern das einzige Fest der Christen, an dem der endgültige Sieg Jesu über die Sünde und den Tod gefeiert wurde. Sowohl in der östlichen als auch in der westlichen Tradition wird die Schönheit von Ostern besungen und davon das gesamte Kirchenjahr und sogar das gesamte Leben der Kirche abgeleitet. Ostern zu leben, das ist der Daseinsauftrag im Leben der Kirche und aller Gläubigen. Im Ablauf des Kirchenjahres stoßen wir auf Gedenktage, die Maria, den Aposteln und den Heiligen gewidmet sind. Die Kirche weist nicht nur auf die Wunder der Verwandlung hin, die in denen vor sich gehen, die sich vom Geist des Herrn verändern lassen, sie schenkt auch die Entdeckung einer großen Familie, die auch im Himmel lebt: es sind Schwestern und Brüder, die auf das Wort Gottes gehört und danach gehandelt

haben, die dadurch Christus ähnlich geworden sind und nun bei ihm in der Herrlichkeit leben. Dazu werden Gedenktage aufgeführt, die mit dem Leben der Gemeinschaft Sant'Egidio verbunden sind, aber auch Gedenktage aus der christlichen Welt und der Welt der anderen Religionen und der Universalgeschichte. Denn das Kirchenjahr verläuft nicht getrennt von der Zeit der Menschen, vielmehr bildet es dafür einen Sauerteig der Liebe. Was die Kirche für die Welt ist, das ist die liturgische Zeit für die Geschichte. Wenn das Geheimnis Jesu im Verlauf des Jahres gefeiert wird, ist dies eine geheimnisvolle und reale Hilfe für die gesamte Welt und alle Völker, damit sie sich für die Liebe Gottes öffnen und die Geschichte geheiligt wird.

Der Gebetsrhythmus

Die Woche ist auf ihren Höhepunkt am Sonntag hin ausgerichtet, dem wöchentlichen Ostern, und prägt das gesamte Jahr vom Advent bis zum Christkönigsfest. Von Anfang an hat die Gemeinschaft Sant'Egidio das Evangelium in Verbindung mit dem Leben der Stadt verstanden und gefragt: Wie kann man in der Stadt beten, ohne sich in der Verwirrung und im Durcheinander ihres Lebens zu verlieren? Wo kann die Gebetszeit ihren Platz finden? Auf der Grundlage dieser Gedanken teilt dieses Buch die Gebetszeit in einen wöchentlichen Rhythmus ein: die Werktage sind mit festgelegten Anliegen eingeteilt und führen hin zum Tag des Herrn. Der Sonntag wird dadurch zum „Höhepunkt" der vergangenen Woche und auch zur „Quelle" für die kommende Woche. Nach der Betrachtung des Antlitzes des auferstandenen Herrn am Sonntag sind wir aufgerufen, ihn im Antlitz der Schwestern und Brüder und der Armen zu betrachten.
Der *Montag* schlägt den alltäglichen Weg wieder ein, indem das Antlitz des Herrn in den Armen, Schwachen und Kranken erscheint. Das Abendgebet begeht daher das Gedenken an die Armen, denen wir am Tag begegnen oder die in der Ferne leben, wie ganz im Leid versunkene Länder. Alle werden zum Herrn gebracht, damit er sie tröste und vom Bösen befreie.

Am *Dienstag* begleitet Maria, die Mutter des Herrn, das Gebet. Jeder wird aufgefordert, von ihr als Erste der Gläubigen zu lernen, das Gehörte im Herzen zu bewahren (vgl. Lk 2,51) und dem Herrn zu danken, der auf die Niedrigen geschaut hat.
Am *Mittwoch* beten die Gemeinschaften von Sant'Egidio weltweit füreinander und für die gesamte Kirche. Alle beten in der Weite, Tiefe und Freude der Kommunion, die der Herr seinen Söhnen und Töchtern schenkt. Die Litanei mit den Heiligen des Himmels, die im Gebet mit Namen angerufen werden, vereint die Gemeinschaften, während sie auf den Wegen der Welt unterwegs sind.
Am *Donnerstag* wird aller christlichen Kirchen im Osten und im Westen gedacht, damit die Gemeinschaft unter den Christgläubigen wächst und das Evangelium bis an die Enden der Erde weitergegeben wird. Als der eine Hirte seiner Kirche schenkt der Herr allen seine leidenschaftliche Liebe.
Am *Freitag* wird das Gedenken an das Kreuz des Herrn begangen, von dem das Heil seinen Ausgang nimmt. Die Verflechtung der Seligpreisungen des Evangeliums mit der Leidensgeschichte lädt ein, den Reichtum des Kreuzes zu betrachten, das zugleich den Tod des Egoismus und den Sieg der Nächstenliebe verkündet.
Der *Samstag* ist der Tag der Vigil und der Erwartung auf die Auferstehung des Herrn. Es wird vor dem Grab des toten Lazarus gesungen, damit er von den Binden befreit werde. In ihm vereint sich der Hilferuf, der aus allen Teilen der Welt aufsteigt. Gott wird angerufen, dass er eingreift, damit wir alle von den Fesseln der Sünde befreit und durch die Barmherzigkeit Gottes gerettet werden.
Der *Sonntag* nimmt die vergangenen Tage auf und richtet sie auf den ewigen Sonntag aus, den Tag, an dem die Sonne nicht untergeht. Mit den Engeln empfangen die Jünger schon jetzt die Gnade, das *Trishagion* zu singen, den feierlichen Liedhymnus des „dreimal heilig".
Bei Festen und Gedenktagen, die den Vorzug vor der Zeit im Jahreskreis haben, ändert sich der Wochenablauf. Bei den Apostelfesten wird daher das *Gebet mit den Aposteln* gewählt. Dieses Gebet nimmt Bezug auf das Zeugnis der Zwölf und fordert uns auf, das Evangelium bis an die Grenzen der Erde weiterzugeben. Das *Gebet des heiligen*

Geistes begleitet die Pfingsttage. Das *Gebet mit den Märtyrern* erinnert an das Zeugnis all derer, die in der Vergangenheit und noch heute ihren Glauben an den Herrn bis zum Blutvergießen bezeugt haben. Die Weihnachtszeit und die Osterwoche haben besondere Gebetsabläufe.
Seit einigen Jahren werden in den Gemeinschaften von Sant'Egidio weltweit besonders das *Gebet für die Kranken* und das *Gebet für den Frieden* gepflegt und monatlich gehalten. In der Basilika Santa Maria in Trastevere finden das Gebet für die Kranken am ersten Montag im Monat und das Gebet für den Frieden am dritten Montag im Monat statt. Die Entscheidung für diese beiden besonderen Gebete geht aus dem Glauben an die Barmherzigkeit Gottes hervor, der sich niederbeugt und denen hilft, die durch Krankheit und Krieg leiden und im Elend leben. Die Freundschaft zu den Armen und Schwachen, die Erfahrung mit dem großen Leid im Leben vieler darf uns nicht gleichgültig lassen. Das Hören auf Gottes Wort schenkt ein Licht, wie zahlreiche Abschnitte im Evangelium zeigen. Es ist nicht unbedeutend, dass die meisten von Jesus vollbrachten Wunder eben Krankenheilungen sind. Wie viele Kranke warten auch heute, dass sie zum Herrn geführt werden! Als krank können auch die unter der Gewalt des Krieges leidenden Völker angesehen werden.
In diesen beiden monatlichen Gebeten für die Kranken und für den Frieden werden beim ersten die Namen der Kranken auf Zettel geschrieben und vor dem Altar niedergelegt, während beim zweiten die einzelnen Länder namentlich genannt werden, die im Krieg leben, während für jedes eine Kerze vor dem Altar angezündet wird. Die Gebete für die Kranken und für den Frieden sind die Frucht einer grenzenlosen Nächstenliebe und des überzeugten Glaubens, dass „für Gott nichts unmöglich ist". Der heilige Johannes Chrysostomus sagte mit tiefer Weisheit: „Das Gebet für sich selbst wird durch das Bedürfnis erzwungen, das Gebet für die anderen durch die Nächstenliebe angeregt. Doch für Gott ist das durch die Nächstenliebe angeregte Gebet wohlgefälliger." Indem diese beiden Gebete monatlich stattfinden und man sich bemüht, sie an vielen Orten weiterzuverbreiten, soll dem Gebot Jesu Gehorsam entgegengebracht werden, dass wir einträchtig und ohne Unterlass beten sollen. Es ist schön, an dieses universale Gebet

zu denken, das im Osten und Westen unaufhörlich und fortlaufend zum Himmel aufsteigt.
Die Seiten dieses Buches können zu einem treuen Führer durch die Tage des Jahres werden, damit der Leser lernen kann, sich dem Wort Gottes zuzuwenden, das zu einem spirituellen Kompass wird auf dem komplizierten und schwierigen Meer unserer Zeit und zu einer Schule der Barmherzigkeit und des Mitleids in einer Welt, die dies immer dringender benötigt.

Vincenzo Paglia

ADVENTSZEIT

Sonntag, 1. Dezember: 1. Adventssonntag

Gedenktag des seligen Karl von Jesus (Charles de Foucauld), des „Bruders aller", der 1916 in der algerischen Wüste getötet wurde, wo er in Gebet und Geschwisterlichkeit mit dem Volk der Tuareg lebte.

Jes 2,1–5; Ps 122; Röm 13,11–14a; Mt 24,37–44

Mit diesem ersten Adventssonntag beginnt das neue Kirchenjahr. Nach dem Wunsch der Kirche sollen wir es als einen geistlichen Pilgerweg zum „Berg des Hauses des HERRN" leben, über den der Prophet Jesaja spricht. Dieser Weg ist nicht ziellos, auf ihm sind wir nicht den Launen der Ereignisse ausgeliefert. Vielmehr wird uns das Ziel klar genannt: Es ist das himmlische Jerusalem. Auf diesem Weg wird das Wort Gottes unsere Schritte leiten, Tag für Tag und Sonntag für Sonntag. Der Advent prägt diese Tage mit einer besonderen Gnade. Es ist nämlich die Zeit, in der wir Jesus besser als den verstehen können, der „kommt" und den Himmel verlässt, um auf Erden bei uns zu wohnen.
Nicht wir gehen in erster Linie zu ihm hin, vielmehr ist er es, der zu uns kommt. Im Allgemeinen sind wir so sehr von uns eingenommen, dass wir sein Kommen gar nicht bemerken. Deshalb mahnt uns das Evangelium zur Wachsamkeit: „Seid also wachsam! Denn ihr wisst nicht, an welchem Tag euer Herr kommt". Auch der Apostel Paulus bekräftigt: „Die Stunde ist gekommen, aufzustehen vom Schlaf". Und er erklärt: „Lasst uns ehrenhaft leben wie am Tag, ohne maßloses Essen und Trinken, ohne Unzucht und Ausschweifung, ohne Streit und Eifersucht!" Der Apostel fordert eine tätige Wachsamkeit und kein bloßes Abwarten, damit wir diese vor uns liegenden Tage als eine fruchtbringende Zeit leben können.
So ist der Advent eine günstige Zeit, um wieder neu auf das Wort Gottes zu hören und unseren Blick auf Jesus zu richten, der zu den Menschen kommt. Das ist die zweite Überlegung, die uns das Wort Gottes nahelegt. Um die Dringlichkeit einer eigenen Entscheidung begreiflich

zu machen und unseren Blick auf das Ziel hin auszurichten, gebraucht Jesus die typische Redeweise von der Endzeit. Tatsächlich wird sich die Gelegenheit dieser Tage für keinen von uns ein zweites Mal bieten. Wenn wir die Ermahnung Jesu heute nicht begreifen, verpassen wir diese Gelegenheit. Jesus geht so weit, sich mit einem Dieb zu vergleichen, der unvorhergesehen kommt: „Wenn der Herr des Hauses wüsste, in welcher Stunde in der Nacht der Dieb kommt, würde er wach bleiben und nicht zulassen, dass man in sein Haus einbricht“. Diese einzigartigen Worte rufen uns auf, wachsam und nicht zerstreut, resigniert oder faul zu sein. Wachsamkeit bedeutet Gebet, Sorge für die Armen und Achtsamkeit auf die Zeichen der Anwesenheit Gottes in der Welt. All das reinigt die Augen des Herzens und des Geistes, und so werden wir mit klarem Blick die Zeichen seines Vorübergangs bemerken können. Der Advent ist wirklich eine günstige Gelegenheit um „aufzustehen vom Schlaf“, um uns aus dem bequemen Bett unserer egozentrischen Gewohnheiten zu erheben und „den Herrn Jesus Christus anzuziehen“. Wir sollen seine Gefühle annehmen und ihm entgegengehen, während er kommt, um bei uns zu sein und uns in eine Zukunft der Liebe und des Friedens zu führen im Bewusstsein, dass dieser Traum allen Menschen gilt, wie der Prophet schreibt: „Viele Völker gehen und sagen: Auf, wir ziehen hinauf zum Berg des HERRN“.

Gebet am Tag des Herrn

Montag, 2. Dezember

Jes 4,2–6. **Der Spross des Herrn**

Wir betrachten ein Wort der Hoffnung für ein Volk und eine Stadt, die von Krieg und Zerstörung gezeichnet sind. Der Prophet sieht in diesem „Spross“ die Hoffnung auf ein neues Volk, das ganz Jerusalem bewohnen wird. Für sein Volk lässt der Herr eine neue Zeit des Wachstums und der Stärke anbrechen. In diesem Bewusstsein nennt der Prophet diesen kleinen Rest, diese Gruppe von Entronnenen „heilig“, denn er ist ein vom Herrn gesegneter Spross. Heilig ist nämlich, wer die Liebe Gottes aufnimmt, mit ihm verbunden lebt, seinen Geboten gehorcht und in seinem Licht unterwegs ist. Wenn die Zeiten schwierig sind und die Gewalt des Bösen und des Kriegs alles zerstört, ist Gott nicht fern, auch mit dem Eindruck, er sei kaum zu sehen und erst recht nicht zu greifen. Der Herr hat sich verpflichtet, seinem kleinen „Rest" treu zu sein und ihn zu unterstützen. Nicht nur, dass er ihn nicht verlässt – er begleitet und beschützt ihn. So wird dieser Spross – nach den Worten des Propheten – „zum Stolz und zum Schmuck" heranwachsen, aber nicht wie die Welt annimmt, sondern wie ein Baum, der Früchte des Guten für alle hervorbringt. Dazu müssen auch wir Gläubige der heutigen Zeit den Herrn anrufen, damit er uns nahe ist, damit das Böse nicht siegt und alle Völker auf eine neue Zukunft hoffen können. Das Wort Gottes rüttelt uns auf, während wir vom Schlaf der Resignation befallen sind, und lässt uns aufwachen, damit wir auf eine Welt im Frieden hoffen. Das Gebet ist die Wurzel des Friedens. Es lässt gleichsam den Frieden sprießen, auch in einem trockenen und verwüsteten Land. Das ist die Verkündigung des Propheten, der nicht auf den Glauben an die Liebe Gottes verzichtet, die das Böse besiegt und sein Volk rettet. Er spricht von der „Herrlichkeit" Gottes, also von seiner starken Liebe, die sein Volk Tag und Nacht begleitet. Indem er die Erzählung von der Wolke aus dem Exodus aufgreift, erinnert uns der Prophet an den Schutz Gottes, der uns am Tag wie eine Wolke vor der Sonne beschirmt und wie „eine strahlende Feuerflamme" in der Nacht begleitet, damit wir nicht vom Weg abkommen.

Gebet für die Kranken

Dienstag, 3. Dezember

Gedenktag des heiligen Franz Xaver. Er lebte als Jesuit und Missionar im 16. Jahrhundert in Indien und Japan.

Jes 11,1–10. **Der Geist des Herrn ruht auf ihm**

Diese Weissagung des Jesaja ist eng mit den Kapiteln 7 und 9 verbunden, wo die Geburt eines Kindes angekündigt wird, das von David abstammt: Es ist der Immanuel, was „Gott ist mit uns“ bedeutet. Die Sklaverei hat das Volk Israel wie einen trockenen Baumstumpf werden lassen, denn die Hoffnung auf eine blühende Zukunft war verlorengegangen. Diese Hoffnung beschreibt der Prophet im Bild eines blühenden Baums mit Blättern und Früchten. Doch nun überwindet die Prophetie die Traurigkeit des gegenwärtigen Augenblicks: „Doch aus dem Baumstumpf Isais wächst ein Reis hervor, ein junger Trieb aus seinen Wurzeln bringt Frucht.“ Aus dem vertrockneten Baumstumpf sprießt ein Trieb hervor. Es ist nur ein kleiner Spross. Nach menschlichem Maßstab sieht er nicht wie etwas Großes aus. Und doch ist sein Saft schon stark: Es ist der Geist Gottes, der ihn leben lässt. Der Prophet fährt fort: „Der Geist des HERRN ruht auf ihm: der Geist der Weisheit und der Einsicht, der Geist des Rates und der Stärke, der Geist der Erkenntnis und der Furcht des HERRN.“ Die Aufzählung der sechs Gaben des Geistes lässt die außergewöhnliche Kraft dieses heranreifenden Triebes erahnen. Diese Kraft bleibt nicht in sich selbst verschlossen, sondern geht auf alle über, die sich in diesen Trieb einfügen. Wenn wir uns in diesen Trieb einpfropfen, werden auch wir diese Geistesgaben empfangen und spirituelle Menschen werden. Der Geist wird die Augen unseres Herzens verwandeln und sie fähig machen, die „Zeichen der Zeit“ zu ergründen und die Welt zu verwandeln, um sie in Einklang mit der Gerechtigkeit Gottes zu bringen. Diese verwirklicht sich schon heute, wenn die Armen und Unterdrückten verteidigt und aufgenommen werden. Der Prophet gebraucht die ausdrucksstarken Bilder vom Wolf, der beim Lamm wohnt, vom Panther, der beim Böcklein liegt, und vom Kalb und vom Löwen, die zusammen weiden und von einem kleinen Jungen geleitet werden. So kommt der Traum vom friedlichen Zusammenleben aller Völker zum Ausdruck, das durch den Geist Wirklichkeit werden kann. Den Jüngern wird dieser Traum anvertraut. Sicher ist es unmöglich, diesen nur mit menschlichen Kräften zu verwirklichen. Doch wenn wir uns vom Geist führen lassen, wissen wir, dass „für Gott nichts unmöglich“ ist.

Gebet mit Maria, der Mutter des Herrn

Mittwoch, 4. Dezember

Gedenktag des heiligen Kirchenvaters und Mönchs Johannes von Damaskus, der im achten Jahrhundert in Damaskus lebte, seine Güter an die Armen verteilte und in das Kloster San Saba bei Jerusalem eintrat. Gebet für die Christen in Syrien.

Jes 25,6–10a. **Der Herr bereitet ein Festmahl für alle Völker**

Das Heil wird uns hier als ein Festmahl beschrieben, das für alle Völker bereitet ist und von dem niemand ausgeschlossen ist. Von Anfang an gilt der Traum Gottes allen Menschen, denn er ist der Vater aller Völker. Darum will er, dass alle gerettet werden. Der Advent gibt uns schon einen Vorgeschmack auf die Freude dieses Mahls. Leider geschieht es heute oft – auch unter Christen – dass man das Heil auf das eigene individuelle Wohlergehen beschränkt oder darauf, einfach seine Ruhe zu haben. Dabei werden allzu viele Menschen noch heute vom Mahl des Lebens ausgeschlossen, und oft geschieht das mit Gewalt. Leider hat auch die Globalisierung nicht etwa dazu geführt, dass der Tisch vergrößert wurde, damit alle daran Platz finden. Doch die heutige Bibelstelle offenbart den großen Traum Gottes. Denn sein Heil gilt allen Völkern. Es ist kein Heil nur für einige, womöglich nur für eine besondere Gruppe, die sich für vollkommen hält. Der Prophet lässt vermuten, dass der Herr dieses Mahl für die Völker mit eigenen Händen vorbereitet, damit alle den Wohlgeschmack der Gemeinschaft mit ihm und somit auch untereinander kosten können. Auch Jesus, der die Überlieferung des Propheten kannte, vergleicht das Reich Gottes mit einem Festmahl (Lk 14,15–24), zu dem Gott „die Armen und die Krüppel, die Blinden und die Lahmen" einlädt. Unser jetziges Leben scheint wie auf den Kopf gestellt, und das geschieht zu Recht, denn das Reich Gottes ist wirklich eine andere Welt. Im himmlischen Mahl werden nämlich die Reichen fehlen, nicht weil sie ausgeschlossen wären, sondern weil sie sich verweigern. Das Festmahl des Reiches wird allerdings nicht erst am Ende der Zeiten Wirklichkeit. Schon jetzt beginnt es. Denn sooft Bande der Freundschaft und Zuneigung geknüpft werden, sooft ein neues Miteinander wie in einer Familie entsteht, beginnt das himmlische Festmahl schon hier auf Erden. Deshalb können wir zusammen mit dem Apostel Paulus schon heute sagen: „Tod, wo ist dein Sieg? Tod, wo ist dein Stachel? Der Stachel des Todes aber ist die Sünde, die Kraft der Sünde ist das Gesetz. Gott aber sei Dank, der uns den Sieg geschenkt hat durch unseren Herrn Jesus Christus“ (1 Kor 15,55–57).

Gebet mit den Heiligen

Donnerstag, 5. Dezember

Die byzantinische Kirche verehrt heute den heiligen Sabas († 532), der „Archimandrit aller Eremiten Palästinas“ genannt wird.

Jes 26,1–6. **Eine gerechte Nation ziehe ein, die Treue bewahrt**

Dieser Abschnitt ist ein Lied des Lobes und des Dankes. Es gibt einen zweifachen Grund für die Freude und Dankbarkeit, nämlich zum einen die Zerstörung der „hoch aufragenden Stadt“ Babylon, die ein Symbol für den Stolz und die Überheblichkeit der Mächtigen ist, welche die Schwachen und Armen zermalmen, und zum anderen der Aufbau der „starken Stadt“ Jerusalem, die das dem Herrn treu ergebene Volk aufnimmt. Die von Gott erbaute Stadt hat feste und unbezwingbare Mauern. Deshalb werden die Gläubigen aufgefordert, nur auf Gott zu vertrauen. Das Vertrauen des Gläubigen ist auf dem Felsen der Liebe Gottes gegründet. Doch instinktiv lassen wir uns alle dazu drängen, nur auf uns selbst und unsere eigenen Sicherheiten zu vertrauen, weil wir denken, dass wir so unser Dasein schützen können. Doch so werden Mauern und Barrieren aufgerichtet, um die Armen und Schwachen abzuweisen, die Frieden und eine Zukunft für ihr Leben suchen. Der Prophet fordert dagegen dazu auf, die Tore der Stadt – und die des Herzens – immer geöffnet zu halten. Wenn Papst Franziskus darauf beharrt, dass wir zu allen hinausgehen sollen, dann greift er diese biblische Perspektive der immer geöffneten Tür auf, durch welche die Gläubigen zu allen hinausgehen sollen, durch die aber auch jeder Bedürftige in die Stadt hineingelangen soll. Die Stadt wird so zum Ort, an dem das Volk der Demütigen und das Volk der Armen leben. Diese beiden Völker sind miteinander vereint und dürfen niemals voneinander getrennt werden. Die Gläubigen und die Armen bewohnen gemeinsam diese Stadt, die zwar vom Himmel stammt, aber bereits auf der Erde ihren Anfang nimmt. Es hat katastrophale Auswirkungen, wenn es in ihrem Inneren zu Spaltungen kommt. Der Prophet schreibt: „Die Bewohner der Höhe hat er niedergebeugt, die hoch aufragende Stadt erniedrigt; er hat sie erniedrigt bis zur Erde, sie bis in den Staub gestoßen." Distanz zu den Armen bedeutet Distanz zu Gott. Das Bild der Stadt, die zerstört und in den Staub gestoßen wird, ist hart, aber wahr, und findet in vielen Teilen der Welt auf schmerzliche Weise Bestätigung. Es ist unerlässlich, die Revolution Gottes anzunehmen. Das Gleiche geschieht auch durch Jesus. Maria, die Mutter Jesu, besingt den Umsturz der weltlichen Logik: „Er vollbringt mit seinem Arm machtvolle Taten. Er zerstreut, die im Herzen voll Hochmut sind; er stürzt die Mächtigen vom Thron und erhöht die Niedrigen" (Lk 1,51–52).

Gebet für die Kirche

Freitag, 6. Dezember

Gedenktag des heiligen Nikolaus († 343), dessen Reliquien in Bari aufbewahrt werden. Er war Bischof in Myra in Kleinasien (in der heutigen Türkei) und wird im ganzen Orient verehrt. Gedenken an alle Christen, die im Orient leben.

Jes 29,17–24. **Dann werden die Blinden sehen**

Mit diesen Worten endet das der Stadt Jerusalem gewidmete Kapitel, der die Strafe wegen ihrer geistigen Verblendung angekündigt wird. Der Prophet aber prophezeit das große Werk der Verwandlung der Menschheit. Man muss nicht mehr lange warten, sagt Jesaja, „nur noch eine kurze Zeit", und der Herr wird eingreifen. Diese Worte möchten uns das Eingreifen des Herrn gleichsam mit Händen spüren lassen: „… dann wandelt sich der Libanon in einen Baumgarten und der Baumgarten wird als Wald gelten“. Auch der Schöpfung kommt es spürbar zugute, wenn sich das Herz des Menschen verändert. Die Menschen werden auf der Erde leben, ohne sie zu entstellen und ohne sie für eigene Interessen zu missbrauchen. Dazu ist unbedingte Wachsamkeit erforderlich, also das beständige Hören auf das Wort Gottes. Denn der Prophet zeigt auf, wie dem Volk endlich die Augen geöffnet werden, wenn es dem Herrn gegenüber nicht mehr taub ist, und wie es die Liebe erkennen kann, die Gott seinen Kindern entgegenbringt. Jesaja erinnert daran, dass es Abraham ähnlich ergangen ist. Das Volk Gottes ist ein demütiges Volk. Es vertraut auf die Kraft des Herrn und entdeckt in seiner Nähe das Volk der Armen. Somit kann es sich wieder freuen, weil es die Nähe des Heiligen Israels spürt. Es gibt ein neues Bündnis zwischen dem Volk der Gläubigen und dem Volk der Armen. Denn alle sind vereint in der neuen Welt Gottes, in der der Tyrann und der Hochmütige zu Fall kommen und all jene besiegt werden, die Unrecht aushecken und Fallen stellen. Mit diesem Bund setzt Gott ein neues Reich ein. Der Prophet ermahnt: „Nun braucht sich Jakob nicht mehr zu schämen, sein Gesicht muss nicht mehr erbleichen. Denn wenn er seine Kinder, das Werk meiner Hände, in seiner Mitte sieht, werden sie meinen Namen heilig halten.“ Anstatt zu erröten, werden die Gläubigen sich freuen können über die Werke, die der Herr durch sie mitten unter den Menschen vollbracht hat.

Gebet des heiligen Kreuzes

Samstag, 7. Dezember
Gedenktag des heiligen Ambrosius († 397). Als Bischof von Mailand und Hirte seines Volkes beschützte er die Armen und Schwachen vor aller Unterdrückung und verteidigte die Kirche gegen die Arroganz des Kaisers.

Jes 30,19–21.23–26. **Dies ist der Weg, geht ihn**

In der Geschichte gibt es oft schwierige Zeiten, in denen sich Menschen verbünden, um Konflikte und Kriege zu schüren. Ein Prophet ist, wer es inmitten dieser Anfechtungen und Bedrängnisse der Geschichte vermag, die tröstliche Gegenwart des Herrn zu sehen und darauf hinzuweisen. Deswegen stärkt er im Volk die Kraft des Gebets: „Ganz sicher wird er dir gnädig sein auf die Stimme deines Hilfegeschreis hin; sobald er es hört, antwortet er dir." Der Herr wird im Gebet zu einem Meister, der den einzuschlagenden Weg in Zeiten aufzeigt, in denen man orientierungslos lebt und nicht weiß, wohin man sich wenden soll. Dann ist es nötig, das Herz zu öffnen, um auf dieses Wort zu hören: „Deine Ohren werden ein Wort hinter dir hören: Dies ist der Weg, geht ihn, auch wenn ihr nach rechts oder links abbiegen wolltet!" Es gibt ein Wort und eine Stimme aus früheren Zeiten, also aus unserer Geschichte und Vergangenheit. Diese Stimme fordert uns auf, in die Zukunft zu blicken und nicht einfach stehenzubleiben, zu resignieren oder nur zurück zu schauen. Der Prophet erinnert daran, dass der Herr die Welt geschaffen hat und die Geschichte lenkt. Er lässt es der Erde nicht an Früchten fehlen und wird sich der Wunden seines Volkes annehmen. Der Herr kennt die Mühe unseres Lebens, die Ängste und das Gefühl der Verlorenheit angesichts des Bösen und der Gewalt. So kommt er in unsere Mitte als der barmherzige Samariter der Geschichte. Durch unser Gebet lässt er sich zum Mitleid für unsere geschundene Welt rühren und eilt zu Hilfe, um sie zu heilen.

Gebet der Vigil

Sonntag, 8. Dezember: 2. Adventssonntag

Jes 11,1–10; Ps 72; Röm 15,4–9; Mt 3,1–12

Während wir auf das Fest der Geburt des Herrn zugehen, begegnet uns die Gestalt Johannes des Täufers, eines großen Propheten. Der Evangelist stellt ihn uns als einen Mann vor, der mit einem Gewand aus Kamelhaaren bekleidet ist und einen ledernen Gürtel um seine Hüften trägt. Er ernährt sich von Heuschrecken und wildem Honig. Er zieht sich in die Wüste von Judäa zurück, weit weg von Jerusalem, und spricht auf eine ungewöhnliche, aber sehr klare Weise: „Ihr Schlangen-

brut", sagt er zu denen, die die Schwachen unterdrücken, und kündigt ihnen den bevorstehenden Zorn Gottes an. Für alle fügt er hinzu, dass die Axt schon an die Wurzel der Bäume gelegt ist: Wer keine guten Früchte hervorbringt, wird umgehauen und ins Feuer geworfen. So geißeln seine Reden die Einwohner Jerusalems, weil sie fern von Gott und seiner Liebe leben.
Johannes hatte sich aus Jerusalem entfernt und verzichtete auf alles. Allein das Wort war seine Stärke: „Eine Stimme ruft in der Wüste." Sein eigentlicher Name ist nämlich: „Stimme eines Rufers". Johannes ist zwar nur eine Stimme, doch sie weist den Weg zum Heil: „Bereitet den Weg des Herrn!!" Heute kehrt dieser Prophet in unsere Mitte zurück. Und wer ist er heute? Er ist das Evangelium. Dieses Wort ist eine Stimme, die andere Wege aufzeigt als Unterdrückung, ausschließliches Interesse für sich selbst, Verachtung, Gewalt und Gleichgültigkeit. Das Evangelium ermahnt uns heute: „Kehrt um! Denn das Himmelreich ist nahe." Unsere Wege verlaufen oft fern vom Evangelium. Umkehr bedeutet jedoch, vor allem um Vergebung zu bitten für die Distanz, die wir zwischen uns und dem Evangelium, zwischen uns und Jesus aufgebaut haben. Der Herr aber schenkt uns Vergebung und breitet vor unseren Augen seine Vision aus, die auch Jesaja gesehen hat: „Der Wolf findet Schutz beim Lamm, der Panther liegt beim Böcklein. Kalb und Löwe weiden zusammen, ein kleiner Junge leitet sie. Kuh und Bärin nähren sich zusammen, ihre Jungen liegen beieinander. Der Löwe frisst Stroh wie das Rind. Der Säugling spielt vor dem Schlupfloch der Natter und zur Höhle der Schlage streckt das Kind seine Hand aus. Man tut nichts Böses und begeht kein Verbrechen auf meinem ganzen heiligen Berg; denn das Land ist erfüllt von der Erkenntnis des HERRN". Die Welt Jesu ist eine Welt ohne Gewalt und voller Wohlwollen und Freundschaft. Das Reich Gottes verdrängt die Traurigkeit und die Gewalt in unserer Welt, in der die Menschen sich unaufhörlich bekämpfen, die Gewalt des Terrorismus Angst aussät, ein Volk auf das Nachbarvolk losgeht, eine Hälfte der gleichen Nation sich gegen die andere stellt, jeder sich in seinem Egoismus verschließt und nur darauf bedacht ist, die eigenen Interessen zu verteidigen.
Wir brauchen den Advent, die Ankunft Gottes und seines Reiches. Gott kommt, ja er steht schon vor der Tür. Das ist die gute Nachricht

von Weihnachten, das Fest mit dem Gesicht eines Kindes. Denn das Kind von Betlehem wird uns zum Reich führen. Wenn wir das kleine Buch des Evangeliums mit Liebe lesen, wird es uns erleuchten und uns führen. Es ist wie ein Feuer und wird unsere Herzen erwärmen, damit wir nicht mehr in unserem Egoismus gefangen sind. Es wird unsere Schritte lenken, damit wir nicht immer nur um uns selber kreisen. Es wird unsere Hände stützen, damit wir sie dem entgegenstrecken, der Hilfe braucht. Es wird unsere Füße stärken, damit wir auf den Wegen der Liebe gehen. Es wird unseren Geist erleuchten, damit wir im Leben das Wahre und Schöne erkennen.

Gebet am Tag des Herrn

Montag, 9. Dezember

Hochfest der ohne Erbsünde empfangenen Jungfrau und Gottesmutter Maria

Gen 3,9–15.20; Ps 98; Eph 1,3–6.11–12; Lk 1,26–38

Wir feiern heute das Fest der Mutter Gottes, die ohne Erbsünde empfangen wurde, unbefleckt und ohne jene Neigung, die den Menschen dazu drängt, das Böse zu tun. Der Abschnitt aus dem Buch Genesis spricht über die Erbsünde in der symbolischen Geschichte von Adam und Eva, die lieber der Stimme der Schlange folgten als auf Gott zu hören. Dabei hatte er sie doch in einen Garten geführt, in dem sie in Frieden lebten und in dem Gott sich mit ihnen unterhielt, während er mit ihnen im Tagwind einherging. Die beiden konnten sich von den Früchten aller Bäume ernähren außer von denen des Baumes in der Mitte des Gartens, da sie sonst sterben würden. Doch da meldet sich die verführerische Schlange, stellt sich ihnen vor und überzeugt sie davon, dass Gott neidisch auf sie sei. Sie sagt ihnen: „Nein, ihr werdet nicht sterben. Gott weiß vielmehr: Sobald ihr davon esst, gehen euch die Augen auf; ihr werdet wie Gott und erkennt Gut und Böse.“ Diese dramatische Erzählung offenbart das Geheimnis einer Sünde, die des-

halb Ursünde genannt wird, weil sie eben am Ursprung des Bösen steht, auch des Bösen unserer Zeit. Als Zeichen der Anwesenheit des Versuchers in der Welt drängt die Schlange den Menschen dazu, sich für eine regelrechte Verehrung des eigenen Ichs zu entscheiden: „ihr werdet wie Gott". Seither drängt das Böse Männer und Frauen dazu, sich selbst zu verherrlichen, dem Hochmut Raum zu geben und zunächst einmal an sich selbst zu denken. So kommt es zu Spaltungen, Unrecht, Hass, Zerstörung, Konflikten und Kriegen. Der Versucher schleicht sich weiter in die verborgenen Winkel der menschlichen Herzen ein. Dadurch zerbrechen Bindungen, und Spaltungen mehren sich. Es scheint sich dabei um eine unaufhaltsame und unbesiegbare Kette von Ereignissen zu handeln.
Aber schauen wir auf Maria und ihr Geheimnis, das wir heute schon in ihrer Empfängnis betrachten können. Wir denken an diese junge Frau, die den Kopf jener Schlange zertreten hat, welche Eva zur Sünde verführt hatte. Diese Frau wird von der Ursünde bewahrt, vor jenem Instinkt der Liebe zu sich selbst, der jeden Menschen verletzt. Mit Maria wird die tragische Kette unterbrochen, die Männer und Frauen zur Gewalt drängt und in den Tod treibt. Da sie ohne diese Schuld empfangen wurde, schlägt Maria eine neue Seite in der Menschheitsgeschichte auf. Es beginnt eine Freundschaft mit Gott, die noch schöner ist als bei ihren Vorfahren. Sie wurden vom Tod erlöst. Uns aber wird Anteil an einer größeren Hoffnung gegeben. Aus Gnade wurde Maria ohne Erbsünde empfangen, nicht durch eigene Verdienste. Sie sollte nicht von jener Urschuld befleckt werden – wie die Kirchenväter oft wiederholen – denn sie sollte in ihrem Schoß den Sohn Gottes empfangen. Die Liebe des Sohnes hat die Mutter behütet.
Dieses Geheimnis der Bewahrung Marias vor dem Bösen, das wir heute betrachten, ist nicht fern vom Geheimnis der Kirche. Daher hat der Glaubensinstinkt des Volkes Gottes dieses Fest überall auf der Welt sehr beliebt gemacht. Der Blick Gottes, der seit dem Moment ihrer Empfängnis auf Maria ruht, ist derselbe, den er auch auf seine Kirche richtet. Das ist das Geheimnis der unbefleckten Maria: es ist das Geheimnis der Kirche, das Geheimnis der Gemeinschaft der Gläubigen. Auch wenn ihre Glieder Sünder sind, ist die Kirche als Mutter berufen, auf die Stimme des Engels zu hören und ihr Ja zu sagen. Genauso

war es bei Maria, wie das Evangelium berichtet. Auch wir können die Worte des Engels hören, der uns zusagt: „Fürchte dich nicht, … für Gott ist nichts unmöglich."

Gebet für die Armen

Dienstag, 10. Dezember

Jes 40,1–11. **Der Trost für Jerusalem**

Der Prophet Jesaja lässt sich angesichts der Lage im Exil nicht von Resignation und Mutlosigkeit ergreifen. Inspiriert vom Geist Gottes spricht er Worte des Trostes zu seinem Volk. Während er dazu auffordert, über die Schwäche und Zerbrechlichkeit des Lebens nachzudenken, ermahnt er die Gläubigen, ihren Blick auf den Herrn zu richten, der schon kommt, um sie zu retten. Deswegen ist es dringend geboten, in der Wüste einen Weg zu bahnen, auf dem der Herr kommen kann. Die Wüste ist für uns die Wüste des Herzens und der zwischenmenschlichen Beziehungen, die verwüstet sind, weil sie ohne Liebe und somit ohne Leben sind. Gott kommt nicht fern von den Herzen zur Erde, fern von den Beziehungen zwischen den Menschen und Völkern. Er kommt, um die Herzen von der Unterdrückung des Bösen und der Sklaverei der Sünde zu befreien und die Liebe wieder erstehen zu lassen, damit sie Früchte des Friedens und der Gerechtigkeit hervorbringen. Das Wort Gottes lässt das Herz, zu dem es gelangt, wieder neu erblühen. Der Herr bittet den Propheten, sein Volk zu trösten und zu seinem Herzen zu sprechen, damit es neue Hoffnung schöpft. Und er bittet den Propheten, alle zu trösten. Deswegen sagt er zu ihm: „Steig auf einen hohen Berg, Zion, du Botin der Freude! Erheb deine Stimme mit Macht, Jerusalem, du Botin der Freude!" Der Herr kommt als ein starker Hirte, der seine Schafe kennt, sie beim Namen ruft, sie versammelt, sie aus der Wüste herausholt und auf eine grüne Weide führt. Die christlichen Gemeinschaften, jeder einzelne Gläubige und wir alle sind in dieser Adventszeit aufgerufen, das Wort aufzunehmen, das uns verkündet wird. So wird unser Herz von guten Gefühlen erblühen und in den Wüsten unserer Städte werden sich Liebe und Frieden ausbreiten.

Gebet mit Maria, der Mutter des Herrn

Mittwoch, 11. Dezember

Jes 40,25–31. **Der Herr gibt dem Müden Kraft**

Oftmals im Leben verlieren wir die Wahrheit über uns selbst und über die Geschichte aus den Augen, denn Stolz und Dummheit machen blind und lassen uns nicht die Schwäche erkennen, in der wir alle leben. Dann vertrauen wir darauf, dass wir die Rettung entweder in uns selbst finden können oder in den „Götzen", wie etwa dem Reichtum, der Karriere oder unserem eigenen Wohlergehen. Der Prophet fordert Israel dazu auf, umherzublicken und die Nationen der Erde zu sehen – auch diejenigen, die stark und unerschütterlich scheinen – um ihre Schwäche zu bemerken. Der Prophet ermahnt, den Blick zu erheben, um die Kraft der Liebe Gottes zu sehen, der alles geschaffen hat und aufrechterhält. Unsere Stärke liegt beim Herrn. Dieser geistliche Blick, der eine Frucht des Gebets und des Hörens auf das Wort Gottes ist, reinigt die Augen unseres Herzens und befreit davon, dass wir uns den Götzen anvertrauen. Vergessen wir dabei nie, dass wir alle dazu neigen, als ersten Götzen unser eigenes „Ich" anzubeten. Einige sprechen von „Selbstvergötterung" und beschreiben einen regelrechten Kult des Ichs, auf dessen Altar auch das Schönste geopfert wird und der so sehr verblendet. Doch mit einer Reihe eindringlicher Fragen erweckt der Prophet in uns das Gespür für Gott und seine Größe. Nur der Herr ist groß und nur er regiert die Welt und die Geschichte. Wer sich dem Herrn anvertraut, empfängt Hilfe und Trost, Stütze und Kraft. Wir alle, Jung und Alt, werden ermahnt, nur auf Gott zu vertrauen: „Die aber auf den HERRN hoffen, empfangen neue Kraft, wie Adlern wachsen ihnen Flügel. Sie laufen und werden nicht müde, sie gehen und werden nicht matt." Er, der Schöpfer des Himmels und der Erde, der sichtbaren und der unsichtbaren Dinge, ist unsere Stütze und unsere Hilfe. In den Mühen des Lebens sollen wir nicht verzweifeln. Vertrauen wir vielmehr auf den Herrn, dann werden wir die Kraft empfangen, um in seiner Gegenwart rasch voranzuschreiten.

Gebet mit den Heiligen

Donnerstag, 12. Dezember

Gedenktag Unserer Lieben Frau von Guadalupe in Mexiko. Gedenken an Filomena, eine alte Frau aus Rom, die 1976 im Heim starb. Mit ihr gedenken wir aller alten Menschen, vor allem der Einsamen und derer, die in Heimen leben.

Jes 41,13–20. **Ich bin dein Erlöser**

Es geschieht leicht, besonders in schwierigen Situationen, dass man die Liebe und das Erbarmen des Herrn vergisst. So lässt man sich von Angst und Niedergeschlagenheit überwältigen. Es scheint, dass sich in der Zeit der Globalisierung die Angst vergrößert und verbreitet hat. Denn die Welt erscheint uns zu groß und übersteigt unsere Maße. Es ist schwieriger geworden, sie zu verstehen und zu regieren. Zur Angst kommt auch die Wut hinzu. Es ist nicht schön, in einer Zeit zu leben, in der Angst und Wut einander hochschaukeln und so ein Klima des Unwohlseins und der Konflikte schüren. Das Wort des Propheten ruft dazu auf, sich in dieser grenzenlos gewordenen Welt die Anwesenheit Gottes ins Bewusstsein zu rufen: „Fürchte dich nicht, ich habe dir geholfen." Diese Aufforderung wird in diesem kurzen Abschnitt von Jesaja mehrfach wiederholt, als wolle sie die Mauer der Angst einreißen, die den Blick auf die uns begleitende Liebe verstellt. Auch in den Evangelien bekräftigt Jesus den Jüngern gegenüber immer wieder, dass sie auf ihn vertrauen und keine Angst haben sollen. Der Herr ist die Stütze seines Volkes, er schenkt den Armen neue Kraft und befreit die Gefangenen. Es ist wirklich wahr: „Die Elenden und Armen suchen Wasser, doch es ist keines da; ihre Zunge vertrocknet vor Durst." Erst recht ist es wahr, dass der Herr ihnen bald zu Hilfe kommt. Der

Prophet spricht vom neuen Exodus des Volkes Israel aus dem babylonischen Exil. Diese Befreiung wird noch tiefgreifender sein als die erste beim Auszug aus Ägypten. Denn während das Volk Israel auf seinem Weg durch die Wüste nach jener ersten Befreiung seinen Durst mit Wasser stillte, das aus einem Felsen hervorquoll, wird der Herr nun die gesamte Wüste verwandeln „zum Wasserteich und das ausgetrocknete Land zu sprudelnden Wassern". Diese Liebe des Herrn lässt immer größere Wunder für sein Volk geschehen. Diese Liebe erreicht mit Jesus ihren Höhepunkt, denn er ist nicht nur vom Himmel herabgekommen, um uns nahe zu sein, sondern er hat sogar sein Leben hingegeben, um uns von Sünde und Tod zu befreien. Wir sind dazu aufgerufen – wie der Prophet schreibt – diese so große Liebe zu „sehen" und zu „erkennen" und uns von ihr im Herzen berühren zu lassen.

Gebet für die Kirche

Freitag, 13. Dezember

Jes 48,17–19. **Hättest du doch auf meine Gebote geachtet!**

Das Volk Israel erlag leicht der Versuchung, sich vom Herrn zu entfernen und andere Wege einzuschlagen. Daher erinnert der Prophet daran, dass Gott allein auf den Weg des Heiles führt. Wie damals Israel erleben wir alle heute, wie hart das Leben ist, wenn man fern von Gott lebt. Die ersten, die diese Erfahrung machen müssen, sind die Schwächsten und Armen, die bitter dafür bezahlen müssen, dass man sie verwirft und an den Rändern des Lebens im Stich lässt. Der Prophet bittet darum, den Blick von sich selbst zu erheben und den Herrn und seine Liebe zu uns zu bemerken. Gott ist seinem Volk nahe, begleitet es und bittet darum, erkannt und geliebt zu werden. Wenn man sich aber daran gewöhnt, ohne das Bewusstsein für die Gegenwart Gottes zu leben, lässt man sich leicht zu einem irgendwie grauen und auch sinnlosen Leben verleiten. Wir haben es nötig umzukehren, um zuzuhören und die Anwesenheit Gottes in unseren Tagen in unseren Gemeinschaften und Gesellschaften zu erkennen. Dann wird es für den Herrn möglich, unsere Schritte zu lenken. Dann wird er sie auf den Weg der Liebe und des Friedens führen. Niemals hält der Herr sein Wort zurück. Er sendet es aus und spricht unaufhörlich zu uns, damit wir seinen Weg in unseren Tagen erkennen können: „Ich bin der HERR, dein Gott, der dich lehrt, was Nutzen bringt, und der dich auf den Weg führt, den du gehen sollst." Die Treue im Hören auf das Wort Gottes, das in dieser Zeit des Advents in besonderer Fülle an uns gerichtet wird, ist ein Segen für unser Leben.

Gebet des heiligen Kreuzes

Samstag, 14. Dezember

Sir 48,1–4.9–11. **Elija wird wiederkehren**

Mitten auf dem Weg der Adventszeit stellt uns die Liturgie heute einen Abschnitt aus dem Buch Jesus Sirach vor Augen, der auch in der heutigen Evangelienstelle (Mt 17,10–13) aufgegriffen wird. Dort steigt Jesus nach der Verklärung vom Berg herab und spricht über die Überlieferung, dass Elija vor der Ankunft des Messias zurückkehren soll. Jesus bestätigt, dass Elija schon gekommen ist, und meint damit Johannes den Täufer. Im Buch Jesus Sirach hingegen heißt es: „Da stand Elija auf, ein Prophet wie Feuer, sein Wort brannte wie eine Fackel." Das Volk Gottes hatte sein Herz verhärtet und beharrte hartnäckig auf einer Lebensweise, die weit vom Bund mit dem Herrn entfernt ist. Dies geschah nicht nur damals im alten Israel, es betrifft auch uns. So spricht der Herr auch weiter zu uns, wie in jedem Zeitabschnitt der Geschichte und des Lebens. Wir sollen uns fragen, warum wir unser Herz nicht vom Wort des Herrn berühren lassen, der uns immer wieder Neues erkennen lässt. Wenn wir vertrauensvoll auf das Wort Gottes hören, werden wir entdecken, dass es uns seinen Traum in immer umfassenderer Weise enthüllt. Denen, die seine prophetische Sichtweise kritisierten, sagte der heilige Johannes XXIII. zu Recht: „Nicht das Evangelium verändert sich, sondern wir verstehen es allmählich besser." Wenn das Evangelium nicht mehr überrascht, wenn es unser Herz nicht mehr verändert, dann liegt das daran, dass sich unser Herz durch Selbstsicherheit verhärtet hat, die auch von religiösen Gewohnheiten geprägt sein mag. So versäumen wir die Gelegenheit, über das außergewöhnlich Neue des Lebens zu staunen, das uns dieses Wort mitteilt. Elija ist das Wort Gottes, das der Herr in dieser Zeit, die große Veränderungen benötigt, wieder in unseren Ohren erklingen lässt. Die Verkündigung, die wir in dieser Zeit empfangen, lässt auch heute „dreimal Feuer“ in die Herzen der Menschen herabfallen. Gibt es etwa kein Feuer, das auflodert, „um das Herz des Vaters dem Sohn zuzuwenden“? Es ist das Feuer, das durch die Verkündigung des Evangeliums entzündet wird, durch die Verkündigung von Papst Franziskus. Selig sind wir, wenn wir uns von diesem Feuer der Prophetie ergreifen lassen. Denn so wird jeder Riss geheilt und die Geschwisterlichkeit wiederhergestellt werden.

Gebet der Vigil

Sonntag, 15. Dezember: 3. Adventssonntag

Gedenken an Gigi, einen Jungen aus Neapel, der 1983 eines gewaltsamen Todes gestorben ist. Mit ihm gedenken wir aller Kinder, die durch die Gewalt der Menschen leiden oder gestorben sind. Gebet für die Kinder.

Jes 35,1–6a.10; Ps 146; Jak 5,7–10; Mt 11,2–11

Das Wort Gottes ruft an diesem dritten Adventssonntag alle zur Freude auf, die in der Wüste dieser Welt leben, denn sie empfangen eine Verheißung: „Sie werden die Herrlichkeit des HERRN sehen, die Pracht unseres Gottes.“ Der Prophet öffnet die Augen seiner Zuhörer, damit sie über die Traurigkeit und Resignation dieser Welt hinausblicken, und lädt alle zur Hoffnung und zur Erwartung der Ankunft Gottes ein. Johannes, der uns nicht zufällig in diesen Tagen auf dem Weg zum Weihnachtsfest begleitet, schickt seine Jünger zu Jesus und lässt sie fragen: „Bist du der, der kommen soll, oder sollen wir auf einen anderen warten?“ Diese Frage kennzeichnet die Adventszeit, sie ist aber auch die tägliche Frage im Leben eines religiösen Menschen und jedes Menschen, dem das Schicksal der Welt am Herzen liegt. Auch wir fragen an diesem Sonntag danach, was der Advent ist und wann und wie sich die Prophezeiung des Jesaja verwirklichen wird. Diese Frage richten wir an das Wort Gottes, wie jene Jünger des Johannes sie Jesus stellten. Der Evangelist berichtet, dass die Jünger des Johannes vom Propheten aus Nazaret empfangen wurden und dass er es nicht an einer Antwort fehlen ließ: „Geht und berichtet Johannes, was ihr hört und seht: Blinde sehen wieder und Lahme gehen; Aussätzige werden rein und Taube hören; Tote stehen auf und Armen wird das Evangelium verkündet“. Jesus greift die Worte des Propheten Jesaja auf und lässt Johannes ausrichten, dass sich diese Prophezeiung erfüllt hat: Sie ist nicht mehr nur ein Traum, sondern ist schon Wirklichkeit geworden. Durch ihn, der seinen Weg mitten unter den Menschen geht, beginnt die endgültige Erfüllung der Prophezeiung des Jesaja. Jesus fügt hinzu: „Selig ist, wer an mir keinen Anstoß nimmt.“ In ihm erfüllt sich der Plan Gottes. Dies geschieht nicht in der Außergewöhnlichkeit des Wunderbaren oder in einer geheimnisvollen magischen Esoterik, sondern in der Schlichtheit von Barmherzigkeit und Mitleid. Allen christlichen Generationen – und somit auch der unseren – kommt die Aufgabe zu, die Zeichen sichtbar zu machen, die Jesus selbst als Beginn einer erneuerten Welt gesetzt hat. Werden wir denen, die uns Fragen stellen, ebenso antworten können: „Geht und berichtet, was ihr hört und seht“? Denn die Zeichen des Advents sind auch heute zu finden. Es gibt Menschen, die den Armen das Evangelium verkünden, die Wunder der Nächstenliebe, der Gerechtigkeit und der Barmherzigkeit Gottes vollbringen und sich selbstvergessen in den Dienst an den Schwächsten und Ärmsten stellen. Blinde sehen Freunde, die ihnen voll Zuneigung nahe sind. Trauernde finden Begleiter mit der Fähigkeit, sie zu trösten und Kranken und Verlassenen ihre Zärtlichkeit und Fürsorge zu schenken.

Selig ist, wer diese Zeichen aufnimmt und sich von ihnen im Herzen berühren lässt. Jesus ist gekommen und lehrt uns, mit ihm auf seinem Weg zu gehen, mit ihm zu arbeiten und die Menschen zu lieben. Von ihm lernen wir, Mitleid zu haben mit den müden und erschöpften

Menschenmengen, denen er auf seinem Weg begegnet. Er lehrt uns, in der Zeit des Wartens nicht zu verzweifeln und unser Herz nicht im engen Horizont des heutigen Tages, im Stolz oder in der Resignation zu verschließen. „Komm, Herr Jesus!“, so lautet das alte Gebet der Christen. Das ist auch unser Gebet und befreit uns von der traurigen Anziehungskraft der Wüste dieser Welt.

Gebet am Tag des Herrn

Montag, 16. Dezember

Num 24,2–7.15–17a. **Die Vision des Bileam**

Die Geschichte des Bileam ist sehr bedeutungsvoll. Er wird von Balak, dem König von Moab und dem Feind Israels, aufgefordert, Israel zu verfluchen, doch stattdessen segnet Bileam das Volk. Der Unheilsprophet wird vor Gott zum Propheten der Hoffnung, wie der Text ausführt: „Als Bileam aufblickte, sah er Israel im Lager … Da kam der Geist Gottes über ihn“, und er segnete Israel. Denn Gottes Wort schenkt „entschleierte Augen“ und ist eine Hilfe, in aller Klarheit die Wirklichkeit zu erkennen. Dabei war Bileam kein Prophet Israels. Gott offenbart sich ihm trotzdem und hilft ihm, die Geschichte in ihrer Tiefe zu begreifen und im Licht Gottes zu deuten. Müssten nicht auch wir Christen aufmerksam Ausschau nach Propheten außerhalb unserer Gemeinden halten? Spricht Gott nicht auch außerhalb unserer Grenzen? Wir wissen genau, dass der Geist weht, wo er will. Papst Franziskus fordert oft dazu auf, Augen und Ohren zu öffnen, um die Zeichen Gottes zu erkennen und weise Worte auch von denen zu hören, die nicht „zu uns“ gehören. Die Worte Bileams erinnern daran, dass Menschen auch sprechen, weil Gottes Wort sie in geheimnisvoller Weise anregt, und dass sie die Geschichte mit einer uns selbst unbekannten Weisheit verstehen. War das nicht in der Geschichte immer wieder der Fall, als Frauen und Männer die Geschichte gedeutet haben, auch wenn sie nicht zu unserem Volk oder zu unserer Gemeinde gehörten? Wir müssen aufmerksam sein und dürfen nicht der Versuchung erliegen, nur uns selbst als geeignet zum Verstehen und Deuten der Geschichte anzusehen. Daher sind Begegnung und Dialog mit allen notwendig, mit anderen Christen, mit Gläubigen anderer Religionen und mit allen Menschen guten Willens, um auch in ihnen und mit ihnen jenen „Samen des Wortes“ zu entdecken, den – wie es die Kirchenväter sagen – der Geist ins Herz des Menschen gelegt hat. Der Weg des Dialogs und der Begegnung macht unsere Welt menschlicher. Papst Franziskus sagte bei seinem Besuch bei der Gemeinschaft Sant'Egidio in der Basilika Santa Maria in Trastevere, dass beim ehrlichen Dialog zwischen zwei Personen nicht der eine oder der andere gewinnt, sondern dass der Dialog gewinnt. Ein Bündnis mit allen ist unerlässlich, um die Zeit verstehen zu können, in der wir leben, und um gemeinsam Antworten für den Frieden zu suchen.

Gebet für den Frieden

Dienstag, 17. Dezember

Gedenken an Lazarus aus Betanien. Gebet für die Schwerkranken und Sterbenden. Gedenken an die Aidskranken.

Gen 49,2.8–10. **Der Segen für Juda**

Der Abschnitt, der uns vorgeschlagen wird, ist nur ein kleiner Ausschnitt aus den Segensworten Jakobs. Der Segen in der Bibel bringt die Kontinuität eines Lebens zum Ausdruck, das von der wohlwollenden Anwesenheit Gottes gezeichnet ist, der sich der Mensch anvertraut. Der Herr, der Gesegnete, lässt diejenigen an seinem Leben und seiner Liebe teilnehmen, die auf ihn hören und sich ihm anvertrauen. Vor seinem Tod segnet Jakob-Israel seine Söhne und beim Segnen beschreibt er die Situation seiner Söhne, die auch die Stammväter der Stämme Israels sind. Dieser Abschnitt zeigt die Zukunft von Juda auf, aus dessen Stamm der Messias hervorgehen wird. Juda wird als Stamm vorgestellt, dem die Herrschaft, das Königtum, anvertraut wird: „Nie weicht von Juda das Zepter, der Herrscherstab von seinen Füßen, bis

Schilo kommt, dem der Gehorsam der Völker gebührt." In der Genealogie bei Matthäus wird die Kontinuität einer Geschichte dargestellt, die nicht aus dem Zufall oder dem Schicksal hervorgeht; sie ist von Gott gewollt und wird von ihm geleitet, der durch Männer und Frauen die Heilsgeschichte verwirklicht. Die Geschichte Judas, Israels und der Kirche ist eine einzige Geschichte, nämlich die von Gott selbst sorgfältig und mit väterlicher Liebe gelenkte Heilsgeschichte für alle Völker. Auch wir sind ein Teil dieser gemeinsamen Geschichte. Sie ist in der Geschichte des Volkes Israels verwurzelt, und Gott vertraut sie unseren armen Händen an. Diese Geschichte ist nicht nur auf wenige beschränkt, und sie ist nicht dazu da, dass die Menschen nur für sich selbst leben. Dieser demütigen Verantwortung müssen wir uns bewusst sein, während wir uns darauf vorbereiten, das Kind aufzunehmen, das geboren wird, um diese Geschichte selbst zu leiten.

Gebet mit Maria, der Mutter des Herrn

Mittwoch, 18. Dezember

Jer 23,5–8. **Der Davidspross wird Israel führen**

Zunächst hat der Herr durch die Worte des Propheten eine strenge Mahnung an die Oberhäupter Israels ausgesprochen, weil sie Verrat an der Herde geübt und nur für sich gesorgt haben. Darauf verspricht er, dass er selbst die Schafe sammeln und auf die Weide zurückführen wird, von der sie vertrieben wurden. „Siehe, Tage kommen – Spruch des HERRN –, da werde ich für David einen gerechten Spross erwecken." An Weihnachten wird diese Verheißung des Propheten in ganzer Fülle Wirklichkeit. Jeremia bezieht sich auch auf unsere Tage. In unserer so aufgewühlten Zeit schenkt der Herr der Welt einen „Spross", der mit Vollmacht auf Erden herrscht und Recht und Gerechtigkeit einsetzt. Gottes Sohn wird selbst auf die Erde gesandt. Er kommt als Kind und damit wirklich als ein „Spross", der sich nicht durch äußere Kraft oder menschliche Machtmittel durchsetzt. Vielmehr wird er außerhalb des bewohnten Ortes in einer Grotte geboren und in eine Krippe gelegt, woran das heutige Matthäusevangelium erinnert (Mt 1,18–24). Die Kraft dieses Sprosses liegt ganz allein in der grenzenlosen Liebe, durch die er zunächst vom Himmel herabgestiegen ist und dann ein Volk gesammelt hat, um mit ihm das neue Reich Gottes auf Erden zu beginnen. Sein Reich ist nicht wie die Reiche der Mächtigen der Erde, die die Menschen unterdrücken. Er herrscht über die Herzen. Er befreit sie von innen her von den zahllosen Formen der Knechtschaft, die das Leben verbittert und traurig machen. Er besucht alle künftigen Generationen. Der Herr klopft weiter an, um in unser Herz einzutreten. Seine Geburt erneuert und erweitert unser Herz. Sie macht es stark in der Liebe und erleuchtet es, um in die Randgebiete dieser Welt aufzubrechen. Durch ein Herz, das durch das Weihnachtsfest erneuert ist, entstehen eine neue Erde, eine neue Geschichte, eine neue Gerechtigkeit und ein immer dauerhafterer Friede.

Gebet mit den Heiligen

Donnerstag, 19. Dezember

Ri 13,2–7.24–25a. **Simson wird zum Heil des ganzen Volkes geboren**

In zwei Verkündigungsgeschichten wird die Geburt Simsons verheißen, wodurch seine Erwählung durch den Herrn noch vor der Geburt unterstrichen wird. Das unterscheidet ihn von allen anderen Richtern, über die das Buch berichtet. Seine Mutter ist unfruchtbar und bittet gemeinsam mit ihrem Mann Gott um Hilfe. Ein Engel des Herrn erscheint der Frau und kündigt die Geburt eines Sohnes an, der Israel befreien wird. Daher soll er ein Gott Geweihter und somit ein Nasiräer sein. Das Buch Numeri beschreibt im sechsten Kapitel die Pflichten eines Nasiräers. Er darf keinen Wein trinken, der wahrscheinlich als Symbol für die Religion Kanaans galt, er darf keinen Kadaver berühren, keine fremden Frauen heiraten und sich nicht die Haare schneiden. Im Fall des Simson galt diese Weihe für sein ganzes Leben. Auch die Mutter Simsons erfüllte bereits die Vorschriften des Nasiräergelübdes und erlangt daraufhin die Weihe des Sohnes. Das Gebet der Eltern wird erhört. Der Sohn, der geboren wird, ist daher nicht für ihre Anliegen da. Er wird geboren, um das Volk zu befreien. Diese Geburt scheint die Geschichte Jesu vorwegzunehmen. Doch das Leben Simsons verläuft ganz anders. Als er älter ist, segnet ihn Gott und erfüllt ihn mit seinem Geist. Simson kennt seine Sendung und besitzt zwar alles, um sie zu erfüllen. In den folgenden Kapiteln wird jedoch berichtet, dass er sich von ihr entfernt. Er bricht das Versprechen des Nasiräergelübdes, das ihn in den Dienst Gottes stellt, und wird zum Diener seiner selbst und seiner persönlichen Begierde. Schließlich rühmt er sich sogar seiner Stärke, während er vergisst, dass sie ihm von Gott für den Dienst am Volk verliehen wurde. Letztlich lässt sich Simson derart von Stolz und Selbstliebe mitreißen, dass für Gott kein Raum mehr bleibt. Auch uns ist diese Erfahrung nicht unbekannt. Wie oft lassen wir uns vom Stolz leiten und vergessen, wie viel wir unverdient empfangen haben! Wer die Gaben vergisst, die er empfangen hat, entfernt sich von Gott und beseitigt so von Grund auf jede Dankbarkeit. Erkennen wir in Demut die Größe der Liebe Gottes zu unserem Leben, denn das ist der Weg zum Heil.

Gebet für die Kirche

Freitag, 20. Dezember

Jes 7,10–14. **Das Zeichen des Immanuel**

Das Reich Israel ist in Gefahr, von den Assyrern besiegt zu werden, einem weitaus stärkeren Volk, das seine Macht ausweiten will. König Ahas ist besorgt und wendet sich an Jesaja, um im Wort Gottes Trost zu finden. Jesaja beruhigt den König und fordert ihn auf, Gott zu vertrauen und ein Zeichen zu erbitten, das die vom Propheten an ihn gerichteten Worte bestätigt. Der König jedoch, der ein arroganter Herrscher war und nunmehr ganz von der Angst vor der Macht des Feindes ergriffen war, vertraut den Worten des Propheten nicht. Indem er eine zweifelhafte Religiosität zur Schau stellt, antwortet er dem Propheten, dass er „den HERRN nicht versuchen“ will. Jesaja ist verärgert über das

Misstrauen des Königs und antwortet ihm, dass der Herr selbst ihm ein Zeichen geben wird: „Siehe, die Jungfrau hat empfangen, sie gebiert einen Sohn und wird ihm den Namen Immanuel geben." Die Worte des Propheten eröffnen Ahas eine unerwartete Zukunft, die sich allerdings nicht zu seinen Lebzeiten erfüllen wird. Sie wird sich zum Heil des Volkes Israel und aller Völker der Erde erfüllen. Der christliche Glaube bezieht diesen Abschnitt auf die Geburt Jesu, wie wir es im Matthäusevangelium lesen: „Dies alles ist geschehen, damit sich erfüllte, was der Herr durch den Propheten gesagt hat: Siehe: Die Jungfrau wird empfangen und einen Sohn gebären und sie werden ihm den Namen Immanuel geben" (Mt 1,22–23). Dieser Abschnitt der Bibel zeigt uns den großen Plan Gottes für alle Völker der Erde und für das universale Heil. Der Vater im Himmel vertraut Jesus und seinen Jüngern die außergewöhnliche Aufgabe an, das Evangelium der Liebe bis zu den Enden der Erde weiterzugeben. Mit Weihnachten, zuerst mit den Hirten und dann mit den Sterndeutern, beginnt die Geschichte der Jünger Jesu, die der ganzen Welt das Heil im „Zeichen Gottes", im „Immanuel" offenbaren soll.

Gebet des heiligen Kreuzes

Samstag, 21. Dezember

Hld 2,8–14. **Die Stimme der Taube**

Die Liturgie lädt uns ein, über diesen Abschnitt aus dem Hohelied zu meditieren, während Weihnachten vor der Tür steht. Dieser Abschnitt zeigt uns die Geliebte, während sie sich ihren Geliebten vorstellt, wie er in die Nähe ihres Hauses kommt und durch die Fensterläden ihres Hauses späht, um sie zu erblicken. Er fordert sie auf herauszukommen, um gemeinsam den schönen Frühling zu genießen: „Steh auf, meine Freundin, meine Schöne, so komm doch!" Dies ist der Aufruf, den Herrn aufzunehmen, der zu uns kommt. Diese Worte drücken gut den Wunsch Gottes selbst aus, den Menschen zu begegnen und sie zu erlösen. Das ist die Bedeutung von Weihnachten, auf dessen Feier wir uns vorbereiten. Der Herr ergreift die Initiative und geht Israel entgegen. Er steht vor der Tür; wir könnten sagen, dass er nunmehr bald geboren wird. Es fehlen nur noch wenige Tage. Die Liturgie zeigt ihn uns wie einen verliebten Jüngling, der uns anfleht, dass wir herauskommen aus unserem Ich und ihn aufnehmen. Das Targum kommentiert diesen Abschnitt aus dem Hohelied: „Als das Haus Israel in Ägypten wohnte, stieg sein Klagegeschrei bis zum Himmel hinauf … Durch die Verdienste der Patriarchen, die hoch wie Berge sind, führte der Herr mit einem Sprung den festgelegten Tag herbei … Er blickte durch die Fenster, spähte durch die Vorhänge und sah das Blut des Paschalammes … Da hatte er Mitleid mit uns … Als es Morgen wurde, sagte er: Steh auf, Versammlung von Jerusalem, meine Freundin … komm aus der Sklaverei der Ägypter heraus." Origenes bezieht diesen Abschnitt dagegen auf den auferstandenen Jesus, der zur Kirche sagt: „Steh auf, meine Taube, denn sieh, der Winter ist vergangen … Vom Tod auferstanden, habe ich den Sturm gestillt und Frieden gebracht." In seiner Liebe ist Gott umwerfend. Er will zu den Menschen kommen und bittet uns, ihn aufzunehmen, ihm unser Gesicht zuzuwenden, die Felsklüfte unserer Ichbezogenheit und die Verstecke der Knechtschaft zu verlassen, um ihm entgegenzugehen. Das ist die Aufforderung eines Gottes, der in uns verliebt ist und um unsere Liebe bettelt. Und das ist auch das Geheimnis von Weihnachten. Wie sollen wir da nicht staunen?

Gebet der Vigil

Sonntag, 22. Dezember: 4. Adventssonntag

Jes 7,10–14; Ps 24; Röm 1,1–7; Mt 1,18–24

Die heutige Liturgie führt uns zum Weihnachtsfest hin und will uns gleichsam vor allen Ablenkungen und Sorgen bewahren, die sich nicht auf die Begegnung mit Jesus beziehen. Die Kirche möchte, dass dieses Weihnachten für jeden von uns voll Sinn und Freude ist. Daher stellt sie uns kurz vor Heiligabend Josef vor Augen, einen Mann wie viele andere, der sein kleines Arbeiterleben führte und an seine Zukunft

dachte. Er hatte sich mit Maria verlobt, einem Mädchen aus dem Dorf, und wartete in aller Ruhe auf die Erfüllung seines Traumes. Doch eines Tages wurde dieser Traum getrübt. Maria war auf geheimnisvolle Weise schwanger geworden. Was war geschehen? Man hätte von Ehebruch sprechen und Maria dessen beschuldigen können mit allen zivil- und strafrechtlichen Folgen für sie. Vor den Augen aller würde sie als Ehebrecherin dastehen und nicht nur von den Verwandten abgelehnt und ausgegrenzt, sondern auch von allen Einwohnern Nazarets. Doch Josef war gerecht und wollte sich im Stillen von ihr trennen, um ihr diese Schande zu ersparen. Sein Traum jedenfalls war zerstört. Es blieb ihm nichts anderes, als über diese bittere Erfahrung nachzudenken. Wir können uns sein Drama vorstellen, die Verwirrung seiner Gedanken. Doch Gott lässt ihn nicht allein mit seinen Überlegungen. Gerade als Josef verbittert und vielleicht hoffnungslos über seine Zukunft nachdenkt, beginnt er wieder zu träumen. Der Evangelist schreibt: Es „erschien ihm ein Engel des Herrn im Traum“. Dieses Mal handelte es sich nicht um seinen kleinen Traum von einem einfachen Leben als Zimmermann, das er für sich geplant hatte. Dieser Traum war um vieles größer: „Josef, Sohn Davids, fürchte dich nicht, Maria als deine Frau zu dir zu nehmen; denn das Kind, das sie erwartet, ist vom Heiligen Geist. Sie wird einen Sohn gebären; ihm sollst du den Namen Jesus geben; denn er wird sein Volk von seinen Sünden erlösen.“
Diese Worte sind das Weihnachtsevangelium und beschreiben gleichsam den Traum von Weihnachten: Ein Kind wird die ganze Welt von ihren Sünden erlösen; ein Kind wird die Welt von aller Knechtschaft befreien. Der einfache Zimmermann Josef aus einem kleinen Dorf am Rand des Reiches befindet sich auf einmal mitten im großen und weiten Horizont von Weihnachten. Er lebt nicht mehr für seinen kleinen Traum, sondern für den großen Traum des Herrn, den grenzenlosen Traum von Weihnachten. Josef erhob sich und tat, was der Engel ihm befohlen hatte: Er nahm Maria zu sich. Josef gehört nicht zu den Hauptfiguren des Evangeliums. Trotzdem hat er Anteil an der Größe und Freude dieser Nacht, denn er hat Maria und das Kind zu sich genommen. Wir alle werden aufgefordert, das Evangelium zu uns zu nehmen und die banale Ichbezogenheit unserer kleinen Träume und Wün-

sche abzulegen. An Weihnachten muss man große Träume haben. Mit Josef gehen wir auf die Heilige Nacht zu, um den Herrn aufzunehmen und mit ihm auf den Wegen der Menschen zu gehen.

Gebet am Tag des Herrn

Montag, 23. Dezember

Mal 3,1–4; 4,23–24. **Der Bote des Herrn**

Die letzten Worte aus dem Buch Maleachi weisen auf das Kommen Jesu hin, der die Worte des Gesetzes und der Propheten erfüllen wird. Maleachi lebte in schwierigen Zeiten, während der Glaube Israels in einer sich rasant und überraschend verändernden Welt infrage gestellt wurde. Was kann ein kleines Volk ohne Unabhängigkeit und Autonomie gegen vordringende Völker ausrichten, die nach Vormacht streben und das kleine Israel und damit auch die Reinheit seines Glaubens bedrohen? Solche Fragen stellen sich Gläubige immer wieder, wenn sie Zeiten von Veränderungen erleben. Auch uns ergeht es so in dieser Zeit, die Papst Franziskus in noch radikalerer Weise als Epochenwandel bezeichnet hat. Was ist zu tun? Diese Frage ist wirklich wichtig. Sollen die Gläubigen die vorherrschende Kultur übernehmen, sich an sie anpassen, ihre Ideale aufgeben? Am Ende des vorherigen Kapitels überliefert der Prophet Maleachi die Frage des Volkes der Israeliten, das sich gerecht fühlt und meint, Gott sei fern von seinen Mühen und Sorgen: „Wo ist denn Gott, der Gericht hält?“ Der Herr hat sein Volk jedoch nicht verlassen und vergessen. Ganz und gar nicht, denn: „Seht, ich sende meinen Boten; er soll den Weg für mich bahnen. Dann kommt plötzlich von seinem Tempel der Herr, den ihr sucht, und der Bote des Bundes, den ihr herbeiwünscht. Seht, er kommt! spricht der HERR der Heerscharen.“ Wir haben es nötig, auf die „Boten“ Gottes zu hören, auf die Propheten seines Wortes, die uns helfen, dem Herrn den Weg zu bereiten. Sein Wort führt uns zur Begegnung mit dem Herrn. Als ein Gott, der nicht stumm ist, wird er Antwort geben auf unsere Suche, unsere Sehnsucht, unsere Wünsche. Wie wichtig ist es, in der Erwartung zu leben und bereit zu sein, sich nicht in eigene Sicherheiten, Gewohnheiten und eine Suche nach Ruhe und Wohlstand zu verschließen, die keine Antwort gibt auf unser Bedürfnis nach Heil!

Gebet für die Armen

Dienstag, 24. Dezember

2 Sam 7,1–5.8b–12.14a.16. **Davids Reich hat auf ewig Bestand**

Dieser Abschnitt aus dem zweiten Samuelbuch behandelt einen zentralen Aspekt der Heilsgeschichte, nämlich die Verheißung der Nachkommen und des Reiches für David. Ausgangspunkt der Erzählung ist die Aussage Davids über seine Wohnung in einem schönen Haus aus Zedernholz, während die Lade, das Zeichen der Gegenwart Gottes, noch in einem Zelt untergebracht war. Daher möchte David dem Herrn einen Tempel bauen. Dass Israel keinen Tempel besaß, war zudem ein eindeutiges Zeichen für seine religiöse Unterlegenheit gegenüber den Nachbarvölkern. Als David dem Propheten Natan seine Pläne mitteilt, ist dieser sofort begeistert. Doch Gott widerspricht ihm noch in derselben Nacht. Die erste Reaktion des Propheten entsprang seiner Spontaneität, die zweite dagegen entstammt eindeutig dem Willen Gottes. Ein Prophet darf nicht für sich sprechen, sondern nur für Gott. Gott lässt David mitteilen, dass er wie schon in vergangenen Zeiten keinen Tempelbau von ihm fordert. Der Herr hat sein Volk und auch David in all seinen Unternehmungen geführt, ohne dabei einen festen Wohnsitz zu haben. Er braucht keine Mauern. Vielmehr braucht Israel einen solchen Ort, um den Herrn nicht zu vergessen. Deshalb wird Gott selbst eine Wohnung für Israel bauen. Natan bezieht sich auf Salomo, der den Tempel errichten wird, und seine Worte weiten den Blick noch darüber hinaus. Der Herr wird David eine sichere Nachkommenschaft schenken: „Wenn deine Tage erfüllt sind …, werde ich deinen leiblichen Sohn als deinen Nachfolger einsetzen“ (2 Sam 7,12). Der Prophet verheißt ein Königshaus, das auf ewig Bestand haben und ein ewiges Königtum sein wird. Die Verheißung hat sich endgültig in Jesus Christus erfüllt, wie der Engel zu Maria gesagt hat: „Er wird groß sein und Sohn des Höchsten genannt werden. Gott, der Herr, wird ihm den Thron seines Vaters David geben. Er wird über das Haus Jakob in Ewigkeit herrschen und seine Herrschaft wird kein Ende haben" (Lk 1,32–33). Auch wir bereiten uns vor, um dieses Geheimnis aufzunehmen.

Gebet mit Maria, der Mutter des Herrn

WEIHNACHTSZEIT

Mittwoch, 25. Dezember: Geburt des Herrn

Jes 62,11–12; Ps 97; Tit 3,4–7; Lk 2,15–20

Das Weihnachtsevangelium überliefert die Worte des Engels an die Hirten: „Heute ist euch in der Stadt Davids der Retter geboren; er ist der Christus, der Herr." Und die Hirten „eilten hin" zu diesem Kind. Wir sind aufgerufen, uns diesen Hirten anzuschließen. Lassen wir unseren Stolz eilig hinter uns und gehen wir, um das Kind zu sehen, das in Windeln gewickelt ist und in einer Krippe liegt: Es ist der vom Himmel herabgestiegene Gott selbst. Er möchte uns Anteil schenken an seinem Heilsplan. Mit diesem Kind beginnt eine neue Geschichte, und an jedem Weihnachten muss diese Geschichte einen neuen Anfang nehmen.

Hier kommen uns zwangsläufig die ersten Worte aus dem Johannesprolog in den Sinn, die die Größe und Lieblichkeit von Weihnachten festhalten: „Und das Wort ist Fleisch geworden und hat unter uns gewohnt." Dieses Wort war „bei Gott" und ist auf die Erde herabgestiegen, um bei den Menschen zu wohnen. Als „Quirinius Statthalter von Syrien" war und Kaiser Augustus den Befehl erlassen hatte, den ganzen Erdkreis in Steuerlisten einzutragen, hat dieses Wort den Himmel aufgerissen und die finstere Nacht der Menschheitsgeschichte erleuchtet: „Das Volk, das in der Finsternis ging, sah ein helles Licht; über denen, die im Land des Todesschattens wohnten, strahlte ein Licht auf", hatte Jesaja verheißen und schon die Freude dieser Weihnacht vorweggenommen: „Du mehrtest die Nation, schenktest ihr große Freude. Man freute sich … Denn ein Kind wurde uns geboren, ein Sohn wurde uns geschenkt."

Zu Recht sagt der Prophet: „… ein Sohn wurde uns geschenkt", denn er stammt nicht von der Erde und ist keine Frucht unseres Tuns. Er ist das größte Geschenk Gottes an die Menschen. Er ist vom Himmel herabgestiegen, doch die Menschen haben ihn nicht aufgenommen. So musste er in einer Grotte außerhalb der Stadt geboren werden,

„weil in der Herberge kein Platz für sie war", so schreibt Lukas bitter. Muss man sich nicht von einer solchen Liebe anrühren lassen, die sich trotz der Ablehnung nicht zurückzieht, sondern ihre Anwesenheit sogar noch vermehrt? Es ist schon unvorstellbar, dass Gott auf die Erde kommt und auch noch einen Stall akzeptiert. Doch noch unbegreiflicher ist, dass er sich als Kind zeigt und damit als das schwächste von allen Geschöpfen. Wer hätte sich das auch nur vorstellen können? Doch Weihnachten ist ganz und gar darin zu finden: in einem Gott als hilfloses Kind. „Ihr werdet ein Kind finden, das, in Windeln gewickelt, in einer Krippe liegt", sagt der Engel zu den Hirten im Evangelium der Heiligen Nacht. Und sie sagten zueinander: „Lasst uns nach Betlehem gehen, um das Ereignis zu sehen, das uns der Herr kundgetan hat!" Diese Hirten sind die ersten, die eine Wallfahrt zu diesem Kind unternehmen, sie sind das erste Bild für die Kirche Gottes.

An Weihnachten steht ein Kind im Mittelpunkt. Dieses Kind ist wie alle Neugeborenen: Es kann nicht sprechen und ist trotzdem das Fleisch gewordene Wort. Es ist gekommen, um das Herz und das Leben der Menschen zu verwandeln. Vielleicht kann es nur flehentlich weinen, um das Herz eines jeden anzurühren. Mit dem Kind von Betlehem bitten darum alle armen, ausgebeuteten und misshandelten Kinder auf der ganzen Welt. Darum bitten auch die vom Leben ausgeschlossenen alten Menschen, die nicht viel fordern, sondern nur Teil der Menschheitsfamilie sein wollen. Darum bitten auch die Fremden, die Hungernden und Dürstenden, die von Krieg und Ungerechtigkeit Niedergebeugten. In ihrem Namen bittet das Kind von Betlehem alle um ein wenig Liebe. Weihnachten ist eine Bitte um Liebe zu den Schwachen. Der Apostel schreibt an Titus, dass in diesem Kind „die Güte und Menschenfreundlichkeit Gottes, unseres Retters, erschien" und dass er uns gerettet hat. In einer von Menschen oft in eine unmenschliche Nacht verwandelten Welt ist die Güte und Menschenfreundlichkeit Gottes erschienen. Es gibt die schöne Tradition der Weihnachtsessen, die seit nunmehr einigen Jahrzehnten an diesem Tag viele Arme, Schwache, alte Menschen, Kranke und Einsame um einen einzigen Tisch versammeln. In gewisser Weise ist es Jesus selbst, der ihnen den Tisch bereitet. Dazu ist er vom Himmel herabgestiegen. Er, der seit Jahren und auf verschiedene Weisen die bittere Erfahrung gemacht hat, keinen Platz zu finden, bereitet für diese Menschen am Tag seiner Geburt sein eigenes Haus vor. Wir können noch entschiedener sagen, dass die Freude von Weihnachten wirklich unsere Freude und die des ganzen Volkes ist.

Gebet in der Weihnachtszeit

Donnerstag, 26. Dezember

Fest des heiligen Stephanus, Diakon und erster Märtyrer.

Mt 10,17–22. **Die Verfolgung der Jünger**

Am Tag nach Weihnachten gedenkt die Kirche des Martyriums des heiligen Stephanus, des ersten Märtyrers. Die kirchliche Tradition sieht im Todestag des Märtyrers gleichsam seine himmlische Geburt, seinen Einzug in den Himmel zusammen mit dem Erstgeborenen, dem Kind von Weihnachten. Nach dem Wunsch der Kirche sollen wir das Martyrium von Stephanus als erste reife Frucht der Predigt des Evangeliums von der Liebe und von einem Gott begreifen, der seinen Sohn auf die Erde gesandt hat. Durch das Gedenken an verschiedene Zeugen weist uns die Kirche heute und in den kommenden Tagen auf den Sinn der Inkarnation des Sohnes Gottes hin: alle sollen im Himmel der Liebe neu geboren werden. Das Evangelium dieses Tages erinnert an die Worte Jesu an die Zwölf. „Ich sende euch wie Schafe mitten unter die Wölfe."

Stephanus ist der Erste der Märtyrer, das erste Lamm, das in der Nachahmung des Meisters geopfert wurde. Er war ein Gefährte des Paulus in der Schule Gamaliels, hatte sich auf die Predigt der Apostel hin diesen angeschlossen und wurde in den Kreis der sieben Diakone im Dienste der Barmherzigkeit gewählt. „Stephanus aber, voll Gnade und Kraft, tat Wunder und große Zeichen unter dem Volk", so heißt es in der Apostelgeschichte. Er konnte das Evangelium, das er erhalten und das sein Leben verändert hatte, nicht verschweigen. Er wich nicht zurück, als sich Widerstand und Gewalt gegen ihn entluden, und ließ sich durch Drohungen nicht einschüchtern. Stark im Glauben bezeugte er weiter das Evangelium bis hin zum Blutvergießen. Nach dem Vorbild seines Meisters bat er Gott während seiner Steinigung, seinen Geist aufzunehmen und seinen Peinigern zu vergeben. Stephanus führt als erster Märtyrer in der Geschichte der Christenheit die Schar derer an, die an allen Orten und zu allen Zeiten das Evangelium bis zur äußersten Hingabe des Lebens bezeugt haben und weiterhin bezeugen. Sie alle haben „den Himmel offen und den Menschensohn zur Rechten Gottes" gesehen und können heute im Himmel Gott von Angesicht zu Angesicht schauen. Sie hinterlassen uns ein kostbares Beispiel, wie wir auf das Evangelium hören sollen, um Jesus nachzufolgen.

Gebet in der Weihnachtszeit

Freitag, 27. Dezember

Fest des heiligen Apostels und Evangelisten Johannes, den „Jünger, den Jesus liebte", der unter dem Kreuz Maria als seine Mutter zu sich nahm.

Joh 20,2–8. **Johannes und Petrus laufen zum leeren Grab**

Johannes gehört zu den ersten vier Jüngern, die Jesus berufen hatte. Der Evangelist erinnert sich sogar noch an die Uhrzeit dieser Begegnung am Ufer des Sees Tiberias. Es war um vier Uhr nachmittags. Wie hätte er dies auch vergessen können? So erinnert er sich auch daran, wann er gemeinsam mit Andreas, dem Bruder des Petrus, am Ufer des Jordan war und dem Täufer zuhörte. Als sie die Worte dieses Propheten über Jesus hörten: „Seht, das Lamm Gottes!", waren er und der andere Jünger wie vom Blitz getroffen. Sie verließen den Täufer, um mit Jesus zu gehen und den ganzen Nachmittag bei ihm zu bleiben. Diese Stunden prägten sein Leben und das des Petrus für immer. Die Tradition verweist auf Johannes als den „Jünger, den Jesus liebte", der als Einziger beim Letzten Abendmahl sein Haupt an die Brust Jesu legen durfte. Zusammen mit Petrus und Jakobus begleitete er Jesus in seiner

Todesangst am Ölberg. Wie alle anderen Jünger floh auch er und ließ Jesus allein. Er kehrte dann jedoch sofort zurück und folgte Jesus bis unter das Kreuz. Dort kam er der Bitte nach, Maria zu sich zu nehmen. Das heutige Evangelium zeigt ihn am frühen Ostermorgen, wie er mit Petrus zum Grab läuft. Johannes ist jünger als Petrus und kommt zuerst zum Grab. Er sieht die Leinenbinden am Boden liegen, geht aber nicht hinein, sondern wartet auf den älteren Petrus. Die Kirchenväter kommentieren dazu: Die Liebe läuft schneller und kommt zuerst an. Doch Johannes kann trotzdem darauf warten, dass sein Bruder ankommt, um mit ihm zusammen in die Grabeshöhle einzutreten. Man läuft nie allein. Johannes hatte nun verstanden, dass die Jünger jeweils zu zweit unterwegs sind. Als er hineinging, „sah [er] und glaubte". Er verstand, dass der Leib Jesu nicht geraubt worden war, denn er sah die Leinenbinden an dem Ort, wo sie ihn hingelegt hatten. Und er glaubte. Sein im vierten Evangelium und in den Briefen enthaltenes Zeugnis ist ganz auf die Predigt der Gottes- und Nächstenliebe als zentrale Botschaft seines Meisters ausgerichtet.

Gebet in der Weihnachtszeit

Samstag, 28. Dezember

Fest der unschuldigen Kinder. Gebet für alle, die vom Mutterschoß bis ins hohe Alter als Opfer der Gewalt sterben.

Mt 2,13–18. **Der Mord an den unschuldigen Kindern**

Die Kirche des Ostens wie des Westens ehrt die unschuldigen Kinder, die Herodes ermorden ließ, um Jesus zu beseitigen. „Sie sprechen noch nicht, aber sie bezeugen schon Christus! Sie sind noch nicht fähig, sich dem Kampf zu stellen … und doch tragen sie schon triumphierend den Palmzweig des Märtyrers", so schreibt ein Kirchenvater der Antike in einem Lied. Sogar angesichts eines Kindes hat Herodes Angst, seine Macht zu verlieren, was zu einer unerhörten Grausamkeit führt. Er will seine Macht um jeden Preis erhalten und schreckt auch nicht vor einem unerhörten und ungerechtfertigten Massaker zurück. Ähnlich sinnlos sind auch die vielen Massaker unserer Zeit, wie der Tod so vieler Migranten. Die Grausamkeit des Bösen steht im Gegensatz zu Josef, der vollkommen machtlos allein auf den Glauben setzt. Er hört erneut auf den Engel und gehorcht: „Steh auf, nimm das Kind und seine Mutter und flieh nach Ägypten." Dieses Evangelium bezieht sich nicht nur auf die Vergangenheit, es ist vielmehr von unglaublicher Aktualität. Millionen Kinder werden heute durch Hunger und Krankheit hinweggerafft, werden Opfer von Gewalt, Entführung und Ausbeutung. Wie viele Kinder finden in diesen Zeiten den Tod, während sie vor Krieg und Konflikten fliehen. Sie sind von der grausamen Gleichgültigkeit derer umgeben, die nicht einmal Mitleid mit diesen Kleinen haben, die wir heute als unschuldige Märtyrer ansehen können. Es ist notwendig, dass die Empörung über solche Grausamkeiten zunimmt. Es werden Christen und Menschen guten Willens gebraucht, die wie Josef auch heute auf den Engel des Herrn hören und diese Kleinen zu sich nehmen, um sie aus der mörderischen Knechtschaft des Fürsten des Bösen und seiner törichten Knechte zu retten.

Gebet in der Weihnachtszeit

Sonntag, 29. Dezember: Fest der Heiligen Familie

Gedenken an den heiligen Propheten David, dem einige Psalmen zugeschrieben werden. Seit Jahrhunderten schöpft das Gebet von Juden und Christen aus den Psalmen.
Gedenktag des heiligen Thomas Becket († 1170), der die Gerechtigkeit und Würde der Kirche verteidigte.

Sir 3,2–6.12–14; Ps 128; Kol 3,12–21; Mt 2,13–15.19–23

An diesem Sonntag direkt nach Weihnachten wiederholt der Engel auch für uns, was er zu Josef sagte: „Steh auf, nimm das Kind und seine Mutter!" Ja, sofort sollen wir das Kind zu uns nehmen und es in unserem Herzen, unserem Leben, unseren Gedanken aufnehmen.

Denn darin besteht das gesamte Ereignis von Weihnachten: dass wir das Kind zu uns nehmen. Heute weist die Liturgie auf die heilige Familie von Nazaret hin. Das Wort Gottes regt zu einer Reihe von Überlegungen über diese einzigartige Familie an. Zwei Gedanken wollen wir näher betrachten. Zuerst: Kinder brauchen einen Vater und eine Mutter, wie es auch bei Jesus war. Dieser Aspekt wird manchmal unterbewertet oder sogar vergessen. Auch bei Eltern kann das Eigeninteresse überwiegen, ohne dass sie auf das Bedürfnis der Kleinen nach einem Vater und einer Mutter achten. Ohne Eltern können die Kleinen nicht mit einem gesunden Leib und einer gesunden Seele aufwachsen. Auch kann man sagen, dass die Familie manchmal nicht genügt. Das trifft vor allem dann zu, wenn es an mütterlicher und väterlicher Liebe fehlt. Weihnachten kehrt mit der Botschaft an alle und an alle Familien zurück, Jesus aufzunehmen, die Kinder aufzunehmen. Während die Kirche zur Betrachtung von Maria und Josef mit Jesus aufruft, möchte sie hervorheben, wie dringend Kinder besonders in den Jahren der Kindheit die Familie brauchen. Das war auch bei Jesus der Fall.
Ein zweiter Gedanke ist hinzuzufügen. Auch Maria und Josef brauchten Jesus. Ohne ihn wäre ihre Familie nicht einmal zustande gekommen. Sie ist direkt mit dem Geheimnis Gottes verbunden, dessen Herz eine schöpferische Dimension in sich birgt. Denn im Credo sagen wir über das trinitarische Geheimnis, dass der „Sohn gezeugt, nicht geschaffen" ist. Im Geheimnis der Liebe ist auch das Geheimnis der Zeugung enthalten. Maria und Josef sind beispielhaft für die Aufmerksamkeit gegenüber Jesus. Sie retten ihn vor der Grausamkeit des Herodes, sie begleiten ihn beim Aufwachsen, sie suchen ihn, als er verschwunden ist, sie hören auf ihn, als er mit Vollmacht zu ihnen spricht. Jesus bleibt der Mittelpunkt der Familie und der Meister der Liebe.
Wenn wir dieses schwache Kind betrachten und es zu uns nehmen, dann wird es uns auch gelingen, wie Jesus Sirach schreibt, Vater und Mutter im Alter zu ehren. Auch wenn sie den Verstand verlieren, werden wir Mitleid mit ihnen haben und sie nicht verachten. Das Kind von Betlehem lehrt uns, die Kinder zu behüten und zu lieben, unsere eigenen und die der anderen. Auch den Eltern wird es dann besser gelingen, einander zu lieben. Wer Jesus zu sich nimmt, lernt zu lieben. Wer sich jedoch nur um sich sorgt, wird böse. Möge die Familie von

Nazaret die Ikone bleiben, die wir betrachten, um unsere Familien in der Liebe zu festigen und für den Aufbau einer Welt in Gerechtigkeit und Frieden zu stärken.

Gebet in der Weihnachtszeit

Montag, 30. Dezember

Gedenken an Laurindo († 1989) und Madora († 1991), zwei junge Mosambikaner der Gemeinschaft Sant'Egidio, die im Krieg umgekommen sind. Mit ihnen gedenken wir aller Jugendlichen, die durch Konflikte und Gewalttaten sterben.

1 Joh 2,12–17. **Ihr habt den Vater kennengelernt**

Mit einer feierlichen dreifachen Anrede wendet sich der Apostel Johannes in diesem Brief an alle Gläubigen. Er nennt sie „Kinder", weil er ihnen den Glauben vermittelt hat, aber auch „Väter", weil auch sie neue Gläubige für die Kirche gewinnen sollen. Schließlich wendet er sich an die „jungen Männer" mit ihrer Lebenskraft, weil sie durch die Macht des Wortes Gottes in ihrem Herzen die Macht des Bösen besiegt haben. Johannes ruft alle Gläubigen auf, weder die Welt zu lieben noch was in der Welt ist, damit sie sich nicht von der Liebe Gottes entfernen. In der Sprache des Johannes ist unter der Welt nicht die Schöpfung zu verstehen, sondern die irdische Wirklichkeit, die sich unter dem Joch der Macht des Bösen befindet (vgl. Joh 12,31) und deshalb im Gegensatz zum Reich Gottes steht, dem Reich der Liebe und des Friedens. Hier zeigt sich der Gegensatz, wie Jesus ihn beschreibt: „Niemand kann zwei Herren dienen; er wird entweder den einen hassen und den andern lieben oder er wird zu dem einen halten und den andern verachten. Ihr könnt nicht Gott dienen und dem Mammon" (Mt 6,24). Der Gläubige muss achthaben, dass er sich nicht von der Macht des Bösen mitreißen lässt, die sich im Herzen festsetzt durch die Begierde des Fleisches, die das Böse tun will. Johannes erläutert, dass sich die „Begierde des Fleisches" in der „Begierde der Augen" und im „Prahlen mit dem Besitz“ zeigt. Wer sich von diesen Instinkten leiten lässt, entfernt sich von Gott und wird von der Vergänglichkeit dieser Welt mitgerissen. Johannes erinnert jedoch daran, dass die Welt vergeht, und Paulus schreibt an die Korinther, dass „die Gestalt dieser Welt vergeht“ (1 Kor 7,31). Wer aber „den Willen Gottes tut, bleibt in Ewigkeit“ und somit in der Liebe.

Gebet in der Weihnachtszeit

Dienstag, 31. Dezember

Danksagung an den Herrn für das vergangene Jahr.

1 Joh 2,18–21. **Es ist die letzte Stunde, die der Entscheidung**

Wir sind am Ende des Kalenderjahres angekommen. Der Abschnitt aus dem ersten Johannesbrief beginnt mit der Aussage: „die letzte Stunde ist da“. Eine Tradition der Kirche lädt ein, das alte Danklied des *Te Deum* anzustimmen für die Tage, die uns der Herr geschenkt hat. Wir wissen genau, dass der heutige Tag nach einem alten Brauch begangen wird. Wir sollten allerdings bedenken, dass die Zeit nicht spurlos an unserem Dasein vorübergeht und dass wir nicht ewig leben. Während die Tage und Jahre vergehen, wird von uns verlangt, sie nicht zu vergeuden. Denn die Geschichte ist keine leere Hülle: In ihr ereignet sich unser Heil. Sie ist der Ort einer harten Auseinandersetzung zwischen Gut und Böse, zwischen der Freiheit der Liebe und der Knechtschaft der Sünde. Der Apostel Johannes unterstreicht diesen Kampf, indem er an das Wirken der falschen Propheten erinnert, die er mit dem Antichristen gleichsetzt. Die letzte Stunde ist die Zeit des endgültigen Kampfes. Mehrere Male weist Jesus in den Evangelien die Jünger auf die Endzeit hin. In der neutestamentlichen Sprache beinhaltet die Aussage von der „letzten Stunde“ nicht das Ende der Geschichte, sondern die Zeit der Entscheidung, der endgültigen Hinwendung dieser Generation zu Jesus und zu seinem Evangelium. Die Gläubigen einer jeden christlichen Generation sollen endgültige Entscheidungen treffen, um mit Jesus standhaft zu bleiben, die anvertraute Aufgabe der Veränderung der Welt zu erfüllen und die Ankunft des Reiches Gottes zu beschleunigen. Wir dürfen die Entscheidung nicht auf einen anderen Zeitpunkt verschieben, auch weil wir nicht wissen, ob es diese Gelegenheit gibt. Johannes weist mit traurigen Worten darauf hin, dass die falschen Propheten „aus unserer Mitte gekommen [sind], aber sie haben nicht zu uns gehört". Sie haben nicht „die Salbung von dem, der heilig ist", das heißt, sie haben nicht den Geist Jesu. Es genügt daher nicht, nur physisch in der Gemeinschaft der Gläubigen anwesend zu sein. Es ist nötig, den lebenspendenden Geist aufzunehmen und innerlich Anteil an ihr zu nehmen. Das bedeutet, Erkenntnis zu besitzen, nämlich die Weisheit des Evangeliums. Der Apostel ermahnt, unerschütterlich am Evangelium festzuhalten, um in der Kommunion mit dem Vater zu bleiben. Während dieses Jahr endet und ein neues Jahr beginnt, danken wir dem Herrn für die Zeit, die er uns geschenkt hat, und bitten Gott um Hilfe, damit wir uns im neuen Jahr von seinem Wort führen lassen. Sein Wort möge das Licht für unsere Schritte sein.

Gebet in der Weihnachtszeit

Mittwoch, 1. Januar: Hochfest der Gottesmutter Maria

Gebet für den Frieden auf der Welt und für das Ende aller Kriege.

Num 6,22–27; Ps 67; Gal 4,4–7; Lk 2,16–21

„Auf den blicke ich: auf den Armen und auf den, der zerschlagenen Geistes ist und der zittert vor meinem Wort", ist im Buch Jesaja zu lesen (Jes 66,2). Ja, der Blick des Herrn ist zu Beginn dieses Jahres auf die Demütigen und Schwachen gerichtet, auf diejenigen, die bereit sind, das Wort des Evangeliums zu hören und zu versuchen, es jeden Tag in die Tat umzusetzen.

Noch einmal lässt uns das Evangelium mit den Augen des Herzens jene Hirten aus Betlehem betrachten. Sie waren die „ersten Christen" und bleiben ein Beispiel: Sie hörten die Worte des Engels, verließen ihre

Herden und begaben sich nach Betlehem. Die Christen müssen immer „hinausgehen“ von sich selbst und den gewohnten Umzäunungen, um sich auf den Herrn und die anderen hin auszurichten. Schön ist die Aussage von Papst Franziskus, wenn er ausdrücklich dazu aufruft, nicht mit der Angst zu leben, die Geretteten zu verlieren, sondern sich vom Wunsch tragen zu lassen, die Verlorenen zu retten.
Als die Hirten zum Stall kamen, sahen sie das Kind. „Als sie es sahen, erzählten sie von dem Wort, das ihnen über dieses Kind gesagt worden war.“ Diese unscheinbare Szene bildet das gesamte Leben der Christen ab. Wenn in der Nacht zuvor die Engel es waren, die zu ihnen vom Kind sprachen, so kann man sich leicht vorstellen, dass es im Stall Maria war, die vom Sohn sprach. Sicherlich zeigte sie ihn ihnen. Ohne sie hätten sie sich schwer getan, dieses Geheimnis zu verstehen. Maria war sich genau des Geheimnisses bewusst, das in jenem Kind gegenwärtig war, denn sie „bewahrte alle diese Worte und erwog sie in ihrem Herzen“.
Die Liturgie dieses Tages lädt uns ein, auf Maria zu schauen, um sie als Mutter Gottes zu feiern und zu verehren. Sieben Tage sind seit dem Weihnachtsfest vergangen, an dem sich unsere Augen dem neugeborenen Kind und allen Kleinen und Schwachen dieser Welt zuwandten. Heute spürt die Kirche das Bedürfnis, auf die Mutter dieses Kindes, auf die Mutter Gottes zu blicken. Wie die Hirten, die nach dem Verlassen der Krippe nach Hause zurückkehrten und Gott lobten und priesen, so müssen auch wir mit derselben Energie und Freude in unseren Städten auf Jesus hinweisen. Auch heute muss sich das ereignen, wovon das Lukasevangelium berichtet: „… alle, die es hörten, staunten über das, was ihnen von den Hirten erzählt wurde“. Vielleicht sollten wir uns fragen, ob es heute noch solche Hirten gibt – und dabei ist jeder Christ seinen Schwestern und Brüdern ein Hirte –, die es verstehen, den anderen die Freude über die Begegnung mit diesem Kind und seiner Mutter mitzuteilen.
Inzwischen ist es zu einer Tradition geworden, dass die Kirche sich am ersten Tag des neuen Jahres zum Gebet versammelt, um den Frieden zu erbitten. Der Segen, den wir in der Lesung aus dem Buch Numeri gehört haben, soll auf die ganze Welt, auf die Familie der Völker, ausgeweitet werden: „Der Herr wende sein Angesicht dir zu und schenke

dir Frieden.“ Es tut not, dass der Herr seinen Blick auf alle Völker richtet. Wir wissen, dass der Friede den zähen und unermüdlichen Einsatz der Menschen erfordert. Vor allem ist er aber ein Geschenk, das uns von oben gegeben wird, eine Frucht des Geistes der Liebe, der im Herzen der Menschen wirkt. Zu Beginn dieses Jahres nehmen wir den Gesang der Engel in der Heiligen Nacht auf: „Friede auf Erden den Menschen seines Wohlgefallens“. Mit diesem Gebet beginnen wir das neue Jahr.

Gebet in der Weihnachtszeit

Donnerstag, 2. Januar

Gedenktag des heiligen Basilius des Großen (330–379 n. Chr.), Bischof von Caesarea und Begründer des Mönchtums im Osten, und des heiligen Gregor von Nazianz (330–389 n. Chr.), Kirchenlehrer und Patriarch von Konstantinopel.

1 Joh 2,22–28. **Was ihr von Anfang an gehört habt, soll in euch bleiben**

Der Apostel Johannes hat auf der einen Seite die falschen Propheten vor Augen, die versuchen, die Gemeinde zu spalten. Auf der anderen Seite blickt er auf die Gläubigen, die hiervor keine Angst haben sollen, da sie einen inneren Schutz besitzen, die Salbung, die sie vor dem Irrtum rettet. Die Salbung ist eine Gabe des Heiligen Geistes, der im Herzen der Gläubigen wirkt. Der Apostel betont, was der Heilige Geist lehrt „ist …wahr und keine Lüge“. Jesus hatte in der Abschiedsrede seinen Jüngern gesagt: „Der Beistand aber, der Heilige Geist, den der Vater in meinem Namen senden wird, der wird euch alles lehren und euch an alles erinnern, was ich euch gesagt habe“ (Joh 14,26). In der Salbung des Heiligen Geistes zu bleiben, heißt also, treu zu jenem Wort zu stehen, das wir von Anfang an erhalten haben und das uns zu neuem Leben geboren hat. Es ist bemerkenswert, dass innerhalb weniger Verse das Wort „bleiben“ fünfmal wiederkehrt, als wolle der Verfasser unterstreichen, wie kostbar die Treue zur empfangenen Salbung und zur Gemeinde ist. Deren Berufung besteht darin, diese Salbung zu leben und von ihr Zeugnis zu geben. Unser Heil hängt nicht in erster Linie von den Werken ab, die wir vollbringen. Entscheidend ist vielmehr, dass wir in jenem Wort bleiben, das uns erschaffen hat, sowie in der Gemeinschaft, die uns aufgenommen hat. Es geht sicherlich um ein ganz konkretes, leibhaftes Bleiben, denn es ist schwierig, einander zu lieben, ohne einander zu sehen. Doch das Bleiben, von dem der Apostel Johannes spricht, ist in erster Linie ein spirituelles, innerliches Bleiben, das aus Hören und Gehorchen, aus Gebet und Geschwisterlichkeit, aus Engagement und großzügigem Dienen besteht. Wer in spiritueller Weise – also mit Leib und Seele, mit Geist und Sinn – in der christlichen Gemeinschaft bleibt und dem Evangelium gehorsam ist, der bleibt in Gott; hierin besteht das „ewige Leben", das Leben, das kein Ende kennt.

Gebet in der Weihnachtszeit

Freitag, 3. Januar

1 Joh 2,29–3,6. **Wer in Gott bleibt, sündigt nicht**

Johannes fordert die Jüngerinnen und Jünger dazu auf, Werke der Gerechtigkeit zu vollbringen, also in der Liebe Gottes zu bleiben. Gottes Gerechtigkeit besteht in der Liebe, weil Gott selbst Liebe ist. Der Apostel unterstreicht, dass „jeder, der die Gerechtigkeit tut, von Gott stammt". Die Liebe – die Agape – ist die Substanz Gottes selbst und bildet damit die Substanz des christlichen Lebens. Wer in der Liebe lebt, der kommt von Gott und ist ein Kind Gottes. Im Prolog des Evangeliums lesen wir: „Allen aber, die ihn aufnahmen, gab er Macht, Kinder Gottes zu werden, allen, die an seinen Namen glauben, die nicht aus dem Blut, nicht aus dem Willen des Fleisches, nicht aus dem Willen des Mannes, sondern aus Gott geboren sind." (Joh 1,12–13). Im Bewusstsein, dass wir uns im Herzen des Geheimnisses Gottes befinden, fordert uns Johannes auf, die Substanz dieses Herzens zu betrachten: „Seht, welche Liebe uns der Vater geschenkt hat: Wir heißen Kinder

Gottes und wir sind es“ (1 Joh 3,1). Die Liebe Gottes, die uns vor der Sünde und dem Tod rettet, macht das Leben der Christen unbegreiflich für die egozentrische und gewaltsame Mentalität unserer Welt, die dem Evangelium fremd ist. Daher müssen die Jüngerinnen und Jünger ein Zeugnis ablegen, das heroische Züge trägt. Die Agape Gottes ist radikal kostenlos. Sie ist eine Liebe ohne jede Grenze, einschließlich der Feindesliebe. In der Geschichte der Kirche hat es nie an Christen gefehlt, die eine solche Liebe bezeugt und für sie gar ihr Blut vergossen haben. Es wird jedoch die Zeit kommen, in der sich der Sieg der Liebe offenbaren wird. Dann werden die Christen, die jetzt wie in einen Spiegel schauen, den Herrn „von Angesicht zu Angesicht“ sehen, wie Paulus den Korinthern erklärt (1 Kor 13,12).

Gebet in der Weihnachtszeit

Samstag, 4. Januar

1 Joh 3,7–10. **Wer von Gott stammt, kann nicht sündigen**

Jesus ist gekommen, um uns von der Sünde zu befreien. Der Apostel erinnert daran, dass wir in Jesus bleiben müssen, damit dies geschieht. Er besteht darauf, dass die Christen an Christus gebunden bleiben müssen, dass ihr Leben also durch Jesus und seine Liebe gleichsam genährt werden muss, um gute Früchte hervorzubringen. Man könnte fast sagen, dass der Apostel den Gläubigen die Sündlosigkeit zusichert, wenn sie in fester Verbindung mit Jesus bleiben. Dies bedeutet nicht, dass sie davor gefeit sind, in Sünde zu fallen. Doch wenn sie die Liebe Gottes in ihrem Herzen aufnehmen, haben sie das Böse bereits an der Wurzel besiegt und leben in der Gemeinschaft mit Gott und den Brüdern und Schwestern. Deshalb sagt Johannes über den Gläubigen: er „kann nicht sündigen“. Damit möchte Johannes den Jüngern die Standhaftigkeit begreiflich machen, die man erlangt, wenn man in der Gemeinschaft mit dem Herrn und den Schwestern und Brüdern lebt. Wenngleich wir alle Sünder sind, bleibt in den Gläubigen immer „Gottes Same“ erhalten. Er führt sie auf den Weg der Liebe und lässt nicht zu, dass sie durch die Kräfte des Bösen auf Abwege geleitet werden und umkommen. Jeder, der von Gott stammt, so betont Johannes, tut keine Sünde, weil Gottes Liebe durch den Geist in ihm bleibt. Durch den Geist vollbringt er die Werke Gottes. Deshalb wenden sich die Kinder Gottes von den Kindern der Gesetzwidrigkeit ab, die nicht nach der Gerechtigkeit leben, also das Gebot der Liebe missachten, das sie an Gott und die Brüder und Schwestern bindet. Denn die wahre Gerechtigkeit zeigt sich nur in der Liebe.

Gebet in der Weihnachtszeit

Sonntag, 5. Januar. 2. Sonntag nach Weihnachten

Sir 24,1–2.8–12; Ps 147; Eph 1,3–6.15–18; Joh 1,1–18

Die Liturgie des heutigen Tages lässt uns von Neuem dem Geheimnis von Weihnachten begegnen. Jesus ist zur Welt gekommen wie ein gewöhnliches Kind, und dennoch verwirklicht sich in dieser Geburt die höchste und unbegreiflichste Wirklichkeit: Gott schenkt uns und der Welt weiter seine Liebe und nun gar eine noch größere Liebe. Nachdem er uns durch die Schöpfung Liebe erwiesen hat, so hat er uns auf noch radikalere Weise durch die Erlösung geliebt. Es handelt sich hier um eine Bewegung des völligen Hinabsteigens Gottes zu uns. Er scheint nichts für sich selbst zurückzubehalten, um uns möglichst nahe zu kommen. Es ist eine Art Reise Gottes weg von sich selbst. Wie sehr würde sich unser Leben ändern, wenn wir auch nur ein klein wenig dieser derartigen Liebe begreifen würden! Das Buch der Weisheit und das Johannesevangelium beschreiben – wenn auch mit unterschiedlichen Sichtweisen und Akzentsetzungen – dieses Geheimnis des Hinabsteigens Gottes, der uns dadurch nahe kommen möchte. Die Weisheit, die „aus dem Mund des Höchsten" hervorgeht und alles erhält, bereitet den Johannesprolog vor, in dem es heißt: „Im Anfang war das Wort, und das Wort war bei Gott … Alles ist durch das Wort geworden und ohne es wurde nichts, was geworden ist". In der Fülle der Ewigkeit Gottes erklingt das göttliche Wort, das die Welt erschafft und seine große Liebe für die Menschen offenbart. Den Augenblick der Schöpfung können wir uns als erste Etappe dieser Reise Gottes vorstellen, der aus sich herausgeht. Alles Geschaffene atmet die Liebe Gottes: „Die Himmel erzählen die Herrlichkeit Gottes und das Firmament kündet das Werk seiner Hände. Ein Tag sagt es dem andern, eine Nacht tut es der andern kund“ (Ps 19). Warum aber unternimmt Gott diese Reise zu uns? Gott hat ein großes Vorhaben mit uns: Er möchte, dass wir heilig und untadelig leben! So hat er uns noch vor der Erschaffung der Welt erwählt, wie Paulus schreibt: „Denn in ihm [Christus] hat er [der Vater] uns erwählt vor der Grundlegung der Welt, damit wir heilig und untadelig leben vor ihm.“ Dies ist eine hohe und keineswegs banale oder bescheidene Erwählung, die uns vorausgeht. Sie ist ein absolutes „Zuerst“, das über unsere Verdienste hinausgeht. Indem der Vater an Jesus dachte, hatte er auch uns im Sinn, damit wir wie er „heilig und untadelig“ sein sollen. Es handelt sich hier nicht um ein Gut-Sein in moralischer Hinsicht, und hiermit sind auch nicht Frauen und Männer gemeint, die sich korrekt und ehrlich benehmen. Paulus beschreibt den neuen Menschen, der völlig anders ist als der alte Mensch, nämlich Adam, der auf sich selbst und seine eigenen Kräfte vertraute, und sogar meinte, auf Gott verzichten zu können. „Heilig und untadelig“ zu werden bedeutet vor allem „Kinder“ zu sein, auf Gott und nicht auf sich selbst zu vertrauen, von Gott und seinem Willen zu leben und nicht von uns selbst und unseren Launen her zu leben. Es bedeutet Kind zu werden wie Jesus. In seinem wahrsten Sinn bedeutet Weihnachten neu geboren zu werden, das heißt wieder umzukehren und Kinder Gottes zu werden, sich in der Tiefe als solche zu verstehen. Wie aber kann man neu geboren werden, wenn man schon alt ist, fragen wir uns mit Nikodemus. Die Antwort ist einfach: indem wir auf das Evangelium hören! In der Heiligen Nacht und an diesem Sonntag wurde uns die erste Seite des Evangeliums aufgeschlagen, jene über die Geburt Jesu. Von dieser ersten Seite können wir ausgehen. Von hier können wir beginnen, unser Leben neu zu schreiben. So werden wir Tag für Tag wachsen, wie das Kind Jesus herangewachsen ist, wenn wir Seite für Seite das kleine Buch des Evangeliums lesen und versuchen, es in die Tat umzusetzen. Zu Weihnachten ist das Wort Fleisch geworden. Das

Evangelium muss zu unserem Leben werden, zu unserem Fleisch, an allen unseren Tagen.

Gebet in der Weihnachtszeit

Montag, 6. Januar: Hochfest Erscheinung des Herrn

Die orthodoxen Kirchen, die dem gregorianischen Kalender folgen, feiern die Taufe des Herrn im Jordan und seine Erscheinung (Epiphanie) vor der Welt.

Jes 60,1–6; Ps 72; Eph 3,2–3a.5–6; Mt 2,1–12

An Weihnachten zeigte sich Jesus den Hirten, obwohl sie zu den am meisten verachteten Einwohnern Israels gehörten. Sie waren die ersten, die ein wenig Wärme in den kalten Stall von Betlehem brachten. Nun kommen die Sterndeuter aus dem fernen Orient, und auch sie dürfen das Kind sehen. So verschieden die Hirten und Weisen auch sind, haben sie doch etwas gemeinsam: den Himmel. Die Hirten machten sich nicht auf den Weg, weil sie gute Menschen waren, sondern weil sie ihre Augen zum Himmel erhoben, die Engel sahen, ihre Stimme hörten und ihren Auftrag befolgten. Nicht anders war es bei den Sterndeutern: Auf der Suche nach einer anderen, gerechteren Welt erhoben sie ihre Augen zum Himmel und sahen einen Stern.
Die Sterndeuter rufen uns dazu auf, die Freude der Angewiesenheit auf den Stern wiederzuentdecken. Der Stern ist das Evangelium, das Wort des Herrn, wie der Psalm sagt: „Dein Wort ist … ein Licht für meine Pfade“ (Ps 119,105). Dieses Licht führt uns zum Kind. Nur wenn wir auf das Evangelium hören, es lesen, darüber nachdenken und versuchen, es in die Tat umzusetzen, können wir Jesus begegnen. Als die Sterndeuter dem Stern folgten, gelangten sie an den Ort, an dem sich Jesus befand. Dort sahen sie „das Kind und Maria, seine Mutter; da fielen sie nieder und huldigten ihm“. Wahrscheinlich war es das erste Mal in ihrem Leben, dass sie sich vor jemandem niederwarfen. Indem sie jedoch gelernt hatten, von sich weg zu blicken, erkannten sie

in diesem Kind ihren Retter. Diese Geste war das Wahrhaftigste, was sie tun konnten. Mit Maria, Josef und den Hirten verstanden sie, dass das Heil darin lag und auch heute liegt, dieses schwache und wehrlose Kind im Herzen aufzunehmen und mit ihm auch alle Schwachen und Schutzlosen unserer Zeit.
Ganz anders war die Reaktion des Herodes und der Einwohner Jerusalems. Die Nachricht vom Kind erfüllte sie nicht mit Freude, wie die Sterndeuter oder die Hirten, sondern im Gegenteil: Sie gerieten in große Unruhe, und Herodes in solchem Maße, dass er den Tod des Kindes beschloss. Nun sind es die Sterndeuter, die das Kind retten und es der Grausamkeit des Herodes entziehen. In ihrer Weisheit kehren sie auf einem anderen Weg in ihr Land zurück, so der Evangelist. Denn wer dem Herrn begegnet und ihn im Herzen aufnimmt, der wird verwandelt und kann nicht mehr den alten, gewohnten Wegen folgen. Diese Begegnung verändert unser Leben und all unser Tun und Handeln. Die Sterndeuter gehen heute an unserer Seite, ja vielmehr ein wenig voraus, und sie helfen uns, den Blick von uns selbst nach oben zu erheben, zum Stern. Sie gehen uns voraus und führen uns zu den zahlreichen Krippen dieser Welt, in denen die Kleinen und Schwachen liegen. Selig sind wir, wenn wir mit den Hirten und Sterndeutern zu Pilgern hin zu diesem Kind werden und uns seiner mit Zuneigung annehmen. Dann werden wir entdecken, dass es das Kind ist, Jesus, der sich unser annimmt.

Gebet in der Weihnachtszeit

Dienstag, 7. Januar

Weihnachtsfest der orthodoxen Kirchen, die dem julianischen Kalender folgen.

1 Joh 3,22–4,6. **„Prüft die Geister, ob sie aus Gott sind“**

Das Heil des Gläubigen besteht in der Gemeinschaft mit Gott, zu der man durch die Gemeinschaft mit den Schwestern und Brüdern gelangt. Der Apostel fordert uns dazu auf, den Blick zu Gott zu erheben und auf ihn zu vertrauen, in der Gewissheit, dass wir alles empfangen werden, worum wir bitten. Dieses Vertrauen in die Kraft des Gebetes war auch die Grundlage des Glaubens Jesu. Daher fasst Johannes das Leben des Gläubigen folgendermaßen zusammen: Vertrauen auf Jesus, Gemeinschaft mit ihm durch den empfangenen Geist und gegenseitige Liebe, wie sie Jesus selbst gelehrt hat. Von diesem Weg dürfen wir nicht abweichen, indem wir uns durch falsche Propheten verführen lassen. Der Glaube an Jesus von Nazaret ist kennzeichnend für den christlichen Glauben: „Jeder Geist, der Jesus Christus bekennt als im Fleisch gekommen, ist aus Gott." Mit dem Wort „Fleisch" bezieht sich der Apostel auf die Schwäche, die dem menschlichen Dasein zu eigen ist und die Jesus auf sich genommen hat, um es zu erlösen. Die Liebe Gottes ist wahrhaft derart groß, dass er die Schwäche aller angenommen hat, um uns zu retten. Die Entscheidung für die Schwäche des Fleisches muss anstößig erscheinen für ein Denken, das die Rettung von der menschlichen Stärke abhängig macht, von der Macht dieser Welt, von Einfluss und Reichtum und nicht vom Kreuz. Das Kreuz ist die logische Folge einer Liebe, die sich bis in die größte Tiefe des menschlichen Lebens erniedrigt, um es aus dem Abgrund von Sünde und Tod zu erretten. Am Kreuz erreicht die Liebe Jesu ihren Höhepunkt und wird daher zur Quelle des Lebens und des Heils. Wenn die Christen das Kreuz annehmen, lernen sie zu lieben, wie Jesus geliebt hat. Auf diese Weise besiegen sie die Macht des Bösen, das die Menschen zu Sklaven der Sünde und der Gewalt macht. Die Liebe besiegt die Welt und rettet den Menschen vor der Lüge.

Gebet mit Maria, der Mutter des Herrn

Mittwoch, 8. Januar

1 Joh 4,7–10. **Gott ist Liebe**

Noch einmal mahnt Johannes, „wir wollen einander lieben". In wenigen Versen wiederholt er dreimal: „Wir wollen einander lieben". Er nennt auch den Grund dafür: „denn die Liebe ist aus Gott". Und tatsächlich: „jeder, der liebt, stammt von Gott und erkennt Gott“. Mit einer in der Bibel einzigartigen Aussage umschreibt Johannes das Geheimnis Gottes: „Gott ist Liebe.“ Der heilige Augustinus kommentiert: „Stünde zum Lob auf die Liebe im ganzen Brief oder besser in der gesamten Schrift nichts anderes geschrieben, und hätten wir aus dem Mund des Heiligen Geistes nur diese Aussage gehört „Gott ist Liebe“, müssten wir nichts anderes suchen.“ Johannes fasst in der Aussage „Gott ist Liebe“ das Zeugnis der gesamten Heilsgeschichte zusammen. Denn obwohl es ihn oft verraten hat, erwählt Gott sein Volk, vergibt ihm und bleibt ihm treu. In Jesus Christus kommt diese Liebe zur Vollendung und erreicht in seiner Lebenshingabe zum Heil der Menschen ihre letzte Größe. Deshalb sagt er weiter: „Darin offenbarte sich die Liebe Gottes unter uns, dass Gott seinen einzigen Sohn in die Welt gesandt hat, damit wir durch ihn leben.“ Muss in diesem Sinn nicht auch der leidenschaftliche Gedanke verstanden werden, durch den er das Herz und die Gedanken der Gläubigen überzeugen möchte, wenn er schreibt: „„... wenn Gott uns so geliebt hat, müssen auch wir einander lieben“? Die Liebe, von der Johannes spricht, ist die Liebe, die er in Jesus erkannt hat. Wir können sie nur begreifen, weil Gott selbst sie uns offenbart. Johannes schreibt eindringlich an die Jünger: „Darin besteht die Liebe: Nicht dass wir Gott geliebt haben, sondern dass er uns geliebt und seinen Sohn als Sühne für unsere Sünden gesandt hat.“ Die in die Herzen der Jünger ausgegossene Liebe ist kein romantisches Gefühl, sondern die reine Liebe Gottes. Wer nicht liebt, ist fern von Gott und erkennt ihn nicht, weil eben Gott die Liebe ist. Wer sie jedoch aufnimmt, bleibt in Gott und erkennt ihn schon jetzt ganz und gar.

Gebet mit den Heiligen

Donnerstag, 9. Januar

1 Joh 4,11–18. **Wenn wir einander lieben, bleibt Gott in uns**

„„...wenn Gott uns so geliebt hat, müssen auch wir einander lieben“. Die Liebe unter den Christen ist nicht irgendeine Liebe. Sie muss von gleicher Qualität, Natur und Leidenschaft sein wie die Liebe Gottes zu uns. Wie ist aber eine solche Liebe möglich, so könnten wir uns fragen, da doch niemand „Gott … je geschaut“ hat? Johannes fährt fort: „wenn wir einander lieben, bleibt Gott in uns, und seine Liebe ist in uns vollendet“. Im Prolog des vierten Evangeliums schreibt der Evangelist: „Niemand hat Gott je gesehen. Der Einzige, der Gott ist und am Herzen des Vaters ruht, er hat Kunde gebracht“ (Joh 1,18). Jesus hat das Antlitz des Vaters offenbart. Wer Jesus betrachtet, kann voll Überzeugung sagen: „Gott ist Liebe.“ Denn in ihm spricht alles von einer vollkommen grenzenlosen Liebe. In diesem Johannesbrief heißt es nun, dass Gott in uns bleibt, wenn wir einander lieben. Es wird nicht gesagt, dass wir Gott sehen, sondern dass wir in ihm bleiben wie in einer Wohnstätte, wie in seinem Haus. In diesem Haus, in dem wir eingeladen sind zu leben, sind wir untereinander durch den Geist verbunden, den der Vater in unsere Herzen ausgegossen hat. Wenn wir in dieser als Geschenk empfangenen Liebe bleiben, dann können wir sein Wort halten und einander lieben. Das ist die Vollendung. Nicht weil wir keine Fehler hätten, sind wir vollendet, sondern weil wir uns von der Liebe Gottes umarmen lassen. Johannes folgert daraus, dass uns diese Liebe von aller Angst und Furcht befreit. In einer derart von Ängsten besetzten Welt sind die Christen Zeugen jenes Gottes, des Vaters, der uns so sehr liebt, dass er seinen einzigen Sohn für uns hingibt.

Gebet für die Kirche

Freitag, 10. Januar

1 Joh 4,19–5,4. **Wer Gott liebt, soll auch seinen Bruder lieben**

Voller Kühnheit sagt der Apostel, dass die Liebe der Christen vollkommen ist und betont die Einmaligkeit der Liebe nach dem Evangelium, die kein Werk des Menschen ist, sondern die Liebe Gottes selbst. Diese Liebe verbindet Gott in unauflösbarer Weise mit seinen Söhnen und Töchtern. Johannes betont erneut, dass unsere Fähigkeit zu lieben davon kommt, dass wir die Liebe Gottes in uns tragen, die er in unsere

Herzen ausgegossen hat. Auf allen Seiten der Bibel wird deutlich, dass es sich hierbei nie um eine abstrakte und inhaltslose Liebe handelt; sie ist kein romantischer und psychologischer Zustand. Im Gegenteil: Es ist eine sehr konkrete Liebe, eine fleischliche, und zwar in der Hinsicht, dass sie uns dazu drängt, den Leib der Armen zu berühren, uns den Armen physisch zu nähern und uns konkret um sie zu sorgen. Ebenso führt sie uns auch dazu, am Leben der Gemeinschaft der Gläubigen teilzuhaben und uns auch für die Veränderung der Welt einzusetzen. Deshalb kann der Apostel sagen, dass es nicht möglich ist, Gott zu lieben, wenn man nicht seine Brüder und Schwestern liebt, wenn man sich nicht der Armen annimmt und sich nicht daran beteiligt, die Welt geschwisterlicher zu machen. Wenn jemand sagt, er liebt Gott, aber seine Brüder und Schwestern nicht liebt, so ist er ein Lügner. Dies betont Johannes ganz deutlich und bietet dafür die Erklärung: „Denn wer seinen Bruder nicht liebt, den er sieht, kann Gott nicht lieben, den er nicht sieht." Die gesamte Schrift ist von dieser Überzeugung durchdrungen, dass die Gottesliebe und die Nächstenliebe nicht voneinander zu trennen sind. In Jesus wird diese Liebe in all ihren Dimensionen sichtbar: Wir sollen nicht nur die lieben, die uns lieben, sondern alle, sogar unsere Feinde. So wird unsere Liebe vollkommen sein.

Gebet des heiligen Kreuzes

Samstag, 11. Januar

1 Joh 5,5–13. **Der Glaube, Zeugnis Gottes**

Es gibt einen direkten Zusammenhang zwischen Glaube, Liebe und einem Leben nach dem Evangelium. Durch eine solche Liebe besiegen die Christen nach dem Vorbild Jesu das Böse in der Welt. Johannes sagt, dass die Liebe Jesu im Wasser und im Blut gekommen ist und daher vom Tag der Taufe Jesu im Jordan an bis zum Tod am Kreuz offenbar wurde. Durch den Heiligen Geist ist dieses Liebesgeheimnis in uns lebendig. Der Heilige Geist befreit uns von der Einsamkeit und bewirkt, dass wir in die Gemeinschaft der Kirche eintreten und dass wir den spirituellen Geschmack der Heiligen Schrift kosten. Er macht uns zu einem priesterlichen Volk, das die heilige Liturgie feiert, zu einem königlichen Volk, das die Kraft besitzen kann, die Welt zu verändern, indem es von der Liebe zu den Ärmsten ausgeht. Der Geist lässt in unseren Herzen die Fülle der Liebe Jesu wohnen und befähigt uns zur Liebe. Um die Christen von der Schönheit der Liebe des Evangeliums zu überzeugen, erklärt der Apostel, dass die Gebote Gottes nicht schwer und keine Last für das Leben sind. Sie befreien uns vielmehr von der Sklaverei der Selbstliebe und der Beherrschung durch die Zeitströmungen. Dabei muss man an die Worte voller Mitleid denken, die Jesus zur Menschenmenge sprach: „Kommt alle zu mir, die ihr mühselig und beladen seid! Ich will euch erquicken. Nehmt mein Joch auf euch und lernt von mir; denn ich bin gütig und von Herzen demütig; und ihr werdet Ruhe finden für eure Seele. Denn mein Joch ist sanft und meine Last ist leicht“ (Mt 11,28–30). Hier im Johannesbrief erklingt das Echo dieser Worte Jesu. Sie besagen, dass uns das Evangelium nicht als Belastung für unser Leben gegeben wird, sondern um uns schon jetzt zu helfen, ein erfülltes Leben mit dem auferstandenen Jesus zu führen. Johannes betont, dass, wer „den Sohn hat“, schon das ewige Leben hat und so bereits jetzt Anteil hat an der Fülle des Lebens, die von Gott kommt und in Jesus ganz offenbar geworden ist.

Gebet der Vigil

Sonntag, 12. Januar: Fest der Taufe des Herrn

Jes 42,5a.1–4.6–7; Ps 29; Apg 10,34–38; Mt 3,13–17

Die Liturgie dieses Sonntags erinnert uns an die Taufe Jesu und möchte uns somit an seiner dritten Epiphanie teilhaben lassen, an der dritten Offenbarung. Die erste geschah in der Weihnachtsnacht vor den Hirten und die zweite vor den Magiern zu Dreikönig. Jesus, so schreibt das Matthäusevangelium, kam „von Galiläa an den Jordan zu Johannes, um sich von ihm taufen zu lassen“. Und er mischte sich unter dieses Volk, das zusammenströmte, um gemeinsam auf die Rettung zu war-

ten, die allen Recht und Gerechtigkeit bringen möge. Er stellte sich in die Reihe, um die Taufe zu empfangen, wenn er an der Reihe war. Bereits in dieser Haltung kann man die Demut Jesu erkennen und die Demut, die den Gesandten Gottes charakterisiert, wie ihn Jesaja beschreibt: „Er schreit nicht und lärmt nicht und lässt seine Stimme nicht auf der Gasse erschallen. Das geknickte Rohr zerbricht er nicht“. Jesus tritt sogleich auf als Mensch unter Menschen, der keine Privilegien einfordert, sich nicht hervortut auf Kosten der anderen, der gemeinsam mit den anderen das Heil für das ganze Volk Israel erwartet. Johannes aber, dessen Herz vom Gebet genährt wird und dessen Augen von der Schrift erleuchtet sind, konnte ihn, sobald er ihn zusammen mit anderen mitten in der Menge näher kommen sah, als den Gesandten Gottes erkennen und wollte ihn nicht taufen: „Ich müsste von dir getauft werden und du kommst zu mir?“ Doch angesichts der Beharrlichkeit Jesu musste er nachgeben.
Diese Erinnerung an die Taufe lässt uns besser das verstehen, was wir als Kinder erfahren haben, dass nämlich die Taufe das erste der Sakramente ist, jenes Sakrament, das uns vom Alleinsein befreit und uns in die Taufe Jesu eintauchen lässt, um an seinem Volk teilzuhaben. Tatsächlich kann sich niemand selbst taufen. Niemand kann sich selbst den Geist und die Gnade des Herrn schenken. Jesus selbst hat es als demütiger Sohn bewirkt, dass der Geist auf ihn herabkommt, und in diesem Moment – so merkt der Evangelist an – „öffnete sich der Himmel und er sah den Geist Gottes wie eine Taube auf sich herabkommen“. Die Taufe Jesu erinnert uns daran, dass sich der Himmel über uns geöffnet und der Geist der Liebe Gottes uns umhüllt hat.
Unabhängig davon, ob wir als Erwachsene oder Kinder getauft werden, ist die Taufe immer ein Geschenk, eine von Gott empfangene Gnade. Der Herr entscheidet sich für uns, bevor wir uns für ihn entscheiden können. Er liebt uns nicht aufgrund unserer Verdienste und Werke, nicht aufgrund der großen oder kleinen Dinge, die wir getan haben, die wir vor ihn bringen und derer wir uns rühmen könnten. Gott hat uns unentgeltlich durch seine Liebestat erwählt. Er liebt uns immer, auch wenn wir nicht davon Notiz nehmen. Es ist dies eine unentgeltliche und ewige Liebe. Wir können uns von ihr entfernen, sie vergessen oder sie gar beleidigen. Gott aber wird uns niemals verges-

sen. Deshalb kann die Taufe nicht wiederholt werden: Sie ist ein Wort der ewigen Liebe Gottes, das Gott uns zuspricht.
Die Taufe lässt uns Anteil haben an seinem Volk, das er erwählt hat, um allen Völkern der Erde das Evangelium der Liebe zu verkünden. An diesem Festtag der Taufe Jesu befreit uns der Herr von der Liebe zu uns selbst und nimmt uns hinein in seinen Plan der Liebe. Wir wurden auf die Taufe Jesu getauft, um gleichsam zu sagen, dass unsere Taufe mehr seine Taufe als unsere ist. Der Vater im Himmel sagt noch immer, indem er auf den Sohn und auf uns alle gemeinsam mit ihm blickt: „Dieser ist mein geliebter Sohn, an dem ich Wohlgefallen gefunden habe".

Gebet am Tag des Herrn

ZEIT IM JAHRESKREIS

Montag, 13. Januar

1 Sam 1,1–8. **Hannas Betrübnis wegen ihrer Kinderlosigkeit**

In den ersten Wochen im Jahreskreis werden in diesem Jahr für die Eucharistiefeier Lesungen aus dem ersten und zweiten Buch Samuel vorgeschlagen. In den letzten Kapiteln des Buches der Richter wird mit Israel eine Gemeinschaft dargestellt, in der die Religion fast keine Rolle mehr spielt (Ri 17–18) und in der moralische Grundsätze nichts mehr bedeuten (Ri 19–21). Dabei besitzt sie nicht die Fähigkeit oder besser gesagt nicht den Willen, aus dieser Situation heraus zu kommen. Das Gebiet, in dem das Volk lebt, ist klein. In dessen Mitte befindet sich Schilo mit der Bundeslade. Israel ist von Völkern umgeben, die Monarchien sind, und so fordert es auch für sich einen König, der es beschützt und verteidigt vor den Angriffen der Nachbarvölker. Das gesamte Buch Samuel ist auf das Kommen eines Königs ausgerichtet, auf David, der das Reich festigen und es von Ägypten bis zum Euphrat ausdehnen wird. Die Geschichte, die zur Königsherrschaft Davids über Israel führt, beginnt mit der Erzählung von einer Frau namens Hanna, die wegen ihrer Unfruchtbarkeit traurig und niedergeschlagen ist. Der Übergang Israels aus den Schwierigkeiten zum Wohlstand beginnt nicht mit einer großartigen Theorie und auch nicht in einem glänzenden Palast. Er ist kein menschlicher Verdienst. Die Familie Elkanas hatte zwar eine große Vergangenheit, wie man aus dem Stammbaum verstehen kann. Doch sie ist dazu bestimmt, keine Zukunft zu haben. Zudem scheint es, dass die Unfruchtbarkeit der Ehefrau ein Werk des Herrn ist: „weil der Herr ihren Schoß verschlossen hatte“. Die Situation scheint ausweglos. Für Hanna kommen zur Unfruchtbarkeit auch noch die Beleidigungen ihrer Rivalin Peninna, Elkanas zweiter Frau, hinzu. Jedes Jahr, wenn Elkana von seiner Stadt nach Schilo hinauf zog und ein Opfer darbrachte, gab er vom Opfermahl Peninna den Anteil für sie und deren Kinder, und damit mehr Anteile als Hanna, was Peninna sie wahrscheinlich spüren ließ. Trotz der Liebe ihres Mannes wird Hanna sehr niedergeschlagen und verzweifelt, bis dahin, dass sie nichts isst. Die Worte des Ehemanns genügten nicht. Hanna begriff, dass nur der Herr ihr helfen konnte. Gott ist es, der eingreift. Nur mit seiner Hilfe kann sich alles ändern.

Gebet für die Kranken

Dienstag, 14. Januar

1 Sam 1,9–20. **Der Herr dachte an Hanna, sie gebar einen Sohn und nannte ihn Samuel**

Die Verzweiflung Hannas wegen ihrer Unfruchtbarkeit verwandelt sich in Gebet. Sie weiß, dass sie sich Gott anvertrauen kann. Im Tempel von Schilo betet sie lange vor dem Herrn und verspricht ihm, dass sie den Sohn, den er ihr gewährt, ihm weihen wird. Hanna zeigt nicht nur, dass sie ihr volles Vertrauen in Gott setzt, sondern auch, dass sie uneigennützig ist: Sie erbittet einen Sohn nicht für sich selbst, sondern damit er dem Herrn diene. Hanna betet ohne Unterlass. Sie weiß, wenn ihr Gebet erhört wird, so ist dieser Sohn allein ein Geschenk des Herrn und seines Wohlwollens ihr gegenüber. Der Priester Eli, der sie beim Beten beobachtet, denkt, sie sei betrunken, denn ihr Beten entspricht wenig den herkömmlichen Formen. Es war sicherlich nicht das gedankenlose Aufsagen irgendwelcher Formeln. Es war der Schrei einer Frau am Rande der Verzweiflung. Eli versteht das nicht und weist Hanna zurecht. Doch sie sagt: „Ich bin eine unglückliche Frau … ich habe nur dem Herrn mein Herz ausgeschüttet". Da beruhigt Eli sie und segnet sie mit diesen Worten: „Geh in Frieden! Der Gott Israels wird dir die Bitte erfüllen, die du an ihn gerichtet hast". Aus den Worten Elis entnimmt Hanna, dass sie erhört worden ist und zweifelt nicht „dass sich erfüllt, was der Herr ihr sagen ließ" (vgl. Lk 1,45). Ihr Schmerz und ihre Verzweiflung sind wie ausgelöscht. Sie ist eine neue Frau. Das Leben wurde ihr wieder gegeben. Wie schon die Kirchenväter sagten, der Herr hat ihren Leib gesegnet, weil sie an das Wort Gottes glaubte. Hanna weiß genau, Samuel ist der Sohn, den der Herr ihr in seiner Barmherzigkeit schenkt.

Gebet mit Maria, der Mutter des Herrn

Mittwoch, 15. Januar

Fest des Schwarzen Christus von Esquipulas in Guatemala, der in ganz Mittelamerika verehrt wird.

1 Sam 3,1–10.19–20. **Rede, Herr, denn dein Diener hört**

Der heutige Text beginnt mit einer Bemerkung über Samuel: Er „versah den Dienst des Herrn unter der Aufsicht Elis". Unmittelbar danach heißt es: „In jenen Tagen waren Worte des Herrn selten; Visionen waren nicht häufig." Es war eine schwere Zeit in der Geschichte Israels. Alles scheint auf den Untergang Israels zuzugehen, ohne dass die Möglichkeit einer Neugeburt besteht. Das Fehlen einer Prophetie bedeutete, dass Gott selbst abwesend schien und damit ein Licht fehlte, das zeigt, welcher Weg einzuschlagen sei. Weil Worte des Herrn selten waren, war es auch unmöglich, Visionen zu haben, weite und kühne Perspektiven, die eine schöne Zukunft für das ganze Volk Israel sichtbar werden ließen. Diese Überlegungen könnten auch auf unsere Tage übertragen werden. Auch heute sind Visionen selten; wer träumt schon von einer gerechteren und menschlicheren Welt, die nicht von so vielen Ungerechtigkeiten geprägt ist? Wir befinden uns in einer globalen Welt, aber es fehlen universale Visionen, die die ganze Menschheitsfamilie umfassen. Der Priester Eli, der doch Visionen hätte haben müssen, war alt und blind geworden und lebte zurückgezogen in seinem Zimmer. Samuel war noch jung. Trotzdem – so heißt es im heiligen Text – war „die Lampe Gottes … noch nicht erloschen". Der Herr wachte über sein Volk. Seine Liebe ist nämlich weit größer als die seiner Kinder. Und so ruft der Herr Samuel, während er schläft. Dreimal hört Samuel den Ruf Gottes, und jedes Mal läuft er zu Eli. Beim dritten Mal sagt ihm der Priester, was er tun soll. Samuel lebt zwar seit Jahren im Heiligtum in direktem Kontakt zum Hohenpriester, aber er kennt den Herrn noch nicht. Man kann vieles über Gott wissen und trotzdem keinen persönlichen Kontakt mit ihm haben. Drei Mal, das bedeutet mehrere Male, hörte Samuel die Stimme des Herrn. Und mit Hilfe des alten Eli antwortete er schließlich: „Rede, denn dein Diener hört." Er erhielt die Offenbarung Gottes. Seit diesem Moment ist das Wort Gottes nicht mehr selten. Durch ihn wurde das Wort sogar zu einer Kraft der Veränderung. Die Anmerkung des heiligen Autors ist voller Sinnhaftigkeit: „Samuel wuchs heran und der Herr war mit ihm und ließ keines von all seinen Worten zu Boden fallen“. Dies ist eine Ermahnung für jeden Gläubigen, dass wir wie Samuel heranwachsen, indem wir den Herrn auf unserer Seite wissen und keines seiner Worte ins Leere fallen lassen. Der Herr vertraut jedem von uns die Kraft seines Wortes an, damit sie wirksam wird.

Gebet mit den Heiligen

Donnerstag, 16. Januar

1 Sam 4,1b–11. **Niederlage der Israeliten und Verlust der Bundeslade**

Dieser Abschnitt berichtet über die erste Auseinandersetzung zwischen den Philistern, den wahren Herren des Landes, und den Israeliten. Diese erleiden eine totale und bittere Niederlage. Die Ältesten verstehen, dass die Niederlage auf das Fehlen der Bundeslade bei der Schlacht zurückzuführen ist. Als das Volk die Bundeslade in ihre Mitte zurückkehren sieht, jubelt es vor Begeisterung so laut, dass die Philister sich Sorgen machen als sie es hören. Sie fürchten sich vor dem Gott Israels. Sie kennen seinen Namen nicht, aber sie spüren, dass seine Macht nun in Israel gegenwärtig ist und sich gegen sie richtet. Die Philister interpretieren die Geschichte und den Glauben Israels richtig und erinnern sich mit Schrecken an das, was den Ägyptern zugestoßen ist, aber sie kapitulieren nicht. Im Gegenteil, aus Angst von den Israeliten unterworfen zu werden, finden sie zurück zu ihrem Mut und ihrer Kühnheit. Die Philister nehmen den Kampf auf und siegen ein zweites Mal. Auch die Bundeslade, in die Israel sein Vertrauen setzte und vor der die Philister vor Angst erzitterten, kann Israel nicht vor der Niederlage bewahren. Sie wird sogar von den Philistern erbeutet. Dafür gibt der Verfasser jedoch keinerlei Erklärung. Die Niederlage kann nicht mehr als Folge der

Abwesenheit Gottes verstanden werden, der ja in der Bundeslade anwesend ist. Der Herr hat diese Niederlage jedoch zugelassen. Israel ist darüber sehr verstört. Das Problem war nicht die Abwesenheit Gottes, sondern man musste sich fragen, was Israel aus seiner Beziehung zum Herrn gemacht hatte. Die Erbeutung der Bundeslade und die Tötung der beiden Söhne Elis, die für den Transport der Bundeslade verantwortlich waren, zeigen, dass es nicht genügt, dem Herrn äußerlich nachzufolgen, wenn das Herz und das Verhalten sich weit von seinem Gesetz entfernen. Wenn das Herz fern von Gott ist, dann macht die An- oder Abwesenheit der Bundeslade nicht den geringsten Unterschied. Israel wird besiegt. Eine Niederlage, die noch bitterer erscheint. Doch der Bund mit Gott hält nur durch eine direkte und persönliche Beziehung zum Herrn. Der Glaube ist – vor allen rituellen Handlungen – vor allem eine freundschaftliche Verbindung zwischen Gott und dem Menschen. Die Bundeslade ist zwar der Ort der Anwesenheit Gottes, doch vom Gläubigen wird eine Bindung an den Herrn verlangt wie die eines Sohnes oder einer Tochter zum Vater. Diese Bindung wird durch die Bundeslade gefördert, aber sie kann sie nicht ersetzen.

Gebet für die Kirche

Freitag, 17. Januar

Gedenktag des heiligen Abts Antonius († 356). Er folgte dem Herrn in die Wüste Ägyptens und wurde zum Vater vieler Mönche.
Tag der Reflexion über die Beziehung zwischen Judentum und Christentum.

1 Sam 8,4–7.10–22. **Ihr werdet wegen eures Königs um Hilfe schreien, aber der Herr wird euch nicht antworten**

Das achte Kapitel des ersten Buches Samuel nimmt eine Schlüsselstellung innerhalb der Geschichte des Königtums in Israel ein. Das Volk selbst fordert vom Herrn einen König. Samuel ist alt und noch im Amt, aber seine Söhne, die von ihm als Richter eingesetzt wurden, „gingen nicht auf seinen Wegen, sondern waren auf ihren Vorteil aus“ (1 Sam 8,3). Mit ihrem Verhalten verraten sie das Prinzip, auf das sich die Stabilität Israels gründete, nämlich die Wahrung der Gerechtigkeit für einen jeden ohne Privilegien und Bevorzugung. Ihre Verderbtheit greift das Zusammenleben in Israel radikal an. Samuel seinerseits hat nicht die Kraft, sie zurechtzuweisen oder gar aufzuhalten. Die Korruption ist überall verbreitet und die Situation des Volkes war aller Kontrolle entglitten. Die Ältesten des Volkes beschließen nun, einen König zu fordern, „wie es bei allen Völkern der Fall ist“. Samuel schmerzt diese Forderung. Doch der Herr, der ein tieferes Verständnis hat, erklärt es ihm: „... denn nicht dich haben sie verworfen, sondern mich haben sie verworfen: Ich soll nicht mehr ihr König sein“. Der Herr betont, dass die gesamte Geschichte Israels daraus besteht, dass sie ihn immer wieder verließen und anderen Göttern nachliefen. Er sagt zu Samuel, er solle den Ältesten gewähren, was sie von ihm fordern. Er heißt das nicht gut, aber er verhindert es nicht. Er fordert aber Samuel dazu auf, die Israeliten vor den Konsequenzen ihrer Entscheidung zu warnen. Das Volk wird von Neuem versklavt werden: „Ihr selber werdet seine Sklaven sein.“ Im Volk Israel ist die Erinnerung an den Exodus, an die Befreiung aus der Sklaverei, lebendig. Es muss davor gewarnt werden, dass das Königtum die alte Situation der Sklaverei wieder aufleben lässt. Wenn das Volk zu Gott schreien wird, um sich zu beklagen, wird der Herr nicht antworten. Mit der Forderung nach einem König wird der Kern dieses einmaligen Bundes, der den Herrn mit absoluter Treue an Israel bindet, zerbrochen. Das Volk zieht es vor, sich der Mentalität der anderen Völker anzupassen und denkt, dass der König der wahre Garant seiner Freiheit ist. Der Herr, der sein Volk mit Liebe und nicht als Tyrann führen möchte, lässt Israel die Freiheit, aber er warnt es, dass die Forderung nach einem König aus blindem Stolz geboren ist und zum Untergang führt. Zum Glück ist Gottes Liebe jedoch stärker als unser Verrat. Aber mit dem Herzen darf man nicht spielen, weder mit unserem noch mit dem Herzen Gottes.

Gebet des heiligen Kreuzes

Samstag, 18. Januar

Beginn der Gebetswoche für die Einheit der Christen. Besonderes Gedenken an die katholische Kirche.

1 Sam 9,1–4.17–19; 10,1. **Die Erwählung Sauls**

Der Herr lässt sich zutiefst von der traurigen Situation seines Volkes berühren. Er greift ein und lenkt die Ereignisse, die äußerlich zweitrangig zu sein scheinen und, wie in diesem Fall, mit weniger bedeutenden Persönlichkeiten in Zusammenhang stehen. In Wirklichkeit bedient Gott sich gerade der kleinen Dinge, damit sich zeigt, dass alles ganz und gar sein Werk ist. Auch die Erwählung Sauls folgt dieser Logik. Als Saul die Nachricht von Samuel erhält, ist er überrascht und wendet ein: „Bin ich nicht ein Benjaminiter, also aus dem kleinsten Stamm Israels? Ist meine Sippe nicht die geringste von allen Sippen des Stammes Benjamin? Warum sagst du so etwas zu mir?" (1 Sam 9,21). Doch Gott handelt so. Am Vortag weist Gott den Samuel auf das bevorstehende Ereignis hin. In der Begegnung mit Saul vollzieht sich dessen Einsetzung als König. Es handelt sich dabei nicht um einen esoterischen und geheimnisvollen Ritus. Vielmehr verwirklicht sich Gottes Plan in der menschlichen Begegnung und dem direkten, persönlichen Gespräch zwischen den beiden. Saul kennt Samuel nicht und er greift auch nicht auf besondere Mittel zurück, um ihn zu finden. Er stellt sicher, dass Samuel kein Seher ist, sondern ein Prophet, also ein Gottesmann. Zuerst fragt er die Mädchen, dann einen Unbekannten, den er auf der Straße trifft. Auch Samuel kennt Saul nicht, aber er verlässt sich auf den Herrn, der ihm den Erwählten zeigen wird. Saul sucht die verlorengegangenen Eselinnen und geht zu einem Propheten. Er will ihn auch für seine Hilfe entlohnen, die er ihm geben kann. Stattdessen wird er jedoch bei einem Festmahl aufgenommen und eingeladen, die Nacht in der Stadt zu verbringen. Er will sich nach seinen Eselinnen erkundigen und ihm wird zugesichert, dass ihm über alles Auskunft gegeben wird, was er auf dem Herzen hat. Er besitzt nichts – der Viertel-Silberschekel gehört dem Sklaven – und doch wird ihm gesagt, dass ihm und seiner

Familie alles gehört, „was in Israel kostbar ist“, einem Mitglied des kleinsten Stammes und der unwichtigsten Familie dieses Stammes. Die Frage wird nicht beantwortet, aber Samuel lässt ihn beim Festmahl auf dem Ehrenplatz sitzen: „An jenem Tag aß Saul zusammen mit Samuel.“ (1 Sam 9,24). Bei diesem Essen gemeinsam an einem Tisch wird ein Band der Liebe und der Geschwisterlichkeit geknüpft. Die Freundschaft ist in der Bibel ein grundlegender Bestandteil des Glaubens; sie ist die Art und Weise den Glauben mit Gott und untereinander zu leben.

Gebet der Vigil

Sonntag, 19. Januar: 2. Sonntag im Jahreskreis

Gebet für die Einheit der Christen. Besonderes Gedenken an die orthodoxen Kirchen.

Jes 49,3.5–6; Ps 40; 1 Kor 1,1–3; Joh 1,29–34

An diesem zweiten Sonntag im Jahreskreis führt uns das Evangelium noch einmal an das Ufer des Jordans zur Taufe Jesu. Anders als die synoptischen Evangelisten beschreibt der vierte Evangelist nicht die Taufe selbst, sondern er deutet sie im Zeugnis des Täufers nur an, der „als Zeuge [kam], um Zeugnis abzulegen für das Licht“ (Joh 1,7). Johannes sieht „Jesus auf sich zukommen“. Jesus kommt auf Johannes zu, nicht umgekehrt. Es ist Jesus, der auf uns zukommt. Er tut es mit Demut, mit Feingefühl und ohne sich auf gewalttätige Weise aufzudrängen. Auch heute noch nähert sich der Herr auf diese Weise den Männern und Frauen dieser Welt.
Der Täufer kehrt zurück, um uns zu helfen, die Augen unseres Herzens zu öffnen und dieses Geheimnis zu sehen. Die Gewohnheit kann uns ablenken, die Konzentration auf uns selbst trübt unsere Sicht und der Stolz macht uns blind. Der Täufer dient uns als Vorbild. Er hat keine Angst zu sagen: „Ich kannte ihn nicht.“ Auch wenn er ihn früher einmal gesehen hatte, so hatte er doch das wahre Wesen

Jesu nicht verstanden. Auch er hatte es nötig, sich nicht mit dem zufrieden zu geben, was er wusste, seine Suche fortzusetzen, aus seinen Gewohnheiten hinauszugehen und die Offenbarung Gottes zu erwarten. So handelte er und der Herr erhörte ihn. Auch als er im Gefängnis war, hörte er nicht auf zu suchen und sandte seine Jünger, um Jesus zu befragen. Es ist leicht für uns, uns anzumaßen, den Herrn schon zu kennen, genug vom Evangelium zu wissen, und uns gleichsam dispensiert zu fühlen von der tieferen Suche nach dem Angesicht Jesu, von einem wärmeren und leidenschaftlicheren Verständnis dieses Geheimnisses der Liebe. Unsere, auch spirituelle, Faulheit lässt uns glauben, dass es möglich ist, von den Zinsen zu leben indem wir mehr oder weniger müde so weiterleben wie immer. Das Beispiel des Täufers drängt uns, Jesus besser kennenzulernen und bereitwilliger und großzügiger auf die Fragen der Liebe zu antworten, die sich weiter in den vielen menschlichen und geographischen Peripherien dieser Welt auftun. Wenn selbst Johannes, der so vom Geist erfüllt war, sagte: „Ich kannte ihn nicht“, wie sehr müssen wir es dann sagen? Vergessen wir nicht, dass er kurz vorher zur Menge gesagte hatte: „Mitten unter euch steht einer, den ihr nicht kennt…“ (Joh 1,26).

Ahmen wir den Wunsch des Täufers nach, Jesus zu begegnen. Es gibt viele Arten, um diese Erwartung zu leben, aber alles beruht darauf, das Evangelium von Neuem in die Hand zu nehmen und es mit der Beharrlichkeit von Söhnen und Töchtern zu hören. Versuchen wir, seine Seiten zu öffnen, und wenn wir unser Herz berühren lassen, werden wir sehen, wie der Herr sich uns nähert. Wir werden ihn sehen, wie „das Lamm Gottes, das die Sünde der Welt hinwegnimmt“; wir werden ihn sehen als denjenigen, der unsere Mühe, unsere Angst, unsere Kreuze, unsere Zweifel, unsere Unsicherheit und unsere Sünden auf sich nimmt. Mit diesem Wissen beginnen wir, diesem Herrn nachzufolgen.

Gebet am Tag des Herrn

Montag, 20. Januar

Gebet für die Einheit der Christen. Besonderes Gedenken an die altorientalischen Kirchen (die syrisch-orthodoxe, koptische, armenische, äthiopische und syro-malabarische Kirche) und an die assyrische Kirche.

1 Sam 15,16–23. **Gehorsam ist besser als Opfer**

Samuel erinnert Saul an die Bedeutung der königlichen Salbung: dem Herrn zuhören, ihm gehorchen – „shemà" (1 Sam 15,1). Nach diesem Aufruf zum Zuhören befiehlt Samuel dem Saul, die Amalekiter zu zerstören, ohne irgendjemanden zu verschonen, weil sie sich in der Vergangenheit Israel immer wieder widersetzt haben. Dieser Befehl ist schwer zu verstehen, wenn man ihn losgelöst von der Mentalität der damaligen Zeit betrachtet, doch er offenbart die Radikalität des Handelns Gottes. Saul gehorcht und besiegt die Amalekiter. Er führt aber den Befehl, sie völlig zu vernichten, nicht wortgetreu aus, auch weil er dem Volk gefallen will. In der Nacht hat Samuel eine Vision, in der Gott selbst zu ihm sagt: „Es reut mich, dass ich Saul zum König gemacht habe". Der Herr bedauert, dass er Saul ausgewählt hat und nimmt seine Erwählung zurück, weil er nicht gehorcht hat. Saul kann weiterhin das Amt des Königs innehaben, aber er ist nicht mehr der Gott gehorsame König, und deswegen auch nicht mehr Samuels König. In der Begegnung zwischen Samuel und Saul nach der Schlacht versucht Saul, dem Herrn gegenüber seine Treue zu bezeugen. Samuel weiß jedoch gut, was geschehen ist. Hintersinnig fragt er Saul nach dem Blöken der Schafe und dem Gebrüll der Rinder, das er hört. Saul verteidigt sich und beschuldigt das Volk, die Beute genommen zu haben. Hier zeigt sich die perverse Logik dessen, der sich verteidigt, indem er die anderen beschuldigt. Samuel weist die Selbstverteidigung Sauls zurück und beschuldigt ihn des Ungehorsams. Zudem erinnert er ihn daran, dass er alles dem Herrn verdankt, der ihn erwählt und gesalbt hatte, damit er nur auf seine Stimme hört und nur ihm gehorcht. Saul hat sich entschieden zuzuhören, aber nur bis zu einem bestimmten Punkt. Der Prophet erinnert ihn daran: „Hat der HERR an Brandopfern und Schlachtopfern das gleiche Gefallen wie am Gehorsam gegenüber der Stimme des HERRN? Wahrhaftig, Gehorsam ist besser als Opfer, Hinhören besser als das Fett von Widdern“. Sauls Reaktion darauf ist in diesem Moment ehrlicher. Er gibt zu, dass er auf das Volk und nicht auf den Herrn – oder Samuel – gehört hat. Aber das genügt nicht. Das Urteil des Herrn ist endgültig. Saul richtet einen letzten verzweifelten Appell an Samuel und greift nach dem Zipfel seines Mantels – doch umsonst (1 Sam 15,27). Die Herrschaftswürde ist Saul entrissen. Samuel bestätigt ihm, dass sie „einem anderen, der besser ist als du“ (1 Sam 15,28) gegeben wird. David wird nicht erwähnt, aber die Anspielung ist deutlich. Saul akzeptiert das Unvermeidliche (1 Sam 15,30). Er gesteht noch einmal seine Schuld und fleht Samuel an, ihm zu erlauben, in den Augen der Ältesten seines Volkes sein Gesicht wahren zu können. Samuel erhört ihn, doch die Religiosität Sauls ist von einem tiefen Ungehorsam geprägt, der das Wort Gottes unwirksam macht.

Gebet für den Frieden

Dienstag, 21. Januar

Gebet für die Einheit der Christen. Besonderes Gedenken an die anglikanischen Kirchen.

1 Sam 16,1–13. **Davids Salbung**

Samuel soll sich in ein neues Gebiet begeben, weil der Herr dort einen neuen König ausersehen hat: „Denn ich habe mir einen von seinen Söhnen als König ausersehen.“ Samuel erkennt, wie riskant das Unternehmen ist und wendet ein: „Saul wird es erfahren und mich umbringen.“ Aber der Herr empfiehlt ihm, nach Betlehem zu gehen, um das Hindernis zu umgehen. Als er in der kleinen Stadt ankommt, haben dessen Einwohner Angst. Sie wissen genau, wer Samuel ist, und sie meinen, dass er Unruhe in ihre Stadt bringen könnte. Nachdem Samuel sie beruhigt hat, bringt er das Opfer dar und begegnet dem Isai, der seine Söhne der Reihe nach vor den Propheten treten lässt. Isai und die Ältesten wissen nicht, dass sie einem für das Leben Israels entscheidenden Ereignis beiwohnen. Eliab, Isais ältester Sohn, ist schön und Samuel fühlt sich von ihm angezogen; aber der Herr, der direkt zum Propheten spricht, ermahnt ihn, nicht auf sein Aussehen zu achten. Eliab wird weggeschickt, und auch die anderen Söhne Isais werden alle als ungeeignet befunden. Es fehlt der achte Sohn, der Jüngste. Dem Vater schien es nicht einmal der Mühe wert, ihn dem Propheten vorzustellen. Samuel lässt ihn holen. Sie setzen sich nicht zu Tisch, bis der achte Sohn erscheint. Es ist eine einzigartige Szene: Die Ältesten warten alle stehend auf diesen jungen Mann, dessen Name nicht einmal genannt wird. Endlich kommt der junge David. Er ist es, den der Herr auserwählt hat, damit er über Israel herrscht. David „war rötlich, hatte schöne Augen und eine schöne Gestalt". „Er ist es", hört Samuel Gott sagen. Der Prophet salbt ihn sofort mit Öl. Israel hat nun von Gott einen neuen König bekommen: „Und der Geist des HERRN war über David von diesem Tag an". Der Herr und Samuel sind nun an diesen jungen Mann gebunden, der Israel regieren soll. Die Salbung hat ihn zum Gesandten Gottes gemacht. Dies geschieht mit jedem Christen, wenn er bei der Taufe gesalbt wird. Seine Größe liegt nicht in seiner Gestalt oder in seiner Weisheit, sondern nur in der Erwählung und der Liebe Gottes. Es ist der Herr, der durch die Kraft seines Geistes Großes in seinen Kindern bewirkt.

Gebet mit Maria, der Mutter des Herrn

Mittwoch, 22. Januar

Gebet für die Einheit der Christen. Besonderes Gedenken an die protestantischen Kirchen und kirchlichen Gemeinschaften (Lutheraner, Reformierte, Methodisten, Baptisten, Pfingstkirchen und Evangelikale).

1 Sam 17,32–33.37.40–51. **David besiegt Goliat**

Saul gelingt es nicht, Israel vor den Philistern zu verteidigen, deren Bedrohlichkeit in der Person des Goliat Gestalt annimmt. Wenn Goliat als Riese bezeichnet wird, dann ist das nicht nur ein sprachliches Bild; er ist wirklich ein imposanter Mann, dessen Aussehen ganz Israel vor Angst erzittern lässt. Zudem hat er eine vollständige Rüstung: Helm, Schuppenpanzer, Beinschienen, Speer und Sichelschwert. Er ist der Archetyp des Kriegers. Zu seiner schrecklichen Bewaffnung kommen noch hochtrabende Worte hinzu. Er ist sich seiner sicher. Israel ist davon eingeschüchtert. Doch dann tritt David vor, ein junger Mann, der achte Sohn einer unbedeutenden Familie, der nicht weiter auffällt. Doch er kann es kaum erwarten, in den Kampf einzutreten. Die anderen sind verschreckt und können weder denken noch sprechen; David dagegen fragt mit einer selbstsicheren Einstellung: „Wer ist denn dieser unbeschnittene Philister, dass er die Schlachtreihen des lebendigen Gottes verhöhnen darf?" (1 Sam 17,26). David weiß, dass der Herr Israel beschützt. Für ihn ist es undenkbar, den Ausgang einer Schlacht abzuschätzen, ohne an Gott zu denken. Er ist wirklich ein Mann „nach dem Herzen" Gottes (1 Sam 13,14). So ist seine Frage, die naiv erscheint, ein deutlicher Vorwurf an seine Brüder und am Ende auch an Saul. David weiß, dass der Herr bei seinem Volk ist. Er geht daher zu Saul und erzählt ihm von seiner Erfahrung und seiner Eignung (1 Sam 16,18): Er hat seine Herde vor Löwen und Bären beschützt und konnte die Schafe vor den Tieren retten, die sie angriffen (1 Sam 17,35). Den Philister will er wie eines dieser Raubtiere behandeln, die er ohne Angst vernichtet hat. Der Hauptgrund für Davids Mut ist, dass dieser Philister den lebendigen Gott herausgefordert hat. Niemand anderes im Text außer David erwähnt den Namen Gottes. Er zweifelt nicht an der Hilfe Gottes. Saul lässt sich überzeugen und in seiner Antwort an David hat er den Mut, ebenfalls den Namen Gottes auszusprechen. Es ist, als hätte David dem Saul den Mut und den Glauben gegeben, von Neuem vom Herrn zu sprechen. Saul möchte, dass David sein Verhalten nachahmt und die Kriegsrüstung anzieht. Doch David weigert sich, so wie Saul zu sein, wie die anderen Völker oder wie der Philister (1 Sam 17,39b), und schlägt eine radikale Alternative vor: nur fünf glatte Steine. Dann stehen sie sich gegenüber – auf der einen Seite die militärische Kraft und auf der anderen Seite die Schwäche; der Riese und der junge Mann, derjenige, der auf sich selbst vertraut, und der, welcher sein Vertrauen auf Gott setzt. David legt Zeugnis ab von der Kraft Gottes und an den Riesen gewandt sagt er mit Gewissheit: „Heute wird dich der HERR mir ausliefern". Tatsächlich besiegt er den Riesen mit nur einem Stein. Er erschlägt ihn und schlägt ihm den Kopf ab.

Gebet mit den Heiligen

Donnerstag, 23. Januar

Gebet für die Einheit der Christen. Besonderes Gedenken an die christlichen Gemeinden in Afrika.

1 Sam 18,6–9;19,1–7. **Jonatan warnt David, dass Saul versucht ihn zu töten**

Der Text beginnt mit einer der schönsten Beschreibungen von Freundschaft, die man in der Bibel findet, der Freundschaft zwischen Jonatan und David. Schon von der ersten Begegnung an fühlen sich die beiden sofort für ihr ganzes Leben miteinander verbunden. Die Freundschaft geht so weit, dass sie sich miteinander identifizieren. Das ist der Sinn des Bundes, den sie miteinander schließen. Wenn Jonatan David seine Kleider und seine Waffen übergibt, dann ist dies weit mehr als ein Akt der Großzügigkeit, den er als Fürst dem jungen Hirten erweist, der weder hofgemäße Kleidung noch Waffen zum Kampf hat. Jonatan erkennt sich selbst in David und bindet sich in unvergänglicher Weise an ihn. Auch Saul findet an David Gefallen aufgrund der Erfolge bei den verschiedenen militärischen Unternehmungen, die er ihm weiterhin anvertraut. Der Ruhm des jungen Heerführers verbreitet sich immer mehr. Den König überkommt große Eifersucht und er fängt an zu denken, dass David eine Bedrohung sein könnte: der junge Mann könnte nach dem Thron trachten. Saul braucht David, weil er der Einzige ist, der ihm in seiner Krankheit hilft. Doch der Neid drängt ihn sogar zu Mordgedanken. Er denkt daran ihn zu töten, während David spielt, um ihm seine Schmerzen zu lindern. In der Folge übergibt er ihm gefährliche Aufträge, die David jedoch immer erfolgreich ausführt und so noch mehr die Gunst des Volkes gewinnt. Nunmehr ist Saul überzeugt, dass David für ihn eine unerträgliche Bedrohung darstellt. Während er vorher versucht hat, ihn mit indirekten Mitteln zu beseitigen, will er dies nun ganz offen tun. Diesen Plan vertraut er seinem Sohn Jonatan an, der aber „hatte David sehr gern“. Jonatan, der David liebte, warnt diesen vor den bösen Absichten seines Vaters und schlägt ihm vor, sich an einen abgelegenen Ort zurückzuziehen. Sodann setzt er sich bei seinem Vater für David ein und sagt, dass David nicht nur kühn und mutig war, sondern sich ihm gegenüber loyal verhalten hat. Für den Moment lässt Saul sich überzeugen und verspricht, David nicht zu töten, woraufhin dieser wieder am Hofe aufgenommen wird. David erringt weiter militärische Siege gegen die Philister, doch anstatt sich zu freuen, entbrennt Saul noch mehr vor Neid. Die Seele des Königs ist so sehr gefangen in ihren mörderischen Instinkten, dass er entscheidet, David zu töten, sobald er am nächsten Morgen aus dem Haus geht. Michal, Davids Frau, bemerkt das und lässt ihn durchs Fenster fliehen. Durch die Freundschaft mit Jonatan hindert Gott Saul mit allen Mitteln daran, seinen Plan durchzuführen.

Gebet für die Kirche

Freitag, 24. Januar

Gebet für die Einheit der Christen. Besonderes Gedenken an die christlichen Gemeinden in Europa und Amerika.

1 Sam 24,3–21. **David versteht, dass er Saul nicht töten darf**

Als Saul von seinem Krieg mit den Philistern zurückkehrt, nimmt er die Verfolgung Davids wieder auf. Saul ist viel stärker als die kleine Gruppe um David. Doch die Szene, die beschrieben wird, kehrt die Verhältnisse um. Der Verfasser schreibt, dass Saul in eine Höhle ging, „um seine Notdurft zu verrichten. David aber und seine Männer saßen hinten in der Höhle“. Saul ist also in einer Lage, in der er von David beseitigt werden kann. Die Männer um David sind überzeugt, dass der

Herr diesen Moment herbeigeführt hat: „Das ist der Tag, von dem der HERR zu dir gesagt hat: Sieh her, ich gebe deinen Feind in deine Gewalt, und du kannst mit ihm machen, was dir richtig erscheint". Mit diesen Worten scheinen sie David zu empfehlen, seinen Feind zu beseitigen. Doch David will den Tod Sauls nicht. Stattdessen wünscht er sich, dass Saul sein Verhalten ändert. Deshalb schneidet er ihm nur einen Zipfel des Mantels ab, damit er nachdenkt und sein Unrecht einsieht. Saul versteht, dass er wirklich in Davids Hand ist und dass David dies nicht ausnutzt. Doch sofort schlägt David das Gewissen, weil er gegenüber dem König, „dem Gesalbten des HERRN" respektlos war. Auch David verlässt die Höhle und spricht Saul respektvoll, aber mit Entschiedenheit an: „Doch heute kannst du mit eigenen Augen sehen, dass der HERR dich heute in der Höhle in meine Gewalt gegeben hat. Man hat mir gesagt, ich solle dich töten; aber ich habe dich geschont". David hätte ihn sicherlich vernichten können, doch aus Achtung vor Saul und im Gehorsam gegenüber Gott hat er es nicht getan. Er möchte Saul von seiner Unschuld und seinem fortdauernden Respekt ihm gegenüber überzeugen und nennt ihn „König" und auch „mein Vater". Saul versteht die Worte Davids und nennt ihn „mein Sohn". Er beginnt zu weinen. Er weint aus Ergriffenheit über David, doch auch, weil er sich von einem bösen Geist hatte leiten lassen. Er sagt zu David: „Du bist gerechter als ich; denn du hast mir Gutes erwiesen, während ich böse an dir gehandelt habe". Er fügt hinzu: „Wenn jemand auf seinen Feind trifft, lässt er ihn dann im Guten seinen Weg weiterziehen?" Auf diese Weise erkennt Saul David als König an. Die Liebe Davids hat die Bosheit Sauls besiegt und dazu geführt, dass er den Willen Gottes annimmt und darum bittet, dass seine Nachkommen nicht ausgerottet werden.

Gebet des heiligen Kreuzes

Samstag, 25. Januar

Fest der Bekehrung des Paulus auf dem Weg nach Damaskus. Gedenken an Hananias, der Paulus taufte, das Evangelium predigte und als Märtyrer starb.

Heute endet die Gebetswoche für die Einheit der Christen. Besonderes Gedenken an die christlichen Gemeinden in Asien und Ozeanien.

Apg 9,1–22. **Die Bekehrung des Saulus**

Heute gedenkt die Kirche der Bekehrung des Saulus aus Tarsus. Dieses Ereignis hat die Geschichte des Christentums auf einzigartige Weise geprägt. Mit Briefen des Hohepriesters in Händen wollte Paulus mit äußerster Härte gegen die Christen in Damaskus vorgehen. Während er sich der Stadt nähert, umgibt ihn plötzlich ein strahlendes Licht. Blind stürzt er zu Boden und hört eine Stimme, die ihn zweimal beim Namen ruft: „Saul, Saul". Er sieht nichts und hört nur eine Stimme, die ihn ruft. Beim Namen gerufen zu werden ist in manchen Momenten eine entscheidende und unvergessliche Erfahrung. Ganz benommen fragt Saulus: „Wer bist du, Herr?" Die Antwort lautet: „Ich bin Jesus, den du verfolgst." Jesus identifiziert sich mit jener verfolgten Gemeinde, so wie er auch heute im Leben vieler Christen weltweit verfolgt wird. Was war mit Paulus geschehen? Sein Sturz ist eines jener sinnbildlichen Ereignisse, die Fragen an das Leben eines jeden Menschen stellen. Es besagt, dass wenn wir nicht niederstürzen und den Boden berühren, wir uns schwer tun zu verstehen, was es bedeutet, zu leben. Leider ist jeder von uns daran gewöhnt, fest von sich selbst überzeugt zu sein und darauf zu bestehen, wie wir sind. Nicht nur, dass wir nicht zu Boden stürzen, wir schauen nicht einmal auf den Boden, das heißt auf das Leid der anderen. Im Grunde ist jeder von uns ein armer Mann oder eine arme Frau. Nur wenn wir unsere Armut erkennen, können wir den Weg der Weisheit wiederfinden. Der Stolz führt nämlich in den Niedergang, zu Konfrontation und Gewalt. Demut dagegen erneuert, macht verständnisvoller, solidarischer und menschlicher. Der Sturz des Paulus ist ein Zeichen für alle – Gläubige wie Nichtgläubige –, denn er macht auf jeden Fall menschlicher und damit bereiter, das Heil anzunehmen. Als Paulus von seinem Ich herabstürzt, nimmt er das Evangelium an und wird zu einem universalen Menschen. Seine Verkündigung überwand nicht nur die ethnischen Grenzen des Judentums, sondern jegliche Grenze. Die Worte des auferstandenen Jesus an die Elf, „Geht hinaus in die ganze Welt und verkündet das Evangelium der ganzen Schöpfung!“ (Mk 16,15), wurden für Paulus zum Wesen seiner Mission. „Weh mir, wenn ich das Evangelium nicht verkünde“, schreibt er den Korinthern. So machte er sich auf den Weg bis an die Grenzen der Erde.

Gebet mit den Aposteln

Sonntag, 26. Januar: 3. Sonntag im Jahreskreis

Sonntag des Wortes Gottes. Gedenktag von Timotheus und Titus. Sie waren Mitarbeiter des Paulus und Bischöfe von Ephesus und Kreta.

Jes 8,23b – 9,3; Ps 27; 1 Kor 1,10–13.17; Mt 4,12–23

„Als Jesus hörte, dass Johannes ausgeliefert worden war, kehrte er nach Galiläa zurück.“ Mit diesen Worten beginnt das Evangelium dieses dritten Sonntags im Jahreskreis. Der Evangelist scheint den Zusammenhang zwischen der Predigt Jesu und der Festnahme des Johannes betonen zu wollen. Als der Täufer im Gefängnis war, konnte man die Stimme der Gerechtigkeit nicht mehr hören, und die Wüste wurde wieder zur Wüste, einem Ort ohne Leben und ohne Worte. Jesus resignierte vor dem Schweigen nicht, das Herodes den Menschen aufgezwungen hatte. Er wollte die Menschen, die auch er bußfertig und voller Hoffnung am Jordan in langen Reihen zur Erlangung der Taufe gesehen hatte, nicht einer ritualisierten und veräußerlichten Religion überlassen. Er ließ nicht zu, dass sie unter das Joch der Gewalt geriet, die durch die Wüste des Lebens und das Fehlen wahrer Worte entsteht.
Jesus ergreift die Initiative und beginnt zu sprechen, nicht mehr in Judäa wie Johannes, sondern im Randgebiet von Galiläa, der nördlichsten der drei Regionen Palästinas. Zur Zeit Jesu hatte die Anwesenheit vieler Heiden dieser Region einen schlechten Ruf verliehen. Doch gerade ausgehend von diesem Randgebiet, fern der Hauptstadt, beginnt Jesus zu predigen (Mk 1,14). Hier beruft er seine ersten Jünger (Mk 1,16), und hier wird er als Auferstandener für den Neuanfang der

Verkündigung des Evangeliums auf seine Jünger warten (Mk 14,28). Im „heidnischen Galiläa" erklingt zum ersten Mal das Evangelium, die gute Nachricht. Hier, wo sich Heiden und Ausgegrenzte vermischen, beginnt Jesus mit den Worten: „Die Zeit ist erfüllt" (Mk 1,15). Die Tage der Gewalt, des Hasses, der Verlassenheit und der Feindschaft sind zu Ende; es beginnt eine Zeit der Gerechtigkeit und des Friedens. In der Geschichte der Menschen ereignet sich eine Wende: „Das Reich Gottes ist nahe." Das Reich der Liebe, der Vergebung, des Heils und der Gottesherrschaft ist gekommen und von diesem Moment an wird es sich im Leben der Menschen durchsetzen.
„Kehrt um", lautet der Aufruf Jesu an alle. Diese Einladung wiederholt Jesus auch für Simon und Andreas am Ufer des Sees von Tiberias, als sie gerade ihre Netze auswerfen wollen. Er geht weiter und macht diesen Vorschlag zwei anderen Brüdern, Jakobus und Johannes, die auch damit beschäftigt waren, ihre Netze zum Fang herzurichten. Gerade ihnen wird ein außergewöhnlicher Auftrag anvertraut: „Kommt her, mir nach! Ich werde euch zu Menschenfischern machen." Der Herr kehrt an das Ufer unserer Tage und unseres Lebens zurück. Während jeder von uns, ob jung oder alt, gebeugt über das Herrichten der eigenen Netze und durch die alltäglichen Nöte und Mühen niedergeschlagen, auch denselben Ruf von damals hört: „Kommt her, mir nach! Ich werde euch zu Menschenfischern machen." Das Evangelium hebt hervor, dass die Vier „sofort" ihre Netze liegen ließen und Jesus folgten. Der Apostel Paulus schreibt deshalb: „Die Zeit ist kurz. Daher soll, wer eine Frau hat, sich in Zukunft so verhalten, als habe er keine, wer weint, als weine er nicht, wer sich freut, als freue er sich nicht, wer kauft, als würde er nicht Eigentümer, wer sich die Welt zunutze macht, als nutze er sie nicht; denn die Gestalt dieser Welt vergeht" (1 Kor 7,29–31). Mit Gefühlen, Weinen, Freuden, Kaufen und Benutzen füllen wir unsere Tage an, unser Denken und unser Leben, so dass es wie in einem unentwirrbaren Netz eingeschlossen ist. Der Herr kommt nicht, um unser Leben zu demütigen, sondern um es aus diesem verworrenen Netz zu befreien und es weit zu machen. Er will unsere Zuneigung auf viele andere Menschen ausweiten. Er will, dass wir nicht nur über uns selbst weinen, sondern mit denen, die betrübt sind. Er will, dass die Freude nicht nur für wenige, sondern für viele

da ist. Er will, dass die Güter dieser Welt nicht ein Privileg weniger sind, denn sie sind für alle bestimmt.

Gebet am Tag des Herrn

Montag, 27. Januar

Tag des Gedenkens an die Opfer des Nationalsozialismus.

2 Sam 5,1–7.10. **Du sollst der Hirt meines Volkes Israel sein**

Dieser Abschnitt erzählt vom Moment der Einsetzung Davids als König von ganz Israel. Die Stämme des Nordens entscheiden sich, sich mit David zu verbünden und schlagen ihm vor, auch über Israel zu herrschen. Das Reich wurde seit dem Mord an Ischbaal und seinem Heerführer Abner nicht regiert. In beiden Fällen macht das Verhalten Davids betroffen. Er freut sich nicht über die Trauer, die über das Haus Sauls gekommen ist, obwohl dadurch der Weg zur Vereinigung der Nation geebnet wird. David will sein Reich nicht auf Blut gründen. Die verschiedenen Stämme entscheiden, sich um David als einzigen König zu versammeln. David ist dazu bereit, weil er in allem den Willen Gottes erkennt. Er weiß, dass er nicht durch eigene Verdienste König wird, sondern durch das Werk Gottes, der ihn an Stelle von Saul erwählt hat, als dieser sich der Gabe des Königtums für unwürdig erwies. Zwei Ereignisse besiegeln die Festigung der Herrschaft Davids: die Einnahme der Burg Zion, die die Hauptstadt des vereinigten Reiches wird und der Sieg über die Philister (2 Sam 5,17–25). Die Eroberung der „Burg Zion" wird als ein brillantes und geniales Unterfangen Davids gezeigt. Die Burg war eine kleine Insel, die wegen ihrer strategischen Lage intakt geblieben war und vom Stamm Benjamin, zu dessen Gebiet sie gehörte, nicht erobert werden konnte. Die Schwierigkeit des Unterfangens wird durch den Spott der Belagerten unterstrichen, deren Sprichwort besagt, dass es noch nie jemandem gelungen war, in ihre Festung einzudringen, selbst wenn diese nur von Blinden und Lahmen verteidigt würde. David versteht, dass er nach

Einnahme der Festung diese zur Hauptstadt des vereinigten Reiches machen könnte. So sicherte er für das Reich eine Hauptstadt, die fast im Zentrum des Landes lag, auf halbem Weg zwischen Judäa und Israel, in einer neutralen Zone, die niemand aus territorialen oder ideologischen Gründen für sich in Anspruch nehmen konnte. Zion wird die Stadt Davids genannt werden.

Gebet mit den Armen

Dienstag, 28. Januar

2 Sam 6,12b–15.17–19. **Die Überführung der Bundeslade nach Jerusalem**

Nachdem David Jerusalem zur Hauptstadt des Reiches gemacht hatte, entschied er sich, die Bundeslade dorthin bringen zu lassen. Seit der Zeit des Mose war die Lade das Zeichen der Gegenwart des Herrn inmitten seines Volkes. Sie enthielt die Gesetzestafeln mit den zehn Geboten, ein Gefäß mit Manna zur Erinnerung an das Wunder in der Wüste und den Stab, der die Würde Aarons als Hoherpriester bestätigte. Nach dem Einzug des Volkes Israel in Kanaan war für die Lade noch kein endgültiger Ort gefunden worden. David entschied deshalb, sie in die neue Hauptstadt des Reiches überführen zu lassen. Weil er sich der Bedeutung dieses Einzugs bewusst war, „versammelte [er] wiederum alle jungen Krieger aus Israel“. Alles ging ganz feierlich und zugleich in froher Stimmung vor sich. Es durfte jedoch nicht der Respekt fehlen, der dem Ort der Gegenwart Gottes geschuldet ist. Usa übertrat das Verbot, die heiligen Gegenstände zu berühren, und „streckte … seine Hand nach der Lade Gottes aus und fasste sie an, denn die Rinder waren ausgebrochen … Gott schlug ihn dort wegen der Vermessenheit neben der Lade Gottes und er starb dort.“ Das Fehlen der heiligen Ehrfurcht vor den göttlichen Dingen führt immer zum Untergang. David war betrübt über diesen Tod und bekam selbst „Angst vor dem Herrn“. Alle Schriften bezeugen diese Ehrfurcht gegenüber Gott als unerlässliche Bedingung zur Anerkennung der Heiligkeit Gottes. Die Lade setzt ihre Pilgerreise fort, aber mit einem neuen Ritual. Sie wird nicht mehr auf einem Wagen transportiert, wie es der Gewohnheit der Philister entsprach, sondern nach dem Gebot des Mose (Num 4,5–15) auf den Schultern der Leviten. Von Zeit zu Zeit wurden auf dem Weg Dank- und Versöhnungsopfer dargebracht. David ging vor der Lade und „tanzte mit ganzer Hingabe vor dem Herrn her“, um seine Begeisterung über dieses Ereignis zu zeigen. Seine Ehefrau Michal, eine Tochter des Saul, verstand diese Begeisterung nicht, sondern sie empörte sich sogar darüber. David antwortete, dass er sich vor den Israeliten bloßgestellt habe, weil er Dankbarkeit vor dem zum Ausdruck bringen wollte, der ihn zum König erwählt hat; vor ihm würde er sich sogar noch geringer machen. In dieser Erniedrigung Davids findet sich ein weiterer Hinweis auf den künftigen Messias, der sich entäußerte und wie ein Sklave wurde.

Gebet mit Maria, der Mutter des Herrn

Mittwoch, 29. Januar

2 Sam 7,4–17. **David und seine Nachkommenschaft**

Dieser Abschnitt enthält den theologischen Höhepunkt des 2. Buches Samuel: die Verheißung der Nachkommenschaft und des Reiches an David. Diese Verheißung wird immer wieder in den Psalmen (Ps 90 und 133) und in wichtigen Momenten der Existenz Israels wie auch durch die Propheten aufgegriffen. Sie klingt auch in den Worten des Erzengels Gabriel am Beginn des Neuen Testaments an, mit denen er Maria die Geburt Jesu verkündet (Lk 1,30–33). Die Urgemeinde verkündete, dass in Christus Wirklichkeit geworden ist, was über die Nachkommen Davids verheißen ward (vgl. Hebr 1,5; Apg 2,29–30). Ausgangspunkt der Erzählung ist die Aussage Davids über seine Wohnung in einem festgebauten Haus, während die Lade noch provisorisch in einem Zelt untergebracht war. David hatte entschieden, dem Herrn einen Tempel zu bauen. Doch Gott widerspricht ihm noch in derselben Nacht. Nicht Gott braucht ein Haus, sondern das Volk Israel. Die Kultstätten, die es in der Anfangszeit errichtet hatte (Gen 12,7–8; 28,20–22; 35,14) und das Zelt (Ex 26; 33,7–11) waren Zeichen seiner Gegenwart inmitten des Volkes. Gottes Entscheidung ist es, mit seinem Volk zu gehen und die Schwierigkeiten der Geschichte mit ihm zu teilen. Deshalb macht er David darauf aufmerksam, dass er wie schon in vergangenen Zeiten auch heute keinen Tempelbau von ihm fordert. Der Herr hat sein Volk und auch David in all seinen Unternehmungen geführt, ohne dabei einen festen Wohnsitz zu haben. Der Herr braucht keine Mauern; vielmehr bevorzugt er die Entbehrung derer, die auf der Straße leben und lange Reisen auf sich nehmen, um eine Zukunft zu suchen. Es ist deshalb nicht der Herr, der einen festen Wohnsitz braucht, sondern Israel braucht einen solchen Ort, um den Herrn und die Geschichte seiner Treue nicht zu vergessen. Deswegen wird Gott selbst eine Wohnung für Israel bauen. Diese Wohnung wird nicht ein von Menschenhänden gebauter Tempel sein, sondern der Tempel, von dem Jesus sagen wird: „Reißt diesen Tempel nieder und in drei Tagen werde ich ihn wieder aufrichten" (Joh 2,19).

Gebet mit den Heiligen

Donnerstag, 30. Januar

Gedenken an den Tod Gandhis, der 1948 in Neu-Delhi getötet wurde. Mit ihm gedenken wir aller, die im Namen der Gewaltlosigkeit Arbeiter für den Frieden sind.

2 Sam 7,18–19.24–29. **Das Gebet Davids**

David ist beeindruckt von der Liebe Gottes, von seiner Sorge um ihn und Israel. Aus seinem Herzen erhebt sich ein demütiges und tiefes Gebet: „Wer bin ich, Herr und Gott, und was ist mein Haus, dass du mich bis hierher geführt hast?" David weiß genau, dass alles in seinem Leben von Gott kommt. Obwohl er keine besonderen Verdienste vorweisen konnte, hat Gott ihn erwählt und zum Oberhaupt des Reiches gemacht, was ihm nun für eine „ferne Zukunft" bestätigt wird. David

„setzte sich vor dem Herrn nieder." Das ist mehr eine innerliche Bewegung als eine physische. Anfangs findet er nicht einmal Worte, um dem Herrn angemessen zu danken, doch er weiß, dass der Herr treu ist und ihn nie verlässt. „Darum bist du groß, Herr und Gott. Ja, keiner ist dir gleich." Die Treue Gottes gegenüber seinem Volk ist die Grundlage für die Existenz und Berufung Israels: „Welches andere Volk auf der Erde ist wie dein Volk Israel? Wo wäre ein Gott hingegangen, um ein Volk für sich als sein Volk freizukaufen?" David ist voller Staunen, als er die Größe und Großzügigkeit Gottes betrachtet. Auch Mose sang ein Lied auf die Liebe Gottes zu Israel nach dem Durchzug durch das Rote Meer (Ex 15,11). Auch in den Psalmen (besonders Psalm 93–100) und bei den Propheten (Jer 10,6) wird sie besungen. David bittet den Herrn, dass er seiner Verheißung an Israel für immer Geltung verleiht. Diese Bitte ist so kühn, dass sich David selbst darüber wundert, während er sie ausspricht. Dann bekennt er, dass die Kühnheit der Bitte durch die göttliche Verheißung begründet ist. David wird nicht müde, das zu wiederholen. Er weiß, dass Gott der einzige Herr ist, der alles vermag und der auf ewig treu ist. Zwischen David und Gott ist eine Vertrautheit entstanden. Er darf um den Segen des Himmels für sich und für das ganze Volk bitten.

Gebet für die Kirche

Freitag, 31. Januar

Gedenken an Modesta, eine Obdachlose, die man am Bahnhof Termini 1983 in Rom sterben ließ. Ihr wurde nicht geholfen, weil sie schmutzig war. Mit ihr gedenken wir aller, die obdachlos und ohne Hilfe auf der Straße sterben.

2 Sam 11,1–4a.5–10a.13–17. **Die Sünde Davids**

Dieser Abschnitt berichtet über die demütigende Sünde Davids. Es war nicht nur eine einmalige Tat, sondern eine Kette von Schuld, durch die David immer mehr in Verstrickungen geriet und schließlich sogar einen Mord beging. Die Versuchung, das Nachgeben, der Ehebruch, der Verrat an einem seiner tapfersten Offiziere, der Zynismus, die anschließende Verstellung und die begangene Ungerechtigkeit – diese Etappen zeigen die grenzenlose Fähigkeit des menschlichen Herzens, das Böse zu tun, wenn es nicht wachsam ist und bereit, die Kette der Versuchungen zu durchbrechen. Die tragischen Ereignisse nehmen ihren Ausgangspunkt bei der Unternehmungslust des Königs zur Jahreswende, einer Zeit, in der die Könige in den Krieg ziehen. Während David sein Heer in den Kampf gegen die Ammoniter schickt, bleibt er in Jerusalem, um seine Ruhe zu genießen. Das ist der erste Schritt der Versuchung. Die Entscheidung, an seine eigene Zufriedenheit zu denken, führt David auf den Weg der Sünde. Er schaut einer Frau bei ihrem rituellen Reinigungsbad zu und findet Gefallen an ihr und lässt blind alle Bedenken fallen, um sie zu besitzen. Er achtet weder auf Gott, der ihm gegenüber wohlwollend war, noch auf seine Position als auserwählter Gesalbter und Oberhaupt des Volkes und auch nicht auf das Böse, das er sich und anderen zufügt. Als David erfährt, dass Batseba schwanger ist, will er Abhilfe schaffen, koste es, was es wolle. Doch sein Herz ist hart geworden, er denkt weder an Gott noch an die anderen. Alles dreht sich für ihn nur darum, sich unbedingt aus dieser unangenehmen Lage zu befreien. Dazu führt er seinen Plan durch. Er will die Frau eines seiner ältesten und treuesten Gefährten zu sich nehmen und ihn bei einer Schlacht in den Tod schicken. Nie zuvor hat ein biblischer Text in so lebendiger Weise die traurige Wirklichkeit eines Menschen beschrieben, der sich aus Angst vor der Auseinandersetzung mit der eigenen Verantwortung der Last entledigen will, die ihn bedrückt, und der nicht auf weitere Ungerechtigkeiten achtet, die er ganz unschuldigen Menschen zufügt, weil er sich selbst retten will. David nimmt Batseba zu sich, die seine Frau wird und ihm einen Sohn gebiert. „In den Augen des Herrn aber war böse, was David getan hatte“ (2 Sam 11,27). Vor anderen konnte er sein schwerwiegendes Verbrechen verbergen, doch nicht vor Gott, der das Herz sieht (vgl. 1 Sam 16,7).

Gebet des heiligen Kreuzes

Samstag, 1. Februar

2 Sam 12,1–7a.10–17. **Davids Schuldbekenntnis**

Der Herr schickt Natan zu David, um seine Sünde anzuklagen und ihn zur Reue zu bewegen. Das ist die Aufgabe, die den Propheten und dem Wort Gottes obliegt. Denn oft lässt uns der Stolz blind werden und hindert uns daran, selbst die augenfälligste Sünde zu sehen, der wir verfallen sind. Wir brauchen es, dass uns das Wort Gottes die Sünde zeigt und unser Herz auf dem Weg der Bekehrung erleuchtet. Dazu genügt es nicht, die Schuld einfach anzuprangern. Denn der Herr will nicht den Tod des Sünders, sondern er will, dass er sich bekehrt und am Leben bleibt. Um David den Abgrund verständlich zu machen, in den er gefallen ist, erzählt Natan ihm das Gleichnis vom reichen Mann, der dem Armen das einzige Schaf raubt, das dieser besitzt. David reagiert heftig und spricht sofort das Urteil, indem er bekräftigt, dass derjenige, der eine solche Tat begangen hat, das Geraubte vierfach ersetzen soll – wie vom Gesetz gefordert (vgl. Ex 22,3); anderswo ist sogar vom siebenfachen Ersatz die Rede (Spr 6,31) – und dass er noch dazu den Tod verdient. Erstaunlicherweise erkennt sich David in der Gestalt des Übertreters nicht wieder, der Stolz hindert ihn daran. Wir brauchen jemanden, der uns das Wort Gottes erklärt. David versteht seine Sünde erst, als Natan ihm das Wort Gottes erklärt und ihm klar und direkt sagt: „Du selbst bist der Mann.“ Es genügt im Allgemeinen nicht, nur einmal auf das Wort Gottes gehört zu haben, sondern wir müssen es häufig hören und es uns vom Propheten erklären lassen. So erklärt Natan denn auch David die Bedeutung des Gleichnisses, indem er ihm zunächst aufzählt, mit welch reichen Gaben Gott ihn beschenkt hatte (2 Sam 12,7–8) und ihm dann verdeutlicht, wie er trotzdem „das Wort des Herrn verachtet“ hat und „getan [hat], was ihm missfällt (2 Sam 12,9). Diese Worte Natans haben sogleich die gewünschte heilsame Wirkung. David versucht nicht, sich zu rechtfertigen. Er nimmt das Urteil des Wortes Gottes entgegen und gesteht seine Sünde ein mit den Worten: „Ich habe gegen den Herrn gesündigt.“ Gegenüber dem Propheten bekennt David seine Sünde, und der Herr verzeiht ihm durch Natans Worte. Johannes Chrysostomus merkt dazu an: „Bedenke, dass Gott langsam im Strafen und schnell im Retten ist." Der biblische Text merkt sodann an, dass „Natan nach Hause" ging und David alleine vor Gott blieb. Die Tradition Israels legt David Psalm 51 in den Mund, den bekanntesten und eindringlichsten der sieben Bußpsalmen.

Gebet der Vigil

Sonntag, 2. Februar: Fest der Darstellung des Herrn

Fest der Darstellung des Herrn im Tempel. Wir denken an die beiden alten Menschen Simeon und Hanna, die gläubig den Herrn erwarteten. Gebet für die alten Menschen.
Gedenken an den Hauptmann Kornelius, den ersten Heiden, der sich bekehrte und von Petrus taufen ließ.

Mal 3,1–4; Ps 24; Hebr 2,11–12.13c–18; Lk 2,22–40

40 Tage sind seit Weihnachten vergangen. Die Kirche feiert heute das Fest der Darstellung Jesu im Tempel. Nach dem Lukasevangelium brachten Maria und Josef gemäß dem mosaischen Gesetz Jesus in den Tempel von Jerusalem, den Ort der Anwesenheit Gottes. In der Tradition des christlichen Orients wird dieses Fest als das Fest der Begegnung gefeiert. Gemeint ist die Begegnung Gottes mit seinem Volk, die sich im Tempel ereignet und Jesus als „Licht der Völker" feiert. Liebe Schwestern und Brüder, der Herr kommt unserem Leben entgegen, und zwar gerade in der Liturgie, die wir feiern. Er kommt, um unser Leben und das Leben der Welt zu erleuchten. Das Herz vieler Menschen ist noch gleichsam in eine Dunkelheit eingetaucht, die kein Licht findet. Heute aber erinnert uns der Gottesdienst kraftvoll daran, dass der Herr seinem Volk entgegenkommt. Es trifft zu, was der Brief an die Hebräer sagt: „Denn er nimmt sich keineswegs der Engel an, sondern der ‚Nachkommen Abrahams'". Zu ihnen gehören auch wir. Gott kommt uns entgegen als Kind, das von seinen Eltern begleitet wird. Dieses Kind ist das lebendige Zeichen der Liebe Gottes, der sich eines jeden

Menschen annimmt. Doch wer erkennt ihn? Das Evangelium spricht von einem alten Mann namens Simeon. Dieser „wartete auf den Trost Israels“, also auf die Zeichen einer Hoffnung. Deshalb lässt er sich vom Geist Gottes führen, er resigniert nicht vor dem Geist dieser Welt, demzufolge sich nie etwas ändern könne und alles im Leben des Menschen und in der Geschichte darauf angelegt sei sich zu wiederholen.
„Er wurde vom Geist in den Tempel geführt“, sagt das Evangelium. Er ging dorthin, wo er schon so oft das Wort Gottes gehört und dabei verstanden hatte, dass es für ihn eine Verheißung bereithielt: Er würde nicht sterben, bevor er nicht den Messias, den Gesalbten, gesehen hätte. Dieser alte Mann lässt sich von einer Verheißung leiten. Er resigniert nicht und zeigt sich mit einem aufmerksamen, wachsamen Herzen. Anders als unsere Herzen zuweilen Gefahr laufen, hat er sein Altern nicht mit ständigem Klagen verbracht. Als Simeon Jesus erblickt, nimmt er ihn in seine Arme. Im Grunde lässt sich Jesus von allen in die Arme nehmen, die einen Trost für ihr eigenes Leben und das Leben dieser Welt erwarten. Simeon legt sein großes Glaubensbekenntnis ab, er lässt seine ganze Verwunderung und Freude, die Erfüllung seines Lebens, in einem Gesang aus sich heraus: „Nun lässt du, Herr, deinen Knecht, wie du gesagt hast, in Frieden scheiden. Denn meine Augen haben das Heil gesehen, das du vor allen Völkern bereitet hast“. Die Augen Simeons schauen erleuchtet vom Wort Gottes in die Ferne. Sie bleiben nicht in der Gegenwart und bei seinem eigenen Leben stehen. Sie sehen auch, was noch nicht sichtbar ist und das vertraut er Maria, der Mutter des Kindes, an. „... er wird ein Zeichen sein, dem widersprochen wird“, ein Zeichen, das man annehmen oder ablehnen kann, das gleichzeitig Grund für tiefe Freude aber auch für Leid sein wird. Dieser Widerspruch wird zur Verkündigung des Kreuzes und eines Lebens werden, das aus Liebe hingegeben wird.
Als sollte diese Verheißung eine Bestätigung erhalten, taucht mit der 84-jährigen Witwe und Prophetin Hanna eine weitere Gestalt auf, die gleichsam ein zweites Zeugnis ablegt. Sie betete zu jeder Zeit in Gottes Haus. Auch sie erkennt in dem Kind den Messias und hebt an, die gute Nachricht allen zu verkünden, die sich im Tempel aufhalten. So also vollzieht sich die Begegnung des Sohnes Gottes mit seinem Volk: Zwei alte, demütige Menschen, Simeon und die Witwe Hanna, erkennen ihn.

Die Demütigen und Armen nehmen das Licht dieses Lebens auf, das sich für uns alle hingibt. Sie preisen es, danken Gott und beginnen, dieses Evangelium allen zu verkünden. In dieser Begegnung offenbart sich die Kraft des Zukünftigen! Im Leben zweier alter Menschen und in der Begegnung der Generationen geschieht der Vorübergang der Hoffnung des Evangeliums, von Herz zu Herz.

Gebet am Tag des Herrn

Montag, 3. Februar

2 Sam 15,13–14.30; 16,5–13. **David flieht vor Abschalom**

Davids Großmut ist beeindruckend. Er verharrt nicht bei der Betrachtung der eigenen schlimmen persönlichen Lage, sondern hat das Wohl seiner Anhänger und des gesamten Volkes im Blick. Lieber flieht er, als Übergriffe der Aufständischen auf die Bevölkerung Jerusalems zuzulassen, die in einem Blutbad geendet hätten. Auf seiner Flucht lässt er sich von seinen Dienern und seiner ganzen Familie begleiten, die sicher unter den bitteren Folgen des Bruderkrieges zu leiden gehabt hätten. In Davids Gefolgschaft stoßen wir auf die Komplexität menschlichen Denkens und die Unterschiedlichkeit der Menschen. Da sind Verräter neben treuen Anhängern, Menschen, die ihre eigenen Interessen verfolgen und solche, die auf Rache sinnen, wieder andere sind edelmütig und großzügig.
Es ist wichtig, sich dessen bewusst zu sein, dass Gottes Plan sich nicht über oder außerhalb der Geschichte verwirklicht, sondern innerhalb des menschlichen Schicksals mit all seinen Widersprüchen und Möglichkeiten. Inmitten dieser vielschichtigen Familiengeschichte bleibt David ein Mensch, der beispielhaft zeigt, wie auch jemand, der gesündigt hat, schließlich lernen kann, sich Gott anzuvertrauen und sich in seine Hände zu begeben. Der König verlässt die Stadt und steigt „weinend und mit verhülltem Haupte“ hinauf zum Ölberg, zum Zeichen seiner Traurigkeit geht er „barfuß“. Die Bundeslade, die von den Priestern Zadok und Abjatar und von Leviten getragen wird, begleitet

David als Zeichen seines rechtmäßigen Königtums, auch das fliehende Volk begleitet ihn. Doch der König befiehlt, dass die Lade zurück nach Jerusalem gebracht wird. Durch das Leid, das er erlebte, verstand er, dass nicht die physische Anwesenheit der Lade den Erfolg gegenüber dem Feind gewährleistet und ihn nach Jerusalem zurückkehren lassen wird, sondern die uneingeschränkte und bedingungslose Hingabe an Gott. Der Schmerz, der Davids letzte Lebensjahre wegen seiner Sünden geprägt hatte, hatte ihn zum Nachdenken über sich selbst und seine Schwächen gebracht, sodass er nunmehr eher auf Gott als auf sich selbst vertraute. David hatte eine vertraute und tiefe Beziehung zum Herrn wiedergefunden. Das genügte ihm.

Gebet für die Kranken

Dienstag, 4. Februar

2 Sam 18,9–10.14b.24–25a.30–19,3. **Abschaloms Tod**

Gott hatte David für dessen Sünden bestraft. Abschalom, der sich mit schwerster Schuld befleckt hatte, fühlt dagegen keine Reue für seine Sünden und bittet auch nicht um Vergebung. So erscheint die Erzählung vom Tag der Schlacht, in der Abschalom besiegt und getötet wird, als folgerichtiges Ende eines Lebens, das zynisch und voller Grausamkeit gelebt wurde, abgewandt von Gott. Seine unglückselige Gestalt, als er noch lebend zwischen Himmel und Erde schwebt, mit seiner reichlichen Haarpracht zwischen den Ästen einer Eiche verfangen, sein von drei Lanzenstößen Joabs durchbohrtes Herz, all dies ist grausam und löst Betroffenheit aus. Trotz der eindringlichen Ermahnungen Davids zweifelt Joab nicht im Geringsten daran, dass er Abschalom töten will, vielleicht dachte er, so eine außergewöhnliche Situation beenden zu können, in die das Königreich geraten war und die auch für ihn persönlich nachteilig war. Er hätte es lieber vermieden, Abschalom selbst zu töten, um David nicht zu erzürnen, und so versucht er geschickt, den Soldaten, der ihm gemeldet hat, dass Abschalom sich im Baum verfangen hatte, zurückzuschicken und Abschalom töten zu lassen.

Doch der gute Soldat lehnt den Vorschlag ab, sei es aus Loyalität zu David, sei es, weil er Joabs Falschheit kennt und ahnt, dass dieser ihn vor dem König zu Unrecht beschuldigen würde. Er hält ihm die Doppelzüngigkeit vor, und Joab muss die Verantwortung für die Tötung Abschaloms selbst übernehmen. David ist zutiefst getroffen, als er die Nachricht vom Tod des Sohnes erhält. Er zieht sich in den Raum oberhalb des Stadttores zurück, bricht in Tränen aus und wiederholt laut schreiend den Namen Abschaloms, versehen mit dem innigen Zusatz „mein Sohn".

Sein Schmerz so groß, dass er bekennt, lieber selbst an dessen Stelle gestorben zu sein. Der Text merkt dazu an: „So wurde der Tag der Rettung für das ganze Volk zu einem Trauertag". Der Tod ist niemals ein Sieg. Der Herr will immer, dass der Mensch lebt und der Sünder sich bekehrt.

Gebet mit Maria, der Mutter des Herrn

Mittwoch, 5. Februar

Gedenken an den römischen Priester Andrea Santoro, der im Jahr 2006 in Trabzon in der Türkei getötet wurde.

2 Sam 24,2.9–17. **David und die Sünde der Volkszählung**

David wollte die politische und gesellschaftliche Stabilität seines Königreichs überprüfen. Doch während er nach Stabilität strebt, nistet sich bei David das Misstrauen gegenüber dem Herrn ein. Der Text beginnt mit der Bemerkung: „Der Zorn des Herrn entbrannte noch einmal gegen Israel und er reizte David gegen das Volk auf" (2 Sam 24,1). Der Verfasser nennt keinen Grund für Gottes Zorn; er beschränkt sich darauf zu unterstreichen, dass Gott selbst David veranlasst, das Volk zu zählen, was nicht im Interesse des Volkes lag. Die Aussage „er reizte David … auf" muss im Rahmen der alten semitischen Auffassung verstanden werden, die alles unmittelbar auf Gott zurückführte, auch die Versuchungen. Das offensichtlichste Beispiel dafür finden wir im Buch Hiob. Dort wird Satan gezeigt, der Gott um die Erlaubnis bittet, Hiob zu versuchen, was Gott ihm gewährt (Hi 1,6–12; 2,1–6). Diese Art, die Versuchung darzustellen, meidet den Gedanken, Gott sei der Urheber des Bösen. Sie macht vielmehr deutlich, dass Gott, indem er die Versuchung zulässt, aufzeigen will, dass der Mensch mit seiner Hilfe, an der Gott es nicht fehlen lassen wird, den Versucher besiegen kann. David ordnet also die Volkszählung an. Die Entscheidung, die eigenen Soldaten, Steuerzahler und Untertanen sorgfältig zu zählen, erweist, dass David sich mehr auf seine eigenen Kräfte und Mittel verlässt als auf Gottes Kraft und Vorsehung. Deshalb „schlug David das Gewissen“, kaum dass die Volkszählung abgeschlossen war, „und er sagte zum Herrn: Ich habe schwer gesündigt, weil ich das getan habe. Doch vergib deinem Knecht seine Schuld, Herr; denn ich habe sehr unvernünftig gehandelt.“ Der Prophet Gad wird ihm im Namen Gottes eine sehr strenge Bestrafung für das, was geschehen ist, voraussagen. David zeigt noch einmal die Armseligkeit seines Glaubens, auch wenn er von Weisheit erfüllt zu sein scheint. Denn tatsächlich war sein Verhalten mehr von Dummheit als von Klugheit geprägt. Sicher möchte Gott, dass wir alles tun, um sein Volk zu behüten, doch nur mit der Weisheit, die in der Gottesfurcht wurzelt, im völligen Vertrauen also auf ihn und im Bewusstsein unserer Unzulänglichkeit. Nur diese Weisheit ist wirklich stark und klug. Schließlich versteht David, dass die Kraft des Volkes, das der Herr ihm anvertraut hat, nicht in der zahlenmäßigen Stärke liegt, sondern nur im Glauben an Gott.

Gebet mit den Heiligen

Donnerstag, 6. Februar

1 Kön 2,1–4.10–12. **David sagt zu Salomo: „Sei also stark und mannhaft!“**

Die ersten Worte aus dem Testament Davids bezeichnen den Tod als Übergang: „Ich gehe nun den Weg alles Irdischen.“ Dies unterstreicht die Dimension des Lebens als Weg, auf dem wir alle gehen. Die christliche Offenbarung mit dem Ereignis der Auferstehung Jesu klärt, dass der Sinn des Todes nicht einfach als „das Ende“, sondern als Übergang vom irdischen Leben in das auferweckte Leben zu verstehen ist. David ist sich des Umstandes bewusst, dass der Auftrag, den Gott ihm anvertraut hat, weiter ausgeführt werden muss, dass das Volk weiterhin Führung auf seinem Weg zu Gott hin benötigt. Daher richtet er Worte an Salomo, die das Gewicht der letzten Worte und eines ganzen Lebens haben. Mit der Erfahrung einer 40-jährigen Regentschaft im Rücken ermahnt David ihn: „Sei also stark und mannhaft!“ David erklärt ihm, dass ihm dies, nämlich stark und reich an Menschlichkeit zu sein, nur möglich sein wird, wenn er das Gesetz des Herrn beachtet und auf seinen Wegen geht. Er erinnert ihn an das Versprechen, das der Herr ihm zu Beginn seiner Regentschaft gab. Sein Reich würde Bestand haben, einzig und allein, „Wenn deine Söhne auf ihren Weg achten“. Es handelt sich in gewisser Weise um eine bedingte Verheißung. Die Nachkommenschaft wird ihm nur zugesichert, „Wenn“ seine Kinder „aufrichtig mit ganzem Herzen und ganzer Seele“ vor dem Herrn leben. Nach diesen Worten „entschlief“ David „zu seinen Vätern und wurde in der Davidstadt begraben“. Es gibt eine Weisheit über den Sinn des Todes und die Art zu sterben, die es auch heute zu begreifen gilt. In einer Gesellschaft, die den Tod hartnäckig aus ihrem Sinnhorizont ausklammert, lässt die Erinnerung an diese Worte den Sinn des Lebens und des Todes verstehen: Was uns trägt, ist die Kraft Gottes, der mit den Worten Jesu der Herr der Lebenden und der Toten ist.

Gebet für die Kirche

Freitag, 7. Februar

7. Februar 1968: Gedenken an die Gründung der Gemeinschaft Sant'Egidio. Eine Gruppe von Schülern eines Gymnasiums in Rom begann, sich um das Evangelium und die Liebe zu den Armen zu versammeln. Danken wir dem Herrn für das Geschenk der Gemeinschaft.

Mt 11,25–30. **Das Evangelium wird den Unmündigen offenbart**

Wir erinnern uns heute an den Geburtstag der Gemeinschaft Sant'Egidio. Es sind genau 52 Jahre seit ihrer Entstehung vergangen. Das erste Wort, das wir an diesem Tag zu Gott sprechen, ist ein Wort der Dankbarkeit für dieses wertvolle Geschenk an die Kirche und die Welt. Der Abschnitt aus der Schrift zeigt uns Jesus, der den Vater dafür preist, dass er das Evangelium noch einmal „den Unmündigen offenbart" hat. Die Gemeinschaft, die durch die Initiative des jungen Schülers Andrea Riccardi entstanden ist, bestand aus „Unmündigen", nicht nur weil diese junge Gymnasiasten waren, sondern auch weil zu ihrer ursprünglichen Intuition das Bewusstsein gehörte, Kinder des Evangeliums zu sein, zu diesen „Unmündigen" zu gehören, denen das Geheimnis Gottes offenbart wurde. Im Herzen der Gemeinschaft bleibt immer die einfache und grundlegende Intuition verankert, das Evangelium ohne Zusätze zu leben. Denn die Gemeinschaft entsteht durch das Evangelium, durch das ständige Hören auf das Wort Gottes, und so erneuert sich die Gemeinschaft stetig. Die Geschichte von Sant'Egidio ist in der Tat eine Geschichte des Gebets, eine Geschichte des Zuhörens und eine Geschichte der Freundschaft mit Gott, mit den Brüdern und Schwestern und mit den Armen. Aus dieser Freundschaft geht jede Aktivität der Gemeinschaft hervor. Der Dank Jesu ist heute auch unser aller Dank: „Ich preise dich, Vater, Herr des Himmels und der Erde, weil du das vor den Weisen und Klugen verborgen und es den Unmündigen offenbart hast." Besonders durch die „Unmündigen" wurde das Evangelium verbreitet – das gilt für das Leben unserer Gemeinschaft: von Rom in die Welt, von Roms Vorstädten in die Vorstädte der großen Städte, der heutigen Megacities, wobei immer das Gebet und die Liebe zu den Armen miteinander verbunden waren. An jedem Ort möchte die Gemeinschaft eine Globalisierung der Liebe leben, die Grenzen und Trennungen beseitigt und das große Volk der Armen und Demütigen schafft, das sich zusammengeschlossen hat und einander hilft, dem Herrn nachzufolgen. Heute steigt unser Dank zum Himmel empor für die große Hilfe, die wir vom Herrn in diesen Jahren erhalten haben, um uns die Freuden und Hoffnungen, die Ängste und Sorgen der Männer und Frauen unserer Welt und besonders der Armen zu eigen machen zu können. Wir haben die Erfahrung machen können, wie wahr das Wort Jesu ist: „Denn mein Joch ist sanft und meine Last ist leicht."

Was schwer und anstrengend erscheinen könnte, ist zu einer schönen und freudvollen Erfahrung geworden. Diese Zeit ist voller Herausforderungen und Verpflichtungen, doch die Gewissheit über die Hilfe des Herrn stützt jeden von uns, sodass wir voll Vertrauen und Liebe auf dem Weg des Evangeliums gehen können.

Gebet des heiligen Kreuzes

Samstag, 8. Februar

1 Kön 3,4–13. **Das Gebet Salomos um die Erlangung der Weisheit**

Eines Tages ging Salomo zum Heiligtum in Gibeon, um ein Opfer darzubringen. Dort hatte er nachts im Traum eine Erscheinung. Gott fordert ihn auf, sich, was er will, als Geschenk zu erbitten: „Sprich eine Bitte aus, die ich dir gewähren soll!". Salomo hält sich für zu jung, um ein großes Volk regieren zu können. Deshalb bittet er um die Gabe der Weisheit. Es ist wirklich weise, dass Salomo gerade dieses Gebet an den Herrn richtet. Alle müssen wir dieses Gebet sprechen, denn jeder von uns muss verstehen, sich zwischen Gut und Böse zu entscheiden, doch umso mehr müssen es gerade die tun, die dazu berufen sind, Familien, religiöse oder politische Gemeinschaften, Völker und Nationen zu leiten. In diesem Gebet erscheint die Dimension der Demut, die unerlässlich ist, will man nicht seine Macht über die anderen missbrauchen und sie aus Anmaßung unterdrücken. Gott gefiel dieses Gebet, weil es Salomo darin um das Wohlergehen aller ging, das er erkennen und erstreben wollte. Vor uns liegt ein Gebet, das die Seele eines Menschen offenbart, der Verantwortung übertragen bekommen hat und sie ernst nimmt. Gottes Antwort geht nun, gerade weil sich Salomo als so großzügig erwiesen hat, weit über das Erbetene hinaus: „Sieh, ich gebe dir ein so weises und verständiges Herz, dass keiner vor dir war und keiner nach dir kommen wird, der dir gleicht. Aber auch das, was du nicht erbeten hast, will ich dir geben: Reichtum und Ehre, sodass zu deinen Lebzeiten keiner unter den Königen dir gleicht." Hier zeigt sich die grenzenlose Großzügigkeit, die der Herr den Menschen erweist, die auf ihn vertrauen. Die folgenden Worte Jesu an seine Jünger kommen einem in den Sinn: „Sucht aber zuerst sein Reich und seine Gerechtigkeit; dann wird euch alles andere dazugegeben“ (Mt 6,33). Weiterhin sagt Gott: „Wenn du auf meinen Wegen gehst, meine Gesetze und Gebote bewahrst wie dein Vater David, dann schenke ich dir ein langes Leben.“ Das bedeutet, dass die Länge unserer Tage oder, wenn man so will, die Glückseligkeit unserer Tage daran gebunden ist, dass wir auf den Wegen des Herrn gehen.

Gebet der Vigil

Sonntag, 9. Februar: 5. Sonntag im Jahreskreis

Jes 58,7–10; Ps 112; 1 Kor 2,1–5; Mt 5,13–16

Direkt im Anschluss an das Evangelium der Seligpreisungen wendet sich Jesus an die Jünger und bezeichnet sie als Salz der Erde und Licht der Welt. Wir stehen am Anfang der Verkündigung des Evangeliums, sodass die Jünger sich zweifellos noch nicht rühmen können, ein vorbildliches Leben als „Menschen der Seligpreisungen“ zu führen. Daher verwundert es nicht, dass diese Worte sowohl ihnen als auch uns übermäßig und übertrieben erscheinen. Trotzdem fährt Jesus fort: „Wenn das Salz seinen Geschmack verliert, womit kann man es wieder salzig machen?“ Das klingt wie eine Frage nach Verantwortung, wie eine kühne Aufforderung Jesu, als wolle er sagen: Ich habe niemanden anderen als euch, um das Evangelium zu verkünden. Mit anderen Worten: Wenn ihr an Kraft verliert, wenn euer Verhalten fade und geschmacklos ist, so habe ich zur Verkündigung des Evangeliums schlicht kein anderes Mittel. Das Gleiche gilt für das Licht, das unter einen Scheffel gestellt wird. Auch in diesem Fall gibt es keine Abhilfe, man bleibt im Dunkeln.
All das trifft nicht nur für die damalige Zeit zu, es ist auch heute wahr. Die Aufgabe, Salz der Erde und Licht der Welt zu sein, darf niemals vernachlässigt werden. Angesichts dieser Worte ist sich jeder von uns wohl bewusst, ein armer Mensch zu sein. Im Hinblick auf die uns an-

vertraute Aufgabe sind wir tatsächlich schwach. Wie kann man Salz und Licht sein? Doch das Matthäusevangelium beharrt darauf, dass wir auch als arme Männer und Frauen Salz und Licht sind. Wir sind es nicht aus uns selbst heraus, sondern nur, indem wir Anteil haben am wahren Salz und am wahren Licht, an Jesus von Nazaret. Das Licht entspringt nicht den persönlichen Gaben des Einzelnen, einer vermeintlich guten Wesensart oder unseren Tugenden. Der Apostel Paulus erinnert in seinem Brief an die Christen von Korinth daran, dass er nicht mit glänzenden Reden zu ihnen kam: „Zudem kam ich in Schwäche und in Furcht, zitternd und bebend zu euch." Doch trotz seiner Schwachheit verteidigt er die Würde seines Amtes: „Denn ich hatte mich entschlossen, bei euch nichts zu wissen außer Jesus Christus, und zwar als den Gekreuzigten." Die Schwäche des Apostels verdunkelt das Licht der Verkündigung nicht. Sie verringert die Kraft der Predigt und des Zeugnisses nicht. Im Gegenteil, sie ist deren Säule und Begründung: „... damit sich euer Glaube nicht auf Menschenweisheit stützte, sondern auf die Kraft Gottes".

Diesen Worten wohnt ein tiefes Gefühl der Befreiung inne. Im Unterschied zu dem, was unter Menschen üblich ist, sind wir Christen vor Gott nicht dazu verurteilt, unsere Schwäche und Armseligkeit zu verbergen, in die wir verstrickt sind. Sie gefährden die göttliche Macht nicht. Gottes Kraft wird durch ihre Existenz nicht in Frage gestellt oder zunichte gemacht, sondern eher noch hervorgehoben, wenn wir sie annehmen. Das Evangelium verachtet den Menschen in keiner Weise, und dem Herrn ist jegliche Abneigung gegenüber den Menschen fremd. Zu Recht wird er als „Freund der Menschen" bezeichnet. Paulus fügt hinzu: „Wer sich also rühmen will, der rühme sich des Herrn" (1 Kor 1,31). Unser Ruhm stammt niemals von uns selbst. Die Gnade und die Liebe Gottes erleuchten unsere Schwäche. Wir können sie uns nicht aneignen, denn sie sind immer größer als wir und verlassen uns nie. Im Evangelium heißt es dazu: „So soll euer Licht vor den Menschen leuchten, damit sie eure guten Taten sehen und euren Vater im Himmel preisen." Der Herr fordert uns auf, Arbeiter für das Evangelium zu werden. Der Prophet erklärt, auf welche Weise dies geschehen kann: „... dem Hungrigen dein Brot zu brechen, obdachlose Arme ins Haus aufzunehmen, wenn du einen Nackten siehst, ihn zu bekleiden und dich deiner Verwandtschaft nicht zu entziehen". Die Nächstenliebe ist das Licht des Herrn, und eine großzügige Liebe macht das Herz weit. Sie gilt vor allem den Armen und Schwachen und vergisst zugleich auch die Menschen nicht, die ihnen nahe sind. Der Prophet fügt hinzu: So „wird dein Licht hervorbrechen wie das Morgenrot ..., dann geht im Dunkel dein Licht auf und deine Finsternis wird hell wie der Mittag."

Gebet am Tag des Herrn

Montag, 10. Februar

Gedenktag der heiligen Scholastika († um 547), der Schwester des heiligen Benedikt. Mit ihr gedenken wir der Eremitinnen, der Ordensschwestern und aller Frauen, die dem Herrn nachfolgen.

1 Kön 8,1–7.9–13. **Die Übertragung der Bundeslade**

Der Tempel, dessen Bau nun fertiggestellt war, musste Gott geweiht werden. Israel wusste, dass die Präsenz Gottes inmitten seines Volkes durch die Gesetzestafeln sichergestellt wurde, die in der Bundeslade aufbewahrt wurden. Salomo versammelte das ganze Volk, so wie es Mose am Sinai getan hatte, nachdem er die Gesetzestafeln empfangen hatte. Er brachte Gott Opfer dar und ließ die Bundeslade von den Priestern in das „Allerheiligste", den heiligsten Ort des Tempels, tragen. Man feierte das Laubhüttenfest, das in früheren Zeiten Erntefest genannt wurde, im siebten Monat des israelitischen Kalenders, der in unserem heutigen Kalender der Zeit von September bis Oktober entspricht. Der Abschnitt betont, dass sich in der Lade „nur die zwei steinernen Tafeln" befanden, „die Mose am Horeb hineingelegt hatte, die Tafeln des Bundes, den der Herr mit den Israeliten beim Auszug aus Ägypten geschlossen hatte". Diese Anmerkung verweist noch deutlicher auf die innere Dimension des Bundes, den Gott mit Israel geschlossen hat. Die Bundeslade enthält nur das Gotteswort, nichts sonst. Das Wort, also der Herr, der sich offenbart, ist das Herz des jüdischen und somit auch des christlichen Glaubens. Diese Aussage entspricht der, die wir am Ende des Evangeliums der Verklärung finden. Der Evangelist Markus erzählt, dass die Jünger, nachdem sie von der Wolke umhüllt worden waren, „niemanden mehr bei sich [sahen] außer Jesus" (Mk 9,8). Das Wort allein genügt. Jesus allein ist das Fundament, auf dem unser Glaube beruht. Es ist bedeutsam, dass beim Einzug der Bundeslade ins Allerheiligste genau das geschieht, was auch am Tag der Verklärung geschehen wird: „Als dann die Priester aus dem Heiligtum traten, erfüllte die Wolke das Haus des Herrn." Der Herr ergriff Besitz von diesem Ort durch den Einzug seines Wortes. Und jeder, der das Wort Gottes in sein Herz aufnimmt, wird zum Tempel Gottes und sein Schatten bedeckt ihn.

Gebet für die Armen

Dienstag, 11. Februar

1 Kön 8,22–23.27–30. **Das Gebet Salomos**

Dieses Gebet Salomos bildet den Höhepunkt der Weihe des Tempels. Nachdem er den Herrn für die Erwählung des Hauses David gepriesen hat, die in der Prophetie Natans zum Ausdruck kam (2 Sam 7), richtet Salomo dieses Gebet an Gott, das in der lateinischen Liturgie noch heute für die Weihe von Kirchen gebraucht wird. Der König hat seine Hände zum Himmel ausgebreitet und kniet vor dem Altar, hinter ihm die ganze Versammlung. Das Gebet wird nicht ins Leere geschickt, sondern richtet sich an Gott. Das ist die Bedeutung der Gebetshaltung, die Salomo hier einnimmt. Der Himmel steht für Gottes Erhabenheit gegenüber unserer Geringheit. Salomo, dessen Augen und Hände zum Himmel erhoben sind, bittet den Herrn, das Versprechen zu erfüllen, das er David gegeben hat. Im Blick auf das Tempelgebäude fragt er sich erstaunt, wie es möglich sei, dass Gott auf der Erde wohne. „Siehe, selbst der Himmel und die Himmel der Himmel fassen dich nicht, wie viel weniger dieses Haus, das ich gebaut habe." Doch Gott hat seinem Volk das Versprechen gegeben, es durch seine ganze Geschichte hindurch zu begleiten. Deswegen fleht Salomo: „Halte deine Augen offen über diesem Haus bei Nacht und bei Tag, über der Stätte, von der du gesagt hast, dass dein Name hier wohnen soll! Höre auf das Gebet, das dein Knecht an dieser Stätte verrichtet!“ Der Tempel wird zum Ort der Anwesenheit Gottes, zum Ort des Erbarmens, zu dem Ort, an dem das Volk den Herrn anrufen kann in der Gewissheit, erhört zu werden, zum Zufluchtsort für die, die Schutz beim Herrn suchen, zu dem Ort, an dem auch der Fremde Schutz findet. Salomo richtet in seinem Gebet sieben Bitten an den Herrn, als wollte er, dass der Tempel das ganze Leben des Volkes Israel umfasse. Denn hier hat der Herr Wohnung genommen und wer hierhin eilt, wird gerettet. Genau darauf bezieht sich Jesus, als er sich als den wahren und endgültigen Tempel bezeichnet, in dem der Herr in seiner ganzen Fülle wohnt. Salomos Bauwerk weist auf diesen Tempel hin, den Gott dann selbst verwirklicht hat, indem das „Wort … Fleisch geworden“ ist und „unter uns gewohnt“ hat (Joh 1,14). Mit Jesus bricht die Fülle der Zeiten an und Gott wohnt endgültig unter den Menschen.

Gebet mit Maria, der Mutter des Herrn

Mittwoch, 12. Februar

1 Kön 10,1–10. **Die Königin von Saba kommt zu Salomo**

Der Besuch der Königin von Saba bei Salomo gehört zu den bekanntesten Episoden der Bibel, auch weil Jesus sich darauf bezieht, als er von Salomos Reichtum spricht. Diese Begegnung ist auf vielerlei Weise interpretiert worden. So haben einige Kirchenväter in der Huldigung der Königin an Salomo eine Prophezeiung dafür gesehen, dass die Kirche der Heidenchristen Christus huldigen wird. Origines sieht dagegen in der Begegnung der beiden die vollkommene Liebesbeziehung zwischen Christus und der Kirche dargestellt. Einige Kommentatoren der Gegenwart erklären, dass die Episode „Salomo … in all seiner Pracht“ (Mt 6,29) verherrlichen möchte. Tatsächlich war am Anfang des ersten Jahrtausends vor Christus das Königreich von Saba, das sich auf dem Südosten der Arabischen Halbinsel erstreckte, eine bedeutende Handelsmacht und es ist gut vorstellbar, dass die Königin dieses Reiches Geschäftsbeziehungen mit Salomo eingehen wollte. Jedenfalls weist der Verfasser nur kurz auf diesen Zusammenhang hin, während er Salomos Anziehungskraft und Weisheit unterstreicht, die auch die Königin berührten. Es macht jedoch nachdenklich, dass der Verfasser diese Begegnung in die negative Phase der Geschichte Salomos einordnet. Im vorhergehenden Kapitel ist vom Frondienst die Rede, den Salomos Untertanen leisten mussten (1 Kön 9,15–24) und die folgenden Verse handeln vom übermäßigen Reichtum des Königs (1 Kön 10,29). Wenn Salomo sich so bereichert hat, muss man annehmen, dass er sich der Logik der Reiche dieser Welt angeglichen hat, die ihre Kraft auf Reichtum und Waffen gründen. Die Gefahren der Monarchie, die im ersten Buch Samuel dargestellt wurden (1 Sam 8,11–18), kamen nun in ihrer ganzen Deutlichkeit zum Vorschein: Das Volk wollte einen König, der es regiert „wie es bei allen Völkern der Fall ist“ (1 Sam 8,5). Doch das ist nicht die Logik, der das Leben des Volkes Israel folgen soll. Das Wort aus dem Evangelium bleibt für immer gültig: „Denn wer sich selbst erhöht, wird erniedrigt, und wer sich selbst erniedrigt, wird erhöht werden“ (Lk 14,11).

Gebet mit den Heiligen

Donnerstag, 13. Februar

1 Kön 11,1–15. **Salomos Niedergang**

Salomo „tat, was böse war in den Augen des Herrn, und war ihm nicht so vollkommen ergeben wie sein Vater David“. Dies erklärt das traurige Ende Salomos und seiner Herrschaft. Doch all dies geschah weder aus Zufall noch unvermittelt. Die Sünde, wie im Übrigen auch die Bekehrung, hat ihre Geschichte, die mit dem Herzen eines jeden Gläubigen verbunden ist, und diese Geschichte ist nie von den Beziehungen zu den anderen Menschen losgelöst. Wir sind alle, im Guten wie im

Bösen, miteinander verbunden. Salomo hatte sich von der verdorbenen Logik anziehen und beherrschen lassen, die sich immer einstellt, wenn man sich dem Stolz ergibt. Es beginnt damit, dass man sich von Geld und Reichtum versklaven lässt und es dann am Respekt für die anderen fehlen lässt und schließlich nur noch nach der persönlichen Befriedigung strebt, die in der Sexualität ein überaus fruchtbares Feld findet. Salomo hielt sich einen Harem aus zahllosen Frauen. Zwar war dies für einen Monarchen des Altertums ein Zeichen von Reichtum und Macht, vor allem, wenn die Frauen aus anderen Völkern kamen. Doch wog schwer, dass diese Versklavung durch Geld, Reichtum und Sexualität Salomos Herz weit von Gott entfernte. Nicht zufällig weist der Autor schon am Anfang darauf hin, dass Salomo nicht nur die Tochter des Pharaos, sondern auch viele andere „liebte". Gerade sie „machten sein Herz anderen Göttern geneigt, sodass sein Herz dem Herrn, seinem Gott, nicht mehr ungeteilt ergeben war wie das Herz seines Vaters David". Entscheidend ist immer das Herz. Auch Jesus wird sagen: „... wo dein Schatz ist, da ist auch dein Herz" (Mt 6,21). Salomos Herz war nicht mehr bei Gott, anders als es von ihm am Anfang seines Königtums gesagt wird, denn er hatte dem Stolz und der Eigenliebe nachgegeben, die ihn weit von Gott entfernten. Wenn er gehört und befolgt hätte, was Gottes Wort im Buch Deuteronomium über den König sagt, wäre er nicht dem Götzendienst verfallen: „Der König soll sich aber nicht zu viele Pferde halten. Er soll das Volk nicht nach Ägypten zurückbringen, um mehr Pferde zu bekommen ... Er soll nicht zu viel Silber und Gold anhäufen" (Dtn 17,16–17). Salomo übertritt diese Vorschriften: Er lässt Pferde aus Ägypten kommen und verschafft sich großen Reichtum. Salomo hat sich so sehr vom Stolz mitreißen lassen, dass weder für den Herrn noch für sein Erbarmen Raum blieb. Auch David hatte gesündigt, doch er erkannte seine Sünde, weil er auf den Propheten hörte und um Vergebung bat. Salomos Leben nahm ein trauriges Ende, und mit der Teilung des Reiches bezahlten seine Nachkommen den denkbar höchsten Preis für seine Sünden.

Gebet für die Kirche

Freitag, 14. Februar

Fest der Heiligen Kyrill († 869) und Method († 885), der Väter der slawischen Kirche und Patrone Europas.

1 Kön 11,29–32;12,19. **Die Erhebung Jerobeams und der Tod Salomos**

Salomo achtete nur auf seinen Stolz und war gegenüber dem Gesetz Gottes taub. Er hatte seine wahre Kraft und seine wahre Stütze verloren. Das Reich beginnt tatsächlich zu wanken und zu zersplittern: Feinde tauchen auf und untergraben die Stabilität und Einheit des Reiches. Der Verfasser berichtet von der Erhebung Jerobeams. Diese entsteht nicht durch Ursachen, die normalerweise die Beziehungen unter den Regierungen bestimmen. Gott selbst ist es, der eingreift. Der Prophet Ahija aus Schilo begegnet Jerobeam und zieht in einer symbolreichen Geste den Mantel aus, den er anhatte, zerreißt ihn in zwölf Stücke und sagt Jerobeam: „Nimm dir zehn Stücke; denn so spricht der Herr, der Gott Israels: Ich nehme Salomo das Königtum weg und gebe dir zehn Stämme. Nur ein Stamm soll ihm verbleiben wegen meines Knechtes David und wegen Jerusalem, der Stadt, die ich aus allen Stämmen Israels erwählt habe." Die symbolische Geste des Ahija, die an den Orakelspruch Samuels erinnert, mit dem er Saul abwies (1 Sam 15,27–28), ist einerseits Ausdruck für die Treue Gottes, der von den Versprechen, die er David gemacht hat, und von der Entscheidung, in Jerusalem zu wohnen, nicht ablässt. Andererseits weist sie aber auch auf den unvermeidlichen Niedergang dessen hin, der nicht den Wegen des Herrn folgt. Auf den Wegen des Herrn zu gehen, sein Wort zu befolgen, bedeutet, sich auf den Pfad dieser unentgeltlichen und starken Liebe des Herrn zu begeben, der jedem, der ihm folgt, Augen und Herz öffnet. In Bezug auf Jerobeam wiederholt der Prophet dieselben Ermahnungen, damit nicht auch er von den Wegen des Herrn abkommt, wenn er für sein Reich Stabilität und Unversehrtheit wünscht. Salomo, der die Rolle des Herodes aus der Kindheit Jesu vorwegnimmt, erfährt von dem Plan und versucht

Jerobeam zu töten. Dieser jedoch rettet sich, indem er nach Ägypten flieht und bis zum Tod Salomos dort bleibt.

Gebet des heiligen Kreuzes

Samstag, 15. Februar

1 Kön 12,26–32;13,33–34. **Die Sünde Jerobeams**

Nach Salomos Tod kehrt Jerobeam aus Ägypten zurück und erobert das Reich Juda zurück. Angesichts dessen trachtet Rehabeam danach, gegen ihn einen Krieg einzuleiten, um das Reich zurückzuerobern und die Einheit des Reichs wiederherzustellen, das ansonsten geteilt geblieben wäre. Der Prophet Schemaja hält ihn von dem Krieg ab, da dies ein Bruderkrieg wäre und erinnert ihn daran, dass die Trennung von Gott erlaubt worden war: „So spricht der Herr: Zieht nicht in den Krieg gegen eure Brüder, die Israeliten! Jeder kehre in sein Haus zurück; denn ich habe es so verfügt" (1 Kön 12,24). Gott wollte die Teilung seines Volkes nicht. Manchmal gibt er nach, um schlimmere Übel zu verhindern. Er handelt mit einer Pädagogik der Geduld im Warten auf das Wachstum. Rehabeam hörte auf das Wort des Herrn und der Konflikt, der ein Bruderkrieg mit viel Blutvergießen geworden wäre, wurde abgewandt. Jerobeam dagegen verfolgte seine machtpolitischen Ziele weiter. Ohne Jerusalem und ohne den Tempel versuchte er, diese Orte durch andere und auch durch eine andere Art der Religiosität zu ersetzen. Er wollte, dass seine Untergebenen Jerusalem und den Tempel vergaßen und meinte damit seine Macht zu sichern. Emsig war er darum bemüht, einen neuen religiösen Rahmen mit Altären, Kulten, Riten und Festen zu schaffen. Seine Untertanen nahmen diese Entscheidung des Königs an, mit Ausnahme der Leviten, die sich – wie im zweiten Buch der Chronik (2 Chr 11,13–14) erzählt wird – in Scharen ins Südreich aufmachten. Es gelang Jerobeam tatsächlich, das Volk von Jerusalem und vom Südreich loszulösen. Er führte es dadurch aber in eine Religiosität, die es aus der Mitte der jüdischen Tradition hinaus und somit vom Gott der Väter wegführte. „Dies wurde Anlass zur Sünde“, merkt der heilige Verfasser bitter an. Jerobeam, der nur um die eigene Macht besorgt war, hatte vergessen, dass nicht er, sondern Gott sein Volk aus der Sklaverei in Ägypten befreit hatte und dessen wahrer Herrscher war. Stolz und Machthunger hatten ihn so blind gemacht, dass er sogar sein Volk von Gott entfernte.

Gebet der Vigil

Sonntag, 16. Februar: 6. Sonntag im Jahreskreis

Gedenken an Onesimus. Für Philemon war er ein Sklave, für Paulus ein Bruder im Glauben.

Sir 15,15–20; Ps 119; 1 Kor 2,6–10; Mt 5,17–37

Der Abschnitt aus dem Matthäusevangelium, der uns an diesem Sonntag verkündet wird, setzt die Lesung der Bergpredigt mit der sogenannten „Rede der Antithesen“ fort. Darin wird die entscheidende Frage nach der Beziehung zwischen Jesus und dem Gesetz, zwischen dem Evangelium und den ethischen Normen behandelt. Jesus spricht von einer anderen Art der Gerechtigkeit: Sie bindet sich direkt an das Handeln Gottes, der nicht kalt berechnend Bilanz zieht zwischen Sollen und Haben, zwischen Verfehlungen und Verdiensten. Gottes Handeln erwächst aus seiner großen Güte und Barmherzigkeit, die alle Grenzen übersteigt, auch die Grenzen des Gesetzes. Es geht hierbei nicht um das Verhältnis zwischen Vorschriften und ihrer Befolgung, sondern um das Gegenüber von Liebe und Gleichgültigkeit, von Leidenschaft und Kälte. Hier geht es nicht um das schlichte Befolgen von Gesetzen, welches ganz offensichtlich notwendig ist, sondern um den Aufbau des gemeinsamen Lebens, dessen grundlegendes Gesetz die gegenseitige Liebe ist.
In diesem Sinne lautet die erste Antithese: „Ihr habt gehört, dass zu den Alten gesagt worden ist: Du sollst nicht töten; wer aber jemanden tötet, soll dem Gericht verfallen sein. Ich aber sage euch: Jeder, der seinem Bruder auch nur zürnt, soll dem Gericht verfallen sein; und wer

zu seinem Bruder sagt: Du Dummkopf!, soll dem Spruch des Hohen Rates verfallen sein; wer aber zu ihm sagt: Du Narr!, soll dem Feuer der Hölle verfallen sein." Hier geht es eindeutig nicht um eine neue Kasuistik – etwa mit zwei weiteren Abstufungen, wenn der Bruder als Dummkopf und Narr bezeichnet wird – oder um eine neue, möglicherweise strengere Rechtspraxis als früher, sondern um eine neue Art, das Gebot „Du sollst nicht töten" zu verstehen und zu leben. Es geht um die zwischenmenschlichen Beziehungen. Die Bindungen der Liebe zwischen uns sind derart wichtig, dass sie über das endgültige Schicksal eines Menschen entscheiden. Die gegenseitige Liebe ist die Erfüllung des Gesetzes. Wir müssen von einem negativ formulierten Verbot hin zur Bejahung des Vorrangs der Liebe gelangen. Hierbei handelt es sich nicht nur um ein moralisches Handeln, vielmehr soll das gesamte Leben und auch der Gottesdienst die Liebe zum Inhalt haben. Jesus sagt sogar: „Wenn du deine Opfergabe zum Altar bringst und dir dabei einfällt, dass dein Bruder etwas gegen dich hat, so lass deine Gabe dort vor dem Altar liegen; geh und versöhne dich zuerst mit deinem Bruder, dann komm und opfere deine Gabe!". Barmherzigkeit ist wichtiger als Opfer. Der Kult, der als Zeichen der Beziehung zu Gott verstanden sein will, darf nicht auf eine ernsthafte und freundschaftliche Beziehung der Menschen untereinander verzichten. In diesem Zusammenhang ist auch die folgende Aussage zu verstehen: „Ihr habt gehört, dass gesagt worden ist: Du sollst nicht die Ehe brechen. Ich aber sage euch: Jeder, der eine Frau ansieht, um sie zu begehren, hat in seinem Herzen schon Ehebruch mit ihr begangen."

Darauf folgt die Frage des Schwörens: „Ihr habt gehört, dass zu den Alten gesagt worden ist: Du sollst keinen Meineid schwören ... Ich aber sage euch: Schwört überhaupt nicht ..." Das Evangelium will jede Form des Schwurs ausschließen und bezieht sich dabei sowohl auf dessen religiöse wie auch auf dessen soziale Funktion. Der Schwur wird als Missbrauch der Autorität Gottes angesehen: Gott wird angerufen, um die mangelnde Wahrhaftigkeit in den menschlichen Worten und Verpflichtungen zu verdecken. Jesus sagt: „Eure Rede sei: Ja ja, nein nein; was darüber hinausgeht, stammt vom Bösen." Jesus nimmt das Wort der Menschen wirklich ernst, und in diesem Vertrauen ist die ganze Neuheit und Kraft des Evangeliums Jesu enthalten. Wer hat jemals gewagt, solche Worte auszusprechen? Der Apostel Paulus sagt über sie, dass sie „nicht Weisheit dieser Welt“ sind, und fügt hinzu: „was kein Auge gesehen und kein Ohr gehört hat, was in keines Menschen Herz gedrungen ist, was Gott denen bereitet hat, die ihn lieben. Uns aber hat es Gott enthüllt durch den Geist.“ Den Gläubigen wird damit ein neues „Gesetz“ übergeben, das nicht aus Normen und Rechtsvorschriften besteht, sondern aus einem neuen Herzen und einem neuen Geist.

Gebet am Tag des Herrn

Montag, 17. Februar

Jak 1,1–11. **Sich dem Herrn anvertrauen**

Zu Beginn seines Briefes stellt sich Jakobus als „Knecht Gottes“ vor. Auf diesen Titel gründet er die Autorität seiner Worte und fügt sich so in die biblische Tradition ein. Darin hatte der Herr Mose, Abraham, David und alle Propheten zu seinen Knechten erwählt. Jakobus wendet sich folglich mit apostolischer Autorität an alle christlichen Gemeinden, „die in der Diaspora leben“. Auch wenn sie in allen Teilen der Welt zerstreut sind, sind sie doch durch das Evangelium Jesu in einem einzigen Volk Gottes vereint. Jakobus will, dass es den Gemeinden gut geht. Deswegen ermahnt er sie, auch inmitten der Schwierigkeiten und Prüfungen, die sie erdulden müssen, immer „voll Freude“ zu sein. Die „Prüfung“, so schreibt der Verfasser, ist in Wahrheit ein günstiger Augenblick für das Wachstum. Die Freude, von der Jakobus spricht, unterscheidet sich von der Freude der Welt, die um jeden Preis und zuweilen auch verzweifelt versucht, Widrigkeiten aus dem Weg zu gehen. Franz von Assisi wird später von der vollkommenen Freude inmitten der Prüfungen des Lebens sprechen. Die Versuchungen, in die der Teufel Hiob führte, erwiesen die Stärke seines Glaubens trotz aller Probleme. In den Prüfungen des Lebens soll das Licht des Glaubens aufstrahlen. Daran erinnern uns die vielen Märtyrer, angefangen bei jenen aus der ersten Christengeneration bis hin zu denen unserer

Zeit, die selbst schwierigste Prüfungen im geduldigen Vertrauen auf Gott auf sich nahmen. Die Prüfungen des Lebens helfen, die Tugend der Geduld reifen zu lassen. Für den Apostel hat Geduld nichts mit Resignation zu tun. Vielmehr kann uns die Hast, mit der man immer alles schnell erledigen und sofort die Früchte seines Tuns sehen möchte, oberflächlich werden lassen. Die Geduld führt den Gläubigen hingegen dazu, sich an Gott zu wenden und ihn um die Weisheit zu bitten, mit der sich schwierige Momente angehen und überwinden lassen. Gott verschenkt die Weisheit demjenigen mit Großzügigkeit, der ihn darum bittet. Wir brauchen alle diese Weisheit. Wer hingegen allein sich selbst vertraut, so Jakobus, bleibt unsicher und unschlüssig, weil ihm jene innere Kraft ausgeht, mit der er auf die Prüfungen des Lebens reagieren kann. Deshalb ruft er dazu auf, mit dem Vertrauen von Kindern zu beten, die sich dem Vater anvertrauen in der Gewissheit, dass er alles verwirklichen wird, worum sie ihn bitten. Wir schwelgen dagegen gerne in unseren Unsicherheiten, die uns am Ende sogar lieb werden, und bleiben so an die zahlreichen Schwankungen unseres Herzens gebunden. Diese sind oft banal und oberflächlich, aber sie sind uns zu eigen, und dies so sehr, dass wir es nicht vermögen, uns von ihnen zu befreien. Bitten wir Gott also um die Weisheit des Herzens, damit wir im Leben stark und geduldig sind.

Gebet für den Frieden

Dienstag, 18. Februar

Jak 1,12–18. **Von Gott kommt nur Gutes**

„Selig der Mann, der in der Versuchung standhält“, schreibt Jakobus. Jesus war der erste, der den „Kranz des Lebens“ erhalten hat. Die Versuchungen werden nicht von Gott geschickt. Der Brief sagt das mit aller Deutlichkeit: „Gott … führt … selbst niemanden in Versuchung.“ So heißt es in der neuen italienischen Übersetzung des Vaterunsers zu Recht nicht mehr „und führe uns nicht in Versuchung“, sondern „lass uns nicht in Versuchung geraten“, denn Gott führt den Menschen nicht in Versuchung. Wie oft hören wir andere sagen – und denken es manchmal auch selbst – dass das Übel von Gott komme. Doch das Böse entspringt einem Herzen, das seinen Leidenschaften nachgibt, das sich also von der Versuchung mitreißen lässt, nur noch an sich selbst zu denken. Wenn man der Anziehung und Verlockung dieser Leidenschaften nachgibt, verfällt man der Sünde wie Kain, der seinen Instinkt nicht zu beherrschen vermochte und am Ende sogar seinen Bruder erschlug. Der Apostel erinnert uns daran, dass es verrückt ist, zu glauben, man könne die Leidenschaften oder gar die Sünde unter Kontrolle behalten. In Wirklichkeit zerren uns die Instinkte und die Selbstliebe hinter sich her. Manchmal hegen wir die törichte Überzeugung, das Böse beherrschen, es kontrollieren zu können wie so viele Gewohnheiten, Gedanken, Traditionen, von denen wir glauben, dass wir sie im Zaum halten können, während tatsächlich sie uns beherrschen. Doch der Brief erinnert daran, dass wir uns dem Herrn anvertrauen und so den Angriff des Bösen überwinden können. Der Vater des Lichts ist weder unsicher noch zweifelnd, bei ihm gibt es keine Schwankungen oder Veränderungen, trotz der vielen Enttäuschungen, die wir ihm bereiten. Jakobus betont, dass der Herr, der Himmel und Erde erschaffen hat, seine Gaben in Fülle an die Menschen austeilt. Vor allem aber hat er uns „durch das Wort der Wahrheit geboren“ und tut dies weiter. Die Verkündigung des Evangeliums ist gleichsam das mütterliche Prinzip, das uns zu neuem Leben gebiert. Wir sind die Erstlingsfrucht der Kinder Gottes, Sprösslinge der neuen Schöpfung.

Gebet mit Maria, der Mutter des Herrn

Mittwoch, 19. Februar

Jak 1,19–27. **Auf das Wort hören und danach leben**

„Werdet aber Täter des Wortes und nicht nur Hörer, sonst betrügt ihr euch selbst!“. Mit diesem Aufruf setzt der Apostel den Gedankengang aus dem vorangegangenen Abschnitt fort. Hierbei stellt er heraus, dass ein Mensch, der zuhört, auch mit Überlegung spricht –

also „langsam zum Reden“ ist – und so seinen Instinkt zu beherrschen vermag, der sonst leicht zum Zorn hinreißt. Denn wie oft ist der Zorn die direkte Folge der Unfähigkeit, zuzuhören und erst dann zu sprechen, wenn man nachgedacht hat. Es gibt einen direkten Bezug zwischen der Bereitschaft zum Hören auf Gott und der Verantwortung im Gespräch mit den anderen. Denn wer die Kraft des Wortes versteht, achtet sicherlich auch genauer auf das, was er sagt. Wenn das Wort nicht aus einem vom Evangelium geprägten Herzen hervorgeht, kann es den Zuhörern leicht schaden. Deshalb werden auch diejenigen, die sich für fromm halten, dazu ermahnt, ihre Zunge im Zaum zu halten. Auch Jesus warnte seine Jünger, dass Gott für jedes unnütze Wort, das sie redeten, Rechenschaft fordern würde (vgl. Mt 12,36). Deshalb ruft Jakobus dazu auf, „in Sanftmut“ das Wort anzunehmen, das in uns „eingepflanzt worden ist“. Die Gläubigen sollen das Wort Gottes im Herzen aufnehmen und es dort wirken lassen, ohne es durch Stolz, Zerstreuung und Kälte zu behindern. Jakobus erklärt, was die gehorsame Aufnahme des Evangeliums bedeutet, nämlich Handelnde gemäß dem Wort zu sein und nicht nur Zuhörer. Das Wort Gottes ist der Spiegel unseres Lebens. Es genügt nicht, sich einen Moment lang anzuschauen und sogleich wieder zu vergessen. Wir müssen uns vielmehr beständig im Wort Gottes spiegeln, um so unser wahrstes und menschlichstes Bild zu entdecken. Denn ein wahrer Glaube und eine echte Religiosität besteht nicht aus abstrakten Worten, sondern aus der Konkretheit der Liebe, die ausgehend von der Hilfe für die Witwen und Waisen Gestalt annimmt, und sich dabei „unbefleckt von der Welt“ bewahrt, also nicht von Stolz oder Eigenliebe verunreinigt wird. Waisen und Witwen waren zahlreich in der Gesellschaft der damaligen Zeit und wurden zu den Ärmsten der Armen gerechnet, wie es die Bücher des Ersten Testaments belegen. Sie sind der Inbegriff der Armut. Jakobus stellt jedoch heraus, dass zwischen dem Zügeln der eigenen Zunge und der Sorge für die Armen ein Zusammenhang besteht. Das Hören auf das Wort Gottes und das Mitleid mit den Armen charakterisieren unseren Glauben. Ein „reiner … Gottesdienst“, der also den Menschen in Beziehung zu Gott setzt, verwirklicht sich in einer Liebe, die nicht abstrakt bleibt, sondern zum Hören auf das Evangelium und zum konkreten Einsatz für diejenigen wird, deren Bedürfnis nach Liebe am größten ist, nämlich die Armen.

Gebet mit den Heiligen

Donnerstag, 20. Februar

Jak 2,1–9. **Die Achtung vor den Armen**

Es kann auch für die christliche Gemeinschaft zur Normalität werden, dass sie sich dem Stil dieser Welt anpasst und die Reichen ehrt, die Armen aber verachtet. In unserer heutigen Welt werden die Armen gering geschätzt und es geschieht leicht, dass man sie völlig vergisst oder gar verachtet. Papst Franziskus hört nicht auf, uns an den Skandal der „Wegwerfgesellschaft" zu erinnern, wie er sie nennt, die schamlos die Armen vom Tisch des Lebens fernhält. Das geht soweit, dass man den Armen nicht nur Hilfe verweigert, sondern sich gar vor ihnen wie vor Feinden verteidigt. Oft werden ihnen die Schwierigkeiten und Probleme unserer Gesellschaft aufgebürdet. Dies gilt auch auf globaler Ebene, wenn man vergisst, den Kampf zur Beseitigung der Armut auf die Tagesordnung zu setzen. Es ist nicht modern, über die Armen zu sprechen, auch weil dies eine weniger egozentrische Sicht auf das Leben und die Gesellschaft mit sich brächte. Seinen eigenen Interessen nachzujagen, verhärtet die Herzen und macht die Gesellschaft vor allem den Schwächsten gegenüber grausamer. Der Jakobusbrief erinnert daran, dass Gott genau entgegengesetzt handelt. Er erwählt die Armen dieser Welt, um sie reich und zu Erben seines Reiches zu machen. Wenn Jakobus das Beispiel des Ehrenplatzes anführt, der den Armen in der Versammlung zusteht, bezieht er sich nicht in erster Linie auf den physischen Platz, der ihnen zuzuweisen ist, sondern auf den Platz, den sie im Herzen und damit im Sorgen und Denken der Gläubigen einnehmen sollen. Den Armen soll eine bevorzugte Aufmerksamkeit in der christlichen Gemeinde geschenkt werden, weil Gott genau so handelt. Außerdem weist Jakobus darauf hin, wie leicht es geschieht, dass die Armen unterdrückt und ausgebeutet werden. Auch wenn man sie nicht verteidigt, ist das so, als ob man den Namen Gottes lästert, der sie zu seinen geliebten Kindern erwählt hat und sich sogar mit ihnen identifiziert, wie wir im Matthäusevangelium lesen: „Amen, ich sage euch: Was ihr für einen meiner geringsten Brüder getan habt, das habt ihr mir getan“ (Mt 25,40). Die Armen sind aufgenommen in die Familie Gottes. Sie sind die kleinsten Geschwister Jesu und damit Familienangehörige der Christen. So ist ihr Platz genau im Herzen der Kirche. So sollen wir sie also als unsere Schwestern und Brüder lieben. In ihnen begegnen wir Jesus selbst.

Gebet für die Kirche

Freitag, 21. Februar

Gedenktag des heiligen Petrus Damiani († 1072). In der Treue zu seiner monastischen Berufung liebte er die ganze Kirche und setzte sein Leben ein, um sie zu reformieren. Gedenken an die Ordensleute überall auf der Welt.

Jak 2,14–24.26. **Glaube und Werke**

Der Glaube ist es, der uns rettet, schreibt Paulus. Er befreit uns von der Anmaßung, das Heil einzufordern, das doch eine unentgeltliche Gabe Gottes ist. Der Glaube muss allerdings das ganze Dasein des Jüngers mit Leben erfüllen, fügt Jakobus hinzu. Das ist kein Widerspruch, sondern eine Erläuterung dessen, was Paulus hervorhebt. Denn der Glaube setzt Energien des Guten frei; in diesem Sinn ist er ohne die Werke tot. Zudem hat Jesus gesagt: „Nicht jeder, der zu mir sagt: Herr! Herr!, wird in das Himmelreich kommen, sondern wer den Willen meines Vaters im Himmel tut“ (Mt 7,21). Jakobus besteht, wie er es schon bisher getan hat, auf einem Christentum, das aus dem Glauben heraus zu Taten, Verhaltensweisen und Lebensentscheidungen wird. Die Versuchung heute ist die eines sentimentalen, individualistischen Glaubens, der sich nicht in Lebensentscheidungen widerspiegelt. Mit dem Beispiel der Weigerung, einem Bruder oder einer Schwester in

Not zu helfen, deckt Jakobus die Gefühlskälte und Herzenshärte derjenigen Gläubigen auf, die kein Mitleid mit den Mitmenschen haben. Ein solches Verhalten ist ein offener Verrat am grundlegenden Gebot der Liebe. Genau das aber tun wir für gewöhnlich, wenn wir uns mit unseren Gefühlen begnügen – die ja durchaus mit großer Anteilnahme verbunden sein können – und wenn wir glauben, mit uns sei alles in Ordnung, weil wir ein paar freundliche Worte gesagt haben, ohne aber den Bittstellern konkrete Hilfe zu leisten. Ein Glaube, der im Abstrakten bleibt, reicht nicht aus, und es genügt ebenso wenig, bestimmte rituelle Handlungen durchzuführen. Der Glaube führt notwendigerweise zu neuen Verhaltensweisen, neuen Ausdruckweisen der Liebe. Abraham ist das Vorbild für den wahren Gläubigen, denn er hat voll Vertrauen auf das gehört, was Gott von ihm forderte, und hat es sofort und zur Gänze umgesetzt. Sein Glaube, der in der Hingabe an den Willen Gottes begann, wurde vollkommen in diesem Werk und wurde dadurch gerechtfertigt. Dasselbe gilt für Rahab, die sich entschied, sich auf die Seite des Gottesvolkes zu stellen, obwohl sie eine Fremde und Prostituierte war. Jakobus endet mit einem weiteren Bild: Wie der tote Leib ein Zeichen für die Abwesenheit der Seele ist, so ist die Abwesenheit der Werke ein Zeichen für das Fehlen eines lebendigen Glaubens.

Gebet des heiligen Kreuzes

Samstag, 22. Februar

Fest der Kathedra Petri.

Mt 16,13–19. **Das Messiasbekenntnis des Petrus**

Die Liturgie ruft uns zum Gedenken und zur Feier des „Petrusgeheimnisses“ auf. Es wird einerseits das apostolische Fundament der Kirche von Rom hervorgehoben und andererseits der Dienst des Vorsitzes der Liebe als ein einzigartiges Charisma, das in den Nachfolgern des Petrus wieder auflebt. Das heutige Evangelium erinnert mit drei Symbolen – Fels, Schlüssel, Binden und Lösen – daran, dass das Charisma des Petrus ein Dienst zum ganzheitlichen Aufbau der Auserwählten Gottes ist. Wir wissen darum, wie heilsam für die Kirche dieser Dienst an der Einheit ist, den auszuüben der Bischof von Rom gerufen ist. Heute gilt dies noch mehr. In einer globalen Welt mit ihren Bestrebungen zur Fragmentierung stellt der Papst einen einmaligen Schatz dar, der bewahrt, behütet und gezeigt werden muss. Das soll nicht durch die Machtmittel dieser Welt geschehen, sondern als Dienst der Liebe zu allen und vor allem zu den Schwächsten. Denn der Primat des Petrus entsteht nicht aus „Fleisch und Blut", ist also keine Frage von persönlichen und menschlichen Eigenschaften, sondern eine Gabe des Geistes Gottes an seine Kirche. Das Zeugnis von Papst Franziskus spricht in besonderer Weise in diese Zeit der großen Orientierungslosigkeit und Unsicherheit hinein. Jesus selbst hat auf diesen Felsen hingewiesen, als er die Jünger an einem abgelegenen Ort versammelte. Nicht aus Neugierde fragte er sie, für wen die Leute ihn hielten. Er braucht die Eintracht mit den Jüngern, ein gemeinsames Empfinden mit ihnen. Petrus ergreift das Wort und antwortet für alle, indem er seinen Glauben bekennt. Sofort wird er seliggepriesen. Petrus, und mit ihm die kleine Gruppe der Jünger, gehört zu den „Kleinen", denen der Vater die seit der Gründung der Welt verborgenen Geheimnisse offenbart. Simon, der ein Mensch wie alle ist, empfängt in der Begegnung mit Jesus eine neue Berufung, eine neue Aufgabe, einen neuen Auftrag: Er soll „Fels" dieses Gebäudes der Rettung sein, dessen Eckstein Jesus und dessen weiser Architekt der Vater ist. Es ist die „Ekklesia", jenes Volk, das Gott versammelt hat, damit jeder Mensch ein Zuhause findet, einen Ort zum Leben, und niemand mehr in der Einsamkeit alleine gelassen wird. Dieses Haus wird den „Pforten der Unterwelt" widerstehen – was in der semitischen Terminologie eine Umschreibung für Kräfte des Bösen ist –, die versuchen werden, es niederzureißen. Für diesen Bau besitzt Petrus die Schlüssel. Das Haus Gottes ist nicht verschlossen, sondern es hat Türen, deren Schlüssel Petrus in der Hand hält. Dieses Bild wurde zu einem verbreiteten Gedanken über das Himmelreich. Das Evangelium spricht jedoch vom Haus, das schon jetzt auf Erden seinen Anfang nimmt, und für das Petrus bereits die Schlüssel erhalten hat. Zudem wurde ihm die Macht erteilt, zu „binden“ und zu „lösen“. Dies bedeutet im rabbinischen Verständnis die Verantwortung, im Haus Bindungen der Geschwisterlichkeit zwischen allen Menschen zu schaffen. Papst Franziskus ist ein Mann der Einheit, nicht nur für die Christen, sondern für alle Religionen. Er verkörpert den Traum der Kirche des Konzils, nach dem alle Menschen einer einzigen Menschheitsfamilie angehören. Hierin liegt der Grund für die zahlreichen Angriffe ihm gegenüber. Doch mit solchen Angriffen schadet man der Einheit und reißt Brücken nieder. Auch innerhalb der katholischen Kirche gibt es Kräfte, die den Papst beiseite lassen. Wir verbinden uns im Gebet für ihn, gemeinsam mit vielen Gläubigen und den Armen, die ihn als ihren wahren Freund ansehen.

Gebet der Apostel

Sonntag, 23. Februar: 7. Sonntag im Jahreskreis

Gedenktag des heiligen Bischofs und Märtyrers Polykarp, eines Jüngers und Apostels des Johannes († 155).

Lev 19,1–2.17–18; Ps 103; 1 Kor 3,16–23; Mt 5,38–48

In diesen Wochen lädt uns der Sonntagsgottesdienst dazu ein, über die Bergpredigt Jesu nachzudenken. Jesus schließt mit den Worten über das Haus, das auf einen Felsen gebaut wurde, als wolle er die Kraft dieser Worte unterstreichen: Wenn sie in die Tat umgesetzt werden, festigen sie das Haus und lassen es den Winden und Unwettern widerstehen, die im Leben auf den Menschen einstürmen. Wer sich diesen Worten anvertraut, ist deshalb weise und realistisch zugleich. In ihnen ist die wahre Weisheit des Lebens verborgen, die sich vom verbreiteten Denken unterscheidet, die aber allein die Welt der Gewalt des Bösen entziehen kann. In dieser Perspektive stehen die Worte Jesu, mit denen er zur Erfüllung des Gesetzes auffordert: „Ihr habt gehört, dass gesagt worden ist: Auge um Auge und Zahn um Zahn. Ich aber sage euch: Leistet dem, der euch etwas Böses antut, keinen Widerstand, sondern wenn dich einer auf die rechte Wange schlägt, dann halt ihm auch die andere hin!“ Jesus bezieht sich auf das alte Talionsgesetz, das die Rache abmildern und regulieren wollte. In der Antike – wie auch noch in unserer Zeit – führte das Rachedenken die Menschen dazu, unversöhnlich und grausam, ja unmenschlich zu sein. Das Gesetz wollte der Willkür der Rache eine Grenze setzen und führte das Prinzip der Verhältnismäßigkeit ein. Es schuf eine angemessene Entschädigung: ein Zahn für einen Zahn, ein Auge für ein Auge.

Jesus ging es jedoch darum, diese Vorschrift, die durchaus ihre Berechtigung haben konnte, völlig auszurotten: Man soll nicht nur auf Rache verzichten, sondern auch auf den „Widerstand“ gegen den, der einem etwas Böses antut. Das Böse muss mit der Wurzel ausgerottet werden, und dieser Kampf beginnt im eigenen Herzen. Gläubige Menschen sind die Ersten, die sich diesem Kampf stellen sollen. Patriarch Athenagoras, ein Mann mit einem großen Glauben, betonte diese Tatsache ausgehend von sich selbst: „Der schwerste Kampf ist jener gegen sich selbst. Wir müssen uns entwaffnen. Ich selbst habe über Jahre hinweg diesen Kampf gekämpft. Es war schrecklich. Doch jetzt habe ich die Waffen abgelegt. Ich habe vor nichts mehr Angst, weil die Liebe jegliche Angst vertrieben hat“.

Das ist der Weg, den das Evangelium uns rät, damit wir in den Begegnungen mit den anderen sanftmütig, im Gespräch geduldig und im Umgang großzügig werden können. Auf diesem Weg der Großzügigkeit lassen sich selbst die Herzen der Gewalttätigen entwaffnen. Diese Worte des Evangeliums lassen die Liebe Frucht bringen, Früchte des Friedens und der Eintracht. Jesus spricht weiter: „Ihr habt gehört, dass gesagt worden ist: Du sollst deinen Nächsten lieben und deinen Feind hassen. Ich aber sage euch: Liebt eure Feinde …“ Mit diesen Worten streicht er den Begriff „Feind“ aus seinem Wortschatz und lässt allein die Bezeichnung „Nächster“ gelten. Für Jesus existieren keine Feinde, sondern jeder Mensch ist ein Nächster, den es zu lieben gilt. Auch die Jünger sollen diesem Beispiel folgen. Er fordert sie nicht nur dazu auf, jede Beleidigung zu vergeben, was bereits ein großer Schritt wäre, sondern gerade ihre Feinde zu lieben und für ihre Verfolger zu beten. Hierin gibt er ihnen als Erster ein Beispiel. Am Kreuz betete er mit den Worten: „Vater, vergib ihnen, denn sie wissen nicht, was sie tun!“ (Lk 23,34).

Jesus will das Herz der Menschen weit machen, indem er alle Zäune und Grenzen einreißt, die der Ursprung jeder Feindschaft sind. Das Evangelium fordert von uns, mit unserer Großzügigkeit ein Zeugnis zu geben. Jesus verdeutlicht, wie sehr sich dieses Verhalten vom Gewöhnlichen unterscheidet: „Wenn ihr nämlich nur die liebt, die euch lieben, welchen Lohn könnt ihr dafür erwarten? Tun das nicht auch die Zöllner?“. Er lädt die Jünger zu einem anderen Leben ein. Dabei kennt er unsere Schwäche und unsere Sünde, wird aber nicht müde, uns aufzufordern: „Seid also vollkommen, wie euer himmlischer Vater vollkommen ist!“ Bereits zur Zeit des Mose ermahnte der Herr sein Volk: „Seid heilig, denn ich, der Herr, euer Gott, bin heilig.“ Die Heiligkeit besteht in der Nächstenliebe, in der grenzenlosen Liebe, von der getrieben die Jüngerinnen und Jünger aus sich selbst herausgehen und sich auf den Weg in die Randgebiete dieser Welt begeben. Die Nachahmung des neuen Menschen Christus, der ein Vorbild für wahre Menschlichkeit ist, der einfache Weg, den das Evangelium für uns alle möglich macht.

Gebet am Tag des Herrn

Montag, 24. Februar

Fest des Apostels Matthias

Apg 1,15–17.20–26. **Die Wahl des Matthias**

Heute gedenkt die Kirche in Deutschland des Apostels Matthias. Er wurde von der ersten christlichen Gemeinde ausgewählt, um die Zwölferzahl der Apostel zu vervollständigen, die für das ganze erwählte Volk stehen sollten. In dieser Zahl – die den zwölf Stämmen Israels entsprach – lag die Sehnsucht nach einem vollkommenen und universalen Heil, die nicht abgeschwächt und schon gar nicht beseitigt werden durfte. Auch der Hinweggang des Judas durfte die dem Evangelium innewohnende Ausrichtung auf das universale Heil nicht zunichtemachen. Für Jesus haben die Menschen aller Völker und Länder ein Anrecht auf die Verkündigung des Heils, und davon darf niemand ausgeschlossen bleiben. Die Kirche steht daher in der Pflicht, es bis zu den Enden der Erde weiterzugeben. Der universale Geist Jesu ist integraler Bestandteil des christlichen Glaubens. Freilich konnte nicht einfach irgendjemand ausgewählt werden. Daher wurde sogleich folgendes Kriterium aufgestellt: Der Gewählte musste das Leben Jesu geteilt, ihn gehört, gesehen und berührt haben, ihm nachgefolgt sein. Es musste sich also um einen echten Augenzeugen handeln. Die Tradition erblickt in Matthias einen der 72 Jünger Jesu. In der Präfation der Ambrosiusliturgie heißt es über ihn: „Um die Zahl der Apostel zu erfüllen, hast du in besonderer Weise in Liebe auf Matthias schon in der Nachfolge und bei den Geheimnissen deines Gesalbten geschaut. Seine Stimme schloss sich den anderen elf Zeugen des Herrn an und brachte der Welt die Verkündigung, dass Jesus von Nazaret wahrhaftig auferstanden ist und sich den Menschen das Himmelreich aufgetan hat." In Matthias können wir den Namen eines jeden Jüngers zu allen Zeiten erkennen. Alle, denen die Sorge für die Gemeinde anvertraut ist, sind gebeten, selbst zuallererst das Evangelium zu leben und selbst die universale Dimension des Heils zu spüren.

Gebet für die Armen

Dienstag, 25. Februar

Jak 4,1–10. **„Ihr bittet und empfangt doch nichts, weil ihr in böser Absicht bittet"**

Jakobus beschreibt die tödlichen Früchte, die aus einer falsch verstandenen Weisheit hervorgehen. Die Gier nach Besitz ist gefährlich und veranlasst sogar zum Töten, der Neid führt dazu, dass man einander bekämpft. Der Narzissmus einer Gemeinde, die über sich selbst gebeugt lebt, beraubt sogar das Gebet seiner Kraft. „Ihr bittet und empfangt doch nichts, weil ihr in böser Absicht bittet …" Wer sich vom Geist dieser Welt führen lässt, der entfernt sich so weit von Gott, dass er ihn schließlich hasst, so merkt Jakobus an, und wird so gegenüber

Gott ehebrüchig. Jesus lehrt uns, wie wir uns gegenüber Gott und den Menschen verhalten sollen: „… lernt von mir; denn ich bin gütig und von Herzen demütig“ (Mt 11,29). Sich vor dem Herrn demütig zu zeigen, bedeutet, dass man die eigene Bedürftigkeit und Sünde erkennt. „Klagt, trauert und weint“, schreibt Jakobus. Wer diesen Geist hat, der versteht es, dem Herrn nahe zu kommen. Während er sich ihm nähert, entdeckt er, dass in Wahrheit der Herr ihm schon nahe gekommen ist, um sein Herz zu berühren und ihn zu retten. Indem wir uns dessen bewusst werden, welche Dankbarkeit wir Gott schulden, erkennen wir auch, wie viel Liebe wir den Brüdern und Schwestern schuldig sind. Jakobus warnt vor übler Nachrede, Streitlust, verächtlichen Urteilen, Diffamierungen und Verleumdung, denn all dies erwächst aus der Ferne zu Gott und oft auch aus der teuflischen Versuchung, den Platz Gottes einzunehmen oder zumindest den Platz im Mittelpunkt des Geschehens an sich zu reißen. Wir wissen, wie leicht man urteilt oder den Splitter im Auge des anderen sucht. Jakobus sagt ganz klar zu dem, der so verrückt ist, in diese hochmütige und verächtliche Haltung zu verfallen: „Wer aber bist du, dass du über deinen Nächsten richtest?“ Er erinnert uns daran, dass die Liebe zu Gott und zum Nächsten das Wesentliche des Gesetzes und der Weg zum Heil ist. Wir sind frei, die anderen immer gerne zu haben, weil wir frei sind vom Gefängnis der Urteile, die das Herz vergiften, die uns oft unfähig machen, die anderen zu lieben, die das Herz entstellen und es vom Herrn entfernen.

Gebet mit Maria, der Mutter des Herrn

FASTENZEIT

Mittwoch, 26. Februar: Aschermittwoch

Joël 2,12–18; Ps 51; 2 Kor 5,20–6,2; Mt 6,1–6.16–18

Heute, zu Beginn der Fastenzeit, überliefert die Liturgie den eindringlichen Aufruf Gottes: „Kehrt um zu mir von ganzem Herzen mit Fasten, Weinen und Klagen!" Besorgt angesichts der Gefühllosigkeit des Volkes Israel, fügt der Prophet Joël hinzu: „Zerreißt eure Herzen, nicht eure Kleider, und kehrt um zum Herrn, eurem Gott! Denn er ist gnädig und barmherzig, langmütig und reich an Huld und es reut ihn das Unheil." Die Fastenzeit ist die geeignete Zeit, zum Herrn zurückzukehren und den Sinn unseres ganzen Lebens wieder neu zu verstehen. Die Liturgie kommt uns mit dem alten Zeichen der Aschenauflegung zu Hilfe. Während uns ein kleines Häuflein Asche auf das Haupt gelegt wird, sagt uns der Priester: „Bedenke, dass du Staub bist und zu Staub zurückkehrst."

Das ist die Wahrheit über unser Leben: Wir sind wirklich Staub, schwach und zerbrechlich. Leicht sind wir überheblich und vergessen dabei, dass wir armselig sind. Ein jeder, der sich erhebt und sich stark fühlt, entdeckt schnell, dass er schwach ist. Die Asche auf unserem Haupt erinnert uns an unsere Schwachheit, aber nicht, um Angst und Traurigkeit zu vergrößern, im Gegenteil, sie soll uns sagen, dass diese Schwachheit, die uns ausmacht, von Gott geliebt ist, dass Gott sie erwählt hat, um sein Projekt der Liebe und des Friedens für die ganze Welt zu verwirklichen.

Wir Christen sind dazu berufen, Wächter des Friedens zu sein, an den Orten, an denen wir leben und arbeiten. Wir werden gebeten zu wachen, damit das Gewissen der Menschen nicht den Versuchungen von Egoismus, Lüge, Gewalt und Streit erliegt. Fasten und Gebet machen uns zu aufmerksamen Wächtern, die umsichtig darum besorgt sind, dass weder der Schlaf der Resignation, der Konflikte als unvermeidbar erscheinen lässt, die Oberhand gewinnt, noch der Schlaf der Nachgiebigkeit gegenüber dem Bösen, das noch immer die Welt bedrängt, und dass der Schlaf eines Realismus der Faulheit an der Wurzel überwunden wird, durch den man sich auf sich selbst und die eigenen Interessen zurückzieht. Im Evangelium, das wir gehört haben, fordert Jesus die Jünger zum Fasten und zum Gebet auf, um jede Art von Hochmut und Arroganz abzulegen und sich dafür bereit zu machen, die Gaben Gottes zu empfangen. Unsere Kräfte allein reichen nicht aus, um das Böse abzuwenden. Wir müssen den Herrn um Hilfe anrufen, der – wie Bonhoeffer es gerne sagte – uns nicht nur gut, sondern auch stark macht, damit die Liebe über den Hass siegt und der Frieden über den Krieg.

Liturgie des Aschermittwochs

Donnerstag, 27. Februar

Dtn 30,15–20. **Die beiden Wege**

In diesem Abschnitt, der die lange Rede, die Mose vor dem Volk im Namen des Herrn hält, zum Abschluss bringt, erinnert das Buch Deuteronomium an die Verantwortung, die das Volk übernimmt, indem es den Herrn erwählt. „Siehe, hiermit lege ich dir heute das Leben und das Glück, den Tod und das Unglück vor“. Die Wahl zwischen den beiden Wegen bleibt nicht ohne Konsequenzen. Es handelt sich um eine enorme Verantwortung, welche mit der Qualität der Existenz des ganzen Volkes, nicht nur der jeweiligen persönlichen Existenz verbunden ist. Sich für das Gute und das Leben zu entscheiden, bedeutet, dass man unter dem Segen und Schutz Gottes bleibt. Sich für das Böse zu entscheiden, bedeutet, dass man sich dem Unglück und dem Tod hingibt. Deshalb fährt Mose fort: „Wähle also das Leben, damit du lebst, du und deine Nachkommen. Liebe den Herrn, deinen Gott, hör auf seine Stimme und halte dich an ihm fest“. Die Entscheidung, den Herrn zu lieben, bedeutet, dass man treu auf sein Wort hört, auf seinen Wegen geht und somit an ihm festhält. Daraus entspringt der Segen Gottes für das Volk und für die Zukunft. Die Kommunion mit dem Herrn und das Hören auf sein Wort machen das Leben schön und menschlich und stellen eine große Weisheit für die Welt dar. Diese Botschaft wird von Jesus übernommen und zur Vollendung gebracht werden. Seine Jünger sind diejenigen, die mit bereitem Herzen sein Wort aufnehmen und es in die Tat umsetzen, jeden Tag. Jünger zu sein und Gott zu lieben ist eine Entscheidung, die es jeden Tag zu erneuern gilt, vor allem in diesen Wochen der Fastenzeit, die eine gute Gelegenheit zur Umkehr bietet, die hilft, den Blick von uns selbst abzuwenden und ihn auf den Herrn zu richten. So sollen wir ihm folgen in den Tagen, die kommen werden, damit wir ihn auch in den Tagen des Leidens, des Sterbens und der Auferstehung begleiten.

Gebet für die Kirche

Freitag, 28. Februar

Jes 58,1–9a. **Das Fasten, das Gott will**

Nach dem babylonischen Exil stellte das Fasten eine asketische Praxis des Verzichts dar, die vom ganzen Volk ausgeübt wurde, um so den Vorrang Gottes im Leben neu zu entdecken. Diese Praxis entspricht derjenigen, zu der die Christen in der Fastenzeit von der Kirche aufgefordert werden. Auch hier geht es darum, den Vorrang Gottes im persönlichen wie im gemeinschaftlichen Leben neu zu entdecken. Die Worte des Propheten Jesaja verurteilen ein rituelles Gebet und ein Fasten, die losgelöst sind von der Liebe zu den Armen und von der Ausübung der Gerechtigkeit. „Ist das ein Fasten, wie ich es wünsche…?“, spricht der Herr. Es ist nicht möglich, die Kommunion mit Gott zu suchen, ohne Gerechtigkeit zu üben und ohne die Liebe zu den Unterdrückten und Armen. Der Prophet mahnt, dass Gott taub ist gegenüber dem Gebet des egoistischen Menschen, der nur die eigenen Interessen verfolgt und dabei womöglich sogar die Arbeiter unterdrückt und Streit und Zank um des eigenen Vorteils willen nährt. In einer Reihe von sich steigernden Aussagen zeigt Jesaja dem religiösen Menschen auf, welches Fasten Gott gefällt: die Armen zu unterstützen und zu lieben, die Unterdrückten von jedem Joch der Sklaverei zu befreien, das Brot und sogar das Leben mit dem Hungrigen zu teilen, den Elenden zu Hilfe zu kommen und die Nackten zu bekleiden. Wenn der Prophet dazu einlädt, sich seiner „Verwandtschaft nicht zu entziehen“, scheint er auf einen großen Traum der Liebe hinzuweisen, der sich in Jesus vollständig verwirklichen wird. Die Armen sind nicht das Objekt unserer Dienste, sie sind „unser Fleisch“, das heißt, sie sind Teil unserer Familie. Sie sind unsere Brüder und Schwestern. Sie sind unsere Verwandten. Es ist nicht selbstverständlich, die Armen auf diese Weise zu sehen, noch weniger in unserer Kultur des Individualismus. Heute ist es notwendig, auf das Wort Gottes zu hören, um in unserem Herzen jenem Mitgefühl Raum zu geben, das Gott gegenüber den Armen und Schwachen zeigt. Wer sie in seinem Herzen aufnimmt, kann sein Gebet an Gott richten und mit Vertrauen seine Antwort voll Erbarmen erwarten.

Gebet des heiligen Kreuzes

Samstag, 29. Februar

Jes 58,9b–14. **Ein Fasten, das der Herr annimmt**

Das vom Volk eingehaltene Fasten muss eine günstige Zeit werden, in der die „Unterjochung“ beendet wird und keiner mehr mit dem Finger auf den anderen zeigt oder übel nachredet, in der man das Herz öffnet, den Hungrigen stärkt und den Traurigen tröstet. Ein Fasten, das nicht von Barmherzigkeit begleitet ist, führt nicht zu Gott und ermöglicht kein Leben in Würde. Es ist also nötig, von sich selbst und vom eigenen Stolz zu fasten. Ein solches Fasten nimmt unserem Leben nichts weg, sondern es wird vielmehr Raum für die Barmherzigkeit schaffen. Der Prophet umschreibt diese Erfahrung mit dem Wiederaufbau einer zerstörten Stadt: „Man nennt dich Maurer, der Risse schließt, der Pfade zum Bleiben wiederherstellt.“ Wenn wir auf diese Weise von uns selbst fasten und so die Sorge um die Unterdrückten und Armen und die Solidarität mit ihnen zum Ausdruck bringen, dann wird jeder Jünger und jede Jüngerin Licht in die Welt tragen und von den Wunden des eigenen Herzens geheilt werden. Der Höhepunkt eines solchen Fastens zeigt sich darin, dass der Sabbat, der Tag des Herrn, in den Mittelpunkt des Lebens zurückkehrt. Für die Christen ist es der Tag der Auferstehung Jesu, der Ostertag, an dem Gott die Schöpfung in der Auferweckung Jesu von den Toten zur Vollendung bringt. Das tägliche Abendgebet, bei dem wir mit der Predigt des Wortes Gottes genährt werden, wird zum Herzen unserer Tage. Das Wort Gottes erleuchtet unsere Schritte und lässt uns eine Orientierung im Leben wiederfinden. Der Prophet schreibt: „Dann lasse ich dich über die Höhen der Erde dahinfahren", und so können wir schon heute die Bestimmung zur Herrlichkeit erkennen, zu der wir alle berufen sind.

Gebet der Vigil

Sonntag, 1. März: 1. Fastensonntag

Gen 2,7–9; 3,1–7; Ps 51; Röm 5,12–19; Mt 4,1–11

Die Asche am Aschermittwoch hat uns daran erinnert: Unser Stolz, unsere Sicherheit, unsere Aufdringlichkeit, unsere Selbstdarstellung, unsere Sorge um uns selbst – das alles ist Staub. Abraham sagte zum Herrn in seinem Fürbittgebet: „... ich habe es unternommen, mit meinem Herrn zu reden, obwohl ich Staub und Asche bin" (Gen 18,27). Aus diesem Staub ging ein Gebet hervor, um die Stadt zu retten. Daraufhin neigte sich Gott Abraham zu und erhörte sein Gebet. Anders verläuft die Erzählung von Adam und Eva zu Beginn des Buches Genesis. Gott hatte sie in einen von ihm selbst angelegten Garten gebracht, damit sie in Freude und Frieden leben. Sie aber vergaßen, dass sie schwach und Staub sind und hörten lieber auf die Stimme der Versuchung durch die Schlange, die sie dahin trieb, Gottes Platz einzunehmen. Ihr Herz wurde stolz, sodass sie Gott gegenüber ungehorsam waren. Schließlich lebten sie außerhalb des Gartens, allein mit sich selbst, nackt und verängstigt.
Diese alte Geschichte bezieht sich nicht auf den Anfang der Welt. Vielmehr ist dies immer die banale und traurige Geschichte des Menschen, wenn er den Eingebungen des Stolzes und der eigenen Befriedigung

Gehör schenkt und die Begleitung Gottes und seines Wortes vergisst. Letztlich steht man dann nackt da ohne Zuneigung, Freundschaft und sogar ohne Lebenssinn. Der von Gott angelegte Garten verwandelt sich in eine Wüste ohne Leben und Liebe.
Der Herr wird sein Volk jedoch nicht verlassen. Stattdessen geht er ihm nach, bis er es in der Wüste findet. Genau dies will uns das Evangelium heute verkünden. Jesus hat diese Wüste betreten und ist vierzig Tage lang dort geblieben. Das war keine eigenmächtige Entscheidung Jesu: er wurde „vom Geist … geführt", den er in der Taufe empfangen hatte. Jesus war nämlich nicht gekommen, um seinen Willen zu tun, sondern um den Willen des Vaters zu erfüllen. Der Gehorsam Jesu war notwendig, um der vom Ungehorsam Adams gezeichneten Menschheitsgeschichte einen neuen Lauf zu geben. Im Gehorsam dem Vater gegenüber begleitet uns Jesus und bittet uns, ihn in diesen vierzig Tagen zu begleiten. Die drei Versuchungen machen deutlich, mit welcher Hartnäckigkeit der Versucher Jesus verlockt und welch unerlässlicher Kampf gegen ihn geführt werden muss. Der Evangelist beschreibt, wie sich der Teufel Jesus nähert, als dieser nach vierzig Tagen des Fastens bereits am Ende seiner Kräfte war. Er fordert Jesus auf, Steine in Brot zu verwandeln. Jesus hätte sicher triftige Gründe gehabt, um diesem Drängen nachzugeben. Sollte man nicht zuerst an sich denken und dann an die anderen? Jesus hingegen, der später auch für fünftausend Menschen Brot vermehren wird, will nicht den eigenen Hunger stillen. Vielmehr antwortet er dem Versucher mit der einzig wahren Kraft des Glaubenden, die aus dem Wort Gottes hervorgeht. Nur dieses Wort stillt wirklich den Hunger des Herzens und besiegt den Wunsch, nur das eigene Wohlergehen zu suchen: „Der Mensch lebt nicht vom Brot allein, sondern von jedem Wort, das aus Gottes Mund kommt."
Dann lässt sich Jesus auf den Tempel hinaufführen: „… stürz dich hinab; denn es heißt in der Schrift: Seinen Engeln befiehlt er um deinetwillen, und: Sie werden dich auf ihren Händen tragen, damit dein Fuß nicht an einen Stein stößt". Darin liegt die Versuchung, das Leben ohne die Mühe eines gemeinsamen Weges mit den anderen zu führen. Es ist die Versuchung der Selbstdarstellung, bei der man nur noch sich selbst sieht. Der Herr nimmt uns die Verantwortung nicht ab, gemeinsam mit den Brüdern und Schwestern zu handeln.

Der Versucher fährt fort. Nachdem er Jesus auf einen Berg geführt und ihm „alle Reiche der Welt mit ihrer Pracht“ gezeigt hat, sagt er: „Das alles will ich dir geben“. Dies ist die Versuchung der Macht, der Besitzgier. Doch Jesus verkündet seine Freiheit und betont, dass er sich nur vor Gott niederwerfen wird: „Denn in der Schrift steht: Den Herrn, deinen Gott, sollst du anbeten und ihm allein dienen.“ Wie oft aber häufen die Menschen Dinge an und meinen, daraus eigenen Nutzen zu ziehen, während sie letztlich als deren Sklaven enden! Jesus kommt in die Wüste unserer Welt, um den Primat Gottes und seines Reiches der Liebe einzufordern. Mit dem Evangelium, das uns und der Welt immer wieder neu vorgeschlagen wird, können wir das Böse besiegen. Wenn wir diese Zeit wie Jesus während der vierzig Tage leben, werden Männer und Frauen in dieser Wüste anwesend sein, die wie Engel bei den Schwachen und Armen sind und ihnen dienen. Diese Zeit ist eine günstige Gelegenheit, um dem Herrn nahe zu sein und ihn im Kampf gegen das Böse nachzuahmen. So verwandelt sich die Wüste in einen Garten des Trostes und der Liebe.

Gebet am Tag des Herrn

Montag, 2. März

Gedenken an Shahbaz Bhatti, den christlichen Minister für Minderheiten in Pakistan, der wegen seines Einsatzes für Frieden und Dialog im Jahr 2011 von Terroristen getötet wurde.

Lev 19,1–2.11–18. **Seid heilig, denn ich bin heilig**

In diesem Abschnitt aus dem Buch Levitikus rahmen zwei Gebote eine Art Dekalog ein: „Seid heilig, denn ich, der Herr, euer Gott, bin heilig“ und „Du sollst deinen Nächsten lieben wie dich selbst“. Der Herr und der Nächste sind auch hier durch das Wort Gottes miteinander verbunden, aber auf andere Weise als im Doppelgebot der Gottes- und der Nächstenliebe. Die Heiligkeit ist die besondere Seinsweise Gottes. Er ist „anders“ als wir, abgesondert und transzendent, aber in seinem Sein nicht verschlossen, sodass er uns bittet, an seinem Leben teilzuhaben. Zwischen diesen beiden Aufrufen überliefert der Verfasser eine Reihe von Geboten, die den Weg der Heiligkeit aufzeigen. Sie beziehen sich vor allem auf Menschen in Not: der Nächste soll nicht ausgebeutet und nicht um das Seine gebracht, dem Tagelöhner soll sein Lohn gegeben, ein Tauber soll nicht verflucht und einem Blinden kein Hindernis in den Weg gestellt werden. Beim Rechtsstreit soll kein Unrecht begangen, der Mitbürger soll nicht verleugnet und das Blut des Nächsten soll nicht gefordert werden, man soll sich nicht rächen und nichts nachtragen. Diese Gebote aus dem Buch Levitikus sind auch heute von Gültigkeit und eine Hilfe, um über die konkreten Verhaltensweisen nachzudenken, durch die man vom Weg der Heiligkeit abweicht. Der Herr fordert uns auf, den Nächsten zu lieben wie uns selbst. Er verlangt von uns kein unmögliches, sondern vielmehr ein äußerst wirkungsvolles Maß. Würden wir den anderen lieben, wie wir uns selbst lieben, dann wäre unser Leben wirklich ganz anders und die Welt viel friedlicher.

Gebet für die Kranken

Dienstag, 3. März

Jes 55,10–11. **Das Wort Gottes ist machtvoll**

Der zweite Teil des Buches Jesaja endet mit der wiederholten Aufforderung, das Brot zu suchen, das nicht verdirbt, und meint damit das Wort Gottes. Denn wir alle haben Durst und Hunger nach diesem Wort, obwohl wir oft Geld und Energien für nichtige Dinge dieser Welt vergeuden, die keinen Hunger stillen. Der Prophet betont dies, damit wir den lieblichen Geschmack dieser uns unentgeltlich von Gott angebotenen Nahrung verstehen. Durch den Propheten fordert der Herr uns auf: „Neigt euer Ohr und kommt zu mir, hört und ihr werdet aufleben!" (Jes 55,3). Das Wort Gottes schenkt dem Jünger wirklich Leben. Ohne dieses Wort kann man nicht leben, lieben, verstehen, sehen, fühlen und Freude empfinden. Durch dieses Wort können wir die Gedanken Gottes verstehen, die unsere Gedanken weit überragen und tiefer, höher, universaler und barmherziger sind. Das Wort Gottes ist „lebendig“ und „wirksam“, daran erinnert der Hebräerbrief (Hebr 4,12). Es vollbringt, wozu es ausgesandt wurde. Der Prophet vergleicht es mit Regen und Schnee: Sie fallen vom Himmel und kehren nicht dorthin zurück, ohne die Erde zu bewässern, sie fruchtbar zu machen und zum Sprossen zu bringen. Wir werden wirklich selig sein, wenn wir unser armes Herz für dieses kraftvolle und liebliche Wasser öffnen, das der Herr uns immer wieder in Fülle schenkt.

Gebet mit Maria, der Mutter des Herrn

Mittwoch, 4. März

Jona 3,1–10. **Erneut spricht Gott zu Jona**

Der Gehorsam und das Hören auf Gottes Wort vollbringen das Wunder des Unmöglichen. Endlich hört Jona zu und gehorcht. Er geht nun durch die große Stadt Ninive. Noch bevor er an ihr Ende kommt, glauben die Einwohner von Ninive schon am ersten der drei Tage dem Wort Gottes und bekehren sich. Der Verfasser betont, dass die Bekehrung alle Bewohner einschließt, von den Kleinen bis hin zu den Großen und sogar die Tiere. Gott lässt sich von der Bekehrung der Stadtbewohner im Herzen anrühren und entschließt sich, sein Urteil der Verdammung umzuwandeln in Erbarmen. Der Herr hat Mitleid mit diesem Volk, das sein schlechtes Verhalten erkannt hat, und führt das schon beschlossene Unheil nicht aus. Auch der schlimmste Feind, das gewalttätigste Volk, der schlechteste Mensch kann sein Leben ändern, wenn er auf das Wort Gottes hört. Daher darf man im Hinblick auf die Menschen nie resignieren. Die Predigt des Wortes Gottes hilft den Menschen, das Böse im eigenen Leben zu erkennen und ihr Herz zu verändern. Diese Verantwortung vertraut Gott all seinen Jüngern an, wie er es mit Jona getan hat. Wir alle sind wie Jona ausgesandt, das Evangelium zu verkünden. Der

Herr vertraut allen die Aufgabe an, das Wort Gottes weiterzugeben. In dieser Aufgabe entdecken wir, dass wir Teil eines missionarischen Volkes sind, das nicht für sich, sondern eben für die Aussaat des Evangeliums der Liebe überall lebt, damit es die Welt mit seiner Kraft verwandelt.

Gebet mit den Heiligen

Donnerstag, 5. März

Est 4,17k–m.r–t. **Das Gebet von Mordechai und Ester**

Die im Vergleich zum hebräischen Text jüngere griechische Übersetzung ergänzt den Bericht über das Fasten des Volkes mit zwei langen Bittgebeten sowohl von Mordechai als auch von Ester. Die Gegenwart des Feindes und seiner Bedrohung wird zum Anlass der eigenen Umkehr und somit eines reineren Glaubens im Bewusstsein, in allem von Gott abzuhängen, denn er allein kann Rettung schenken. Häufig hat das Volk Israel jedoch im Wohlstand vergessen, dass der Herr sein Halt ist, und ist der Versuchung erlegen, nur auf sich zu vertrauen und das Gebet zu vergessen. Ester wird dagegen als eine Frau dargestellt, die „von Todesangst ergriffen … Zuflucht beim Herrn“ sucht. Das ist der Ursprung ihres Gebetes, „sie betete zum Herrn, dem Gott Israels“. Eingedenk der Geschichte des Bundes – durch das Hören auf Gottes Wort, „von Kindheit an habe ich in meiner Familie und meinem Stamm gehört“, – fleht sie um den Schutz Gottes für sich und ihr ganzes Volk. Im Gebet wird vom Singular in den Plural gewechselt, um auf den Zusammenhang von persönlicher und gemeinschaftlicher Verantwortung hinzuweisen. Ester spürt ihre Verantwortung, die nur sie hat und die niemand an ihrer Stelle übernehmen kann, dass sie nämlich die Führung ihres Volkes übernehmen muss: „Mein Herr, unser König … Hilf mir! Denn ich bin hier einzig und allein und habe keinen Helfer außer dir“. Zugleich ist ihr bewusst, dass die ihr anvertraute Verantwortung nicht für ihre eigene Rettung, sondern für das Heil des ganzen Volkes besteht: „Uns aber rette mit deiner Hand!“ Ester steht vor uns allen als eine Gläubige, die ihre Verantwortung spürt, nicht sich selbst, sondern das ganze Volk zu retten.

Gebet für die Kirche

Freitag, 6. März

Ez 18,21–28. **Sich von der Schuld abwenden, um zu leben und nicht zu sterben**

Der Prophet Ezechiel antwortet auf ein Sprichwort, das sich am Beginn des Kapitels findet: „Die Väter essen saure Trauben und den Söhnen werden die Zähne stumpf“. Dieses Denken ist auch heute sehr verbreitet, wenn eine Person nach ihrer familiären Herkunft oder nach von anderen begangenen bösen Taten beurteilt wird. Das Wort des Propheten besagt stattdessen mit äußerster Klarheit, dass es angesichts von gutem und bösem Tun immer eine ganz persönliche Verantwortung gibt. Niemand ist gerecht oder böse, weil ein anderer Böses begangen hat, es sei denn, er handelte als Mittäter. Der Prophet bekräftigt vielmehr, dass Gott bereit ist, allen zu vergeben, wenn sie sich bekehren, ihr Herz und ihr Verhalten ändern, davon ablassen, Böses zu tun und sich um das Gute bemühen. Der Text zeigt, dass Gott in seiner großen Barmherzigkeit allen zugesteht, sich zu ändern und zu bekehren. Die Barmherzigkeit Gottes ist grenzenlos, weil der Herr immer zur Vergebung bereit ist. Doch der Mensch muss sich besinnen, das Böse erkennen, das sich in seinem Herzen verbirgt, und sich an Gott wenden im Vertrauen, erhört zu werden und Hilfe zu erhalten. Der Prophet ruft einen jeden zur Verantwortung auf, sich selbst gegenüber Tag für Tag wachsam zu sein, weil wir jeden Tag zwischen dem Guten und dem Bösen entscheiden müssen. Niemand ist von sich aus gerecht oder gut. Niemand ist von sich aus böse. Jeder von uns muss jeden Tag seine Taten und seine Entscheidungen vor Gott verantworten. Gott ist immer zur Vergebung bereit, verlangt jedoch von jedem, die Verantwortung für seine

Taten zu übernehmen. Vor dem Guten wie vor dem Bösen ist allein die Sicherheit, gerecht und gut zu sein, keine Garantie für das Leben und das Gute.

Gebet des heiligen Kreuzes

Samstag, 7. März

Dtn 26,16–19. **Der Herr, der Gott Israels**

In der für das Buch Deuteronomium typischen Sprache beschreibt dieser Abschnitt die besondere Beziehung zwischen Israel und seinem Gott als Bundesschluss: „Er will dein Gott werden", und Israel möchte „das Volk werden, das ihm persönlich gehört". Es handelt sich um einen zentralen Punkt in der Theologie des Buches Deuteronomium und der nachfolgenden Bücher von Josua bis zum zweiten Buch der Könige. Die ganze Geschichte des Volkes Israel ist geprägt von dieser Sichtweise der engen Beziehung zwischen Gott und Israel. Der Bund mit Gott fordert die Treue zum Gesetz, das mit der Aufforderung beginnt, auf den Herrn zu hören: „Er will dein Gott werden und du sollst auf seinen Wegen gehen, seine Gesetze, Gebote und Rechtsentscheide bewahren und auf seine Stimme hören." Alles ist auf das Hören gegründet. Das Glaubensbekenntnis Israels, das noch heute von allen Juden gesprochen wird, beginnt mit den Worten: „Höre, Israel! Der Herr, unser Gott, der Herr ist einzig" (Dtn 6,4). Man kann die Gesetze nur dann einhalten und auf den Wegen Gottes gehen, wenn man eine Haltung des Hörens einnimmt. Die Fastenzeit ist eine günstige Zeit, um die Gewohnheit der Ichbezogenheit abzulegen und sich im Hören auf Gottes lebendiges Wort vor den Herrn zu stellen. Nur so wird es möglich sein, das Herz zu bekehren und das eigene Leben Gott anzuvertrauen, damit er der einzige Gott unseres Lebens ist.

Gebet der Vigil

Sonntag, 8. März: 2. Fastensonntag

Gen 12,1–4a; Ps 33; 2 Tim 1,8b–10; Mt 17,1–9

Das Evangelium von der Verklärung beschreibt das Geschehen einer jeden Sonntagsliturgie. Nach sechs Werktagen versammelt Jesus die Seinen und führt sie beiseite auf einen „hohen Berg". Wir haben es nötig, ein wenig mehr hinaufzusteigen, nicht um zu fliehen oder auszuweichen und dann alles wie vorher zu belassen. Im Gottesdienst betrachten wir eine neue Art zu leben, zu fühlen und sich zu verhalten. Während wir die Dinge des Himmels betrachten, werden wir innerlich ergriffen und verwandelt. Wir werden hier zu dem, was wir sehen. Wir sind auch nicht allein oder aus eigener Initiative auf den Berg gestiegen. Der Herr hat uns gerufen und geführt: Da „nahm Jesus Petrus, Jakobus und dessen Bruder Johannes beiseite", merkt der Evangelist an. Im Johannesevangelium wird dieser Wunsch zum Gebet: „Vater, ich will, dass alle, die du mir gegeben hast, dort bei mir sind, wo ich bin. Sie sollen meine Herrlichkeit sehen, die du mir gegeben hast" (Joh 17,24). Genau das ereignet sich auf dem Tabor: „Und er wurde vor ihnen verwandelt; sein Gesicht leuchtete wie die Sonne und seine Kleider wurden weiß wie das Licht." Umgeben von diesem Licht ergreift Petrus das Wort mit dem Vorschlag, drei Hütten zu bauen.
Darin kommt sein Wunsch zum Ausdruck, bei Jesus, Moses und Elija bleiben zu wollen. Dann wird er jedoch von einer Stimme unterbrochen – und das ist der zentrale Augenblick des Geschehens – die aus einer ebenfalls leuchtenden und alle umhüllenden Wolke kommt: „Dieser ist mein geliebter Sohn, an dem ich Wohlgefallen gefunden habe; auf ihn sollt ihr hören." Aus der Wolke, die das heilige Buch der Schrift umhüllt, ertönt auch für uns, wie für Petrus, Jakobus und Johannes, die Stimme des Herrn. Es ist das wertvollste, deutlichste und am hellsten leuchtende Wort, das der Herr uns geschenkt hat. Petrus erkennt, dass dieser Jesus vor ihm viel mehr ist, als sie bis dahin verstanden hatten. Dieser Jesus, mit dem sie schon einige Zeit unterwegs waren und den sie sicherlich wegen seiner Tüchtigkeit bewunderten, ist viel größer, als sie es sich jemals vorgestellt hatten. Denn mit dem Herrn ist die Liebe kein kurzer magischer Augenblick, sondern ein Gesicht, ein Mensch,

eine Begegnung, die uns begleitet. Er ist das menschlichste Antlitz, auf das wir hören, wenn das Evangelium verkündet wird. Sein Leib lässt sich brechen, um unserem Herzen Nahrung zu schenken. Es ist das menschliche, schwache, konkrete Gesicht, das wir in den Armen betrachten. Es ist für uns wirklich schön, die Freude dieses Lichtes empfinden zu können. Es ist schön, dass die Schwestern und Brüder zusammen sind. Es ist schön, dass sich die Alten und die Jungen, die Gesunden und die Kranken an derselben Liebe erfreuen. Es ist schön, denn niemand kann sich ihrer bemächtigen.
Die heilige Liturgie ist schön, denn sie ist das Spiegelbild der leuchtenden Kraft der göttlichen Liebe. Jesus sagt zu seinen Jüngern, die sich mit dem Gesicht zu Boden geworfen hatten, als wären sie von ihrer Niedrigkeit erschlagen worden: „Steht auf und fürchtet euch nicht!" Denn das Leben kann schön werden und einen tiefen Sinn bekommen. Es kann leuchtend werden, wie bei dem, der Liebe schenkt. Fürchten wir uns nicht: Das Antlitz dieses Freundes Jesus verwandelt die Herzen und die Welt. Er bleibt bei uns! Betrachten wir ihn. Erkennen wir ihn. Hören wir auf ihn. Die Veränderung des Lebens kommt, wenn wir auf ihn hören und nicht auf unsere Gedanken und Gewohnheiten. Er hat den Tod besiegt und das Leben mit neuem Glanz erfüllt. Es ist schön, sein Antlitz zu betrachten. Das ist die Schönheit Gottes, die Schönheit des Menschen, der geliebt wird und Liebe schenkt. Und das geliebte Leben wird wieder auferstehen.

Gebet am Tag des Herrn

Montag, 9. März

Dan 9,4b–10. **Daniels Gebet**

Auf dem Weg dieser Fastenzeit legt uns die Liturgie der Kirche das Gebet des Propheten Daniel in den Mund, das er für das ganze Volk an den Herrn richtet. Die Worte des Propheten beginnen mit einem ehrlichen Eingeständnis der Untreue des ganzen Volkes Gott gegenüber, wohingegen Gott den am Sinai geschlossenen Bund eingehalten hat. Für diesen Verrat gibt es keine Entschuldigung. Das Volk und seine Vorsteher wurden ja von Generation zu Generation durch die von Gott gesandten Propheten ermahnt, um sie vor genau dieser Untreue zu warnen. Daher kann der Prophet bekennen: „Du, Herr, bist im Recht; uns aber steht bis heute die Schamröte im Gesicht". Der Prophet bekennt also, dass allen Juden jetzt die Schamröte im Gesicht steht, sowohl denen in der Heimat als auch denen im Land der Verbannung. Unterschiedslos und unabhängig von ihrem Stand ist allen die schwere Sünde bewusst, die als Ursache aller über Israel hereingebrochenen Tragödien angesehen wird. Der Prophet weiß genau, dass der Bundesbruch eine Strafe durch Gott erforderlich macht. Doch dann geht der Prophet im Gebet ein Wagnis gegenüber dem Herrn ein und möchte dessen Herz erweichen, damit er Erbarmen mit seinem Volk zeigt. Das Eingeständnis der Schuld öffnet zwar den Weg zur Vergebungsbitte, die der Prophet für die Stadt und das Volk ausspricht, vor allem aber schenkt das Vertrauen auf das Erbarmen Gottes Hoffnung auf Vergebung. Der Herr wird das Gebet Daniels erhören und ihm eine entsprechende Frist nennen, „bis der Frevel beendet ist, bis die Sünde versiegelt" ist (Dan 9,24). Es sind die siebzig Wochen, nach denen die Vergebung des Jubeljahres in Kraft tritt. Das Vertrauen auf das Erbarmen Gottes ist der Grund für die Wirksamkeit von Daniels Gebet.

Gebet für die Armen

Dienstag, 10. März

Jes 1,10.16–20. **Hört auf, Böses zu tun, und lernt, Gutes zu tun**

Jesaja wendet sich an die politischen Oberhäupter, die er als „Wortführer von Sodom" bezeichnet, dann an die Frevler, die er „Volk von Gomorra" nennt, und schließlich an alle wahrscheinlich im Innenhof des Tempels Versammelten, die am Kult teilnahmen. Der Prophet erwähnt die Stadt Gomorra und nimmt Bezug auf das bevorstehende Gericht Gottes über das Volk von Jerusalem. Der auf dem Sinai geschlossene Bund erfordert von beiden Seiten eine ernsthafte Verantwortung. In der Schrift macht der Herr immer wieder deutlich, dass er keine ritualisierte Gottesverehrung losgelöst von der Suche nach Gerechtigkeit und von der Liebe zu den Armen liebt. Der Prophet gibt Gottes Gedanken wieder: „Schafft mir eure bösen Taten aus den Augen!“, und fügt hinzu: „Hört auf, Böses zu tun! Lernt, Gutes zu tun! Sucht das Recht! Schreitet ein gegen den Unterdrücker! Verschafft den Waisen Recht, streitet für die Witwen!“ Das ist die angemessene Gottesverehrung. Es darf keine Trennung zwischen dem liturgischen Dienst und dem Dienst der Gerechtigkeit und der Zuwendung zu den Armen geben. Beide Dienste sind untrennbar miteinander verbunden. Wer sie erfüllt, hat Zugang zum Horizont des unerschöpflichen Erbarmens, das von aller Sünde befreit. Daher sagt der Herr: „Sind eure Sünden wie Scharlach, weiß wie Schnee werden sie.“ Dies ist der Sieg der Liebe Gottes über alle Sünden, wenn wir uns von ihm umarmen lassen, wenn wir uns von ihm lieben und unterweisen lassen: „Wenn ihr willig seid und hört, werdet ihr das Beste des Landes essen.“ Die Fastenzeit ist die günstige Gelegenheit, uns vom Herrn lieben und reinigen zu lassen.

Gebet mit Maria, der Mutter des Herrn

Mittwoch, 11. März

Jer 18,18–20. **Hinterlist gegen Jeremia**

Dieser kurze Abschnitt überliefert Gedanken und Widersprüche, die den Propheten Jeremia innerlich erschüttern. In ihm können wir die Gestalt des von Feinden verfolgten Gläubigen erkennen, dem Gutes mit Bösem vergolten wird. Die Feinde lehnen nicht nur seine Verkündigung ab, sie halten sie sogar für überflüssig, da sie behaupten, den Willen Gottes wegen ihrer gottesdienstlichen Praxis und ihrer Aufgabe als Gesetzesinterpreten schon zu kennen. Diese Haltung sollten auch die Pharisäer gegenüber Jesus einnehmen, der Widerspruch auslösen sollte sowohl aufgrund seiner Lehre, deren Hauptinhalt die Liebe war, als auch aufgrund seines Auftretens als wahrer und bevollmächtigter Interpret des Denkens Gottes und letztlich als einziger Meister. Diese

Haltung findet sich bei allen, auch in der christlichen Erfahrung, die sich selbst genügen und meinen, allein ihren Glauben leben zu können. Der Prophet Jeremia weiß genau, dass er sich das Prophetenamt nicht selbst ausgesucht hat. Denn er spricht nicht aus eigener Initiative und überliefert keine eigenen Inhalte. Der Herr hat ihn nämlich ausgewählt und zum Volk gesandt, damit er allen den Willen Gottes offenbart. Die Anwesenheit der Propheten ist das Zeichen der göttlichen Liebe, die das Volk nicht als Sklaven des eigenen Denkens und der eigenen engen Horizonte leben lassen will. Trotz seiner Unschlüssigkeit versteht Jeremia, dass er den Feinden nicht Recht geben darf, die ihm unaufhörlich mit Hinterlist begegnen. Daher wendet er sich mit dem Vertrauen des Gläubigen direkt an den Herrn und erinnert an die Zeit, in der er einst Fürbitte für diejenigen eingelegt hat, die nun seine Feinde sind. Ohne Zögern bittet er um Strafe für ihr böses Tun: „... lösch bei dir ihre Sünde nicht aus!“ (Jer 18,23). Jesus, der Herr, bringt die Verkündigung des Reiches zur Vollendung und reinigt auch diese Bitte Jeremias, indem er seine Jünger auffordert, sogar für die Feinde zu beten, und als Erster ein Beispiel dafür gibt. Die Liebe, die der Herr uns schenkt, ist stärker als alles Böse und wird es letztlich besiegen.

Gebet mit den Heiligen

Donnerstag, 12. März

Jer 17,5–10. **Nicht auf Menschen vertrauen**

In diesem Abschnitt greift Jeremia mehrere Motive auf, die sich in verschiedenen Büchern des Ersten Testaments finden. Er spricht von den „beiden Wegen“, dem Weg dessen, der auf sich und die eigenen Kräfte vertraut und zum sicheren Scheitern verurteilt ist, und dem anderen Weg des Menschen, der sich auf den Herrn verlässt, wie ein Baum hoch aufragt und seine Wurzeln am Bach ausstreckt. Der Prophet hatte schon Israel beschuldigt, dass es seinen Herrn verlassen und bei Ägypten und Assur Hilfe gesucht hatte in der Überzeugung, dort Beistand und Schutz zu finden. Die Fülle der Wasserströme von Nil

(Ägypten) und Euphrat (Assur) hatte Israel bewegt, bei diesen beiden Großmächten Beistand zu suchen. Doch das erwies sich als bittere Enttäuschung: „Verflucht der Mensch, der auf Menschen vertraut ... Er ist wie ein Strauch in der Steppe ... er wohnt auf heißem Wüstenboden, im Salzland, das unbewohnbar ist." Mit diesem Bild warnt der Prophet vor einem leichtfertigen Vertrauen auf menschliche Macht. Der Herr allein kann dieses kleine Volk beschützen und bewirken, dass es sich frei von der Habgier der Mächtigen entwickelt. Daher verkündet der Prophet: „Gesegnet der Mensch, der auf den Herrn vertraut und dessen Hoffnung der Herr ist." Weiter fährt Jeremia fort, dass darin wahrer Überfluss zu finden ist: „Er ist wie ein Baum, der am Wasser gepflanzt ist und zum Bach seine Wurzeln ausstreckt..." Mit diesem Bild möchte der Prophet seinen Zuhörern verständlich machen, dass sie dem Herrn und seinem Bund treu bleiben müssen. Jeremia schließt mit dem Bild des Herzens als dem Ort der tiefen Gefühle der Zuneigung und auch als dem Ort, an dem die Entscheidung getroffen wird, sich auf ewig an Gott zu binden.

Gebet für die Kirche

Freitag, 13. März

Gen 37,3–4.12–13a.17b–28. **Josef und seine Brüder**

Dieser Abschnitt aus dem Buch Genesis erzählt die Geschichte von Josef, dem Sohn Jakobs und seiner bevorzugten Frau Rahel, als seine Brüder ihn aus Eifersucht wegen seiner Stellung in der Familie und wegen seiner Träume beseitigen wollen. In dieser beispielhaften Erzählung können wir in ihm – einem gerechten Mann, der aus Neid verurteilt wird, die Gestalt Jesu erkennen. In wenigen Wochen werden wir betrachten, wie auch er verkauft und durch die Eifersucht der Priester, Schriftgelehrten und Pharisäer sowie der Römer und der Einwohner Jerusalems als Komplizen zu Unrecht verurteilt wird. Ruben, der älteste Bruder Josefs, überzeugt die Brüder davon, ihn nicht zu töten, sondern an gerade vorüberziehende Kaufleute zu verkaufen. Nachdem sie Josef gekauft haben, bringen sie ihn nach Ägypten, wo er sich jedoch als herausragender Verwalter zeigt, an die Spitze der ägyptischen Gesellschaft aufsteigt und sogar zu einem der engsten Mitarbeiter des Pharaos wird. Wir wissen, dass sich Josef nicht an seinen Brüdern rächen wird. Als die schreckliche Hungersnot hereinbricht, rettet er sogar ihr Leben und das ihres Vaters. Vorher jedoch stellt er die von den Brüdern zerstörte Geschwisterlichkeit wieder her. Das Heil beginnt, indem wir aus der Einsamkeit herausgeholt und in die Familie von Schwestern und Brüdern und somit in ein neues Netz von Beziehungen aufgenommen werden, das nicht auf Blutsbande, sondern auf den Geist der Liebe gegründet ist, die der Herr selbst uns schenkt. So lässt er uns teilhaben an seiner Vision und an seinem großen Traum, alle Völker der Erde zu einer großen Familie zu machen, die Gott zum Vater hat.

Gebet des heiligen Kreuzes

Samstag, 14. März

Mi 7,14–15.18–20. **Die Wunder Gottes zeigen sich in seiner Liebe**

Diese Worte des Propheten Micha sind Teil einer wirklichen Liturgie der Hoffnung, in der sich ein besonderer Dialog zwischen Gott und Israel entfaltet. Anfangs fleht der Prophet zum Herrn, damit er sich für sein Volk einsetzt und die Wunder des Exodus wiederholt: „Wie in den Tagen, als du aus dem Land Ägypten auszogst, lass uns deine Wunder schauen!“ Der Prophet wendet sich an Gott und erinnert ihn an die Gründe für sein unbedingtes Eingreifen. Er weiß genau, dass Gott nicht anders kann, als ihn zu erhören. Denn der Herr ist barmherzig. Mit dem Wagemut des Gläubigen wendet sich Micha mit folgenden Worten an Gott: „Wer ist Gott wie du, der Schuld verzeiht und an der Verfehlung vorübergeht für den Rest seines Erbteils!“ Der Prophet zweifelt nicht daran, dass der Herr unser Unrecht und unsere Sünden im Meer versinken lässt. Angesichts eines Gottes, der unsere Sünden aus Liebe nicht nur vergisst, sondern sie sogar vernichtet, müssen wir doch betroffen sein und uns umarmen lassen! Der Prophet stellt klar, dass der Herr die Sünden Israels vergibt, „wie du unseren Vätern geschworen hast“. Er ist ein treuer und gütiger Gott. Dieses Geheimnis der Liebe hat das Volk Israel begleitet und wird in Fülle deutlich werden in der Sendung des Sohnes auf die Erde, der die ganze Last der Sünden auf seine Schultern lädt und durch sein Leiden am Kreuz endgültig vernichtet. Das Antlitz Jesu, das wir in dieser Fastenzeit zu betrachten gerufen sind, ist das Antlitz Gottes selbst, der groß ist in der Liebe und im Erbarmen.

Gebet der Vigil

Sonntag, 15. März: 3. Fastensonntag

Ex 17,3–7; Ps 95; Röm 5,1–2.5–8; Joh 4,5–42

Das Evangelium des dritten Fastensonntags führt uns nach Sychar, zum alten Sichem, wo sich auch Abraham aufgehalten hat. Jakob hatte es erworben, um es seinem Sohn Josef zu geben. Zur Zeit Jesu gehörte es zu Samaria, einem Israel gegenüber feindlich gewordenen Gebiet. Dieser Brunnen war wegen seines Wassers zu einem besonders wertvollen Ort geworden. Wie die öffentlichen Brunnen in der Vergangenheit war auch er ein Ort der Begegnung. So geschah es auch an jenem Tag gegen Mittag. Jesus war durstig und hatte sich neben den Brunnen gesetzt. Als er die Frau kommen sieht, bittet er sie: „Gib mir zu trinken!“ Wie es die Armen immer tun, spricht Jesus als Erster und bittet, ihm etwas zu trinken zu geben. Er hatte die Rede über das Endgericht noch nicht gehalten, aber deren Inhalt war schon gegenwärtig: „Ich war durstig und du hast mir zu trinken gegeben.“
Auch wir kommen zum Brunnen des Wortes Gottes und begegnen Jesus, der auf uns wartet und uns bittet: „Gib mir zu trinken!“ Eigentlich sucht er unser Herz, unsere Liebe, unsere Zuneigung. Diese Frage ist eine Bitte um Freundschaft und um enge Verbundenheit mit ihm. Wie diese Frau könnten auch wir diese so eindrucksvolle Bitte um Liebe und Begleitung abweisen. Die Aufforderung, dass wir uns auf starke und fordernde Weise einbeziehen lassen, kann auch uns

Angst machen. Es ist leichter, unserer Faulheit, unserer kleinen Liebe und unseren engen Perspektiven den Vorrang zu geben. Jesus will uns wirklich einbeziehen in seinen großen Plan der Liebe und möchte uns aus den kleinen und doch so starken Bindungen befreien, die uns in unserem engen Horizont gefangen halten. Jesus hatte diese Frau gern, als sie noch fern war; sie hatte das allerdings nicht bemerkt. Sie war eine harte Frau geworden, musste sich verteidigen und auf aggressive Weise antworten, um ihre Enttäuschungen und ihr Scheitern nicht zuzugeben.

Ihr Credo war nur dieser Krug und ihre tägliche Mühe. Sie war misstrauisch geworden und hatte sich an ein hartes Leben gewöhnt, Worte hatten keine Bedeutung mehr. Allerdings hatte sie eine gewisse Schlauheit nicht abgelegt. Als Jesus über ein anderes Wasser spricht, sodass sie keinen Durst mehr haben würde und nicht mehr zum Brunnen kommen müsse, sucht sie sofort ihren Vorteil. Man könnte sagen: Sie wollte ihren Vorteil nutzen und etwas vom Evangelium herauspicken, doch dabei so bleiben wie immer. Aber die Begegnung mit Jesus ist persönlich. Jesus hilft ihr, in sich zu gehen: er greift sie nicht an, er demütigt sie nicht durch eine peinliche Beschreibung ihrer Sünde, ihrer Geschichte mit zahlreichen Liebesaffären und wiederholtem Verrat. Er hat sie einfach verstanden. Das machte die Frau betroffen: Sie fühlte sich verstanden, erkannt, wie sie war, und geliebt! So wurde sie, die gekommen war, um Wasser zu holen, zu einer Quelle des Lebens. Das ist auch unsere Geschichte, wenn wir uns vom Herrn helfen lassen. Sie ließ den Krug stehen – es wird auch übersetzt: sie ließ ihn fallen, als Zeichen für den Bruch zu ihrer Vergangenheit – und eilte nun nicht mehr nach Hause und auch nicht zu ihren Bekannten, sondern zum ganzen Dorf. Und allen erzählt sie ohne Ausnahme – auch denen, die schlecht von ihr dachten – von dieser außergewöhnlichen Begegnung, die sie am Jakobsbrunnen gehabt hatte. Nun kommen alle sofort zu diesem Brunnen. Jesus war noch dort und wartete. Die Kirche, so sagte der heilige Johannes XXIII., ist wie ein Brunnen im Dorf. Alle können dorthin kommen, um das Wasser der Liebe und des Trostes zu schöpfen. So möge es auch für uns sein, die wir zwar Sünder, aber vom Herrn geliebt sind. Er kommt uns in den Armen und auch hier entgegen mit der Zuneigung und

Kraft seines Wortes, das den Durst löscht, und mit seinem Brot, das den Hunger stillt.

Gebet am Tag des Herrn

Montag, 16. März

2 Kön 5,1–15. **Die Heilung des Naaman**

Die Erzählung von der Heilung Naamans gehört zu den bekanntesten Abschnitten aus dem zweiten Buch der Könige. Naaman heißt auf Hebräisch „faszinierend". Er war „angesehen". Auch der Herr hatte ihn beschützt und den Aramäern durch ihn den Sieg verliehen. Doch er war an Aussatz erkrankt. Seine Familie und sogar der König sind in großer Sorge um seine Gesundheit. Seine menschlichen Qualitäten, seine soziale Stellung und sein Einfluss können offensichtlich seine Zerbrechlichkeit nicht beseitigen. Unter den Verschleppten in seinem Haus befindet sich aber „ein junges Mädchen" aus Israel. Sie gibt der Frau Naamans den Rat, dieser solle zum Propheten Elischa gehen, da der ihn vom Aussatz heilen könne. Der Glaube dieses jüdischen „jungen Mädchens" ist der Anfang der Heilung des aramäischen „angesehenen" Mannes. Hier findet sich ein weiterer Beweis für die Wirkkraft des Glaubens, der menschliche Fähigkeiten übersteigt. Der König meint, alles würde vom König Israels abhängen, und schickt daher eine Delegation mit kostbaren Gaben, als müsse er ein politisches Abkommen aushandeln. Der König Israels begreift nicht, was da vor sich geht, wie das häufig bei Gläubigen der Fall ist, wenn sie an der Oberfläche der Ereignisse stehen bleiben und nicht versuchen, das menschliche Leben im Licht der Heiligen Schrift zu verstehen. Elischa hört dagegen aufmerksam auf das Wort Gottes. Er achtet auf die vom Herrn gesendeten Zeichen und weist den König zurecht, als er von der Sache erfährt. Er schickt einen Boten und lässt Naaman sagen, er solle sich siebenmal im Jordan waschen; am Ende werde er geheilt sein. Als Naaman diesen einfachen Auftrag vernimmt, reagiert er entsetzt und zornig. Er nimmt an, es handle sich um ein einfaches Heilungsritual und nicht um eine ausdrücklich religiöse Geste: der Gehorsam gegenüber dem Propheten ist gleichbedeutend mit dem Gehorsam Gott selbst gegenüber. Diese Worte mussten in ihrer tiefen Bedeutung als ursprünglich von Gott kommend erfasst werden und durften nicht nur oberflächlich verstanden werden. Schließlich wird Naaman von seinen Dienern überzeugt, das Wort des Propheten wörtlich auszuführen und sich siebenmal im Fluss zu waschen. Dieser einfache Gehorsam ohne eigentliches Verstehen genügte, um das Übel zu beseitigen. Am Ende der Waschungen „wurde sein Leib gesund wie der Leib eines Kindes". Nicht nur der Körper Naamans, sondern auch sein Herz wurde geheilt. Er erkannte, dass in den Worten des Propheten Gott selbst gegenwärtig war und bekannte seinen Glauben an den Gott Israels: „Jetzt weiß ich, dass es nirgends auf der Erde einen Gott gibt außer in Israel." So wird Naaman auch für sein Volk zum Zeichen des Heils.

Gebet für den Frieden

Dienstag, 17. März

Dan 3,25.34–43. **Asarja betet im Feuerofen**

Der Abschnitt aus dem Buch des Propheten Daniel enthält das Gebet des Asarja, das er „mitten im Feuer" spricht, damit der Herr um seines Erbarmens willen eingreift. Er erkennt die tragischen Folgen an, die Israel ausgelöst hat, weil es sich von Gott entfernt hatte. Das widerfährt den Gläubigen immer, wenn sie Gott verlassen, wenn die Prophetie aufhört, wenn die Visionen verschwinden, wenn man der Logik des Profits und des Eigeninteresses folgt. Dann folgt jeder nur sich selbst, jede Form von Solidarität löst sich auf. In diesem tragischen Augenblick der Geschichte des Volkes erhebt sich das Gebet des Gerechten. Der kleine Rest legt Fürbitte ein für das Heil aller und für das gesamte Volk. Diese Entwicklung ähnelt augenscheinlich unserer Zeit, in der sich viele in sich selbst verschließen. Wir haben es nötig, uns Asarja anzuschließen, der nicht für sich betet, sondern für das Volk. Diese Bedeutung hat das Friedensgebet, das Gebet um Heilung und für das

Heil aller. Der Gläubige weiß, dass er nicht ins Leere hinein betet, dass sich seine Worte nicht in einem leeren Himmel verlieren. Seine Worte werden von einem treuen Gott erhört. In der Gewissheit, erhört zu werden, vertraut Asarja nicht vorwiegend auf die eigenen Worte, sondern auf die Treue Gottes: „Um deines Namens willen verwirf uns nicht für immer; löse deinen Bund nicht auf! Versag uns nicht dein Erbarmen“. Dieses Gebet entsteht mitten im Feuer. Uns steht Asarja als Vorbild eines Gläubigen vor Augen, der unaufhörlich beim Herrn Fürbitte für die Brüder und Schwestern, für das ganze Volk Gottes und für alle Völker einlegt.

Gebet mit Maria, der Mutter des Herrn

Mittwoch, 18. März

Gedenktag des heiligen Kyrill, Bischof von Jerusalem († 387). Gebet für Jerusalem und für den Frieden im Heiligen Land.

Dtn 4,1.5–9. **Die Gesetze des Herrn halten**

Nachdem der Verfasser des Buchs Deuteronomium an einige Ereignisse auf dem Weg Israels durch die Wüste erinnert hat, möchte er dem Volk seine Berufung in der Welt ins Bewusstsein rufen. Zunächst erwähnt er die wichtigste Aufgabe für das Volk Israel, nämlich das Hören auf den Herrn. „Und nun, Israel, hör“, sagt Mose und spricht damit keine allgemeine moralische Aufforderung aus. Das Hören auf Gott ist für Israel eine unumstößliche Voraussetzung für den Bund. Gott steigt vom Himmel herab und spricht zu den Israeliten, um aus ihnen sein Volk zu machen. Die Voraussetzung für den Bund ist nämlich die Entscheidung Gottes, weiter zu seinem Volk zu sprechen. Und das wird auch in dem Maße so bleiben, wie es weiter auf seinen Herrn hört. Durch seine Gegenwart, durch sein Wort führt er es weiter auf seinem Weg und macht es siegreich unter den Völkern nach der Befreiung aus der Knechtschaft Ägyptens. Die zentrale Aussage dieses Abschnitts, die wie ein roter Faden den Weg Israels begleitet, ist die von Mose als Frage formulierte Aussage: „Denn welche große Nation hätte Götter, die ihr so nah sind, wie der HERR, unser Gott, uns nah ist, wo immer wir ihn anrufen?“ Damals wie heute ist der Gesetzesgehorsam nur möglich als freie Antwort auf Gott, der uns aus Liebe erwählt hat, um uns mit sich zu verbinden und in seinen Heilsplan für die Welt einzubeziehen. Daher sind für den Gläubigen das Zuhören und die Erinnerung von großer Bedeutung. Die Treue im Hören auf die Schrift befreit uns von der Knechtschaft unseres Ichs und der Moden dieser Welt und verbindet uns mit dem Herrn und seinem Plan der Liebe.

Gebet für die Kirche

Donnerstag, 19. März: Hochfest des heiligen Josef

Hochfest des heiligen Josef, Bräutigam der Gottesmutter Maria, der in Demut das Kind zu sich nahm. Jahrestag der Amtseinführung von Papst Franziskus.

2 Sam 7,4–5a.12–14a.16; Ps 89; Röm 4,13.16–18.22; Mt 1,16.18–21.24a.

Die Kirche feiert heute das Hochfest des Heiligen Josef, des Bräutigams Marias. Als Nachkomme Davids kam ihm die Aufgabe zu, Jesus mit der Geschichte Israels in Verbindung zu bringen und an die Gestalten der Patriarchen anzuknüpfen, die oft im Traum Offenbarungen Gottes empfangen haben. Er sollte mit dem kleinen Jesus den Weg des Exodus aus Ägypten in das gelobte Land nachgehen. Als schweigsamer Mann lernte Josef Tag für Tag den Willen des Herrn kennen und war gehorsam. Eine alte Legende erzählt, er sei in tiefem Frieden entschlafen, den Jesus ihm geschenkt habe. Deshalb wurde er in der westlichen Tradition schon bald um die Gabe einer guten Sterbestunde angerufen. Die Ostkirchen gedenken seiner in den Tagen nach Weihnachten gemeinsam mit David und dem Herrenbruder Jakobus. Seine mit der Kindheit Jesu verbundene Gestalt weist uns auf die unerlässliche Haltung des Zuhörens hin, die jeder Gläubige besonders in Zeiten großer Schwierigkeiten einnehmen soll. Das Matthäusevangelium berichtet von Josef und dem Drama, das er durch die unerwartete Schwangerschaft Marias durchlebt. Als betrogener Ehemann musste er eigentlich ein offizielles Scheidungsverfahren einleiten und Maria dem Vorwurf des Ehebruchs aussetzen. Daher beschloss er, sich von seiner jungen Braut zu trennen, doch im Geheimen. Diese Geste zeugt von einer feinfühligen Gerechtigkeit, die auch als barmherzig angesehen werden kann. Gleichwohl hätte sich dieser gerechte Mann, der noch feinfühliger war als das Gesetz, bei einem solchen Verhalten der tieferen Gerechtigkeit Gottes widersetzt. Denn Gott ist größer, wie es der Engel offenbart. Josef hört auf ihn und versteht, was um ihn herum und in ihm geschieht. So wird er zum Jünger des Evangeliums. Der Engel fügt hinzu: „Ihm sollst du den Namen Jesus geben." Josef soll anerkennen und aussprechen, wer dieser Sohn ist. Deshalb ist Josef der Inbegriff des Gläubigen, der zuhören kann und Jesus zu sich nimmt. Wenn wir auf das Evangelium hören, werden auch wir Jesus als Freund unserer Tage und unseres ganzen Lebens zu uns nehmen können.

Gebet mit den Heiligen

Freitag, 20. März

Hos 14,2–10. **Die Zeit der Umkehr**

In dieser Fastenzeit fordert uns die Liturgie erneut zur Rückkehr zum Herrn auf: „Kehr um, Israel, zum HERRN, deinem Gott! Denn du bist zu Fall gekommen durch deine Schuld." Es ist eine günstige Zeit der Besinnung, um die Größe des göttlichen Erbarmens und die Bedeutung seines Wortes für unser Leben neu zu verstehen. Im Hören auf die Heilige Schrift erkennen auch wir unsere Sünde und verstehen, wie wir uns an den Herrn wenden können. Der Prophet ermahnt das Volk: „Nehmt Worte der Reue mit euch, kehrt um zum HERRN". Er zeigt uns, wie wir umkehren sollen: indem wir in unseren Gedanken und Herzen Raum schaffen für das Wort, das Gott selbst an uns richtet. Die Sünde beginnt nämlich ihr Werk, wenn wir nicht mehr auf Gottes

Wort hören und andere Worte bevorzugen. Die Umkehr zu Gott, zu der uns der Prophet und diese Zeit auffordern, bedeutet von Neuem beim Herrn zu sein und auf ihn zu hören. Hosea wiederholt auch für uns: „Ich will ihre Untreue heilen und sie aus freiem Willen wieder lieben. Denn mein Zorn hat sich von Israel abgewandt." Anscheinend gibt sich der Herr mit unserer liebevollen Nähe zufrieden. Es genügt offenbar wirklich wenig, damit er Mitleid mit uns hat und uns mit seiner Freundschaft umgibt: „Ich werde für Israel da sein wie der Tau, damit es sprosst wie die Lotosblüte und seine Wurzeln schlägt wie der Libanon. Seine Zweige sollen sich ausbreiten, sodass seine Pracht wie die des Ölbaums wird und sein Duft wie der des Libanon." Diese Bilder beschreiben sehr schön die große und starke Liebe Gottes zu seinem Volk. Diese Fülle der Liebe macht auch seine Eifersucht gegenüber einem Volk verständlich, das er mit seiner ganzen Liebe umgibt.

Gebet des heiligen Kreuzes

Samstag, 21. März

Hos 6,1–6. **„Denn an Liebe habe ich Gefallen, nicht an Schlachtopfern"**

Gestern haben wir den Aufruf des Propheten an Israel gehört, zum Herrn umzukehren. Heute hören wir vom Entschluss Israels, diesen Weg der Umkehr einzuschlagen: „Auf, lasst uns zum HERRN zurückkehren! Denn er hat gerissen, er wird uns auch heilen; er hat verwundet, er wird uns auch verbinden." Der Weg der Umkehr und Rückkehr zum Herrn geht nicht von uns oder von unserem Wunsch nach persönlicher Vollkommenheit aus. Schon im Entschluss zur Umkehr ist das Bewusstsein enthalten, dass der Herr unser Retter ist, dass er uns heilt und unterstützt. Sein Gericht ist voll von Vergebung, nicht von Verurteilung. Diese Gewissheit begleitet jeden, der seine Sünde bereut. Der Prophet scheint dabei auf die Notwendigkeit eines Weges hinzuweisen. Denn Vergebung und auch Heilung sind kein Automatismus. Sie erfordern eine Entwicklung und einen aus Einsicht, Prüfung, Entscheidungen und dem Aufgeben von Gewohnheiten bestehenden Weg. Das ist es, was wir in der Fastenzeit leben sollen. Der Text spricht von zwei Tagen des Wartens und dann vom dritten Tag, an dem man sich wieder erhebt und einen neuen Weg einschlägt. Umkehr ist nicht die Angelegenheit eines Augenblicks, sondern ein Weg, der sich im Verlauf der Tage entwickelt. Der Prophet sagt: „Lasst uns ihn erkennen, ja lasst uns nach der Erkenntnis des HERRN jagen! Er kommt so sicher wie das Morgenrot; er kommt zu uns wie der Regen, wie der Frühjahrsregen, der die Erde tränkt." Damit weist er darauf hin, dass wir nicht zögern und keine Zeit verlieren dürfen, ebenso ist kein Aufschub geduldet. Jetzt ist die günstige Zeit. Eile ist geboten bei der Veränderung des Herzens, denn das Evangelium muss verkündet werden, die Armen warten, die Welt braucht ein Wort der Hoffnung.

Gebet der Vigil

Sonntag, 22. März: 4. Fastensonntag

1 Sam 16,1b.6–7.10–13b; Ps 23; Eph 5,8–14; Joh 9,1–41

Dieser Sonntag heißt Laetare, Sonntag der Freude, da der Eröffnungsvers der Liturgie mit diesem Wort beginnt. Es ist die Einladung, für einen Moment gleichsam die Strenge der Fastenzeit zu unterbrechen. Statt violett, dem Zeichen der Bußzeit, wird die Farbe rosa verwendet, da die Liturgie uns schon jetzt die österliche Freude der Auferstehung vermitteln möchte. Die Liturgie bezieht sich auf die Freude des Blindgeborenen, der nun sehen kann. Von Geburt an war er blind und saß am Straßenrand, um zu betteln. Das war sein unumstößliches Schicksal. Sein Glück bestand nur in einem kleinen Umstand, dass nämlich jemand bei ihm stehen blieb und ihm ein wenig Geld zuwarf. Als Jesus vorüberkommt, sieht er ihn sofort und bleibt stehen. Die Jünger diskutieren: „Rabbi, wer hat gesündigt? Er selbst oder seine Eltern, sodass er blind geboren wurde?" Dieser Blinde ist für die Jünger nur ein Anlass für Diskussionen. Doch Jesus schaut diesen Blinden mit den Augen des Herzens an. Kurz und bündig erwidert er: „Weder er

noch seine Eltern haben gesündigt". Dann zeigt er, wie Gott auf diesen Blinden schaut. Jesus blickt ihn an, hat Mitleid, geht zu ihm hin und berührt ihn. Mit einer überlegten Geste berührt er ihn, nicht zerstreut, sondern sehr konkret: er nimmt etwas Erde vom Boden und macht sie feucht mit Speichel, dann streicht er sie ihm auf die Augen. Schon Gott hat mit eigener Hand den Menschen bei der Schöpfung geformt und formt ihn auch weiterhin. Dieser Staub und die Asche, mit denen wir die Fastenzeit begonnen haben, sind von Gott geliebt. Gerade sie sind der Grund, warum der Herr Mitleid hat und sich zu uns niederbeugt. Als Jesus zu dem Blinden sagt, dass er sich im Teich Schiloach waschen soll, gehorcht er ohne Zögern, geht zum Teich und wäscht sich. In aller Kürze schreibt der Evangelist: „Der Mann ging fort und wusch sich. Und als er zurückkam, konnte er sehen." Das Wunder ist keine magische Geste, es ereignet sich durch diese liebevolle Geste der Hand Jesu und zugleich durch den Gehorsam des Blinden gegenüber dem Wort, das an ihn gerichtet worden war.
Dieser Vorgang der Heilung ist auch für uns ein Hinweis. Wir sind zwar nicht blind von Geburt an, aber wir sind es durch die Gewohnheit, nur uns selbst anzuschauen und den Blick fest auf unser Ich zu richten, während wir resigniert einer Welt gegenüberstehen, die scheinbar nicht verändert werden kann. Siebenmal wird vom Evangelisten in diesem Abschnitt der Satz „die Augen öffnen" wiederholt. Diese Wiederholung ist kein Zufall. Vielleicht möchte sie ein Hinweis sein, dass wir sehr schnell wieder in die Blindheit zurückfallen. Das Evangelium weist darauf hin, dass die Heilung ein dauerhafter Weg ist und Ausdauer erfordert. Das war auch bei dem Blinden nach seiner Heilung der Fall. Als die Leute ihn sehen, erkennen sie ihn nicht. In der allgemeinen Mentalität ist eine Veränderung unmöglich, man kann unmöglich anders werden, als man ist. Die Pharisäer ärgern sich sogar über diese Veränderung. Sie sind unfähig, Anteil zu nehmen an der Freude dieses Mannes, weil sie nicht mit den Weinenden weinen können und unfähig sind zum Mitleid mit den Leidenden. Stattdessen sind sie wütend. Jesus begegnet diesem Blinden erneut; er trifft ihn, sagt der Evangelist und möchte damit darauf hinweisen, dass Jesus niemanden verlässt. Es genügt nicht, einmal berührt zu werden, nur einmal zugehört und Gehorsam gezeigt zu haben. Wenn uns der Herr wie diesem

Blinden begegnet, richtet er wieder neue Fragen an uns und bittet uns um einen erneuerten Einsatz. Er bittet um Liebe und um Wachstum in der Nachfolge. Jesus fragt: „Glaubst du an den Menschensohn?“ Jesus sucht einen Freund. Er möchte Jünger, die er lieben kann, Begleiter, um mit ihnen die Welt zu verändern. Dieser Blinde antwortet: „Wer ist das, Herr, damit ich an ihn glaube?“ Das ist der Aufruf der Fastenzeit: Jesus besser kennenzulernen, sein Antlitz mehr zu betrachten, sich mehr von seiner Liebe betreffen zu lassen. Das Evangelium sagt zu uns: „Er, der mit dir redet, ist es.“

Gebet am Tag des Herrn

Montag, 23. März

Jes 65,17–21. **„Ich erschaffe einen neuen Himmel und eine neue Erde“**

Schon längere Zeit sind die Israeliten nach Jerusalem zurückgekehrt, doch es fällt ihnen schwer, mit dem Herzen zum Herrn zurückzukehren, seine Gesetze einzuhalten und sich über den Bund mit ihm und ihre Teilhabe an seinem Plan der Liebe von Neuem zu freuen. Jesaja möchte das Volk aus der Resignation aufrütteln, in die es nach der Rückkehr aus dem Exil geraten ist, als gäbe es gar keine Hoffnung auf eine neue und schöne Zukunft. Das Wort Gottes wird erneut verkündet, um das Volk aus der Trägheit aufzuwecken und es von der Resignation zu befreien. Noch einmal zeigt der Herr seine Vision und weist auf die Sendung hin, die er ihm anvertrauen möchte: „Ja, siehe, ich erschaffe einen neuen Himmel und eine neue Erde. Man wird nicht mehr an das Frühere denken, es kommt niemand mehr in den Sinn. Vielmehr jubelt und jauchzt ohne Ende über das, was ich erschaffe! Denn siehe, ich erschaffe Jerusalem zum Jauchzen und sein Volk zum Jubel.“ Der Herr greift ein und schenkt seinem Volk eine neue Vision, einen neuen Traum und neue Energie. Erneut steigt er zu seinem Volk herab und schenkt ihm Anteil an seinem Heilsplan, die Völker der Erde zu einer einzigen Familie und Jerusalem zur Stadt für alle zu machen. In dieser Stadt soll man nie mehr „lautes Weinen und Klagegeschrei“ hören.

„Es wird dort keinen Säugling mehr geben, der nur wenige Tage lebt, und keinen Greis, der seine Tage nicht erfüllt; wer als Hundertjähriger stirbt, gilt als junger Mann, und wer die hundert Jahre verfehlt, gilt als verflucht." Dieser Traum bewahrt immer noch seine ganze prophetische Kraft, damit die Völker nicht der Versuchung erliegen, sich im jeweils eigenen begrenzten Horizont zu verschließen. Es ist an der Zeit, die universale Vision vom Heil für alle Völker wieder zu verbreiten.

Gebet für die Armen

Dienstag, 24. März

Gedenktag des heiligen Märtyrers Oscar Arnulfo Romero, der im Jahr 1980 während der Eucharistiefeier am Altar ermordet wurde. Gedenken an das Massaker in den Ardeatinischen Höhlen 1944 in Rom, bei dem 335 Menschen von den Nationalsozialisten getötet wurden.

Ez 47,1–9.12. **Die Quelle wahren Lebens**

Durch diese Vision des Propheten Ezechiel weist das Wort Gottes auf die Richtung unseres Weges und auf den Traum des Herrn für uns hin. Vor unseren Augen zeigen sich Jerusalem und der Tempel. Das Wasser strömt in Fülle aus dem Tempel hervor und schenkt Leben allem, dem es begegnet. In der biblischen Sprache ist das strömende Wasser, das die ausgetrocknete Erde bewässert und in einen blühenden Garten verwandelt, das Symbol für die Macht Gottes, der die ausgetrockneten Herzen der Menschen verwandelt. Dadurch werden sie befähigt, nicht nur den Traum Gottes aufzunehmen, sondern sich auch aktiv in seinen Dienst zu stellen. Im Johannesevangelium tritt Jesus selbst als der wahre Tempel auf, aus dem das lebendige Wasser des Geistes hervorsprudelt. Jesus stellte sich hin und rief: „Wer Durst hat, komme zu mir und es trinke, wer an mich glaubt! Wie die Schrift sagt: Aus seinem Inneren werden Ströme von lebendigem Wasser fließen" (Joh 7,37f). Weiter heißt es im Evangelium, als Jesus am Kreuz hängt: „Einer der Soldaten stieß mit der Lanze in seine Seite und sogleich floss Blut und

Wasser heraus“ (Joh 19,34). Während wir uns Ostern nähern, ruft der Prophet in diesem Abschnitt dazu auf, uns vor allem in diesen Tagen nicht von der Quelle des Wortes Gottes zu entfernen. Dann können wir das Geheimnis der Liebe, das wir in der Karwoche feiern werden, erfassen und mit größerer Bereitschaft im Herzen aufnehmen. In diesen Tagen wird ein Strom lebendigen Wassers über uns und die Welt ausgegossen. Lassen wir uns von der Liebe Jesu mitreißen, der aus Liebe zu uns sogar das Kreuz auf sich nimmt. Das Vorbild des heiligen Oscar Romero, der wegen seines Einsatzes für die Armen am Altar getötet wurde, ist ein leuchtendes Zeugnis für alle.

Gebet mit den Heiligen

Mittwoch, 25. März: Hochfest der Verkündigung des Herrn

Gedenktag des seligen Priesters Omeljan Kovč der griechisch-katholischen Kirche der Ukraine, der 1944 im Lager Majdanek ermordet wurde, weil er Juden vor der Verfolgung beschützt hatte.

Jes 7,10–14; Ps 40; Hebr 10,4–10; Lk 1,26–38. **Die Verkündigung**

Die Liturgie der Kirche erinnert mit einem besonderen Fest an den Tag, an dem der Engel nach Nazaret gesandt wurde und Maria verkündete, dass sie die Mutter Jesu werden solle. Das Evangelium führt uns nicht in den Tempel von Jerusalem, wie es bei der Verkündigung der Geburt des Täufers geschah, sondern in die armselige Behausung einer Jugendlichen, die allein ist und die den sehr verbreiteten Namen Maria trägt. Der Engel tritt ein und begrüßt sie. Maria ist ein Mädchen wie alle und führt ein gewöhnliches Leben in ihrem Dorf. Doch auf ihr ruht der Blick Gottes. Seit ihrer Empfängnis ist sie auserwählt, die Mutter des Erlösers zu sein. Gott hat sie seit der Empfängnis bewahrt, umsorgt und von jedem Makel gereinigt, um den Sohn aufzunehmen. Deshalb kann der Engel zu ihr sagen: „Sei gegrüßt, du Begnadete“. Maria ist wirklich ganz von der Liebe Gottes erfüllt. Darin ist sie uns allen voraus, denn mit vollkommener Hingabe hat sie auf diese Liebe geantwortet. Zunächst erschrickt sie, als sie die Worte des Engels vernimmt. Der Engel aber beruhigt sie: „Fürchte dich nicht, Maria; denn du hast bei Gott Gnade gefunden. Siehe, du wirst schwanger werden und einen Sohn wirst du gebären; dem sollst du den Namen Jesus geben." Diese Worte verwirren sie jedoch noch mehr, denn sie lebt ja noch gar nicht mit Josef zusammen. Darum fragt sie: „Wie soll das geschehen, da ich keinen Mann erkenne?" Der Engel fährt fort: „Heiliger Geist wird über dich kommen und Kraft des Höchsten wird dich überschatten." Maria vertraut dem Herrn und antwortet: „Siehe, ich bin die Magd des Herrn; mir geschehe, wie du es gesagt hast." Als Erste erfährt sie diese große Liebe Gottes und antwortet auch als Erste auf das Wort des Engels mit vollkommener Zustimmung. Maria ist die Erste der Gläubigen und gibt uns ein Beispiel dafür, wie wir Hörer des Wortes Gottes sein sollen. Ihr Gehorsam ist die Grundlage des Heils. An diesem Tag wurde in diesem „Ja" der Ungehorsam Adams und Evas aufgehoben, und es begann die Zeit der Erlösung durch Jesus. Lernen wir mit Maria, das Evangelium in unserem Herzen aufzunehmen. So werden wir Anteil erlangen am Geheimnis der Erlösung.

Gebet mit Maria, der Mutter des Herrn

Donnerstag, 26. März

Ex 32,7–14. **Die Fürbitte des Mose**

Wie in den schwierigen Momenten des Lebens kommt auch in der Wüste immer wieder der Gedanke auf, dass Gott weit weg ist. Instinktiv reagieren wir wie das Volk Israel: Wir machen uns unseren eigenen „Gott", damit dieser uns führt und auf unsere Bedürfnisse eingeht. Die Worte Israels vor dem goldenen Kalb klingen fast paradox: „Das sind deine Götter, Israel, die dich aus dem Land Ägypten heraufgeführt haben." Die Befreiung aus der Knechtschaft Ägyptens schreibt Israel einem mit eigenen Händen gemachten Götzen zu! Das ist unglaublich, könnte man sagen. Doch wer sich nicht daran erinnert, was der Herr in seinem Leben gewirkt hat, macht alles zum Werk seiner eigenen Hände. Nur das Gedenken an das Wirken Gottes im eigenen Leben ermöglicht eine wahre Antwort auf die Schwierigkeiten des Lebens. Leider macht die Konzentration auf sich selbst „hartnäckig". Wir brauchen das Fürbittgebet eines Bruders oder einer Schwester, die wie Mose für uns zum Herrn beten. Das ist das Geheimnis der Liebe, das sich in der Kirche verwirklicht, wenn die Christen füreinander beten. In diesem Gebet für die Kirche, für die ganze Gemeinschaft vollziehen wir einen wahren priesterlichen Dienst. Das gemeinsame Gebet erhebt sich zum Herrn und erreicht sein Herz, damit er von seinem Vorsatz der Verurteilung Abstand nimmt, wie es hier in diesem Abschnitt geschieht: „Da ließ sich der HERR das Unheil reuen, das er seinem Volk angedroht hatte." Im gemeinsamen Gebet halten die Gläubigen eine unbeschreibliche Kraft in Händen, wie Jesus mehrere Male zu seinen Jüngern gesagt hat: „Weiter sage ich euch: Was auch immer zwei von euch auf Erden einmütig erbitten, werden sie von meinem himmlischen Vater erhalten. Denn wo zwei oder drei in meinem Namen versammelt sind, da bin ich mitten unter ihnen" (Mt 18,19–20).

Gebet für die Kirche

Freitag, 27. März

Weish 2,1a.12–22. **Von Gottes Geheimnissen nichts verstehen**

Der Abschnitt aus dem Weisheitsbuch spiegelt die Lage der „Gerechten" wider, die damals in der Diaspora lebten mitten unter skeptischen Heiden und unter Landsleuten, die den Glauben und den Gehorsam gegenüber dem Gesetz des Herrn aufgegeben hatten. Viele Christen machen heute eine ähnliche Erfahrung. Der biblische Verfasser legt „Frevlern" anklagende Worte gegen „Gerechte" in den Mund und weist damit auf die Boshaftigkeit hin, die Gläubige häufig ertragen müssen und die ihr Leben schwermacht. Die vorherrschende Kultur stellte damals die Behauptung auf, der Mensch sei das Ergebnis eines Zufalls und sein Ende im Tod sei vollkommen sinnlos. Daher sei es weise, das Leben auf der Suche nach Befriedigungen, Eigennutz und eigenem Gewinn einzusetzen. Alle Hindernisse auf diesem Weg müssten beseitigt und sogar mit Gewalt unbedingt ferngehalten werden. Das Zeugnis der Gerechten ist daher ein lebendiger Widerspruch gegen diese Lebensweise, allein schon ihre Anwesenheit ist störend und wird letztlich unerträglich. Unschwer können wir in diesen Zeilen das Antlitz Jesu, des Gerechten erkennen, der durch die Ruchlosigkeit der vom Geist des Bösen geknechteten Menschen leidet und stirbt. Neben Jesus werden auch die Gesichter der vielen Gläubigen erkennbar, die heute „verfolgt werden um der Gerechtigkeit willen“ (Mt 5,10). Im Diognetbrief, einem sehr alten christlichen Text aus Zeiten der Verfolgung, heißt es: „Genau das, was im Leibe die Seele ist, das sind in der Welt die Christen … Die Seele liebt das Fleisch, von dem sie gehasst wird, und die Glieder. Auch die Christen lieben ihre Hasser. Die Seele ist zwar im Leib eingeschlossen, sie aber hält den Leib zusammen. Auch die Christen werden zwar in der Welt, wie in einem Gefängnis festgehalten, sie aber halten die Welt zusammen.“ „Seele für die Welt“ zu sein, bedeutet, sie durch die Kraft der Liebe zu stützen.

Gebet des heiligen Kreuzes

Samstag, 28. März

Jer 11,18–20. **Trotz der Verfolgung hört der Prophet nicht auf zu sprechen**

Der Prophet Jeremia wurde in jungen Jahren von Gott berufen mit dem Auftrag, das Volk zur Rückkehr zum Herrn aufzufordern. Er spricht nicht aus Eigeninitiative und auch nicht aufgrund eigener stolzer Überlegungen. Mit dem Blick Gottes auf die Geschichte deutet er die Lage des Volkes. Das Anprangern der Schuld Israels und des daraus folgenden Verrats des Bundes gehören zur Prophetie. Sie enthüllt den Augen des Propheten das, was er zum ganzen Volk sagen soll. Die Verkündigung des Propheten ruft einen großen Widerstand hervor. Ähnliches geschieht bei allen Propheten. Jeremia wird von vielen wegen seiner Worte gehasst. Unterdrückt durch eigene Leute vergleicht er sich als unschuldiges Opfer mit einem sanften Lamm, das zum Schlachten geführt wird.

Dieses Bild findet sich auch im vierten Gottesknechtlied (Jes 53,7) und wird auf den ebenfalls verfolgten Messias übertragen. Obwohl das Leid ihn niederdrückt, bringt Jeremia seine Sache vertrauensvoll vor den Herrn. Er weiß, dass Gott ein gerechter Richter ist, der „Herz und Nieren" prüft. Diese Worte mögen uns am Beispiel Jeremias verständlich machen, wer Jesus ist. In ihm erkennen wir die Propheten aller Zeiten, die trotz der Widerstände durch das Böse weiter die Liebe bezeugen und den Frieden auch um den Preis des eigenen Lebens verkünden.

Gebet der Vigil

Sonntag, 29. März: 5. Fastensonntag

Ez 37,12b–14; Ps 130; Röm 8,8–11; Joh 11,1–45

Das Evangelium von der Auferweckung des Lazarus führt hin zum Osterfest, auf dessen Feier wir uns vorbereiten. Jesus ist fern vom Dorf seiner Freunde Marta, Maria und Lazarus, als ihn die Nachricht vom Tod des Freundes erreicht. Für Jesus war es gefährlich, nach Judäa zurückzukehren, weil er zahlreiche Drohungen erhalten hatte. Trotzdem entscheidet er sich, nicht fern zu bleiben vom Leid und Drama seines Freundes. Für Jesus hat die Freundschaft eine tiefgehende Bedeutung und bleibt immer bestehen. Wie oft fliehen dagegen die Menschen vor dem Leid der anderen und fügen so zum Drama des Bösen noch die Bitterkeit der Einsamkeit hinzu! Leider wollen die Jünger Jesu auch heute zu den vielen Menschen auf Distanz bleiben, die begraben und unterdrückt sind wie Lazarus. Vielleicht machen sie Jesus sogar einen Vorwurf, ähnlich wie Marta: „Herr, wärst du hier gewesen, dann wäre mein Bruder nicht gestorben." Das heißt gleichsam: „Herr, wenn du etwas unternommen hättest, dann wäre dieses Unglück nicht geschehen." Das Evangelium erklärt uns jedoch, dass in Wahrheit nicht Jesus fern ist, sondern dass sich die Menschen von ihm entfernen. Manchmal wird Jesus sogar daran gehindert, sich zu nähern.
Nur Jesus ist an der Seite der vielen, denen es wie Lazarus ergeht, und weint um sie. In wenigen Tagen wird es ihm genauso ergehen, während

er im Garten Getsemani allein ist und vor Angst Blut schwitzt. Jesus steht allein vor Lazarus; im Gegensatz zu allen und entgegen jeder Hoffnung hofft er. Sogar die Schwestern versuchen, ihn davon abzubringen, das Grab zu öffnen: „Herr, er riecht aber schon, denn es ist bereits der vierte Tag.“ Doch Jesus lässt sich nicht aufhalten. Seine Zuneigung zu Lazarus ist weit stärker als die Resignation der Schwestern. Sie ist viel weiser als alle Vernunft und aller Augenschein. Die Liebe des Herrn kennt keine Grenzen, nicht einmal die Grenze des Todes, und will das Unmögliche. Denn dieses Grab ist nicht die letzte Ruhestätte der Freunde Jesu. Deshalb ruft er: „Lazarus, komm heraus!“ Der Freund hört die Stimme Jesu, wie es auch im Evangelium geschrieben steht: „Und die Schafe hören auf seine Stimme“ (Joh 10,3). Lazarus hört und kommt heraus. Jesus spricht nicht zu einem Toten, sondern zu einem Lebenden oder höchstens zu einem Schlafenden; vielleicht ruft er deshalb mit lauter Stimme. Er fordert die anderen auf, dem Freund die Binden abzunehmen. Wie Jesus die Binden des „toten“ Lazarus löst, befreit er uns alle von unserem Egoismus, von Kälte und Gleichgültigkeit, vom Tod der Gefühle. Jesus ruft jeden Menschen beim Namen. Der Name bezeichnet das ganze Leben eines Menschen. Jesus beschützt es vor dem Bösen. Seine Liebe gilt dem Menschen persönlich. Heute ruft die Freundschaft Gottes die zu Gräbern gewordenen Herzen und die zum Grab gewordene Welt zur Freude auf; seine Freundschaft strahlt auf in der Freundschaft, die er unter den Menschen stiftet. Lazarus nimmt das Paschafest vorweg, an dem Jesus, der Freund aller leidenden Menschen, selbst vom Bösen niedergebeugt wird. Wird es uns gelingen, seine Freunde zu sein und Mitleid mit ihm zu haben? Zu dieser Entscheidung ruft uns die Fastenzeit auf.

Gebet am Tag des Herrn

Montag, 30. März

Dan 13,1–9.15–17.19–30.33–62. **Susanna erlebt das Eingreifen Gottes**

Die Geschichte der jungen Susanna, der zwei alte Richter Israels in der Zeit des babylonischen Exils nachstellen, ist exemplarisch für die

Stärke der Schwäche. Der Prophet Daniel tritt darin als junger Seher auf, durch den der Herr seine Gerechtigkeit kundtut, während die junge Susanna zum Symbol für denjenigen Teil des Volkes Israel wird, der Gott gegenüber treu bleibt und allen Verführungen widersteht, auch der heimtückischen Verlockung der Führer des Volkes. Diese erscheinen wirklich wie Schurken, die zur Befriedigung der eigenen Lüste Boshaftigkeiten begehen. Was dabei deutlich wird, ist das feste Vertrauen auf den Herrn, der die Kleinen, Schwachen und Unschuldigen liebt und niemanden allein lässt, der ihm vertraut. Ohne irgendwelche menschliche Unterstützung steht Susanna vor der äußerst schwierigen Entscheidung, ob sie den Tod wählen oder dem Bösen zustimmen soll. Zum Tode verurteilt setzt sie ihr Vertrauen allein auf Gott, der „auch das Verborgene" kennt. Dadurch erfährt sie das Eingreifen Gottes. Dies geschieht durch die Stimme eines „jungen Mannes", der im gleichen Alter ist wie sie. Die Macht Gottes erweist sich nämlich durch die Schwachen. Ein junger Mann rettet ein ebenso junges Mädchen. Denn es ist wirklich niemand so schwach, dass er nicht einen anderen retten kann, der noch schwächer ist als er. Dieser Abschnitt stellt uns allen und auch den Jüngeren die Frage, wie wir die unzähligen Mädchen und Frauen und mit ihnen das ganze Volk der Armen beschützen können, die noch heute auf vielerlei Weise unterdrückt werden. Auch heute müssen unbedingt Menschen wie Daniel auftreten, um Gerechtigkeit einzufordern und alle Unterdrückten zu verteidigen.

Gebet für die Armen

Dienstag, 31. März

Num 21,4–9. **Die kupferne Schlange**

Der Abschnitt aus dem Buch Numeri berichtet von einem der schwierigsten Augenblicke auf dem Weg des Volkes Israel durch die Wüste. Durch Mühen entkräftet zeigen die Israeliten vor Gott und Mose ihre ganze Unzufriedenheit. Letztlich trauern sie sogar der Zeit der Knechtschaft in Ägypten nach. Wir wissen genau, dass dann, wenn wir der

Vergangenheit nachtrauern, wenn unser Traum verblasst, wenn wir auf die Vision und den Plan verzichten, an dem teilzuhaben wozu Gott uns auffordert, die Sehnsucht nach der Vergangenheit und das Jammern unsere vorherrschenden Gefühle sind. So kommen Giftschlangen herbei, beißen und töten die Menschen. Nicht Gott sendet die Schlangen, wir selbst verbreiten Gift im Leben und werden letztlich mit unseren Zungen wie diese Giftschlangen, die sogar den Tod bringen. Im Bewusstsein der Sünde wenden sich die Israeliten schließlich an Mose, damit er beim Herrn Fürsprache einlegt. Wieder einmal greift der Herr ein. Er lässt eine Schlange aus Kupfer anfertigen und im Lager aufstellen, damit die zu ihr aufschauen, die gebissen wurden, und so am Leben bleiben. Die Wüste, die auch durch das von Menschen verbreitete Gift zu einem Ort des Todes geworden ist, wird durch diese an einer Fahnenstange aufgehängte Schlange in einen Ort des Heils verwandelt. Wenn wir die abschließenden Worte dieser Bibelstelle hören, werden wir direkt auf das Kreuz hingewiesen, das in wenigen Tagen auf Golgota aufgerichtet wird und das wir alle betrachten und im Herzen aufnehmen sollen. In dieser Fastenzeit sind die uns täglich begleitenden Bibelabschnitte eine nützliche Hilfe, damit unsere Augen gereinigt werden und wir auf den blicken, der zu unserem Heil durchbohrt wurde.

Gebet mit Maria, der Mutter des Herrn

Mittwoch, 1. April

Dan 3,14–21.49.91–92.95. **Das Gebet befreit vom Tod**

Das dritte Kapitel im Buch Daniel berichtet von einem goldenen Standbild, das König Nebukadnezzar aufstellen ließ, damit es alle Untertanen seines Reiches anbeten. Doch einige Juden, und zwar Schadrach, Meschach und Abed-Nego, die nach der Zerstörung Jerusalems aus Judäa nach Babylon gekommen waren, weigern sich, das Standbild zu verehren, denn für sie war es ein Götzenbild. Deshalb wurden sie in einen Feuerofen geworfen. Angesichts einer Welt, in der viele Männer und Frauen gleichsam dem Untergang geweiht sind, keine Freiheit genießen und unter der Herrschaft der Gewalt stehen, wenden auch wir uns im Gebet an den Herrn in der Gewissheit, dass er seine Kinder erhört und ihnen zu Hilfe eilt. In jeder Bedrängnis können wir zum Herrn rufen, die von ihm vollbrachten Wunder preisen und so schon jetzt Freiheit und Heil erfahren. Im Hymnus beginnt jeder Vers mit dem Wort „gepriesen". Das Gebet ist zuallererst Lobpreis und schenkt Anteil am göttlichen Leben. Es bewahrt vor dem Fluch eines fern von Gott geführten Lebens. „Preist den HERRN", so lautet der Aufruf, ausgehend von Gott den Horizont der Welt zu betrachten. Der Lobpreis Gottes befreit einen jeden aus der kleinen Welt seiner persönlichen Aufgaben und führt in die Gemeinschaft mit allem Lebenden. So betrachten wir im Gebet das Schöpfungswerk Gottes, um mit allen Geschöpfen sein Erbarmen besingen zu können. Diese Entdeckung macht jeder Beter, der auch im tiefen Abgrund und im Angesicht des Bösen nicht aufhört, Gottes Lobpreis zu singen, und vom Tod befreit wird.

Gebet mit den Heiligen

Donnerstag, 2. April

Gen 17,1a.3–9. **Abraham, der Stammvater einer Menge von Völkern**

In diesen Worten spiegelt sich die Erfahrung aus der Zeit des Exils und der Fremdherrschaft, in der dieser Bibelabschnitt verfasst wurde. Israel war auf einen kleinen Rest dezimiert, und die Verheißung Gottes von einem großen und zahlreichen Volk, das ein fruchtbares Land besitzt und darin eine feste Heimat findet, um im Wohlstand und im Frieden eines sicheren Ortes zu leben, wurde auf eine harte Probe gestellt. In solchen Zeiten der Knechtschaft, der Entbehrungen und Leiden erinnerte sich Israel an die alten Verheißungen und an den „ewigen Bund", den Gott mit Abraham geschlossen hatte, um ihn zum „Stammvater einer Menge von Völkern" zu machen und ihn im Land Kanaan wohnen zu lassen. In der Neubesinnung des Volkes Israel auf diesen Bund verweist es nicht einfach nur auf eine alte Erinnerung und kehrt nicht zum Gedenken an eine herrliche Vergangenheit zurück, sondern erfüllt die Verheißung mit neuem Leben. Dies geschieht immer dann, wenn man auf die Schrift hört, und gilt auch für uns als Jünger Jesu. Wenn das Buch der Heiligen Schrift vor allem beim gemeinsamen Gebet aufgeschlagen wird, steigt der Herr in die Mitte seines Volkes herab und spricht zu uns. Dann macht er uns wieder zu einem Volk, das auf sein Wort hört. Er stärkt uns durch seinen Geist, schenkt uns seinen Traum, bekräftigt die Berufung, Zeugen seiner Liebe in der Welt zu sein, und stärkt in uns die zukünftige Verheißung. Deshalb kann er Abraham und auch uns auffordern: „Du aber sollst meinen Bund bewahren, du und deine Nachkommen nach dir, Generation um Generation."

Gebet für die Kirche

Freitag, 3. April

Jer 20,10–13. **Gebet des Propheten, der in Ketten liegt**

Der heutige Abschnitt gehört zum letzten und dramatischsten Teil der „Bekenntnisse" des Jeremia. Der Text trägt Züge eines Gebetes des Propheten, nachdem er ausgepeitscht und die ganze Nacht ins Gefängnis gesperrt wurde. Jeremia spricht von einem Konflikt zwischen seiner prophetischen Mission und dem gegen ihn auftretenden Widerstand. Er fühlt sich unverstanden, vollkommen verlassen und sieht ausschließlich Feinde um sich herum. Selbst die früheren Freunde lauern nur noch auf seinen Fall, als wollten sie sich daran erfreuen. Trotz dieser Feindseligkeit ringsum lässt Jeremia nicht den Mut sinken und stärkt sein Vertrauen auf den Herrn: „Doch der HERR steht mir bei wie ein gewaltiger Held. Darum straucheln meine Verfolger und können nicht überwältigen." Die Schwierigkeiten führen nicht dazu, dass er sich verschließt und Groll und Wut in sich ansammelt. Allenfalls bleibt die Empörung über die Herzenshärte der Israeliten, die ihn jedoch im Prophetendienst bestätigt. Er weiß den Herrn an seiner Seite. In einer noch im Denken des Ersten Testaments verwurzelten Perspektive wünscht sein Gebet Rache an den Feinden, was in der Sichtweise des Evangeliums zur Bitte um Vergebung werden wird, damit die Feinde das Erbarmen Gottes erfahren und ihr Leben ändern.

Gebet des heiligen Kreuzes

Samstag, 4. April

Gedenken an Martin Luther King, der 1968 in Memphis in den Vereinigten Staaten ermordet wurde. Mit ihm gedenken wir aller, die nach Gerechtigkeit hungern und dürsten.

Ez 37,21–28. **Aus vielen Nationen wird ein einziges Volk entstehen**

Während wir an der Schwelle der Karwoche stehen, lädt uns die Liturgie zum Hören dieser Worte des Propheten Ezechiel ein. Darin möchte der Prophet den Traum von der Freiheit im Volk Israel mit neuem Leben erfüllen und die bevorstehende Befreiung ankündigen. Ezechiel erfüllt seine Mission bekanntlich unter den Juden im Exil von Babylon. Er entscheidet sich, den Israeliten von einer Vision der Ereignisse zu erzählen, die der Herr künftig vollbringen wird. Kurz zuvor hatte er die beeindruckende Vision von den ausgetrockneten Gebeinen beschrieben, die durch das Wirken des Geistes zusammengefügt und mit neuem Leben erfüllt werden, um zu bekräftigen, dass der Herr auch in den dramatischsten Situationen neues Leben erstehen lassen kann. Zwar macht das Volk, das sich vom Herrn abgewandt hat, die bittere Erfahrung von Deportation und Exil, doch mit der Einsicht, dass es ohne den Herrn nur noch eines der kleinsten Völker der Erde und den Händen der mächtigen Völker ausgeliefert ist, spürt Israel das Bedürfnis, zum Herrn zurückzukehren. Wiederum ergreift der Herr die Initiative und handelt, um sein Volk aus der Knechtschaft zu befreien: „Siehe, ich, ja ich nehme die Söhne Israels aus den Nationen heraus, wohin sie gegangen sind; ich sammle sie von allen Seiten und bringe sie auf ihren Ackerboden. Ich mache sie im Land, auf den Bergen Israels, zu einer einzigen Nation." Wenn wir diese Worte am Vorabend der Karwoche hören, können wir nicht anders, als in ihnen den einzigen Hirten Jesus zu erkennen, den wir morgen beim Einzug in die heilige Stadt begleiten werden. Er ist der Hirte, der die Schafe sammelt, sie auf grüne Auen führt und für immer einen neuen und ewigen Bund zwischen dem Vater im Himmel und dem Volk der Jünger errichtet, das er versammelt hat und im Laufe der Jahrhunderte weiter versammeln wird.

Gebet der Vigil

KARWOCHE

Sonntag, 5. April: Palmsonntag

Mt 21,1–11; Jes 50,4–7; Ps 22; Phil 2,6–11; Mt 26,14–27,66

In der Liturgie vom Palmsonntag feiern wir den Einzug Jesu nach Jerusalem, der auf dem Fohlen einer Eselin sitzt. Das ist ein großes Geschenk für unsere Städte. Häufig ist der Herr in die Häuser und Städte Israels gekommen. Diesmal geschieht es jedoch auf einzigartige Weise. Er kommt als „König“, der die vielen Einwohner Jerusalems vom Joch der Knechtschaft befreien will. Der Evangelist betont, dass dieser Esel ein „Lasttier“ ist, das an den Transport von Lasten gewöhnt ist. Jesus zieht nicht allein ein, auch nicht nur mit der gewöhnlichen Jüngergruppe, sondern mit einer großen Menschenmenge. Sicherlich entstand immer ein fröhliches und festliches Klima, wenn Jesus in eine der Städte Galiläas kam. Dieses Mal stoßen wir jedoch auf einen neuen Aspekt. Es wird nicht nur von den Jüngern gesprochen, oder zumindest sind auch die Jünger bei diesem Einzug verändert. Der Evangelist Matthäus erwähnt, dass „viele“ Menschen dabei waren. Nur an dieser Stelle verwendet er dieses Wort. Damit wird betont, dass Jesus nunmehr mit einem Volk einzieht. Jesus kommt nicht allein oder mit einer kleinen Gruppe. Er kommt nicht wie üblich, denn dieser Sonntag trägt außergewöhnliche und universale Züge.
Matthäus erwähnt, dass die ganze Stadt „erbebte“, als die Menschen das Kommen Jesu erlebten. Zum zweiten Mal geschieht das. Zum ersten Mal ereignete es sich in Betlehem, als Jesus auf die Welt kam. Damals gaben die Priester Herodes die Antwort auf die Frage, wer das Kind sei. Nun antwortet das Volk mit den Palmzweigen auf die Frage der Menschenmenge aus der Stadt. Das Volk mit den Palmzweigen antwortet: „Das ist der Prophet Jesus von Nazaret in Galiläa.“ Es ist das große Volk der Jünger, das über Jesus spricht und Olivenzweige verschenkt als Zeichen des Friedens. Die Leute unserer Städte scheinen das zu verstehen und warten fast darauf. Der Herr fordert uns auf,

viele Worte zu sprechen und viele Palmzweige zu verschenken, damit das Evangelium der Liebe viele erreichen kann.
Ohne einen Abstand zwischen verschiedenen Tagen wird nach dem Evangelium vom Einzug die Leidensgeschichte gelesen. Sie offenbart allen, wie groß die Liebe Jesu zu allen Menschen und zu den Menschenmengen unserer Städte ist. Heute folgen wir ihm nach, während er in Jerusalem einzieht. In den kommenden Tagen werden wir ihm bis unter das Kreuz nachfolgen. In diesen Tagen werden wir erkennen, was die Sünde anrichten kann: das Hosanna verwandelt sich in das „Ans Kreuz mit ihm" (Mt 27,22.23), die Justiz verurteilt den Unschuldigen, die Jünger verraten den Meister. Nur eines bleibt unverändert: das sanfte und gute Antlitz Jesu. Ein gütiges Antlitz zieht auf dem Fohlen einer Eselin ein, es ist gütig vor den Priestern und den Richtern, gütig am Kreuz. Es ist ein großes Geschenk, dieses Antlitz betrachten und fest in unser Herz einprägen zu können. Während wir ganz und gar Analphabeten sind, was diese Liebe betrifft, beten wir zu ihm und nehmen ihn auf. Voll Freude verkünden wir ihn allen, während wir auf den Wegen unserer Städte unterwegs sind, damit alle entdecken können, dass sie vom Herrn geliebt sind.

Gebet am Tag des Herrn

Montag, 6. April: Montag der Karwoche

Gedenken an die Märtyrer für das Evangelium.

Joh 12,1–11. **Die Salbung Jesu in Betanien**

Das Johannesevangelium berichtet zu Beginn der Leidensgeschichte Jesu vom Mahl in Betanien im Haus von Marta, Maria und Lazarus, einer eng mit Jesus befreundeten Familie. In diesen Tagen der harten Auseinandersetzung mit den Pharisäern und Priestern wurde das Haus dieser Freunde für ihn ein Ort der Erholung und Entspannung. Es fehlten – wie für uns heute – noch sechs Tage bis zum Paschafest, und Jesus war wieder bei ihnen zum Essen. Auch Lazarus war dabei, dem Jesus kurz vorher das Leben wiedergeschenkt hatte. Plötzlich steht Maria beim Abendessen auf, geht zu Jesus hin und kniet vor seinen Füßen nieder, um sie mit kostbarem Nardenöl zu salben und dann mit ihrem Haar abzutrocknen. Das Haus wird von wohlriechendem Duft erfüllt. Es ist eine Geste, die den Duft der Dankbarkeit verbreitet. Judas ist ganz anderer Meinung. Diese so liebevolle Geste ist für ihn nur sinnlose Verschwendung. Der Evangelist merkt an, dass er dies nicht aus Interesse an den Armen sagt, sondern weil er am Geld oder besser am eigenen Gewinn interessiert ist. Die Habgier nach eigenem Besitz hat ihn blind gemacht. Jesus antwortet Judas sofort und sagt: „Lass sie“. Er möchte, dass Maria diese Geste der Liebe fortsetzt, denn diese Salbung nahm das Öl vorweg, mit dem sein Leib in Kürze vor dem Begräbnis gesalbt werden sollte. Und er fügt hinzu: „Die Armen habt ihr immer bei euch, mich aber habt ihr nicht immer.“ Tatsächlich sollte kurz darauf sein Kreuzweg zum Tod beginnen. Als Einzige unter allen Anwesenden hatte Maria verstanden, dass Jesus dem Tod nahe war und deshalb wie jeder Sterbende Zuneigung und besondere Nähe brauchte. Diese so zärtliche und liebevolle Zuwendung, die aus einfachen und konkreten Gesten besteht, ist ein Symbol für den Heilsweg: Wenn wir den Armen, Schwachen und alten Menschen nahe sind, leben wir ganz in der Nähe Jesu. In diesem Sinn sagt Jesus: „Die Armen habt ihr immer bei euch“. Sie könnten uns sagen, wie sehr sie den Duft der Freundschaft und Zuneigung brauchen. Selig sind wir – und auch sie – wenn wir die Zärtlichkeit und den Wagemut Marias besitzen!

Gebet für die Kranken

Dienstag, 7. April: Dienstag der Karwoche

Gedenken an die neuen Märtyrer. Gedenken an Tichon, den Patriarchen von Moskau und ganz Russland, der 1925 starb, und mit ihm an alle Bekenner und Märtyrer der russisch-orthodoxen Kirche während des kommunistischen Regimes. Gedenken an den Völkermord in Ruanda 1994.

Joh 13,21–33.36–38. **Ankündigung des Verrats**

Jesus weiß inzwischen genau, dass seine „Stunde“ nahe ist, die Stunde von Tod und Auferstehung. Sein Herz ist von widersprüchlichen Gefühlen erfüllt. Er will nicht sterben, aber auch nicht fliehen. Die Stunde ist gekommen, in der er diese Welt verlassen und zum Vater gehen wird. Was wird aus dieser kleinen Jüngergruppe, die er versammelt, begleitet, geliebt und unterwiesen hat? Wird sie weiter zusammenbleiben? Jesus weiß, dass Judas dabei ist, ihn zu verraten. Diesen Jünger interessiert es kaum, dass Jesus sich vor ihm niedergebeugt und ihm die Füße gewaschen hat. Mit diesen von Jesus gewaschenen, berührten und vielleicht sogar geküssten Füßen macht sich Judas nun auf den Weg, um ihn zu verraten. Mit unfassbarer Traurigkeit im Herzen sagt Jesus zu den Zwölf: „Einer von euch wird mich ausliefern." Alle sind erschüttert. Es genügt nicht, Jesus physisch nahe zu sein. Was zählt ist die Nähe des Herzens und die Beteiligung an seinem Heilsplan. Auch wir können am Leben der Jüngergemeinschaft teilnehmen und den Rhythmen aus dem Leben der Gläubigen folgen, doch wenn unser Herz das Wort des Herrn nicht aufnimmt, wenn die konkrete Liebe zu den Armen fehlt, wenn die konkrete Gemeinschaft mit den Schwestern und Brüdern und der Einsatz für eine gerechte und friedliche Welt nicht gelebt werden, wird sich unser Herz Schritt für Schritt entfernen, wird sich unser Denken langsam immer mehr verfinstern, und wir werden seinen Traum der Liebe nicht mehr verstehen. Während sich unser Blick von Jesus abwendet, wächst unser Ich immer mehr. Aus der Liebe zu Jesus wird ein Kult für uns selbst und unsere Dinge. Ganz selbstverständlich gleiten wir ab in den Verrat. Der Kampf zwischen Gut und Böse, zwischen Liebe und Misstrauen wird im Herzen ausgetragen. Da gibt es keine Kompromisse. Das war auch bei Judas der Fall. In diesen Tagen ruft uns Jesus nicht so sehr auf, ihm zu dienen, sondern bei ihm zu sein, ihn zu begleiten und ihn nicht allein zu lassen.

Gebet in der Karwoche

Mittwoch, 8. April: Mittwoch der Karwoche

Die Juden feiern den Beginn des Pessachfestes.

Mt 26,14–25. **Wehe dem Verräter!**

Die Erzählung vom Verrat des Judas ruft immer Erschütterung hervor, da er schließlich seinen Meister sogar für dreißig Silberstücke verkauft, den Preis für den Freikauf eines Sklaven. Wie viel Bitterkeit liegt in den einleitenden Worten: „einer der Zwölf"! Ja, einer von den engsten Freunden. Jesus hatte ihn erwählt, geliebt und sich um ihn gekümmert, er hatte ihn auch gegen Angriffe von Feinden verteidigt. Jetzt ist es gerade er, der Jesus an die Gegner verkauft. Judas ist der Verlockung durch den Reichtum erlegen und hat dadurch die Distanz zu seinem Meister vergrößert bis hin zur Planung und Durchführung des Verrats. Jesus hatte im Übrigen deutlich gesagt: „Ihr könnt nicht Gott dienen und dem Mammon" (Mt 6,24). Letztlich zog Judas den Mammon vor und schlug diesen Weg ein. Doch am Ende sah dieses Abenteuer ganz anders aus, als er es sich vorgestellt hatte. Die ängstliche Unruhe begann vielleicht für Judas, als er sich darum sorgte, wie er Jesus „ausliefern" soll. Schließlich kam der Augenblick. Er fiel mit dem Paschafest und somit mit der Zeit zusammen, in der das Lamm geschlachtet wurde zum Gedenken an die Befreiung aus der Knechtschaft in Ägypten. Jesus weiß genau, was ihn erwartet. „Meine Zeit ist da", sagt er zu den Jüngern. Er bittet sie, das Paschamahl vorzubereiten, das Mahl des Lammes. Dadurch weist er darauf hin, dass es nicht Judas ist, der ihn an die Hohepriester ausliefert. Im Gegenteil, aus Liebe zu den Menschen liefert er sich selbst dem Tod aus. Jesus hatte an jenem Abend um Liebe gebeten. Diese Bitte erklingt weiter und wendet sich an alle Jünger und sogar an alle Menschen. Denn das Leiden Jesu ist nicht zu Ende. Das Bedürfnis nach Liebe zeigt sich vor allem bei den Armen, Schwachen, Einsamen, Verurteilten und bei allen, deren Leben durch die Bosheit der Menschen zur Qual geworden ist. Wir alle müssen aufmerksam diesen Instinkt des Verrates von uns weisen, der im Herzen eines jeden verborgen ist. Um seine Gedanken an diesem Abend vor den anderen zu verbergen, wagt auch Judas zu fragen: „Bin ich es etwa, Rabbi?" Prüfen wir uns, was unsere Untreue betrifft, nicht um davon erdrückt zu werden, sondern um uns noch enger an Jesus zu binden, der noch immer die Sünden der Welt auf seine Schultern nimmt.

Gebet in der Karwoche

Donnerstag, 9. April: Gründonnerstag

Liturgie vom Letzten Abendmahl.
Gedenken an Maria, die Frau des Klopas, die mit den anderen Frauen beim Kreuz des Herrn stand. Gebet für alle Frauen, die auf der ganzen Welt mit Mut und in Schwierigkeiten dem Herrn folgen.
Gedenken an Dietrich Bonhoeffer, der 1945 von den Nationalsozialisten im Konzentrationslager Flossenbürg hingerichtet wurde.

Ex 12,1–8.11–14; Ps 116; 1 Kor 11,23–26; Joh 13,1–15. **Das Letzte Abendmahl**

Heute erinnert die Kirche an das letzte Abendmahl Jesu mit den Jüngern. Als sie zu Tisch sitzen, sagt Jesus unvermittelt: „Mit großer Sehnsucht habe ich danach verlangt, vor meinem Leiden dieses Paschamahl mit euch zu essen“ (Lk 22,15). Jesus hat das Bedürfnis, mit seinen Freunden zusammen zu sein und ihnen seine Liebe und die ihm vom Vater übertragene Sendung zur Veränderung der Welt anzuvertrauen. Er vertraut ihnen zwei Sakramente an: Brot und Wein und dann die Fußwaschung. In der Gründonnerstagsliturgie wiederholen wir wörtlich, was Jesus an jenem Abend getan hat. Wir haben es nötig, dies zu wiederholen, um es noch tiefer zu begreifen und besser an alle weiterzugeben.
Im ersten Korintherbrief überliefert Paulus die Einsetzung der Eucharistie. Nachdem Jesus mit den Zwölf am Tisch Platz genommen hat, nimmt er das Brot, verteilt es und sagt: „Das ist mein Leib für euch.“ Ebenso nimmt er den Kelch mit Wein: „Dieser Kelch ist der Neue Bund in meinem Blut.“ Diese Worte werden in der heiligen Liturgie wiederholt. Dieses Brot ist nicht irgendein Brot, es ist „gebrochenes“ Brot. Jesus selbst wird gleichsam für die anderen gebrochen, damit niemand ohne Nahrung bleibt. Er lässt sich an alle verteilen und vergießt sein Blut, ohne dabei auch nur einen Tropfen für sich zu behalten. In der Hostie und im Wein ist Jesus als „gebrochener“ Leib und „vergossenes“ Blut gegenwärtig. Er fordert die Jünger auf, diese Nahrung zu sich zu nehmen, und sagt: „Tut dies … zu meinem Gedächtnis!“ Die Kirche ist ein Volk, das sich nach dem Vorbild des Meisters aus Liebe zu den

anderen verteilen und ihr ganzes Blut vergießen muss, um allen das Evangelium weiterzugeben.
Das Johannesevangelium überliefert das andere Zeichen Jesu beim Letzten Abendmahl nach der Einsetzung der Eucharistie. In einem bestimmten Moment steht Jesus auf und wäscht den Jüngern die Füße. Jesus, „der Herr und Meister", wird zum Sklaven und macht die Jünger zu Herren. Das ist die letzte Lehre im Leben Jesu: „... dann müsst auch ihr einander die Füße waschen. Ich habe euch ein Beispiel gegeben, damit auch ihr so handelt, wie ich an euch gehandelt habe." In der heiligen Liturgie am heutigen Abend ist die Fußwaschung nur ein Zeichen und ein Hinweis für unseren Weg: Wir sollen einander die Füße waschen. Der Gründonnerstag lehrt uns, wie wir leben sollen: Das Leben nach dem Evangelium bedeutet Hinwendung zu den Brüdern und Schwestern, und diese beginnt bei den Schwächsten. Dieser Weg geht vom Himmel aus und ist doch zugleich der menschlichste Weg, den wir uns wünschen können.

Gebet in der Karwoche

Freitag, 10. April: Karfreitag

Gedenken an den Tod Jesu am Kreuz.

Jes 52,13–53,12; Ps 31; Hebr 4,14–16; 5,7–9; Joh 18,1–19,42. **Der Tod Jesu**

Die Karfreitagsliturgie beginnt damit, dass sich der Zelebrant auf den Boden legt. Dieses Zeichen ist ein Hinweis auf Jesus, der sich aus Todesangst am Ölberg zu Boden warf. Wie kann man angesichts einer solchen Liebe gefühllos bleiben, die sogar in den Tod geht, um uns nicht zu verlassen? Jesaja schreibt: „Aber er hat unsere Krankheit getragen und unsere Schmerzen auf sich geladen ... Doch er wurde durchbohrt wegen unserer Vergehen, wegen unserer Sünden zermalmt ... Wir hatten uns alle verirrt wie Schafe, jeder ging für sich seinen Weg. Doch der Herr ließ auf ihn treffen die Schuld von uns allen." Jesus ist das Lamm, das die Sünde der Welt auf sich geladen hat. Er hat den Kampf

gegen das Böse auf sich genommen, auch auf Kosten seines Lebens. Jesus will nicht sterben: „Vater, wenn du willst, nimm diesen Kelch von mir! Aber nicht mein, sondern dein Wille soll geschehen“ (Lk 22,42). Und diesen Willen Gottes kennt Jesus genau: „Das aber ist der Wille dessen, der mich gesandt hat, dass ich keinen von denen, die er mir gegeben hat, zugrunde gehen lasse, sondern dass ich sie auferwecke am Jüngsten Tag.“ Der Wille Gottes will vermeiden, dass das Böse und der Tod die Menschen vernichten. Jesus weicht dem Tod nicht aus. Er nimmt ihn auf sich, damit er uns nicht zugrunde richtet. Auch heute will er niemanden von uns verlieren.
Die Leidensgeschichte nach Johannes beginnt genau hier am Ölberg. Und die Worte Jesu an die Soldaten verdeutlichen, dass er niemanden verlieren will. Als die Soldaten ankommen, geht Jesus ihnen entgegen. Er flieht nicht, scheinbar ergreift er sogar die Initiative: „Wen sucht ihr?“ – fragt er die vor ihm stehende Wachmannschaft. Auf ihre Antwort „Jesus von Nazaret“ erwidert er: „Wenn ihr also mich sucht, dann lasst diese gehen!“ Er will nicht, dass den Seinen etwas angetan wird, vielmehr will er sie retten und vor allem Bösen bewahren. Sein ganzes Leben hatte er schon damit verbracht, die Verlorenen zu sammeln, die Kranken zu heilen und ein Reich des Friedens und nicht der Gewalt zu verkünden. Genau dieser Einsatz ist der Grund für seinen Tod.

Gebet in der Karwoche

Samstag, 11. April: Karsamstag

Gedenktag des heiligen Märtyrers Stanislaus († 1079), Bischof von Krakau. Er verteidigte die Armen, die Menschenwürde und die Freiheit der Kirche und des Evangeliums.

Lk 23,50–56. **Die Grablegung Jesu**

Ein guter und gerechter Mensch hat sich der Entscheidung des Hohen Rates, Jesus zu töten, nicht angeschlossen. Er heißt Josef von Arimathäa und war zur morgendlichen Sitzung eingeladen worden, in der das Todesurteil Jesu gefällt wurde. Sehr mutig hatte er der Entscheidung des Hohen Rates nicht zugestimmt. Ein weiterer Josef tritt nun am Ende in das Leben Jesu ein. Der erste hat ihn als Kind vor Herodes gerettet, der zweite nimmt ihn vom Kreuz, hüllt ihn in ein Leinentuch und legt ihn in ein neues Grab. Ihm schließen sich auch die Frauen an, die Jesus gefolgt waren. Angesichts des Grabes, des Leids dieser Welt und des Todes, angesichts des Schlafes der Jünger und der Betrübnis bleibt nur der Glaube an die Worte Jesu, der dem Vater vertraut hat. Lukas schreibt: „Das war am Rüsttag, kurz bevor der Sabbat anbrach." Vielleicht zeigten sich nicht nur die Sabbatlichter dieser Stadt, sondern auch die einer neuen Stunde, eines neuen Tages für diesen Menschen und für die Welt. Wer angesichts des unermesslichen Leids der Entscheidung nicht zustimmt, diesen Menschen zu töten und zu unterdrücken, der soll nicht nur weinen, sondern auch glauben, beten und hoffen, dass eine andere Zeit anbrechen kann. Der soll auch geben, was er hat, und sei es auch nur ein Leinentuch des Erbarmens oder ein Grab für die Bestattung. Gemäß der Tradition der Kirche – die sich auf die Schriftstellen stützt, die vom Hinabsteigen Jesu in die Unterwelt sprechen – ist Jesus an diesem Tag in die Unterwelt und somit in das Reich des Todes eingetreten, um angefangen bei Adam und Eva die Menschen mit ins Paradies zu nehmen. Das zeigt die Osterikone, die in der orthodoxen Tradition verehrt wird. Mit dem Hinabsteigen Jesu in die Unterwelt und somit in die Abgründe dieser Welt nimmt die Auferstehung ihren Anfang, um alle vom Bösen Gequälten und Getöteten den Händen des Todes zu entreißen. Der Auferstandene will sie mit sich in den Himmel führen. Ihnen und vielen anderen sagt Jesus auch weiterhin: „Heute noch wirst du mit mir im Paradies sein" (Lk 23,43).

Gebet in der Karwoche

OSTERZEIT

Sonntag, 12. April: Ostern der Auferstehung

Apg 10,34a.37–43; Ps 118; Kol 3,1–4; Joh 20,1–9

Das Osterevangelium beginnt mit einer Frau, Maria von Magdala, die frühmorgens zum Grab ging, „als es noch dunkel war". Dunkel war es nicht nur draußen, sondern vor allem im Herzen dieser Frau. Mit traurigem Herzen ging Maria zum Grab. Als sie dort ankommt, sieht sie, dass der Stein vom Eingang weggenommen war; er war so schwer wie jeder Tod. Sogleich läuft sie zu Petrus und Johannes: „Sie haben den Herrn aus dem Grab weggenommen". Marias Trauer über den Verlust des Herrn, auch nur über den Verlust seines toten Leibes, stellt unsere Kälte und Vergesslichkeit infrage, die wir Jesus schon als Lebendem entgegenbringen. Heute lehrt uns diese Frau, dass wir nur mit ihren Gefühlen dem auferstandenen Jesus begegnen können.
Mit ihrer Verzweiflung rüttelt sie Petrus und den anderen Jünger auf, sodass sie sofort zum Grab laufen. Nachdem sie dem Herrn gemeinsam in der Leidensgeschichte nachgefolgt waren, wenn auch aus der Ferne (Joh 18,15–16), machen sie sich nun eilig gemeinsam auf den Weg, um bei ihm zu sein. Dieses Laufen bringt sehr schön zum Ausdruck, welche Sehnsucht der Jünger und jede Gemeinschaft bei der Suche nach dem Herrn zeigen sollte. Auch wir müssen wieder anfangen zu laufen. Unser Gang ist zu langsam geworden, vielleicht ist er schwer geworden aus Selbstliebe oder aus Angst, hinzufallen und etwas von uns zu verlieren. Es ist nötig, von Neuem zu laufen zu versuchen und den Abendmahlsaal mit den verschlossenen Türen zu verlassen und zum Herrn aufzubrechen. Als Erster kommt Johannes, der Jünger der Liebe, beim Grab an: Die Liebe lässt schneller laufen. Aber auch der langsamere Schritt des Petrus führt ihn zur Schwelle des Grabes, sodass beide dann hineingehen. Petrus tritt als Erster ein und entdeckt eine vollkommene Ordnung: Die Leinenbinden lagen an ihrem Platz, gleichsam losgelöst vom Leib Jesu, und das Schweißtuch lag „zusammengebunden daneben an einer besonderen Stelle". Es handelte sich

weder um Diebstahl noch um eine Grabschändung: Jesus hatte sich in gewisser Weise selbst befreit. Der andere Jünger trat ein und „sah“ dasselbe Bild; „er sah und glaubte“, merkt der Evangelist an. Sie standen vor den Zeichen der Auferstehung und ließen sich im Herzen anrühren. Denn bis dahin, so schreibt der Evangelist weiter, hatten sie noch nicht „die Schrift verstanden, dass er von den Toten auferstehen müsse“. Ohne das Verständnis von Ostern resigniert man vor dem Bösen. Doch Ostern ist gekommen, der schwere Stein wurde weggenommen, und das Grab wurde geöffnet. Der Herr hat den Tod besiegt und lebt auf ewig. Der auferstandene Jesus erfüllt die Herzen mit der Kraft des Geistes, der erneuert. Der Apostel schreibt: „Denn ihr seid gestorben und euer Leben ist mit Christus verborgen in Gott.“ Unser Leben ist mit dem auferstandenen Jesus verwoben und hat daher Anteil an seinem Sieg über den Tod und das Böse. Zusammen mit dem Auferstandenen können wir in die Welt eintreten und die schweren Steine beseitigen, die das Leben vieler niederbeugen. Der Auferstandene wird den Menschen und der gesamten Schöpfung Anteil schenken an seinem Geheimnis der Auferstehung. An Ostern beginnt eine neue Welt und ein neuer Himmel, und dort wird es weder Trauer noch Tränen, weder Tod noch Leid geben, denn Gott wird alles in allem sein.

Gebet an Ostern

Montag, 13. April: Ostermontag

Apg 2,14.22–32. **Petrus spricht zur Menge**

Heute ist die Lesung der Osterzeit der Apostelgeschichte entnommen. Die Liturgie möchte sofort auf die Früchte des Ostergeheimnisses hinweisen – auf die erste Predigt des Petrus vor der Menge, die sich kurz nach Pfingsten vor dem Abendmahlsaal versammelt hat. Diese Menge steht für alle Völker der Erde. Petrus verkündet ihnen, dass Jesus den Tod besiegt. Nachdem der junge Prophet aus Nazaret den Menschen die Liebe verkündet und Wunder und Heilungen vollbracht hatte, wurde er zum Tod verurteilt und ans Kreuz gehängt. Doch der

Vater hat ihn auferweckt und vom Leid des Todes befreit. Sein Gehorsam gegenüber dem Vater und die grenzenlose Liebe zu den Menschen haben ihn zur Auferstehung geführt. Mit feierlicher Überzeugung sagt Petrus zum ganzen Volk: „Diesen Jesus hat Gott auferweckt". Das ist das Osterevangelium und die zentrale christliche Verkündigung. Seit dieser ersten Predigt entstand eine neue Geschichte von Männern und Frauen, die die Jahrhunderte bis hin zu uns durchquerte. Uns wird sie nun übergeben, damit auch wir sie überall auf der Welt weitergeben. Dieses Evangelium haben wir empfangen und wir sollen es den Völkern dieser globalen Welt schenken, die noch in der Knechtschaft von Sünde und Tod lebt. Die Welt wartet auf diese Verkündigung! Dieser Jesus, den Petrus verkündet, ist der Jesus des Evangeliums, der alle so sehr geliebt hat, dass er die Sünde aller auf sich genommen hat. Indem er sich aus Liebe dem Tod auslieferte, hat er ihn für immer besiegt. Bisher sprach der Tod das letzte Wort über das Leben eines jeden. Seit diesem Tag geschieht das Gegenteil, denn das Leben besiegt den Tod, die Liebe besiegt das Böse.

Gebet an Ostern

Dienstag, 14. April

Apg 2,14a.36–41. **Die Umkehr des Herzens für den Aufbau einer neuen Gemeinschaft**

„Mit Gewissheit erkenne also das ganze Haus Israel: Gott hat ihn zum Herrn und Christus gemacht, diesen Jesus, den ihr gekreuzigt habt." Diese Aussage gehört zu den ersten Worten des Petrus nach dem Pfingstereignis an die Menge vor dem Abendmahlsaal. Sie waren durchdringend wie die Feuerzungen, die auf die Apostel herabgekommen waren, und gingen seinen Zuhörern zu Herzen: „Als sie das hörten, traf es sie mitten ins Herz". Jede Predigt müsste diese Auswirkung haben, das Herz der Hörer erreichen und betroffen machen. Eine Predigt muss hinterfragen, anrühren, zurechtweisen und beunruhigen. Später wird der Apostel Paulus sagen, dass das Wort Gottes wie ein zweischneidiges Schwert ist, das in die Tiefe des Herzens eindringt. Diese Zuhörer, die im Herzen betroffen waren, stellen Petrus vor der Tür des Abendmahlsaales am Ende eine einfache und doch grundlegende Frage: „Was sollen wir tun"? Die Antwort des Apostels fällt ebenso eindeutig aus: „Kehrt um … Lasst euch retten aus diesem verdorbenen Geschlecht!" Er stimmt nicht die übliche Klage über die gegenwärtige Zeit an, womöglich noch voller Nostalgie nach den guten alten Zeiten. Er zitiert auch keine abstrakte Glaubensformel aus dem Katechismus. Petrus schlägt das Evangelium als Kraft vor, die das Herz verändert. Das Evangelium ist wie der Sauerteig, der den Teig der Gesellschaft verwandelt, wie eine Energie, die die Herzen verändert und unter den Menschen eine neue Geschwisterlichkeit aufbaut. Mit der Veränderung der Herzen beginnt auch die Veränderung der Welt.

Gebet an Ostern

Mittwoch, 15. April

Apg 3,1–10. **Die Heilung des Gelähmten**

In diesem Abschnitt der Apostelgeschichte wird über die ersten Schritte von Petrus und Johannes berichtet. Sie verlassen den Abendmahlsaal und gehen zum Tempel. Zum ersten Mal nach Pfingsten gehen die Apostel ohne die sichtbare Anwesenheit des Meisters hinaus. Vielleicht erinnern sie sich an die Worte, als er sie zum ersten Mal ausgesandt hatte: „Er rief die Zwölf zu sich und sandte sie aus, jeweils zwei zusammen. Er gab ihnen die Vollmacht über die unreinen Geister" (Mk 6,7). Petrus und Johannes setzen diese Worte wörtlich um und gehen nun auch zu zweit zum Tempel. Ihre Einmütigkeit, ihre Liebe und gemeinsame Leidenschaft für das Evangelium ist ihr erstes Zeugnis, ihre erste Predigt. Dann kommen die Apostel an die Schöne Pforte des Tempels und sehen einen Mann, der seit seiner Geburt gelähmt ist. Er ist vierzig Jahre alt und hatte den größten Teil seines Lebens wohl damit verbracht, an diesem Ort bettelnd seine Hand den Vorübergehenden entgegenzustrecken. Er saß draußen vor dem Tempel. Nicht nur wegen der Lähmung konnte er den Tempel nicht betreten, es war ihm auch wegen seiner Krankheit untersagt. Es gab damals das traurige Sprichwort: „Der Blinde und der Lahme werden nicht eintreten." Dieser Gelähmte, der schon so viele Jahre dort saß, erhoffte von den beiden Jüngern nicht mehr als ein kleines Almosen zu bekommen. Doch die Barmherzigkeit Gottes, die nunmehr die Herzen von Petrus und Johannes ergriffen hatte, wirkt Wunder. So erhält dieser Gelähmte kein Almosen, sondern die Heilung. Petrus blickt ihn an, und schon das ist ein wichtiger Hinweis: Einem Menschen in die Augen zu schauen bedeutet, das Herz des anderen anzurühren. Er sagt nicht nur zu ihm: „Im Namen Jesu Christi, des Nazoräers, … geh umher!", er gibt ihm auch die rechte Hand und richtet ihn auf. Diese beiden Hände, die einander ergreifen, sind gleichsam die Ikone einer Kirche, die vom Evangelium ausgeht, wie sie im II. Vatikanischen Konzil beschrieben und von Papst Franziskus und vielen Zeugen der Liebe gelebt wird. Diese Liebe kommt direkt von Gott und wirkt immer Wunder.

Gebet an Ostern

Donnerstag, 16. April

Apg 3,11–26. **Nach der Heilung des Gelähmten spricht Petrus zum Volk**

Petrus hatte gerade den Gelähmten geheilt, der vor der Pforte des Tempels bettelte. Dieser Mann, der von seiner Krankheit geheilt war, beginnt sofort, vor Freude auf dem Tempelplatz umherzuspringen. Dieses Ereignis löst natürlich bei den Menschen Verwunderung aus, denn seit dem Tod Jesu hatte man in Jerusalem kein ähnliches Geschehen erlebt. Viele laufen zu Petrus und Johannes und blicken die beiden Jünger bewundernd an. Doch Petrus erklärt sogleich, dass das Wunder ein Werk Gottes ist und nicht von ihnen ausgeht. Der Auferstandene hat dem Mann Heilung geschenkt. Die Jünger sind nur Diener seines Wortes. Gott hat Jesus von den Toten auferweckt. Er besiegt das Böse und die Krankheiten. Deshalb begegnen wir in den Evangelien Müttern, Vätern und Freunden, die Gott um Heilung für die Kranken bitten. Auch die Apostel rufen zur gläubigen Fürbitte auf, damit der Herr die Kranken heilt. Jesus hatte zu den Jüngern gesagt: „Was auch immer zwei von euch auf Erden einmütig erbitten, werden sie von meinem himmlischen Vater erhalten. Denn wo zwei oder drei in meinem Namen versammelt sind, da bin ich mitten unter ihnen“ (Mt 18,19–20). In unserer Welt gibt es eine verbreitete Resignation gegenüber dem Bösen. Daher muss wieder mehr und häufiger für die Heilung von Krankheiten gebetet werden. Das Evangelium wiederholt unaufhörlich: „Denn für Gott ist nichts unmöglich“ (Lk 1,37).

Gebet an Ostern

Freitag, 17. April

Apg 4,1–12. **Petrus und Johannes werden verhaftet**

Die Apostelgeschichte überliefert die Verhaftung von Petrus und Johannes. Es wiederholt sich, was mit Jesus geschehen war. Warum? Nach der Heilung des Gelähmten eilten die Menschen herbei und hörten ihnen aufmerksam zu. Das Evangelium wendet sich gegen alle Gewalt, ist beunruhigend für jede Form von Selbstzufriedenheit, rüttelt aus Gleichgültigkeit auf, stellt jede Resignation infrage und drängt unaufhörlich dazu, die Selbstliebe abzulegen. Petrus und Johannes lassen sich vom Evangelium Jesu führen. Der Hohe Rat fragt: „Mit welcher Kraft oder in wessen Namen habt ihr das getan?“ Furchtlos und mit großem Freimut antworten die Apostel, dass sie es mit der Vollmacht Jesu vollbracht haben, den jene gekreuzigt hatten. Dieser Jesus, den sie für tot und für immer besiegt hielten, ist von Gott auferweckt worden und wirkt nun in der Welt durch diese kleine Gruppe von Männern und Frauen, die sich offen als seine Jünger bekennen. Petrus greift das Bild auf, das Jesus selbst verwendet hatte, und antwortet: „Dieser Jesus ist der Stein, der von euch Bauleuten verworfen wurde, der aber zum Eckstein geworden ist. Und in keinem anderen ist das Heil zu finden.“ Mit diesen Worten und diesem Zeugnis begannen ausgehend von Jerusalem die Verkündigung und das Wirken der Urgemeinde in der Menschheitsgeschichte. Die Apostel legten nun die Angst und die Furcht ab, die sie noch zuvor beherrscht hatten. Jesus Christus ist der einzige Erlöser und der eine wahre Hirt des Volkes Israel, der allein der ganzen Welt das Heil schenken kann: „Denn es ist uns Menschen kein anderer Name unter dem Himmel gegeben, durch den wir gerettet werden sollen."

Gebet an Ostern

Samstag, 18. April

Apg 4,13–21. **Petrus und Johannes geben Zeugnis vor dem Hohen Rat**

Der Bericht über das Verhör von Petrus und Johannes durch die Ältesten und Schriftgelehrten nach der Heilung des Gelähmten wird fortgesetzt. Sie wundern sich über den „Freimut", mit dem die beiden Jünger Jesu auf ihre Fragen antworten, auch angesichts ihrer sozialen Stellung, da sie „ungebildete und einfache Leute waren". Es waren ja nur Fischer aus Galiläa. Doch das Evangelium hatte sie ganz und gar verwandelt. Durch das Kommen des Geistes in ihre Herzen wurden sie gleichsam zu anderen Menschen, sie wurden stark und weise. Petrus antwortet dem Hohen Rat: „Ob es vor Gott recht ist, mehr auf euch zu hören als auf Gott, das entscheidet selbst. Wir können unmöglich schweigen über das, was wir gesehen und gehört haben." Diese Antwort ist weder arrogant noch trotzig. Jede Generation des Christentums muss von den Taten und Worten von Petrus und Johannes lernen. Nun wissen sie genau, dass sie nicht schweigen dürfen; und sie haben auch keine Angst mehr. Schweigen hätte bedeutet, dass sie sich vom Evangelium distanzieren. Wer das Evangelium im Herzen trägt, muss es unbedingt weitergeben, sollte es auch das eigene Leben kosten. Das Christentum wirkt mehr durch Attraktivität als durch Überzeugungskraft, sagte Ignatius von Antiochien, und das gilt besonders in schwierigen Zeiten.

Gebet an Ostern

Sonntag, 19. April: 2. Sonntag der Osterzeit – Sonntag der göttlichen Barmherzigkeit

Die orthodoxen Kirchen feiern heute Ostern.

Apg 2,42–47; Ps 118; 1 Petr 1,3–9; Joh 20,19–31

Das Evangelium scheint ausgehend vom Ostereignis die Zeit für die Gläubigen prägen zu wollen: Ostern gibt dem Leben der Jünger seinen Rhythmus. Denn nachdem der Auferstandene den Jüngern am Ostertag erschienen war, kehrt er nun acht Tage später – wir könnten sagen, am kommenden Sonntag – in ihre Mitte zurück. Seit zweitausend Jahren versammeln sich die Jünger bis heute jeden Sonntag ununterbrochen in allen Teilen der Welt, um die Begegnung mit dem auferstandenen Herrn neu erleben zu können.
Die Apostel hatten sich aus Angst im Abendmahlsaal eingeschlossen. Sie hatten Angst, ihr Leben, ihre Ruhe oder auch die wenige Habe zu verlieren, die ihnen nach dem Tod Jesu geblieben war. Aber an diesem Tag öffnete der Herr ihre Herzen und besiegte ihren Unglauben. Als die Jünger ihn sahen, schreibt der Evangelist, freuten sie sich und wurden mit dem Heiligen Geist erfüllt. Sie wurden zutiefst verwandelt, wie durch eine neue und unwiderstehliche innere Energie. Sie waren nicht mehr wie zuvor. Sofort sagten sie zu Thomas: „Wir haben den Herrn gesehen." Aber Thomas wollte ihren Worten nicht glauben: „Wenn ich nicht das Mal der Nägel an seinen Händen sehe und wenn ich meinen Finger nicht in das Mal der Nägel und meine Hand nicht in seine Seite lege, glaube ich nicht." Das ist nicht das „Credo" eines schlechten, sondern vielmehr eines großzügigen Mannes. Doch für ihn gab es nur, was man sehen und berühren kann. Ein solches „Credo" haben viele Männer und Frauen, die vielleicht Rationalisten, aber noch mehr ichbezogen sind. Es ist das „Credo" der im eigenen engen Horizont und in eigenen Gefühlen Gefangenen, die nur von dem überzeugt sind, was sie sehen und berühren. Sie glauben nicht an das, was sie nicht berühren können, sie glauben nicht an das, was fern von ihnen und ihren Interessen ist. Daher ist das Credo des Thomas nicht selten auch unser Credo.

Acht Tage nach Ostern kehrt der Auferstandene erneut zurück. Diesmal ist Thomas dabei. Wir könnten hinzufügen: Auch wir sind dabei. Jesus wiederholt den Friedensgruß und lädt Thomas ein, seine Wunden zu berühren. Eigentlich berührt Jesus das ungläubige Herz des Thomas, indem er ihn beim Namen ruft und sagt: „Sei nicht ungläubig, sondern gläubig“. Diese Worte voller Zuneigung und liebevollen Tadels lassen Thomas in die Knie sinken. Er benötigt die Berührung nicht mehr, denn er selbst wurde im Herzen vom Evangelium angerührt. Natürlich sah er den noch immer von Wunden gezeichneten Herrn. Vielleicht war es dieser Anblick des verwundeten Körpers, durch den die Worte des Herrn ins Herz von Thomas drangen. „Streck deinen Finger hierher aus und sieh meine Hände! Streck deine Hand aus und leg sie in meine Seite“, sagt Jesus zu Thomas. Es ist wirklich notwendig, mit der Hand die vielen verletzten, kranken und geschwächten Körper zu berühren, denen wir begegnen, wenn wir dem auferstandenen Herrn begegnen wollen. Der Sieg über unseren Unglauben und über den Unglauben der Welt beginnt genau hier: Wenn wir auf das Osterevangelium hören und die Wunden Jesu berühren in den Wunden so vieler immer noch gequälter Männer und Frauen in der Nähe und in der Ferne. Hier findet sich die Quelle der Osterfreude. Der Apostel Petrus weist darauf hin: „Ihn habt ihr nicht gesehen und dennoch liebt ihr ihn; ihr seht ihn auch jetzt nicht; aber ihr glaubt an ihn und jubelt in unaussprechlicher und von Herrlichkeit erfüllter Freude.“

Gebet an Ostern

Montag, 20. April

Apg 4,23–31. **Gebet der Apostel in der Verfolgung**

Nachdem Petrus und Johannes aus der Gefangenschaft freigekommen sind, kehren sie zu den Jüngern zurück und danken gemeinsam mit der Gemeinde dem Herrn für das, was er durch sie gewirkt hat. Der Dank wird auch zur Bitte, dass die Jünger weiterhin „mit Freimut“ das Evangelium verkünden. Dies ist die eigentliche Berufung der Gemeinde, die der Herr immer wieder neu stärkt. Am Ende des Gebetes ereignet sich von Neuem ein Erdbeben, und alle werden wiederum vom Heiligen Geist erfüllt. Der Verfasser der Apostelgeschichte scheint zum Ausdruck zu bringen, dass ein einziges Pfingsten nicht ausreicht und Pfingsten immer wieder stattfinden muss. Eigentlich muss sich Pfingsten im Leben aller christlichen Gemeinden fortsetzen, damit sie sich nicht einschüchtern lassen und ohne Angst den Feindseligkeiten entgegentreten, die der Geist des Bösen unaufhörlich einsetzt. In diesem Sinn könnte man sagen, dass die charismatische Dimension im Leben der Kirche und jeder christlichen Gemeinde grundlegend ist. Ohne den Heiligen Geist und seine Kraft sind die Christen nämlich kraftlos und laufen Gefahr, auf die Kraft der Organisation, der Mittel dieser Welt oder der persönlichen Schläue zu vertrauen. Der Heilige Geist, der den Gläubigen im Gebet geschenkt wird, ist die Kraft Gottes selbst. Sie verwandelt die Herzen der Jünger und damit auch die Herzen all derer, die das Evangelium weitergeben.

Gebet für den Frieden

Dienstag, 21. April

Gedenktag des heiligen Anselm († 1109), Benediktinermönch und Bischof von Canterbury, der aus Liebe zur Kirche das Exil auf sich nahm.

Apg 4,32–37. **Die erste christliche Gemeinde**

Die Auswirkungen des Heiligen Geistes im Leben der Jünger sind sofort sichtbar. Die Apostelgeschichte beschreibt zusammenfassend das Leben der Urgemeinde. Alle hörten auf das Evangelium und waren ein Herz und eine Seele. Das Evangelium schafft dieses neue Klima der Gemeinschaft unter den Schwestern und Brüdern. Diese tiefe Verbundenheit zeigt sich auch nach außen, sodass keiner „etwas von dem, was er hatte, sein Eigentum“ nannte, „sondern sie hatten alles gemeinsam“. Dieser gemeinschaftliche Geist bleibt nicht nur auf einen besonderen Bereich beschränkt, sondern durchzieht das gesamte Gemeinschaftsleben bis hin zur Gütergemeinschaft. Dieses scheinbar utopische Bild von der Urgemeinde weist für alle Zeiten den Jüngern den einzuschlagenden Weg: die Kommunion und die gegenseitige Anteilnahme. Dieser Wandel in den Beziehungen unter den Gläubigen ist kein Ergebnis von rein menschlichem Vorgehen, sondern eine Frucht des Geistes und seiner Anregung, nicht nur sich selbst zu lieben, sondern auch die anderen und vor allem die Schwachen. So entsteht eine neue Geschwisterlichkeit unter den Menschen. In dieser Hinsicht ist der Geist der eigentliche Hauptakteur. Er führt die Gemeinde der Gläubigen zusammen und leitet sie. Durch seine Kraft können sie in „geschwisterlicher" Weise auch Sauerteig für die Gesellschaft sein. Eine christliche Gemeinde lebt nicht in sich verschlossen. Sie soll vielmehr eine die Gesellschaft verwandelnde Kraft entwickeln. Der Verfasser der Apostelgeschichte betont: „Es gab auch keinen unter ihnen, der Not litt." Denn die Bedürftigen hatten Anteil an den Gütern der Wohlhabenderen. Hier wird ein pastoraler Weg gewiesen: Ob eine christliche Gemeinde nach dem Evangelium lebt, wird an ihrer Fähigkeit erkennbar, die schwächeren und bedürftigen Glieder zu unterstützen. Barnabas ist ein nachzuahmendes Vorbild. Die Liebe des Evangeliums vereint und stärkt die Geschwisterlichkeit unter den Jüngern.

Gebet mit Maria, der Mutter des Herrn

Mittwoch, 22. April

Apg 5,17–26. **Verhaftung und wundersame Befreiung der Apostel**

Dieser Abschnitt berichtet von der Verhaftung und wundersamen Befreiung der Apostel. Anfangs wird ihre Verhaftung erwähnt, die der Hohepriester und die Sadduzäer aus Neid über ihren Erfolg beim Volk angeordnet hatten. Der Verfasser spricht von „Eifersucht" der Führer Israels. Wir kennen das Unheil, das die Eifersucht bewirkt; sie gehört zu den boshaftesten und teuflischsten Gefühlen. Die Verkündigung von Gottes Wort vollbrachte Wunder, und die christliche Gemeinschaft wuchs, während sie beim Volk beliebt war, jedoch nicht bei den Priestern und besonders nicht bei den Sadduzäern. Wir wissen, dass eine christliche Gemeinde immer auch das Schicksal teilt, das Jesus ertragen musste. Doch der Herr wacht über die Geschichte und verlässt seine Jünger in der Gefangenschaft nicht. In der Nacht kommt ein Engel herab und befreit die Apostel aus dem Gefängnis. Er fordert sie auf, wieder in den Tempel zu gehen und zum Volk zu sprechen. Nunmehr ist es unmöglich, das Wort Gottes gefangen zu halten. Auch im vergangenen Jahrhundert haben wir zahlreiche Dramen erlebt, die durch totalitäre Regime ausgelöst wurden, die das Evangelium zum Schweigen bringen wollten und seine Zeugen gefangen nahmen und töteten. In diesen ersten Jahren des neuen Jahrtausends scheint die Verfolgung der Christen zuzunehmen. Es gibt ein Geheimnis bei der Verfolgung der Christen. Warum wird so viel Widerstand gegen die Christen geleistet? Was machen die Christen falsch, wenn sie sich am Sonntag zum Gottesdienst versammeln? Trotzdem werden sie sogar am Sonntag in der Kirche getötet. Ich glaube, dass die Christen, die sanftmütig und demütig sind und keine besonderen Forderungen stellen, vor allem wenn sie beten, den radikalen Widerspruch zur Gewalt des Bösen darstellen. Die Sanftmut des Evangeliums sprengt alle Ketten der Gewalt.

Gebet mit den Heiligen

Donnerstag, 23. April

Gedenktag des heiligen Adalbert, Bischof von Prag, der in Ostpreußen den Märtyrertod erlitt († 997), wo er das Evangelium verkündet hatte. Lange Zeit hielt er sich in Rom auf, wo sein Andenken in der Basilika San Bartolomeo auf der Tiberinsel verehrt wird.
Für die Muslime beginnt der Ramadan.

Apg 5,27–33. **Erneuter Prozess gegen die Apostel**

Erneut werden die Apostel im Hohen Rat vor die Führer des Volkes gestellt. Diesmal werden nicht nur Petrus und Johannes, sondern alle Apostel vor Gericht gezerrt. Die ganze Kirche steht unter Anklage.

Der Vorwurf bezieht sich auf den Ungehorsam gegenüber dem Befehl der Führer des Volkes, das Evangelium nicht mehr zu verkünden: „Wir haben euch streng verboten, in diesem Namen zu lehren." Der Hohepriester spricht vielleicht aus Furcht den Namen Jesu nicht einmal aus und möchte unbedingt das Wachstum dieser Gemeinde verhindern. Denn die neue Jüngergruppe wurde beim Volk immer beliebter, und viele schlossen sich ihr an. Die Antwort der Apostel auf den Vorwurf des Hohen Rates ist einmütig und kurz. Lukas betont, dass „Petrus und die Apostel" gemeinsam antworten. Der Geist übernimmt die Führung und ermöglicht die Weitergabe des Evangeliums an die ganze Stadt. Die Worte des Petrus und der anderen Apostel fassen das Heilsgeheimnis zusammen, das Jesus allen Menschen geschenkt hat. Während die Apostel mit Freimut und starkem Geist auftreten, sind die Führer des Hohen Rates getrieben von Eifersucht auf das, was sich vor ihren Augen ereignet. Ihre Reaktion ist vollkommen entfesselt: „Als sie das hörten, gerieten sie in Zorn und beschlossen, sie zu töten." Nur durch das kurz danach überlieferte Eingreifen von Gamaliël werden sie von diesem mörderischen Vorsatz abgehalten. Dabei zeigt sich, dass die Führer des Volkes unmöglich dem Wort Gottes Einhalt gebieten können.

Gebet für die Kirche

Freitag, 24. April

Die armenische Kirche gedenkt heute des „Metz Yeghern" (des Großen Übels). Sie erinnert damit an die während des Ersten Weltkriegs erlittenen Massaker, bei denen über eine Million Armenier getötet wurden.

Apg 5,34–42. **Das Eingreifen Gamaliëls**

Der wohlgesonnene und von allen geschätzte Pharisäer Gamaliël bemerkt, welche Ungerechtigkeit gegen die Apostel begangen wurde. Während der Sitzung steht er auf und ergreift das Wort, um sie zu verteidigen. Man kann sich vorstellen, dass er auch das Vorgehen des Hohen Rates in der Sache Jesu miterlebt hat, als sie ihn unbedingt anklagen und zum Schweigen bringen wollten. Der Gedanke ist naheliegend, dass er auch ein Freund des Nikodemus und des Josef von Arimathäa war. Seine Rede ist klug und voll religiöser Weisheit mit dem Hinweis, dass Gott der Lenker der Geschichte ist und es daher unangemessen ist, sich gegen ihn zu stellen. Gamaliël ist weder von List noch von Berechnungen und noch weniger von Eifersucht bestimmt. Als Gläubiger spürt er die Verantwortung, seinen Kollegen zu helfen und daher diese Gruppe der Jesusjünger zu retten. Im Hohen Rat hält er eine sehr klare Rede: Wenn das Vorhaben dieser Leute nicht von Gott stammt, wird es bald zerstört werden, stammt es aber von Gott, so dürft ihr euch dem nicht entgegenstellen, sonst werdet ihr letztlich als Gegner Gottes dastehen. Von der Weisheit der Worte Gamaliëls betroffen nimmt der Hohe Rat seinen Rat an und lässt die Apostel gehen. Vorher jedoch wurden sie ausgepeitscht und erhielten das Verbot, über Jesus zu sprechen. Die Apostel gingen vom Hohen Rat fort und freuten sich darüber, dass sie zumindest ein wenig das erlitten hatten, was Jesus erleiden musste. Mit einer kurzen Bemerkung schließt Lukas den Bericht ab, indem er betont, dass die Apostel Tag für Tag im Tempel und in den Häusern lehrten und verkündeten, dass Jesus der Christus ist.

Gebet des heiligen Kreuzes

Samstag, 25. April

Fest des heiligen Markus, der mit Barnabas und Paulus und später mit Petrus das Evangelium bezeugte und verkündete. Er ist der Verfasser des ersten schriftlichen Evangeliums.

1 Petr 5,5–14. **„Mein Sohn Markus“**

Markus war ein Cousin des Barnabas und gehörte schon als Jugendlicher zur Gemeinschaft der Jünger Jesu, die sich gemäß der Apostelgeschichte im Haus seiner Mutter versammelte (Apg 12,12). Traditionell wird er mit dem jungen Mann identifiziert, der in der

Leidensgeschichte Jesu bei der Verhaftung durch die Wachen floh und dabei ein Leinentuch zurückließ, das sein einziges Kleidungsstück war – gleichsam um uns daran zu erinnern, dass die Nachfolge Jesu vollständige Entäußerung verlangt. Als Erwachsener begleitete Markus Paulus und Barnabas auf ihrer ersten Missionsreise. Später kam er mit Petrus nach Rom. Aufgrund vieler Bitten der christlichen Gemeinde, die froh war über die grundlegende und schöne Predigt des Apostels, schrieb er dort das Evangelium, das seinen Namen trägt. Dieses erste schriftliche Evangelium ist auf das Zeugnis und die Predigt des Petrus in der Hauptstadt des Reiches gegründet. Am Ende des ersten Petrusbriefes wird Markus gemeinsam mit dem Apostel in Babylon erwähnt. Mit diesem Namen wurde Rom bezeichnet, in Anspielung auf die damalige schwierige Lage der Christen, die dem Leben Israels im babylonischen Exil ähnelte. Das letzte Kapitel des Briefes ist voller Sorge und Zuneigung Markus gegenüber, der als „mein Sohn“ bezeichnet wird. Mit ihm richtet Petrus diese letzten Worte über die Demut der Gläubigen an die Christen, damit sie die Ältesten im Gemeindedienst unterstützen. Alle werden ermahnt, vor allem Gott gegenüber und daher auch einander Gehorsam zu schenken. Die Demut macht die Christen Jesus ähnlich, der zum Diener aller geworden ist. Der Apostel verwendet ein schönes Bild, wenn er bittet, dass sie sich mit Demut wie mit einem Gewand zum gegenseitigen Dienst umgürten sollen. Vielleicht denkt der Apostel dabei an die Fußwaschung beim Letzten Abendmahl. Die Haltung der Demut ist kennzeichnend für den Jünger und bewahrt ihn vor dem Stolz, der Wurzel aller Laster. Der Apostel beendet seinen Brief mit einem Blick auf die den Jüngern geschenkte Zukunft: „Der Gott … wird euch, die ihr kurze Zeit leiden müsst, wieder aufrichten, stärken, kräftigen und auf festen Grund stellen.“ Denn auf dem festen Grund, auf dem Felsen, der Christus ist, können die Jünger schon jetzt in der Zukunft „seiner ewigen Herrlichkeit“ leben. Als „Dolmetscher des Petrus“ hilft uns Markus durch sein Evangelium, in den Glauben des Apostels einzutauchen, den der Herr zum Haupt seiner Kirche bestimmt hat.

Gebet mit den Aposteln

Sonntag, 26. April: 3.Sonntag der Osterzeit

Apg 2,14.22–33; Ps 16; 1 Petr 1,17–21; Lk 24,13–35

Das Evangelium führt uns noch einmal zurück zum Tag von Ostern. Eigentlich führt uns jeder Sonntagsgottesdienst hin zum Geheimnis des Todes und der Auferstehung des Herrn. Es besteht jedoch die große Gefahr, Ostern zu vergessen, den großen Schatz des Lebens und der Veränderung. Auch wir und ein großer Teil der Welt sind wie die beiden Jünger, die sich von Jerusalem entfernen und in ihr Dorf zurückkehren, um ihr alltägliches Leben wieder aufzunehmen. Wie oft haben auch wir ein so trauriges Gesicht wie sie!
Als sie unterwegs sind, nähert sich jedoch der Gekreuzigte und geht auf dem Weg zwischen den beiden Jüngern. Erneut eilt Jesus den Jüngern hinterher, wie er es immer und auch beim verlorenen Schaf getan hat. Sie erkennen Jesus nicht, doch er beginnt ein Gespräch mit ihnen und fragt sie, warum sie denn so traurig und niedergeschlagen sind. „Bist du so fremd in Jerusalem, dass du als Einziger nicht weißt, was in diesen Tagen dort geschehen ist?", antworten sie ihm. Als fremd bezeichnet ihn Kleopas, um gleichsam darauf hinzuweisen, dass dieser Mann ihnen beiden und ihrem Leben fremd ist. Es ist paradox, dass ausgerechnet dieser Fremde der Mann ist, über den sie gerade sprechen. In aller Offenheit bekennen sie ihm ihre Resignation: „Wir aber hatten gehofft, dass er der sei, der Israel erlösen werde. Und dazu ist heute schon der dritte Tag, seitdem das alles geschehen ist." Traurigkeit bedeutet nämlich Fehlen von Hoffnung und Resignation, die das ganze Denken des Menschen einnimmt. Nun antwortet Jesus mit einem Tadel: „Ihr Unverständigen, deren Herz zu träge ist, um alles zu glauben, was die Propheten gesagt haben." Dann erklärt er ihnen die Schrift. Der Bericht des Evangeliums lässt erkennen, dass Jesus fast den gesamten Tag mit den beiden Jüngern verbringt, um ihnen die Schrift mit ihren Hinweisen auf den Messias auszulegen. Darin liegt die grundlegende Erfahrung für das christliche Leben, nämlich das fortlaufende Hören auf das Wort Gottes.
Gegen Ende des Weges entspringt dem Herzen der beiden eine einfache Bitte: „Bleibe bei uns." Wenn der Jünger auf das Wort Gottes

hört, spürt er ein Brennen im Herzen und den Drang, sich im Gebet an den Herrn zu wenden. Jesus erhört das gläubige Gebet, auch wenn der Glaube klein und noch voll von Verwirrung ist. Die beiden haben Jesus noch nicht erkannt, doch das Gebet erweicht das Herz Gottes. Jesus nimmt ihre Bitte an und betritt das Haus. Es hat den Anschein, dass er das Mahl selbst zubereitet, wie dies auch in jedem Sonntagsgottesdienst der Fall ist. Nicht wir bereiten dem Herrn den Tisch, er selbst nimmt das Brot und bricht es, er nimmt den Kelch und reicht ihn den beiden und uns allen. In diesem Augenblick werden die Augen der beiden Jünger geöffnet, und sie erkennen ihn. Auf diese Weise konnte nur Jesus das Brot brechen und den Wein vergießen als Zeichen für ein Leben, das nicht für sich, sondern für die anderen gelebt wird. In dieser Geste erscheint derjenige, der nicht gekommen ist, um bedient zu werden, sondern um zu dienen und sein Leben als Lösegeld für viele hinzugeben. Die Gottesdienstfeier ist das Emmaus der Jünger aller Zeiten. Sie ist der Ort und der Augenblick unserer Begegnung mit dem auferstandenen Herrn. Nun brechen auch diese beiden Jünger in Eile auf wie die Frauen am frühen Morgen, als sie dem Auferstandenen begegnet waren. Auch diese beiden Jünger spürten das dringende Bedürfnis, die Osterbotschaft an die Schwestern und Brüder weiterzugeben. Jeden Sonntag schenkt uns der Herr sein Ostern, damit es zum Ostern für unsere ganze Welt werde.

Gebet am Tag des Herrn

Montag, 27. April

In Israel wird der Gedenktag an die Schoah begangen und an die Vernichtung des jüdischen Volkes durch die Nationalsozialisten während des Zweiten Weltkriegs erinnert.

Apg 6,8–15. **Die Verhaftung des Stephanus**

Stephanus war der Erste der sieben Diakone, die aus der Gruppe der hellenistischen Juden gewählt wurden. Er machte durch sein besonderes Zeugnis auf sich aufmerksam: Er „tat Wunder und große Zeichen unter dem Volk", schreibt Lukas. Im Gespräch konnten die anderen „der Weisheit und dem Geist, mit dem er sprach, nicht widerstehen". Darin wird auch erkennbar, dass der den sieben Diakonen zugewiesene „Dienst an den Tischen" nicht ihren gesamten Einsatz in der Gemeinde umfasste. Eher wird deutlich, dass der Gläubige an zwei Tischen dienen soll: am Tisch der Armen und am Tisch des Wortes und der Eucharistie. Es gibt keine ausschließliche Spezialisierung, denn jedem Christen ist der Dienst an beiden Tischen aufgetragen, worin die beiden wirksamsten Wege der missionarischen Sendung verwirklicht sind. Lukas lässt uns dies erahnen, wenn er den Einsatz des Stephanus „unter dem Volk" ansiedelt. Sogar die Mitglieder des Hohen Rates waren von seinem missionarischen Wirken beeindruckt: „Und als alle, die im Hohen Rat saßen, gespannt auf ihn blickten, erschien ihnen sein Gesicht wie das Gesicht eines Engels." Stephanus erinnert an diesem so hervorragenden Ort an berühmte Männer der Geistesgeschichte wie Mose, dessen Dienst so von Glanz umgeben war, dass die Söhne Israels ihm nicht ins Gesicht blicken konnten, weil es so sehr von Licht erstrahlte (vgl. Ex 34,29ff). Stephanus war wirklich ein Zeuge für die Liebe Gottes, ein vom Herrn gesandter Engel, der die Menschen trösten und ihnen helfen sollte. Jeder Jünger müsste ebenso leben.

Gebet für die Armen

Dienstag, 28. April

Apg 7,51–8,1a. **Die Steinigung des Stephanus**

Mit der Steinigung des Stephanus beginnt die Geschichte der christlichen Märtyrer. Bis in den Tod ahmt er Jesus nach. Lukas überliefert seine letzten Worte, die den Worten Jesu am Kreuz ähneln: „Herr Jesus, nimm meinen Geist auf!" Während Stephanus von den Steinen getroffen auf die Knie sinkt, betet er weiter: „Herr, rechne ihnen diese Sünde nicht an!" Durch die Wucht der Steine stirbt er. Stephanus ist der erste Märtyrer (Protomärtyrer) einer unendlich langen Reihe von

Märtyrern, deren Zahl im 20. Jahrhundert den bisherigen Höhepunkt in der Kirchengeschichte erreicht hat. Der Märtyrer geht keine Kompromisse mit der egoistischen Logik dieser Welt ein. Deshalb wird er mit Gewalt aus ihr vertrieben. So geschah es auch mit Jesus. Er konnte nicht in Betlehem, sondern nur außerhalb der Stadt geboren werden. Er ging nach Nazaret und wurde zum Abhang hinausgezerrt, um getötet zu werden. Schließlich wurde er in Jerusalem vor die Stadtmauer hinausgeführt und gekreuzigt. Der Märtyrer ist ein Zeuge für die Liebe des Evangeliums bis zum Blutvergießen. In der Nachfolge Jesu lebt Stephanus die Liebe bis zur Vollendung, in der jede Feindseligkeit beseitigt wird. Wie für Jesus gibt es auch für ihn keine Feinde. Er betet sogar für seine Verfolger, damit sie in sich gehen und ihr Herz bekehren. Für die Welt ist es einfach und normal, die Feinde oder auch die angeblichen Feinde zu hassen. Doch sie muss vom enormen Ausmaß der Gewalt und des Hasses befreit und mit Vergebung und Liebe erfüllt werden. Der Gekreuzigte erlöst die Welt und nicht diejenigen, die ihn kreuzigen. Wir können hinzufügen, dass die vielen Märtyrer aller Zeiten die Welt vor der Zerstörung bewahrt haben und weiter bewahren. Paulus war beim Martyrium des Stephanus anwesend. Er hatte ihm zugestimmt und sogar die Verfolgung der Christen fortgesetzt. Vielleicht war er der Erste, dessen Herz das Gebet des Stephanus berührt hat.

Gebet mit Maria, der Mutter des Herrn

Mittwoch, 29. April

Gedenktag der heiligen Katharina von Siena († 1380), die sich für Frieden, für die Einheit der Christen und für die Armen einsetzte.

Apg 8,1–8. **Beginn der Verfolgung und der Mission der Urgemeinde**

Die Steinigung des Stephanus ist eine wichtige Etappe in der Geschichte der christlichen Urgemeinde. Jesus hatte gesagt: „Wenn das Weizenkorn nicht in die Erde fällt und stirbt, bleibt es allein; wenn es aber stirbt, bringt es reiche Frucht“ (Joh 12,24). Wenige Jahrhunderte später sagte der christliche Weisheitslehrer Tertullian: „Das Blut der Märtyrer ist Samen für die Christen." Die grausame Steinigung des Stephanus richtete sich nicht nur gegen ihn, denn es brach eine gewaltsame Verfolgung gegen die ersten Anhänger Jesu von Nazaret aus. Lukas schreibt: „An jenem Tag brach eine schwere Verfolgung über die Kirche in Jerusalem herein." Die erste Verfolgung ereignet sich in der „Geburtsstadt" des Christentums. Das ist vielleicht ein Hinweis dafür, dass dieser Weg allen christlichen Gemeinden vorgezeichnet ist. Lukas berichtet, dass einige in Jerusalem bleiben konnten, während viele andere bis nach Antiochia flohen und begannen, das Evangelium Jesu zu verkünden. Das Wort Gottes kann durch nichts aufgehalten werden. Verfolgungen machen es nur stärker. Die Bedrängnis der Gemeinde von Jerusalem wird zum Anlass, die Verkündigung des Evangeliums auf andere Städte auszuweiten. Die missionarische Dimension ist ein Wesenszug des Wortes und daher auch grundlegend für die christliche Spiritualität: Da ein Jünger vom Wort Gottes geführt wird, wird er auch zum Apostel. Wiederholt weist Papst Franziskus darauf hin, dass der Gläubige unter der Führung des Geistes hinausgehen muss, um das Evangelium bis an die Grenzen der Erde zu bringen. Die christliche Liebe führt zur „Hingabe des Lebens" für das Evangelium und für die Schwestern und Brüder, besonders für die Armen. Auch Philippus, ein anderer der sieben Diakone, bezeugt dies. Wie viele andere Jünger der Urgemeinde, deren Namen wir nicht kennen, weitete er die Verkündigung in der Gegend von Samarien aus, und weitere Wunder geschahen im Volk. Das Wort Gottes wuchs in den Herzen vieler, und ebenso vergrößerte sich auch die Gemeinde.

Gebet mit den Heiligen

Donnerstag, 30. April

Apg 8,26–40. **Philippus tauft einen äthiopischen Kämmerer**

Auf dem Weg nach Gaza in Richtung Süden kehrt ein Pilger von Jerusalem nach Äthiopien zurück. Er ist ein Beamter der Kandake, der äthiopischen Königin, und liest in seinem Wagen den Propheten Jesaja. Vom Geist geführt nähert sich Philippus – der uns schon in der gestrigen Lesung begegnet ist – und fragt ihn, ob er auch versteht, was er liest. Der Äthiopier antwortet ehrlich: „Wie könnte ich es, wenn mich niemand anleitet?“ Diese Antwort verdient unsere Aufmerksamkeit, denn sie zeigt uns den üblichen Weg zum Glauben. Niemand kann sich selbst den Glauben schenken, keiner kann die Heilige Schrift verstehen ohne die Hilfe der christlichen Gemeinschaft und der Kirche, wie der heilige Augustinus sagt, dass sie nämlich auf dem Schoß der heiligen Mutter Kirche zu lesen ist. Der Äthiopier wollte gerne verstehen, was er da las. Daher lud er Philippus ein, sich zu ihm zu setzen, damit er ihn anleitet und ihm beim Verstehen des Textes hilft. Im Glauben genügt niemand von uns sich selbst. Der Äthiopier nahm die Hilfe des Philippus an und hörte ihm während der Reise zu. Zu einem bestimmten Moment ließ er den Wagen anhalten und bat ihn um die Taufe. Er hatte den Abschnitt verstanden, den er gelesen hatte, jedoch nicht auf abstrakte Weise. Das Verständnis ging in die Tiefe: Der Prophet, den er las, sprach auch zu ihm persönlich. Daher wollte er sich taufen lassen. Was geschrieben stand, wurde auch für ihn Wirklichkeit. Wer von uns den Wagen seines Lebens anhalten und sich helfen lässt, die Seiten des Evangeliums persönlich auf sich zu beziehen, wird mit größerer Kraft und Klarheit seinen Weg fortsetzen können.

Gebet für die Kirche

Freitag, 1. Mai

Gedenktag des heiligen Josef, des Arbeiters; Tag der Arbeit.

Apg 9,1–20. **Die Bekehrung des Saulus**

Die Bekehrung des Paulus gehört zu den bekanntesten Ereignissen im Neuen Testament. Lukas, der Verfasser der Apostelgeschichte möchte deren Bedeutung hervorheben und überliefert dreimal, wie Paulus vollkommen umgewandelt und zum Zeugen des auferstandenen Jesus wurde. Saulus – so sein früherer Name – will mit dem Brief des Hohenpriesters in der Hand gegen die Christen von Damaskus mit größter Härte vorgehen. Als sich Paulus Damaskus nähert, umstrahlt ihn plötzlich ein Licht. Er kann nichts sehen und stürzt zu Boden. Dann hört er eine Stimme, die ihm zweimal zuruft: „Saul, Saul". Er kann niemanden sehen, er hört nur die Stimme, die ihn ruft. Ähnlich ergeht es Mose vor dem brennenden Dornbusch. Wenn man beim Namen gerufen wird, ist das in bestimmten Momenten eine entscheidende und unvergessliche Erfahrung. Was mit Saulus geschieht, betrifft in Wirklichkeit jeden Gläubigen: Wer nicht vor seinem eigenen Stolz zu Boden stürzt und so die eigene Schwäche entdeckt, wird nur schwer begreifen, was der Glaube bedeutet. Der Stolz führt zum Unglück, zum Streit, zur Gewalt. Die Demut dagegen bringt etwas hervor, macht verständnisvoller und hilfsbereiter. So ist es kein Zufall, dass der zukünftige Apostel bei der Hand genommen und nach Damaskus hinein geführt wurde und sodann von Hananias nach drei Tagen der Dunkelheit die Taufe empfing und ein neues Leben begann. Saulus wird zu Paulus – der neue Name steht für ein neues Leben. Für Hananias ist Saulus aus Tarsus kein Feind mehr. Er ist zum Bruder geworden. Jetzt kann der reumütige Verfolger wieder sehen. Die Christen sind jetzt auch für ihn Brüder und Schwestern. Der Stolz und die Gewalt, die vorher sein Herz ergriffen hatten, hatten ihn geblendet. Der Herr aber verwandelt ihn. Er ist dem auferstandenen Jesus persönlich begegnet und braucht jetzt einen Bruder, der ihm hilft, die Augen vollständig zu öffnen. Hananias nimmt ihn auf, erklärt ihm die Schriften und führt ihn in das Leben der Gemeinschaft ein. Immer wenn uns in der Gemeinschaft der Brüder und Schwestern das Wort Gottes verkündet wird, werden wir beim Namen gerufen und aufgefordert, uns das gehörte Wort zu eigen zu machen. Es ist eine persönliche und geschenkte Erfahrung, so wie auch die Antwort darauf persönlich und kostenlos ist, aber immer mit der Kirche geschieht. Das Evangelium verändert das Leben, weil es von der radikalen Einsamkeit befreit und das Leben in die Gemeinschaft mit dem Auferstandenen einfügt.

Gebet des heiligen Kreuzes

Samstag, 2. Mai

Gedenktag des heiligen Athanasius († 373), Bischof von Alexandria in Ägypten.

Apg 9,31–42. **Petrus heilt einen Gelähmten und erweckt eine Frau zum Leben**

Nach einem ausführlichen Bericht über Paulus und nach der Anmerkung, dass die christliche Gemeinde nun Frieden hatte und wuchs, wendet sich der Verfasser der Apostelgeschichte erneut Petrus zu, der das Werk Jesu treu und gleichsam wörtlich weiterführt. Diese Erzählungen sind ein Hinweis auf das Wachstum der ersten christlichen Gemeinden. Zugleich sind sie beispielhaft für die pastorale Neuausrichtung, zu der Papst Franziskus in unserer Zeit alle christlichen Gemeinden eindringlich auffordert. Lukas erwähnt, dass Petrus auf Reisen war: „Auf einer Reise zu den einzelnen Gemeinden kam Petrus auch zu den Heiligen in Lydda." Auch Petrus geht hinaus auf die Straßen, mitten in das alltägliche Leben der gewöhnlichen Männer und Frauen hinein. Zunächst berichtet Lukas von der Heilung eines Gelähmten, der Äneas heißt und in Lydda lebt. Die zweite Heilung allerdings findet in einer anderen Stadt, nämlich in Joppe, statt. Hier wird Petrus zu einer Frau namens Tabita gerufen, die gerade verstorben war. In beiden Städten ahmt Petrus die Gesten Jesu nach. Er fordert Äneas auf, von seinem Bett aufzustehen und gibt später Tabita die Hand, nachdem er zum Gebet niedergekniet war. Dann führt er sie lebend wieder zu ihren Freundinnen und Freunden zurück. Sowohl zu Äneas als auch zu Tabita sagt Petrus: „Steh auf!" Im Griechischen wird dabei dasselbe Wort verwendet, das die Auferstehung Jesu beschreibt. Petrus vollzieht keine wundersamen oder spektakulären Gesten. Geduldig steht er den Schwachen bei und gibt ihnen die Würde zurück, geliebt und beachtet zu werden. Jede christliche Gemeinde muss wie Petrus auf den Straßen der Welt unterwegs sein und denen helfen, die zur Knechtschaft der Einsamkeit und der Traurigkeit verurteilt sind. Er soll auch denen helfen, denen das Leben geraubt wurde, damit sie aufstehen und sich freuen, weil sie es wiedergefunden haben.

Gebet der Vigil

Sonntag, 3. Mai: 4. Sonntag der Osterzeit

Fest der Apostel Philippus und Jakobus.

Apg 2,14a.36–41; Ps 23; 1 Petr 2,20b–25; Joh 10,1–10

In einer Welt, in der bei den Menschen das Bewusstsein für die Größe Gottes schwindet und sie stattdessen häufig eine hohe Meinung von sich selbst hegen, lässt uns das Hören auf das Evangelium unser wahres Antlitz erkennen. Die Erkenntnis unserer Schwäche und unserer Bosheit führt zu derselben Frage, die die Menschenmenge nach der Predigt an jenem Tag an Petrus richtete: „Was sollen wir tun?" Es handelte sich nicht um eine formale Frage. Sie zeigte vielmehr die uneingeschränkte Bereitschaft der Zuhörer, das eigene Herz zu ändern. Sie fragen nicht: „Was sollen die anderen tun?", sondern was sie selbst tun sollen. Die Antwort darf nämlich nicht außerhalb von sich selbst gesucht werden. Der Apostel Petrus antwortet auf die Frage der Menschenmenge: „Kehrt um und jeder von euch lasse sich auf den Namen Jesu Christi taufen". Es ist die Aufforderung, das eigene Herz zu ändern, den Blick von sich selbst zu erheben und die Augen auf Jesus zu richten, denn er hat sein eigenes Leben hingegeben, um alle zu erretten. Die Taufe bedeutet, in das Geheimnis Jesu und der Nachfolge eingetaucht zu sein und sich in seine Nachfolge zu stellen, wie es uns das Johannesevangelium erklärt. Unser Heil besteht in der Nachfolge Jesu, des guten Hirten. Das Evangelium spricht über einen Schafstall. Dabei kommt es vor, dass sich jemand auf krummen Wegen und somit für die eigenen Interessen oder aus Liebe zu den eigenen Dingen einschleicht. Dieser ist mit den Worten Jesu wie ein Dieb und Räuber, der in der Nacht der Angst und der Schwäche eindringt, um die Herzen der Jünger zu rauben und ihr Leben zu schwächen. Mit diesem Räuber

können Worte, eine Person, eine Gewohnheit oder irgendetwas anderes gemeint sein. Sie rauben das Herz, um es vom Hirten und seinem Plan der Liebe zu entfernen.
Ein anderer aber betritt den Schafstall durch die Tür: Es ist der Hirt der Schafe. Jesus sagt: „Ihm öffnet der Türhüter und die Schafe hören auf seine Stimme“. Als Jesus den Jüngern die ersten Male nach Ostern erschien, fand er die Türen der Herzen der Jünger aus Angst und Unglauben zunächst verschlossen. Nun öffnet sich die Tür, der Hirt tritt ein und ruft seine Schafe, eines nach dem anderen. Es ist die Stimme des Auferstandenen, der Maria beim Namen ruft, als sie weinend vor dem Grab steht. Es ist die Stimme des Auferstandenen, die Thomas ruft, damit er nicht mehr ungläubig, sondern gläubig ist. Es ist die Stimme des auferstandenen Jesus, die Petrus fragt: „Simon, Sohn des Johannes, liebst du mich?“ Es ist eine klare Stimme, die eine ebenso klare Antwort erwartet. Diese Stimme ist nicht fremd. Es ist die Stimme des Freundes. Sie führt nicht in einen anderen Stall, der vielleicht schöner und bequemer ist, sondern befreit von jeglicher Begrenzung und jedem Hindernis, um uns einen von der Liebe erleuchteten Horizont ohne Grenzen vor Augen zu stellen. Paulus sagt, dass wir zur Freiheit berufen sind, um Sklaven nur einer Sache zu sein: der Liebe. Zu dieser Liebe führt uns Jesus. Er geht uns voraus und führt uns auf diese grüne Weide: „Ich bin gekommen, damit sie das Leben haben und es in Fülle haben.“

Gebet am Tag des Herrn

Montag, 4. Mai

Apg 11,1–18. **Petrus rechtfertigt seine Heidenmission**

Die Muttergemeinde von Jerusalem erhielt die Nachricht, dass auch die Heiden das Wort Gottes angenommen hatten. Wahrscheinlich hatte die Episode des Petrus im Haus des Kornelius und seiner Familie bei vielen Christen in Jerusalem Anstoß erregt, sodass die gläubig gewordenen Juden bei seiner Rückkehr in die Stadt dem Petrus sofort Vorhaltungen machen: „Du bist bei Unbeschnittenen eingekehrt und hast mit ihnen gegessen." Man muss an die Vorwürfe der Pharisäer gegen Jesus denken, weil er die Häuser von Sündern betrat und mit ihnen aß. Doch dieses Mal sind es nicht die Pharisäer, die Petrus anklagen, sondern Juden, die zu Jüngern Jesu geworden waren. Im Horizont des jüdischen Gesetzes eingeschlossen, hatten sie noch nicht die Weite der Liebe verstanden, die er den Menschen verkündete und predigte. Ihre Geisteshaltung und ihr Herz waren bei einer ethnischen Zugehörigkeit stehengeblieben. Auch hatten sie die Weite der Barmherzigkeit Gottes nicht verstanden, die alle Grenzen überwindet, angefangen von den ethnischen und den gesetzlichen. Es war nötig, dass sie von Neuem auf das Evangelium hörten und ihr Herz und ihren Geist öffneten für die Intelligenz jener Botschaft, die in der Bibel und in der Verkündigung Jesu enthalten ist. Petrus spricht zur Gemeinde von Jerusalem und erzählt, dass sein Handeln direkt auf eine Eingebung Gottes zurückzuführen ist. Denn nicht irgendwelche Regeln oder Gewohnheiten lenken das Leben der Kirche, sondern der Heilige Geist. Nachdem die Gläubigen von Jerusalem dem Petrus zugehört hatten, „beruhigten sie sich, priesen Gott und sagten: Gott hat also auch den Heiden die Umkehr zum Leben geschenkt". Eine Grenze war überwunden worden. Vor den Aposteln tat sich nun die ganze Welt auf.

Gebet für die Kranken

Dienstag, 5. Mai

Apg 11,19–26. **Die Gründung der Kirche von Antiochia**

Die erste wichtige Gemeinde in einer Großstadt entstand in Antiochia. Nach Rom und Alexandrien war es die dritte Hauptstadt des Römischen Reiches. Die Stadt war ein kosmopolitischer Hafen und nicht nur als Handelsmetropole, sondern auch als religiöses und kulturelles Zentrum überall bekannt. Die Anfänge der christlichen Verkündigung geschehen in den Städten. Die Städte waren sehr pluralistisch und in gewisser Weise universal angesichts der Einwohner, die aus vielen verschiedenen Orten kamen. In Antiochia angekommen, richteten die Jünger ihre Predigt nicht nur an die Juden, sondern auch an die Heiden, die ein Großteil der Stadtbevölkerung waren. Dies stieß in Jerusalem auf Fassungslosigkeit, so dass Barnabas ausgesandt wurde, der aus Zypern stammte, um beim Aufbau des Gemeindelebens zu helfen. In Antiochia werden die Jünger Jesu zum ersten Mal als Christen bezeichnet. Das war etwa in den Jahren 38 bis 40. Durch den großen Zulauf von Heiden unterschied sich diese neue Gemeinde deutlich von den anderen judenchristlichen Gemeinschaften. Die Jünger hatten sich bisher als „Brüder" oder „Gläubige" oder „Anhänger des Weges" (Apg 9,2) bezeichnet. Jetzt erhielten sie den Namen Christen, der deutlich machte, wessen Jünger sie waren. Lukas skizziert mit wenigen Sätzen die Entstehung der Gemeinde in einer großen Stadt des Imperiums. Dies war eine solch neue Erfahrung, sodass dafür sogar eine neue Bezeichnung nötig war: die Bezeichnung „Christen". Diese Neuheit war nicht in einem Programm oder einer Ideologie, sondern aus der Nachfolge Jesu Christi begründet.

Gebet mit Maria, der Mutter des Herrn

Mittwoch, 6. Mai

Das Volk der Sinti und Roma – und auch die Muslime unter ihnen – feiert den heiligen Georg († um 303), der als Märtyrer starb, um die Kirche zu befreien.

Apg 12,24–13,5. **Die Aussendung von Paulus und Barnabas für die Mission**

Der Verfasser der Apostelgeschichte unterstreicht, dass es der Geist selbst ist, der die Mission der Kirche leitet, und er bekräftigt zusammenfassend: „Das Wort Gottes aber wuchs und breitete sich aus." Es regt zum Nachdenken an, dass Lukas nicht die wachsende Zahl und die geographische Verbreitung der Jünger erwähnt, sondern von der Ausbreitung des Wortes Gottes spricht. Wenn eine Gemeinde zahlenmäßig größer wird, ist es in Wirklichkeit das Wort selbst, das sich ausbreitet und wächst. Die Christen sind Personen, in denen das Evangelium lebendig ist. Barnabas und Saulus sind die beiden Jünger, die von Antiochia aufbrechen und als Überbringer des Wortes Gottes – oder besser vom Wort geführt – ihre erste Missionsreise beginnen. Lukas beschreibt, dass die Stimme der Herrn zu hören war, als die Gemeinde zum Gebet versammelt war: „Wählt mir Barnabas und Saulus zu dem Werk aus, zu dem ich sie berufen habe." Die Mission des Evangeliums ist zuerst das Werk Gottes und weniger das Ergebnis der Entscheidung von Menschen. Das Gebet bleibt immer der Ursprung für das Leben einer jeden Gemeinschaft. Paulus und Barnabas wurden nicht aufgrund ihrer Fähigkeiten ausgewählt, sondern weil der Heilige Geist sie auserwählte, so wie es auch mit den Aposteln geschah, die von Jesus unmittelbar berufen und auserwählt waren. Die beiden vom Herrn Erwählten und von der Gemeinde Ausgesandten sind ihre Vertreter und Botschafter. Ihre Autorität besteht in der Verbundenheit mit Gott, die durch ihre Beziehung zur Gemeinde zum Ausdruck kommt. Vergessen wir nicht, dass jeder Jünger von Gott zum täglichen Hören auf das Evangelium gerufen ist und daraus den Drang und die Kraft verspürt, es überallhin in die Welt zu tragen.

Gebet mit den Heiligen

Donnerstag, 7. Mai

Gedenken an das Gebet für die neuen Märtyrer des 20. Jahrhunderts, das unter Vorsitz von Johannes Paul II. während des Großen Jubiläums im Jahr 2000 am Kolosseum in Rom zusammen mit Vertretern der christlichen Kirchen stattfand.

Apg 13,13–25. **Die Predigt des Paulus in Antiochia in Pisidien**

Die Reise der Jünger, vielmehr der Weg des Wortes Gottes, führt nun nach Antiochia in Pisidien. In dieser großen Region, dem sogenannten Kleinasien und der heutigen Türkei, beginnt Paulus das Evangelium weiterzugeben. In dieser Wahl ist er sehr entschieden, auch wenn dies zu einigen Spannungen führt, sodass sich Johannes Markus von ihnen trennt und nach Jerusalem zurückkehrt. Es ist ein kleines Zeichen der unvermeidlichen Spannungen, die innerhalb der christlichen Gemeinschaft entstehen, die jedoch den missionarischen Einsatz nicht beeinträchtigen oder gar anhalten dürfen. Paulus schreibt später an die Kolosser mit einer gewissen Genugtuung, dass Johannes Markus wieder bei ihm ist und ihn im Gefängnis unterstützt (Kol 4,10). Als Paulus in Antiochia in Pisidien ankommt, geht er sofort zur jüdischen Gemeinde und wird eingeladen, am folgenden Sabbat im Gottesdienst zu sprechen. Dabei kennt er die große Bedeutung der Berufung des Volkes Israel genau. Er spürt die Verantwortung, die gesamte Geschichte Gottes mit seinem Volk in der neuen „christlichen" Sichtweise zu deuten, die ihn grundlegend verändert hat. Respektvoll spricht er die Zuhörer an: „Ihr Israeliten und ihr Gottesfürchtigen". Der Apostel weiß um die große Bedeutung des Augenblicks und erklärt die Geschichte Gottes mit seinem Volk aus seiner neuen Perspektive als Christ. Die Bibelverse des heutigen Tages schließen mit dem Zeugnis von Johannes dem Täufer, der dem Volk Israel den Höhepunkt dieser langen Geschichte darbringt: „Ich bin nicht der, für den ihr mich haltet; aber siehe, nach mir kommt einer, dem die Sandalen von den Füßen zu lösen ich nicht wert bin." Vielleicht kannten einige der Zuhörer den Täufer. Jedenfalls aber war er der letzte der Propheten, der die Gegenwart des Messias angekündigt hatte: Jesus von Nazaret. Paulus weiß genau, wer jener ist, den der Täufer erwartete und spricht mit großer Offenheit zu seinen jüdischen Zuhörern.

Gebet für die Kirche

Freitag, 8. Mai

Gedenktag der Jungfrau Maria, die in Argentinien als „Unsere liebe Frau von Luján" verehrt wird.

Gedenken an die seligen Märtyrer von Algerien. Im Besonderen an Christian de Chergé, Prior des Trappistenklosters Notre Dame de l'Atlas in Tibhirine in Algerien, der 1996 zusammen mit seinen Mitbrüdern von Terroristen entführt und getötet wurde.

Apg 13,26–33. **Paulus predigt weiter in der Synagoge von Antiochia**

Im zweiten Teil seiner Predigt wendet sich Paulus an die Anwesenden mit den Worten „Brüder, ihr Söhne aus Abrahams Geschlecht". Einige Jahre später – im Römerbrief – spricht Paulus mit klaren Worten über seine feste Überzeugung in Bezug auf den Stammvater Abraham und seine Glaubenskraft. Es liegt wirklich eine spirituelle Tiefe darin, die Juden „Brüder" zu nennen. Paulus unterstreicht diese Geschwisterlichkeit, die Juden und Christen verbindet und auf ihre gemeinsame Abstammung von Abraham zurückgeht. Das darf nie vergessen werden. Der Apostel spricht vom Tode Jesu und unterstreicht dabei den geheimnisvollen Gedanken, dass durch diesen Tod die Worte der Propheten erfüllt worden sind. Dieses Geheimnis gilt es zu betrachten, auch wenn es nur schwer zu begreifen ist. Es geht um das Geheimnis der Beziehungen zwischen Juden und Christen selbst. Paulus setzt seine Rede fort und spricht über das Herz der christlichen Verkündigung, über die Auferstehung Jesu als Höhepunkt der Heilsgeschichte. Dieses Geheimnis muss verkündet werden. Paulus sagt dazu: „So verkünden wir euch das Evangelium: Gott hat die Verheißung, die an die Väter ergangen ist, an uns, ihren Kindern, erfüllt, indem er Jesus auferweckt hat." Er spricht im Plural, um auf das Zeugnis der Apostel und der vielen anderen Jünger hinzuweisen, denen Jesus nach der Auferstehung erschienen ist. Um seine Zuhörer dazu einzuladen, die ihnen bekannten Abschnitte der Heiligen Schrift in ihrer Tiefe zu lesen, zitiert er Psalm 2: „Mein Sohn bist du, heute habe ich dich gezeugt." Schon Petrus hatte ihn in seiner Pfingstrede zitiert. Die Auferstehung wird zur endgültigen Erfüllung der Herrschaft Jesu im Reich Gottes. Der Glaube an die Kraft Gottes besiegt das Böse und durch die Auferstehung des Sohnes errichtet Gott sein Reich des Friedens und der Liebe.

Gebet des heiligen Kreuzes

Samstag, 9. Mai

Gedenken an den Propheten Jesaja.

Apg 13,44–52. **Paulus und Barnabas wenden sich an die Heiden**

Der Apostel Paulus kehrt am folgenden Sabbat in die Synagoge zurück und spricht. Der Verfasser der Apostelgeschichte bemerkt: Es „versammelte sich fast die ganze Stadt, um das Wort des Herrn zu hören“. Scheinbar wiederholt sich die im Markusevangelium beschriebene Szene, bei der sich vor dem Haus in Kafarnaum eine große Menge versammelt hat, die Jesus hören wollte. Unsere heutigen Städte haben es nötig – vielleicht noch mehr als früher – dieses Wort des Heils zu hören. Heute wie damals gibt es Neid und Eifersucht, die die Predigt des Evangeliums behindern, wie es Paulus mit den Juden erging, die ihm zuhörten. Dennoch hatte er sich an sie zuerst gewandt. Paulus gibt nicht auf und beginnt, sich an die Heiden zu wenden, so stark ist seine Überzeugung, dass das Evangelium die Rettung für alle ist. Das ist ein wichtiger Punkt im Leben der Urgemeinde. Nach der gewaltsamen Zurückweisung der Predigt des Evangeliums durch die Juden ist die Bereitschaft der Heiden, das Evangelium aufzunehmen, für Paulus wie mit Händen zu greifen. Er kann nicht taub sein angesichts einer derartigen Anrufung, und er kann nicht anders als darauf zu antworten. In der Tat nehmen diese bereitwillig das Evangelium und den christlichen Glauben an. Lukas schreibt noch einmal mit berechtigter Zufriedenheit: „Das Wort des Herrn aber verbreitete sich in der ganzen Gegend.“ Mit den Worten von Gregor dem Großen zusammengefasst, kann man hinzufügen: „Die Schrift wächst mit dem, der sie liest.“ Das ist eine Lektion, die auch wir in unseren Tagen lernen müssen, damit auch in unserer globalisierten Welt das Wort des Herrn sich verbreite.

Gebet der Vigil

Sonntag, 10. Mai: 5. Sonntag der Osterzeit

Apg 6,1–7; Ps 33; 1 Petr 2,4–9; Joh 14,1–12

Das heutige Evangelium berichtet vom Letzten Abendmahl Jesu mit seinen Jüngern. Jesus war im Begriff, sie zu verlassen und wollte, dass seine Jünger den Auftrag des Evangeliums vollständig verstehen. Aber Worte allein reichten nicht aus. Es bedurfte auch konkreter Taten. Dafür gab Jesus ihnen als Erster ein Beispiel. Er erkannte die Traurigkeit seiner Jünger, als er sagte: „Ich bin nur noch kurze Zeit bei euch" (Joh 13,33). Musste man da nicht auch traurig sein? Für ihn hatten sie alles verlassen – Haus, Land, Freundschaften, Arbeit. Und nun ging er fort. Jesus versucht sie zu beruhigen: „Euer Herz lasse sich nicht verwirren. Glaubt an Gott und glaubt an mich!" Mit diesen Worten bekräftigt Jesus, dass die Entscheidung für Gott und für ihn selbst ein und dasselbe ist. Jesus ist es, der sich nicht von ihnen trennen will, und verdeutlicht es ihnen sofort: „Im Haus meines Vaters gibt es viele Wohnungen … Wenn ich gegangen bin und einen Platz für euch vorbereitet habe, komme ich wieder und werde euch zu mir holen, damit auch ihr dort seid, wo ich bin." Jesus spricht vom „Haus meines Vaters". Dieses Mal bezieht er sich nicht auf den Tempel (vgl. Joh 2,16), sondern auf das Reich Gottes, auf das Paradies, den Ort, an dem wir Gott „von Angesicht zu Angesicht" sehen werden. Damit nicht genug: Jesus fügt hinzu, dass die Jünger den Weg dorthin schon kennen. Da sagt Thomas: „Wir wissen nicht, wohin du gehst. Wie können wir dann den Weg kennen?" Jesus antwortet ihm: „Ich bin der Weg und die Wahrheit und das Leben; niemand kommt zum Vater außer durch mich." Darauf wirft Philippus ein: „Zeig uns den Vater; das genügt uns." Jesus ergreift wieder das Wort und antwortet mit einem Tadel: „Schon so lange bin ich bei euch und du hast mich nicht erkannt, Philippus? Wer mich gesehen hat, hat den Vater gesehen." Hier berühren wir das Zentrum des Evangeliums, des christlichen Glaubens und vielleicht jeder religiösen Suche. Wo soll man Gott suchen? Wo kann man ihm begegnen? Der Apostel Johannes schreibt in seinem ersten Brief: „Niemand hat Gott je geschaut" (1 Joh 4,12). Jesus hat ihn uns offenbart. Wenn wir also das Antlitz Gottes sehen wollen, müssen wir nur das Antlitz Jesu betrachten. Um das Denken Gottes zu verstehen, genügt es, das Denken Jesu, also das Evangelium zu verstehen. Um den Willen Gottes zu verstehen, genügt die Erkenntnis des Willens Jesu. Die Christen besitzen nämlich kein anderes Bild von Gott als die Person Jesus. Darin erblicken wir das Antlitz eines Gottes, der so mächtig ist, dass er Kranke heilen kann, aber auch das Antlitz eines Kindes, das kurz nach seiner Geburt vor Todesgefahren fliehen muss. Unser Gott hat die Gesichtszüge Jesu, das Antlitz Jesu, die Liebe Jesu und die Barmherzigkeit Jesu. Es ist das Antlitz eines Gottes, der voller Mitleid ist und der auf unseren Straßen unterwegs ist, nicht um zu verurteilen und zu bestrafen, sondern um zu heilen und zu retten, um zu trösten und aufzurichten, um zu unterstützen und jedem Bedürftigen zu helfen. „Wer an mich glaubt, wird die Werke, die ich vollbringe, auch vollbringen und er wird noch größere als diese vollbringen." Das ist die große Hoffnung, die er für alle seine Jünger zu jeder Zeit hat und somit auch für uns: dass wir seine Liebe fortführen und so lieben, wie er geliebt hat, dass wir so handeln, wie er gehandelt hat. Eine solche Kirche braucht die Welt; solche Jünger brauchen unsere Städte. Diesen Auftrag vertraut Jesus auch uns heute an.

Gebet am Tag des Herrn

Montag, 11. Mai

Apg 14,5–18. **Die Heilung eines Gelähmten**

In Lystra, wohin Paulus nach der Flucht aus Ikonion gegangen war, war unter seinen Zuhörern ein von Geburt an gelähmter Mann. Paulus ahmt das Beispiel Jesu nach und sieht ihm in die Augen. In der Tiefe seines Herzens erkennt er eine einfache und grundlegende Bitte: Der Mann möchte wieder gehen können. Sofort unterbricht der Apostel seine Predigt; besser gesagt, er setzt sie um und handelt danach. Er sagt zu diesem Mann: „Stell dich aufrecht auf deine Füße!" Diese kraftvollen Worte dringen dem gelähmten Mann durch Mark und Bein und richten ihn auf. Lukas berichtet: „Da sprang der Mann auf und ging umher." Das Evangelium lässt die Menschen aus ihrer Lähmung aufstehen und stärkt die von der Selbstliebe gefühllos gewordenen Beine. Es schenkt die Würde eines „aufrechten" Daseins, das nicht mehr unter der Knechtschaft der vielen bösen Geister dieser Welt steht. Auch Petrus hatte ein solches Wunder an dem Gelähmten vollbracht, der an der Schönen Pforte des Tempels saß und bettelte. Doch auch heute wie zu allen Zeiten können die Jünger solche Dinge vollbringen, wenn sie auf die Kraft des Wortes Gottes vertrauen. Als die Leute das Wunder sehen, dass der Gelähmte wieder gehen kann, halten sie Barnabas und Paulus für Götter und laufen herbei, um sie zu preisen. Die beiden Jünger wissen jedoch, dass der Herr das Werk vollbringt, auch wenn es durch ihre Hände geschehen ist. Das Wunder wird nicht durch Menschen vollbracht, sondern durch das kleine Buch des Evangeliums, das die Lebensquelle für die Jünger und für alle ist, die darauf hören.

Gebet für die Armen

Dienstag, 12. Mai

Gedenktag des heiligen Pankratius († 304), der mit 14 Jahren aus Liebe zum Evangelium zum Märtyrer wurde. Gebet für die Jugendlichen, dass sie dem Evangelium und dem Herrn begegnen mögen.

Apg 14,19–28. **Das Ende der ersten Missionsreise des Paulus**

Der Widerstand gegen die Predigt des Evangeliums hört nicht auf. Scheinbar wächst er sogar bis zur Steinigung des Paulus. Als er unter den Steinen zusammenbricht, denken alle, er sei tot. Sie gehen weg und lassen ihn dort am Straßenrand liegen. Nur die Jünger bleiben bei ihm. Hatte Paulus früher der Steinigung des Stephanus beigewohnt, so musste er diese nun selbst durch die Hand seiner früheren Mitgläubigen erleiden. Vielleicht dachte er an Jerusalem, als er bei der Steinigung des Stephanus die Kleider der Vollstrecker bewachte, während er nun den Schmerz der Steine spürte, die ihn trafen. Das Zeugnis des ersten Märtyrers wird ihm in dieser schrecklichen und äußerst leidvollen Prüfung sicherlich eine Stütze gewesen sein. Vom Trost der Jünger umgeben steht der Apostel jedoch wieder auf. Er flieht nicht einmal. Er kehrt sogar in die Stadt zurück und setzt am folgenden Tag seinen Weg fort, um das Evangelium anderswo zu verkünden. Der wahre Grund für seine Kraft liegt in der Liebe zum Herrn, die ihm wichtiger ist als alles andere, sogar als das eigene Leben. Darin ist er auch für uns heute ein unübertroffenes Vorbild. Der Apostel erinnert uns daran, dass zur Liebe nach dem Evangelium, wie sie Jesus gelebt hat, auch das Kreuz gehört. Mit Barnabas kehrt Paulus schließlich nach Antiochia zurück, von wo aus sie aufgebrochen waren. Dort lehren sie weiter, damit die Gemeinde wächst und im Glauben gestärkt wird. Vor allem aber kehren sie an den Ort zurück, wo man sie „der Gnade Gottes übereignet hatte“. Mit allen Brüdern und Schwestern der Gemeinde freuen sie sich über das, was der Herr durch ihre Predigt gewirkt hat.

Gebet mit Maria, der Mutter des Herrn

Mittwoch, 13. Mai

Apg 15,1–6. **Streitfragen in Antiochia und Jerusalem**

Im 15. Kapitel, dessen erste Verse wir jetzt lesen, wird einer der Höhepunkte der gesamten Apostelgeschichte beschrieben. Es geht um die Lösung einer äußerst wichtigen und dringlichen Frage in der Urgemeinde, nämlich die Beziehung zwischen Judentum und Christentum. Dieses Problem belastete das Leben der Urgemeinde schon seit geraumer Zeit. Doch nun war ein kritischer Moment gekommen, der für das Christentum die endgültige Hinwendung zur weiten Welt bedeuten konnte. Dabei stellte sich folgende zentrale Frage: Müssen sich die zum Evangelium bekehrten Heiden dem jüdischen Gesetz unterstellen oder nicht? Paulus und Barnabas hatten vor allem heidenchristliche Gemeinden gegründet und forderten von diesen keine Beschneidung. Diese Praxis war natürlich eine Belastung für die Beziehung zwischen den Gemeinden, die durch die Predigt an die Heiden entstanden waren, und den aus dem Judentum hervorgegangenen Gemeinden. Es war eine besonders schwierige Übergangszeit für das entstehende Christentum. Die Gefahr einer schmerzhaften inneren Spaltung der Christen war gegeben. Man hielt es für notwendig, eine Versammlung aller Verantwortlichen in Jerusalem einzuberufen. Es war das erste Konzil der Kirchengeschichte. Mehr als von seiner juristischen Bedeutung her ist es ein Modell für das gemeinschaftliche Leben: In geschwisterlicher Verbundenheit reflektiert und diskutiert man die gemeinsamen Themen. In diesem Sinne ist es beispielhaft für das Leben der Christen in allen Zeiten. Die gemeinschaftliche Verbundenheit in der Liebe und der geschwisterliche Dialog überwinden die Versuchung, die eigene Meinung in den Mittelpunkt zu stellen, die sonst oft zur Trennung führt. So werden die Schwierigkeiten gelöst, die unvermeidlich auf dem Weg auftreten, und die Einheit des einen Leibes Christi wird aufgebaut.

Gebet mit den Heiligen

Donnerstag, 14. Mai

Apg 15,7–21. **Die Apostelversammlung**

Die Apostel und Ältesten treffen zu einer gemeinsamen Versammlung in Jerusalem zusammen. Die Apostelgeschichte berichtet von einer lebhaften Debatte. Schließlich ergreift Petrus das Wort und bezieht sich auf die Geschichte des Kornelius. Der Apostel erzählt, dass der Heilige Geist auch auf diesen römischen Hauptmann und seine Familie herabgekommen ist: Gott „machte keinerlei Unterschied zwischen uns und ihnen; denn er hat ihre Herzen durch den Glauben gereinigt". Ausgehend von der eigenen Erfahrung gibt Petrus schließlich der Position von Paulus und Barnabas Recht, dass allein die Gnade und nicht rituelle Handlungen das Heil bewirken. Dann wollen alle in der Versammlung den Bericht von Paulus und Barnabas über den großartigen Erfolg ihrer Mission bei den Heiden hören. Die Wunder, die bei der Verkündigung des Wortes Gottes unter den Heiden geschehen waren, sind ein deutliches Zeichen für die Kraft des Evangeliums und zeigen den Weg, den die Kirche einschlagen soll. Das geschah am Anfang des Christentums und muss sich auch heute ereignen. Denn es gibt ein Bedürfnis, dass das Evangelium verkündet wird und in den Herzen der Menschen wächst, um die Zerstreuten zu sammeln und die eine Familie Gottes aufzubauen, die Zeugnis für diese grenzenlose Liebe ablegt. Es reicht nicht aus, einfach abstrakte Wahrheiten zu vertreten oder das Bestehende zu bewahren und sich im eigenen Umfeld abzuschließen. Es ist nötig, hinauszugehen und das Evangelium überall auf der Welt zu verkünden, wie Papst Franziskus wiederholt gesagt hat, damit es die Herzen der Zuhörer erreicht und sie dazu führt, Teil des Volkes Gottes zu werden. Am Ende der Versammlung ergreift Jakobus das Wort, nimmt Bezug auf die Worte des Petrus und verteidigt die Rechtmäßigkeit der Position des Paulus. Er sagt, dass der Glaube an das Evangelium rettet und nicht das Gesetz. Die Kirche wächst durch leidenschaftliche Liebe und nicht durch nüchterne und festgefahrene Rituale. Die Kirche ist ein Volk, das nicht durch Regeln oder besondere Programme zusammengehalten wird. Dieses Volk wird durch Gott zusammengeführt. Diesem Volk wird das Evangelium der Liebe anvertraut, um es bis an die Grenzen der Erde zu verkünden.

Gebet für die Kirche

Freitag, 15. Mai

Apg 15,22–31. **Das apostolische Schreiben**

Unter der Führung des Geistes klärt die Versammlung von Jerusalem, dass das Heil durch das Evangelium kommt und nicht durch die Erfüllung des jüdischen Gesetzes erworben wird. Deswegen heißt es in dem Schreiben: „Denn der Heilige Geist und wir haben beschlossen, euch keine weitere Last aufzuerlegen." Nun war die Verschiedenheit von Christentum und Judentum deutlich erkennbar, die jedoch die ganz enge und untrennbare Beziehung zwischen beiden Religionen nicht aufhebt. Vielmehr muss gesagt werden, dass eine tiefe und lebendige Beziehung zum Judentum Bestandteil der christlichen Identität ist. Es gibt nicht nur gemeinsame Wurzeln, sondern auch eine gemeinsame Erwartung. Die Juden erwarten das Kommen des Messias. Die Christen wissen dagegen schon, dass der Messias gekommen ist, warten aber auf sein zweites Kommen am Ende der Zeiten. In dieser Erwartung des zweiten Kommens sind Christen und Juden in gewisser Weise vereint. Die Christen wissen, dass Jesus die neue Zeit des Reiches Gottes eingeleitet hat. Durch seinen Tod und durch seine Auferstehung wurde nämlich der Tod besiegt und das neue Reich begonnen. Diese Neuheit ist sicherlich ein Geschenk, sie ist jedoch auch mit der Verantwortung verbunden, die Welt durch den Sauerteig des Evangeliums zu verwandeln. Zu dieser Verantwortung, die sich heute sehr deutlich zeigt, gehört es auch, jedes Anzeichen von Antisemitismus zu bekämpfen. Das war leider in der Vergangenheit nicht immer der Fall. Daher sollten ein lebendiger Dialog und die geschwisterliche Begegnung mit den Juden gepflegt werden, mit denen uns eine besondere und unauflösliche Beziehung vereint.

Gebet des heiligen Kreuzes

Samstag, 16. Mai

Apg 16,1–10. **Auf dem Weg durch Kleinasien**

Im 16. Kapitel der Apostelgeschichte überschreitet das Wort Gottes die Grenzen Asiens. Die Entscheidung, nach Europa zu gehen, rührte nicht von einer Strategie des Apostels Paulus her. Vielmehr wurde sie durch eine Anfrage aus dem Herzen dieser Region des Römischen Reiches ausgelöst. Das ist der Sinn der Bitte des Mazedoniers. Dieser Europäer erschien Paulus in einer Vision und „bat ihn: Komm herüber nach Mazedonien und hilf uns!“ Das war eine dringende Bitte, fast ein Befehl. Auf jeden Fall war es eine „Vision“. Der Apostel erfüllt seine Mission und dachte darüber nach, wie das Evangelium überall verkündet werden kann. Er öffnet seinen Blick für diejenigen, die das Evangelium brauchen. Zunächst ist er erschrocken, weil viele auf das Evangelium warten. Doch dann überlegt er, wie seine Verkündigung auszusehen hat, um die Herzen berühren zu können. Paulus lebt diese Unruhe, das Evangelium ohne Unterlass zu verkünden. Seit diesem Tag wird die Vision von der Mission konkret. Paulus hat auf diesen aus Europa kommenden Ruf geantwortet. Man muss sagen, dass dieser Hilferuf auch heute laut erklingt. Er erhebt sich sowohl aus den Ländern Osteuropas, die zuerst hinter dem „Eisernen Vorhang" Unterdrückung erlebten und sich nun enttäuscht von der Konsumgesellschaft verlassen fühlen, als auch vom überreichen Europa in der Stimme der Millionen sich selbst überlassener Armer sowie von Reichen, die ihre seit Langem die Grundlage bildenden Werte verloren haben. Die christlichen Kirchen Europas müssen wie Paulus in jener Nacht, auf diesen Hilferuf der armen Länder, auf den Ruf der durch Gewalt und Krieg unterdrückten Menschen – insbesondere der Völker im Süden der Welt – eingehen. Die Kirchen müssen heute eine „Vision" wiederentdecken. So wie Paulus sich vom Osten in den Westen aufmachte, so sind alle und vor allem die reichen Länder zum Aufbruch aufgerufen angesichts der vielen „Mazedonier" dieser Welt, die weiterhin rufen: „Kommt zu uns herüber und helft uns!"

Gebet der Vigil

Sonntag, 17. Mai: 6. Sonntag der Osterzeit

Apg 8,5–8.14–17; Ps 66; 1 Petr 3,15–18; Joh 14,15–21

„Ich werde euch nicht als Waisen zurücklassen, ich komme zu euch", sagt Jesus zu den Jüngern. In den Gedanken Jesu stand zweifelsohne die Sorge um die Zukunft dieser kleinen, von ihm ins Leben gerufenen Gemeinschaft im Vordergrund. Darin liegt ein Charakteristikum der Pastoral, das wieder deutlicher in Erscheinung treten muss: die Sorge um die Zukunft der Gemeinden. Um Jünger des Herrn zu sein, genügt es nicht, sich von den dringenden täglichen Geschäften völlig in Anspruch nehmen zu lassen. Wir müssen schon in der Gegenwart die Zukunft vorbereiten und aufbauen, die wir ersehnen. So lehrte es Jesus an jenem Abend. Er hat eine Gruppe von wenigen und zerbrechlichen

Menschen vor sich und schaut voll Zuneigung mit dem Traum auf sie, die ganze Menschheit um diesen Tisch zu versammeln. Es war sicher naiv, das Erbe des Evangeliums in die Hände dieser so schwachen Jünger zu legen. Aber dies ist die Naivität Gottes, der auf die Kleinen und Schwachen vertraut. Jesus sagt, dass er sie nicht allein lassen wird, er wird sie nicht als Waisen zurücklassen. In der Bibel steht der Waise exemplarisch für alle, die den Mächtigen ausgeliefert sind und viel Unrecht erdulden müssen. Jesus wird die Seinen nicht ohne Schutz zurücklassen. Er kündigt die Nähe eines Trösters (wörtlich eines „Beistandes“) an, den „Geist der Wahrheit“. Der Begriff „Beistand“, mit dem der Heilige Geist gemeint ist, bezeichnet den Helfer in allen Lebenslagen, vor allem in den besonders schwierigen. Er wird immer bei euch bleiben, sagt Jesus. Der Geist Jesu ist nötig, weil es ihn in der Welt nicht gibt. Die Welt sieht und kennt diesen Geist nicht, denn er ist dem Denken dieser Welt fremd, den lügnerischen Ideologien und den perversen Systemen, die die Menschen unterdrücken und die Gewalt ewig fortsetzen. Doch der Geist Jesu ist auch den vielen Geistern fremd, die unsere Herzen und unsere Gedanken in Beschlag nehmen. Ich denke hier an den Geist der Gleichgültigkeit und Selbstliebe, an den Geist des Stolzes, der Feindschaft, des Neides, der Lüge und Arroganz. Gottes Geist kehrt zurück, um noch heute die Herzen der Jünger zu verwandeln. Es ist die Bekehrung des Herzens, von wo eine Änderung der Welt ausgeht. Es ist die Flamme des Evangeliums, die sich auf einen jeden niederlässt und das Herzen wärmt. Die Liebe zu Jesus ist deshalb der Ausgangspunkt jeder christlich religiösen Erfahrung. Beim Letzten Abendmahl wandte sich Jesus an die Jünger und sagte zu ihnen: „Wenn ihr mich liebt, werdet ihr meine Gebote halten.“ Dies ist das erste Mal im Evangelium, dass Jesus die Jünger auffordert, ihn zu lieben. Vorher hatte er sie gebeten, den Vater zu lieben, die Armen, die Kleinen und einander zu lieben. Kurz vor seinem Tod bittet er sie nun, ihn zu lieben. Sicherlich ist das eine Bitte um Zuneigung, doch die Liebe zu Jesus endet nicht bei ihm, sondern kehrt im Überfluss zu uns zurück. Jesus sagt: „Wer mich aber liebt, wird von meinem Vater geliebt werden, und auch ich werde ihn lieben und mich ihm offenbaren.“ Diese kleine Flamme der Liebe, die der Geist einem jeden von uns ins Herz legt, ist die innerliche Kraft, die uns auf unserem Lebensweg stützt und uns Schritt für Schritt zum Bild Jesu macht. Sie ist die Energie, die die Welt erneuert.

Gebet am Tag des Herrn

Montag, 18. Mai

Apg 16,11–15. **Die Ankunft in Philippi**

Vom Geist Jesu geführt betritt der Apostel Paulus zum ersten Mal Europa. Auf dem Weg des Wortes Gottes nach Rom war Philippi die erste Etappe. Die Stadt Philippi verdankt ihren Namen dem Vater Alexanders des Großen und war eine römische Kolonie. Vielleicht wollte Paulus gerade deshalb hier zuerst Station machen. Lukas setzt seine Erzählung nun mit dem „Wir" fort und drückt damit aus, dass er sich der Mission des Paulus und Silas angeschlossen hatte. Eine Gruppe von Frauen unter der Führung der Purpurhändlerin Lydia nimmt Paulus und seine Begleiter in Philippi auf. Lydia ist eine Gottesfürchtige. Nachdem sie die Predigt des Paulus gehört hat, bekehrt sie sich und bittet um die Taufe. Es geht hier nur um eine einzige Person, und dennoch berichtet Lukas ausführlich über diese Episode. Die Verkündigung des Evangeliums ist nicht von der Zahl der Anhänger abhängig. Das Evangelium möchte das Herz eines jeden Menschen verändern. Durch die Veränderung der Herzen einzelner Personen entsteht nämlich das geschwisterliche Leben der Christen. Die Predigt des Apostels bewirkt etwas, indem sie die Herzen der Menschen verändert und sie durch ein geschwisterliches Band miteinander verbindet. Dass Lydia darauf besteht, Paulus und seine Begleiter aufzunehmen, ist eine Folge ihrer Bekehrung zum Evangelium. Die Gastfreundschaft für Fremde ist ein Zeichen authentischer christlicher Wurzeln. Die Bekehrung Lydias zum Glauben an Jesus geschieht nicht aus Eigeninteresse oder um sich selbst zu verwirklichen. Die aus der Verkündigung des Evangeliums erwachsene Geschwisterlichkeit bringt unmittelbar eine missionarische Wendung nach außen mit sich und wirkt sich auf die mitmenschlichen Beziehungen aus. Dieses Bewusstsein unterscheidet sich von einem individualistischen oder ethnischen Christentum, das immer wieder in das Denken von Gläubigen eingedrungen ist. Wie das II. Vatikanische Konzil betont, hat sich Gott entschieden, die Menschen zu retten, indem er sie zu einem einzigen Volk versammelt, damit es Zeichen und Werkzeug für die Einheit der Menschheitsfamilie sei.

Gebet für den Frieden

Dienstag, 19. Mai

Apg 16,22–34. **Die Bekehrung des Gefängniswärters**

Im frühen Christentum lagen Evangelium und Gefängnis nahe beieinander. Vielleicht betont Matthäus deshalb die Pflicht nicht nur der Jünger, sondern aller, die Gefangenen zu besuchen. Die Christen wurden schon in den ersten Jahrzehnten des Christentums häufig mit dem Gefängnis konfrontiert. Aber so war es auch in späteren Zeiten und besonders massiv in den totalitären Regimes des 20. Jahrhunderts mit ihren Gulags und Vernichtungslagern. Es ist deshalb äußerst wichtig, dass sich die Christen heute dafür einsetzen, vor allem dort Trost in die Gefängnisse zu bringen, wo das Leben mehr als unmenschlich ist. Das Zeugnis vieler Christen, die aufgrund ihres Glaubens in Gefangenschaft geraten sind, ist besonders wertvoll, denn sie können dadurch ein gutes Zusammensein im Gefängnis stärken und auch das Herz der Mitgefangenen berühren. Darum geht es im heutigen Abschnitt aus der Apostelgeschichte. Während Paulus und Silas beten, lösen sie ein „Erdbeben“ aus, das die Mauern ins Wanken bringt und die Fesseln löst. Vor allem aber erschüttern sie das Herz des Gefängniswärters, der sich angesichts der Ereignisse selbst töten wollte. Paulus und Silas erklären ihm, was vor sich ging, sodass der Gefängniswärter sie von Liebe erfüllt aus dem Gefängnis herausführt und befreit. Der Gefängniswärter nahm sie bei sich auf, und seine ganze Familie bekehrte sich zum Evangelium. Die Liebe des Paulus und Silas veränderte diesen Mann und seine gesamte Familie. Das geschieht immer, wenn das Evangelium in die Tat umgesetzt wird. Oftmals können wir so zu Zeugen von Wundern werden, die zunächst unvorstellbar erschienen.

Gebet mit Maria, der Mutter des Herrn

Mittwoch, 20. Mai

Apg 17,15.22–18,1. **Paulus betritt die Stadt Athen**

Der Apostel Paulus kommt nach Athen. Auch wenn die Stadt nicht mehr so blühend war wie zu Zeiten Platons, so war sie doch immer noch eine große Hauptstadt. Nach Jerusalem und noch vor Rom scheint Athen im Bericht des Lukas eine strategische Stadt für die Verkündigung des Evangeliums zu sein. Sie galt damals als Kulturhauptstadt. In der Stadt angekommen beginnt Paulus nicht sofort damit, die Auseinandersetzung mit den Athenern zu suchen. Er möchte zunächst die Kultur, die Bräuche, die Geisteshaltung und das Leben der Athener verstehen. Eine wichtige Frage beschäftigte ihn: Kann Jerusalem Athen erobern? Kann das Evangelium die Kultur des Areopags durchdringen? Diese Frage stellen auch wir uns heute noch, wenn wir die vielen Areopage dieser Welt und die Kulturen auf unserem Planeten betrachten, die Herz und Denken der Menschen prägen. Die Kühnheit des mutig vor den Gelehrten Athens auftretenden Paulus zeigt uns, dass kein Areopag und keine Kultur für die Verkündigung des Evangeliums fremd sind. Die Areopage von heute warten vielmehr auf Jünger mit der Fähigkeit, das von Jesus kommende Heil in Weisheit zu verkünden. Dieser großen Herausforderung dürfen wir nicht ausweichen im Wissen, dass nur das Evangelium unsere heutige Welt und die verschiedenen Kulturen der Völker menschlicher machen kann. Das Evangelium ist ein Sauerteig, der alle Kulturen im Inneren verwandeln kann, damit sie den Menschen helfen, eine menschlichere und friedlichere Welt aufzubauen.

Gebet mit den Heiligen

Donnerstag, 21. Mai: Christi Himmelfahrt

Apg 1,1–11; Ps 47; Eph 1,17–23; Mt 28,16–20

Der Evangelist Lukas beschreibt am Anfang der Apostelgeschichte die Himmelfahrt Jesu als letzte Etappe seiner sichtbaren Anwesenheit unter den Jüngern. Mit ihr wird in gewisser Weise Ostern vollendet und mit ihr beginnt auch der Weg der Jünger auf den Straßen der Welt. Während sie sich mit Jesus auf den Weg nach Betanien machen, fragen sie ihn: „Herr, stellst du in dieser Zeit das Reich für Israel wieder her?“ Das war eine wichtige Frage für die Geschichte. In dieser Frage verbarg sich vielleicht auch neben der berechtigten Erwartung einer endlich und definitiv erlösten Welt der Wunsch, sich nicht mehr mit den Schwierigkeiten abmühen und gegen die Kräfte des Bösen in dieser Welt angehen zu müssen. Jesus hingegen beantwortet diese Frage nicht, sondern erklärt: „Euch steht es nicht zu, Zeiten und Fristen zu erfahren, die der Vater in seiner Macht festgesetzt hat.“ Wie die Jünger damals verstehen auch wir wenig vom Leben und reduzieren es leicht auf unsere eigene Erfahrung. Doch das Leben – so scheint Jesus zu erläutern– ist weitaus größer und komplexer. Also steht es uns nicht zu, die Zeiten und Momente zu erfahren! Doch in den Unsicherheiten verlässt der Herr die Jünger nicht und verspricht ihnen die wahre Kraft, die des Heiligen Geistes: „Ihr werdet Kraft empfangen, wenn der Heilige Geist auf euch herabkommen wird.“

Dieses Aufsteigen Jesu in den Himmel bedeutet das Eintreten in eine endgültige Beziehung mit Gott. Der Himmel, von dem die Schrift spricht, möchte verdeutlichen, dass der Herr uns durch seine Himmelfahrt bedeckt und umgibt wie der Himmel selbst. Mehr als ein sich Entfernen ist es ein weiteres und umfassenderes Näherkommen. Die Jünger spüren das und deshalb sind sie voll Freude. Lukas merkt an: „Sie aber fielen vor ihm nieder. Dann kehrten sie in großer Freude nach Jerusalem zurück“ (Lk 24,52). Die Jünger aber hatten verstanden, dass Jesus immer bei ihnen sein würde, wohin sie auch gingen. So sagt er zu ihnen mit den letzten Worten Jesu im Matthäusevangelium: „Ich bin mit euch alle Tage bis zum Ende der Welt.“

Der Hebräerbrief spricht davon, dass Jesus in das Heiligtum des Himmels eingetreten ist, und bezieht sich dabei auf die Eucharistie als den heiligen Ort, an dem der Herr uns aufnimmt. In der sonntäglichen Eucharistiefeier berühren sich Himmel und Erde, und wir alle können in die Gegenwart Gottes eintreten, um Anteil zu erhalten am Geheimnis Jesu. Wir müssen die Menschheitsgeschichte betrachten und dürfen nicht den Himmel unserer Gewohnheiten anstarren. In ihr zeigt sich die Gegenwart des Herrn. Die zwei Engel sagten zu den Jüngern: „Ihr Männer von Galiläa, was steht ihr da und schaut zum Himmel empor? Dieser Jesus, der von euch fort in den Himmel aufgenommen wurde, wird ebenso wiederkommen, wie ihr ihn habt zum Himmel hingehen sehen." Wir sollen die Augen des Herzens auf den auferstandenen Jesus richten und auf seine Wunden. Der Auferstandene ist kein Gespenst. Seine Wunden sind die Wunden der von Schmerz und Gewalt gezeichneten Männer und Frauen. Die Himmelfahrt sagt uns, dass die Zukunft, die Gott vorbereitet hat, bereits begonnen hat mit seinem eingeborenen Sohn. Bei Jesus zu sein bedeutet gleichsam schon in den Himmel eingetreten zu sein. Dort ist Jesus in seiner Fülle: Ich werde euch einen Platz bereiten, weil ich will, dass ihr da seid, wo auch ich bin. Der Himmel hat bereits immer dann auf der Erde begonnen, wenn wir uns im Namen Jesu versammeln, wenn wir uns lieben, wie er uns geliebt hat, wenn wir den Armen und Schwachen begegnen und sie als Geschwister ansehen. Sicher sind wir schwache und noch immer ungläubige Menschen, doch der Geist, den der Herr in unsere Herzen ausgießt, macht uns stark und fähig, seine Liebe bis zu den Enden der Welt zu bezeugen.

Gebet für die Kirche

Freitag, 22. Mai

Apg 18,9–18. **Viel Volk nämlich gehört mir in dieser Stadt**

Während die Gemeinde von Korinth größer wird, nimmt auch die Zahl der Probleme zu. Aus den beiden Briefen des Paulus an die Korinther wissen wir, welche Spannungen in dieser jungen Gemeinde herrschten bis hin zur Gefahr, dass die Einheit der Gemeinde aufs Spiel gesetzt wurde. Wahrscheinlich wird Paulus mehrmals von Mutlosigkeit ergriffen. In der von Lukas erwähnten nächtlichen Vision ist die Rede von einem besonderen Gespräch des Herrn mit dem Apostel. Der Herr erscheint ihm nachts und sagt zu ihm: „Fürchte dich nicht! Rede nur, schweige nicht! Denn ich bin mit dir, niemand wird dir etwas antun. Viel Volk nämlich gehört mir in dieser Stadt." Paulus nahm die Worte der Ermutigung auf und entschied sich, weitere eineinhalb Jahre in Korinth zu bleiben, um das Evangelium zu verkünden. Für Paulus ist der Hinweis klar: Er soll sein Denken und sein Herz weit machen, damit sie sich der ganzen Stadt zuwenden. Es gibt einen klaren strategischen Horizont: Die Verkündigung des Evangeliums ist für alle in der Stadt, damit ein großes Volk entsteht. Der Herr will, dass sein Volk besonders in den Städten wächst. Gerade an diesen Orten, die für das Leben der Menschen so wichtig sind, möchte der Herr Zeugen der Liebe, der Gerechtigkeit und des Friedens erstehen lassen. Die Herausforderung des Paulus ist auch die Herausforderung für die Christen von heute: das Evangelium in den Städten zu verkünden, wo dem Herrn „viel Volk" gehört, das aber oftmals verborgen ist. Es ist wichtig, sich immer an diesen Traum Gottes zu erinnern, der in den Städten ein Volk schaffen möchte, das allen seine bevorzugte Liebe bezeugt.

Gebet des heiligen Kreuzes

Samstag, 23. Mai

Apg 18,23–28. **Die Tätigkeit des Apollos**

Dies ist die einzige Stelle, an der in der Apostelgeschichte Apollos erwähnt wird. Paulus spricht von ihm im ersten Korintherbrief, den er in Ephesus während seiner dritten Reise geschrieben hat und somit nach der Tätigkeit des Apollos bei den Christen von Korinth. Das Urteil des Paulus im Brief entspricht dem, was an dieser Stelle in der Apostelgeschichte gesagt wird: Apollos ist „redekundig und in der Schrift bewandert“ und seine apostolische Tätigkeit ist „von glühendem Geist“ beseelt. Dennoch wissen wir, dass Apollos für den Apostel aufgrund der zwei Gruppierungen, die sich unter den Christen in Korinth gebildet hatten, auch ein Grund zur Sorge war. Die eine Gruppierung hielt es mit Paulus, die andere mit Apollos. Der Apostel machte sich Sorgen, dass eine derartige Polarisierung die christliche Gemeinschaft zerreißen könnte, und setzte sich entschlossen ein, damit sich die Trennung nicht verschärft. Er schreibt den Korinthern: „Was ist denn Apollos? Und was ist Paulus? Diener, durch die ihr zum Glauben gekommen seid, und jeder, wie der Herr es ihm gegeben hat: Ich habe gepflanzt, Apollos hat begossen, Gott aber ließ wachsen“ (1 Kor 3,5). Es ist wichtig, den leidenschaftlichen Einsatz des Paulus für die Einheit der christlichen Gemeinde zu verstehen. Im Brief lobt er zwar die Predigt des Apollos, warnt aber die Christen, dass der in den Herzen der Gläubigen immer lauernde Stolz zum Gift werden kann, das eine Gemeinde spaltet und sie schließlich zerstört. Von Bedeutung ist die Tat von Priscilla und Aquila, die Apollos in ihr Haus aufnehmen und ihm helfen, die Botschaft des Evangeliums noch besser zu verstehen. Es ist notwendig, am Leben der Gemeinde teilzunehmen, um die tiefe Wahrheit des Evangeliums verstehen zu können. Allein die Lehre oder sprachliche Fähigkeiten sind nicht genug. Lukas erwähnt in diesem Abschnitt zuerst Priscilla und erst dann Aquila, vielleicht um somit die pastorale Tätigkeit hervorzuheben, die in den Gemeinden des Paulus von den Frauen ausging. Dies ist auch für die heutigen christlichen Gemeinden ein wertvoller Hinweis.

Gebet der Vigil

Sonntag, 24. Mai: 7. Sonntag der Osterzeit

Gedenktag Unserer Lieben Frau von Sheshan, einem Pilgerort in der Nähe von Schanghai. Gebet für die Christen in China.

Apg 1,12–14; Ps 27; 1 Petr 4,13–16; Joh 17,1–11a

Am Ende der Osterzeit beten die Christen überall auf der Welt in besonderer Weise um den Heiligen Geist. Wie die Urgemeinde mit Maria, der Mutter Jesu, in ihrer Mitte sind wir in diesen Tagen zur Eintracht im Gebet aufgerufen. Auch die Worte Jesu im heutigen Evangelium sind Worte des Gebets. Das Gebet ist ganz vom Vertrauen getragen, dass der Vater niemanden verlässt und sein Heilswerk vollbringt, auch wenn es in der Welt Widerstände gibt. Am Abend seines Leidens denkt Jesus nicht an sich, was auch verständlich wäre, er betet für seine Freunde und somit auch für jeden von uns: „Für sie bitte ich … für alle, die du mir gegeben hast; denn sie gehören dir."
In dieser vertrauten Verbundenheit mit dem Vater findet Jesus die Kraft der Freundschaft zu den Menschen ohne Ausnahme, zu den Guten und Bösen, den Gerechten und Ungerechten. Die tiefe Einheit unter den Menschen ist eine Frucht der Einheit mit Gott, weil sie aus dem Geist hervorgeht, den Gott schenkt und nicht aus menschlicher Initiative. Ohne Einheit mit Gott gibt es keine Einheit unter den Menschen, davon war Patriarch Athenagoras überzeugt und betonte, dass eine Einheit der Welt nur durch eine Einheit mit Gott menschlich ist.
An diesem Sonntag vor Pfingsten ist dieses Evangelium ein großer Trost für uns, die wir Zeugen für das Osterevangelium sein sollen. Denn wir sind uns unserer Schwäche bewusst, wir kennen unsere Schwierigkeiten, miteinander in Einheit zu leben und nicht nur um uns selbst besorgt zu sein. Das Evangelium erinnert uns daran, dass Jesus auch für uns gebetet hat und weiter betet, weil seine Himmelfahrt kein Rückzug aus der Welt ist, sondern eine vertiefte und umfassendere Gegenwart. Je mehr wir daher spirituelle Menschen werden und die tiefe Einheit mit dem Herrn leben, umso mehr ist seine Liebe auch in uns lebendig und umso mehr können wir diese Liebe an die Mitmenschen weitergeben.
Deshalb sind auch wir aufgerufen, wie Jesus unsere Augen zum Himmel zu erheben. Dadurch erkennen wir die Menschen mit den Augen Gottes und verstehen, dass jeder Mensch ein Geschöpf Gottes ist, ein Ergebnis seiner Liebe. Jeder Mensch trägt einen göttlichen Funken in sich, den wir durch unser Zeugnis und die Weitergabe des Evangeliums wecken können, damit sich auch in ihnen diese Liebe entfaltet, die der Herr uns geschenkt hat. Diese Liebe hält Einzug in die Welt, wenn sich

die Herzen der Jünger für sie öffnen. Dazu sendet der Herr den Heiligen Geist, die göttliche Kraft der Liebe, die nicht aus unserem Instinkt oder unseren Begabungen hervorgeht, sondern ein Geschenk von oben ist. Der Heilige Geist ist die Kraft, die uns in einer oft schwierigen und unmenschlichen Welt hilft, barmherzig und menschlich zu leben.
Jesus betont, dass wir Gottes Eigentum sind, und wer wird nicht das Eigene besser hüten und beschützen als Gott selbst? Wie die Verbindung von Vater und Sohn untrennbar ist, so ist auch die Verbindung von Vater und Sohn zu uns Jüngern untrennbar. Das Gebet Jesu enthält diese Zusage für unser Leben. Dankbar hören wir heute diese Worte und verstehen, dass wir manchmal zerstreut sind, weil wir nur schwer begreifen, wie gut uns das Gebet und das Hören auf das Wort Gottes tun. Denn das Gebet ist keine Pflicht des Jüngers, sondern eine Kraftquelle, die unglaubliche Energien freisetzt. Wie viel könnten wir bewirken und wie viel Schönes erleben, wenn wir diese spirituelle Verbundenheit vertiefen. Gerade diese Tage der Vorbereitung auf Pfingsten rufen uns auf, die Urgemeinde von Jerusalem nachzuahmen und einträchtig im Gebet vereint zu sein. Das ist ein Bild für unsere Zukunft, das ist unser Programm, wenn wir so wollen, um unser Leben und unsere Welt neu zu machen. Bitten wir daher den Herrn, dass er uns und der ganzen Welt seinen Geist in Fülle senden möge.

Gebet am Tag des Herrn

Montag, 25. Mai

Apg 19,1–8. **Paulus in Ephesus**

Paulus bleibt ganze drei Jahre in Ephesus und macht die Stadt zum Zentrum seiner Mission. Von hier aus bricht er auf, um in anderen Städten christliche Gemeinden zu gründen, wie in Kolossä, Laodizea und Hierapolis. Von Ephesus aus schreibt er mehrere Briefe an seine Gemeinden, zum Beispiel an die Gemeinde von Korinth. Sobald er in der Stadt ankommt, trifft Paulus auf einige Anhänger von Johannes dem Täufer. Paulus erkennt sogleich die Gelegenheit, ihnen zum Wachsen im Glauben zu verhelfen. Sie hatten die Verheißung Johannes des Täufers angenommen. Für sie war nun der Moment gekommen, jenen Lehrer zu treffen, für den Johannes den Weg bereitet hatte. Diese kleine Begebenheit birgt eine große Lehre in sich: Sie zeigt die pastorale Aufmerksamkeit des Paulus, der jede Gelegenheit ergreift, um das Evangelium zu verkünden. Er ist aufmerksam für jedes Anzeichen des Wunsches nach Bekehrung, der oft im Herzen der Menschen verborgen ist. Paulus hat dieses Bedürfnis verstanden und begleitet sie auf ihrem geistlichen Weg. Er verkündet ihnen das Evangelium und führt sie auf den Weg zur Taufe. Während der Apostel ihnen die Hände auflegt, kommt der Heilige Geist auf diese kleine Gruppe von Gläubigen herab und verwandelt sie in Jünger Jesu. Der Geist zeigt sogleich seine Kraft, denn diese neu Getauften „redeten in Zungen und weissagten", wie Lukas vermerkt. Paulus lehrt uns die Aufmerksamkeit für das Bedürfnis nach Hilfe und Barmherzigkeit, das in den Herzen vieler vorhanden ist. Es gibt tatsächlich überall auf der Welt auch heute einen großen Durst nach dem Evangelium. Es ist an uns, den Auftrag anzunehmen, niemanden fallen zu lassen und allen das Wort Gottes zu verkünden, die nach dem ewigen Leben dürsten.

Gebet für die Armen

Dienstag, 26. Mai

Gedenktag des heiligen Philipp Neri († 1595), der „Apostel Roms" genannt wird.

Apg 20,17–27. **Abschied von den Ältesten von Ephesus**

Nachdem der Apostel in Milet vom Schiff gegangen ist, lässt er die Ältesten der Gemeinde von Ephesus zu sich rufen, um sich vor seiner Abreise von ihnen zu verabschieden. Er möchte ihnen sein „pastorales Testament" hinterlassen, da sie die Verantwortlichen der Gemeinde sein werden. Er erinnert in seiner Rede zunächst an sein eigenes Zeugnis: „Ihr wisst, wie ich … die ganze Zeit in eurer Mitte war." Der Apostel ist sich sehr wohl bewusst, dass die „Ältesten" Vorbilder für die Herde sein müssen. Paulus zeigt sich ihnen selbst als vorbildlichen Hirten, indem er sie an die Beispielhaftigkeit seines Verhaltens während der letzten drei Jahre erinnert, in denen er bei ihnen gelebt hat. Er fasst das Hirtendasein in einem einzigen Wort zusammen: „Diener". Er sagt zu den Ältesten: „Ihr wisst, wie ich … die ganze Zeit in eurer Mitte war und wie ich dem Herrn in aller Demut diente unter Tränen und vielen Prüfungen". Paulus betrachtet also seinen Dienst als „Dienst am Herrn". So hat Jesus uns den Weg gewiesen, auch den Weg der Weitergabe des Evangeliums. Es ist tatsächlich die Sanftmütigkeit, die die Herzen öffnet und sie zum Hören auf das Evangelium und zur Begegnung mit Gott befähigt. Paulus vertraut daraufhin den Ältesten an, dass er nicht aus einer eigenen Laune heraus, sondern vom Geist angetrieben nach Jerusalem gehen will. Er weiß nicht genau, was auf ihn zukommt, aber er ist sich bewusst, dass ihm Widerstände bevorstehen und er Prüfungen bestehen muss. Er spricht von Drangsalen und deutet auch den Tod an. Das „Martyrium" ist im Evangelium von wesentlicher Bedeutung. Der bekannte evangelische Bibelforscher des vergangenen Jahrhunderts Albert Schweitzer, der in Afrika in einem Haus für Leprakranke lebte, schrieb: „Wir müssen wieder fähig werden, in uns das zu spüren, was an Jesus heldenhaft ist … Nur so werden unser Christsein und unser Verständnis von der Welt das Heldentum wiederfinden und Leben gestalten." Erzbischof Romero sagte, dass das Martyrium die Hingabe des Leben für den Herrn und für die anderen ist, ob nun mit Blut oder auf andere Weise, das ist nicht von Bedeutung. Was zählt, ist die vollkommene Hingabe, damit das Evangelium verkündet wird.

Gebet mit Maria, der Mutter des Herrn

Mittwoch, 27. Mai

Gedenktag des heiligen Bischofs Augustinus von Canterbury († ca. 605), Vater der englischen Kirche.

Apg 20,28–38. **Paulus vertraut die Ältesten von Ephesus dem Wort Gottes an**

Paulus fordert die Ältesten von Ephesus dazu auf, auf sich selbst achtzugeben, wie er es bisher getan hat, ohne sich auf irgendeine Weise zu schonen. Er erinnert daran, dass er „Tag und Nacht nicht aufgehört“ hat, „unter Tränen jeden Einzelnen zu ermahnen“. Diese Worte sind voller Leidenschaft und zeigen uns eine außergewöhnliche Liebe. Er weiß, dass christliches Leben und auch das Leben der Hirten nicht nur das Ergebnis des guten Willens einzelner ist, sondern, dass der Herr Kraft und Weisheit schenkt, um nach dem Evangelium zu leben. Deshalb sagt er ihnen: „Jetzt vertraue ich euch Gott und dem Wort seiner Gnade an.“ Es gibt zu denken, dass der Apostel nicht das Wort den Dienern, sondern die Diener Gott und seinem Wort anvertraut. Dass er sie dem Wort anvertraut, will besagen, dass sie aufgerufen sind, ihren Glauben und ihre Hoffnung auf das Wort Gottes zu setzen und nicht auf sich allein. Paulus beendet seine Rede, indem er an seine Beziehung zu den Armen von Ephesus erinnert: Er half ihnen mit der Arbeit seiner Hände. Auch hat er für sich keinen Reichtum angestrebt und durch die Arbeit seiner eigenen Hände für seinen eigenen Unterhalt gesorgt. Er betont, dass es eine der ersten Pflichten der Christen ist, „sich der Schwachen anzunehmen“. An dieser Stelle wird zum ersten Mal im Neuen Testament der Begriff „schwach“ verwendet (*asténos*, d.h. kraftlos), um die Armen im Allgemeinen zu bezeichnen. Der Verfasser der Apostelgeschichte fasst hier gleichsam seine ganze Lehre von der christlichen Barmherzigkeit zusammen: Wir sollen „uns der Schwachen annehmen“, also uns persönlich verantwortlich für sie fühlen. Sodann fügt er eine wunderschöne Aussage Jesu an, mit der Paulus das Leben des Gläubigen zusammenfasst: „Geben ist seliger als nehmen.“ Jesus sagte: „Gebt, dann wird auch euch gegeben werden!“ (Lk 6,38). Später greift auch die Didaché diese Lehre auf und schreibt: „Gib jedem, der dich bittet, und erwarte keine Rückgabe. Der Vater will, dass seine Gaben allen gegeben werden. Selig, wer gibt, gemäß dem Gebot, denn er ist untadelig.“

Gebet mit den Heiligen

Donnerstag, 28. Mai

Gedenken an die Heiligen Addai und Mari, die Gründer der chaldäischen Kirche. Gebet für die Christen im Irak.

Apg 22,30; 23,6–11. **Paulus vor dem Hohen Rat in Jerusalem**

Paulus wird von seinen Ketten befreit und vor den Hohen Rat geführt, damit geklärt werden kann, was ihm vorgeworfen wird. Der Apostel schaut alle „mit festem Blick“ an und wendet sich in der Gewissheit, dass der Herr ihm hilft, an die Mitglieder des Hohen Rates, die er als „Brüder“ anspricht. Damit will er zeigen, dass er ein echter Jude ist und dass die Christen wirklich Erben des Judentums sind. Er versucht das zusammenzufassen, was er schon in seiner Verteidigungsrede (Apg 22,1–21) gesagt hat, und unterstreicht dabei, dass er sein Leben „mit völlig reinem Gewissen“ vor Gott geführt hat. Der Hohepriester fasst diese Antwort als Frechheit auf und befiehlt, ihm auf den Mund zu schlagen. So wiederholt er fast buchstäblich das, was im Prozess gegen Jesus geschah. Paulus kannte die unterschiedlichen Sichtweisen von Sadduzäern und Pharisäern aus eigener Erfahrung und löst unter ihnen einen Streit um seinen Glauben an die Auferstehung von den Toten aus. Seine Argumentation führt zu einem Tumult zwischen den beiden Gruppierungen und geht so weit, dass einige der Anwesenden zugunsten des Paulus das sagen, was auch über Jesus gesagt worden war: „Wir finden nichts Schlimmes an diesem Menschen.“ Als sich der Streit verschärft, lässt der Oberst Paulus ins Gefängnis zurückbringen, da er befürchtet, der Apostel könne gelyncht werden. In der folgenden Nacht hört Paulus, dass der Herr zu ihm kommt und ihm den Auftrag erteilt, das Evangelium auch in Rom zu verkünden: „Hab Mut! Denn so wie du in Jerusalem meine Sache bezeugt hast, sollst du auch in Rom Zeugnis ablegen.“ Der Weg des Paulus ist nun klar vorgezeichnet: „Du sollst“ auch in Rom Zeugnis ablegen, sagt Jesus zu ihm. Die Juden diskutieren weiter untereinander und bleiben in ihren Streitigkeiten gefangen. Der Apostel hingegen hat vom Herrn ein Wort über die Zukunft erhalten, die ihn erwartet, dass er nämlich von Jerusalem nach Rom gelangen soll. Dieser Hinweis ist wertvoll für alle, die Gefahr laufen, sich bei internen Diskussionen aufzuhalten und dabei den Blick für den Gehorsam gegenüber dem immer neuen Wort des Herrn zu verlieren.

Gebet für die Kirche

Freitag, 29. Mai

Gedenktag des heiligen Papstes Paul VI., der 1978 starb.

Apg 25,13–21. **Paulus und König Agrippa**

Lukas fügt hier die Begegnung mit König Agrippa II. und seiner Schwester Berenike ein, die nach Cäsarea gekommen sind, um dem römischen Statthalter Festus ihre Aufwartung zu machen. Festus erstattet Agrippa Bericht vom ganzen Prozess, der gegen Paulus geführt wurde. Scharfsinnig erfasst dieser sofort den Kern des Problems: Der Angeklagte behauptet, dass ein gewisser Jesus, den die Juden für tot halten, lebe. Genau dies war der zentrale Inhalt der Predigt des Apostels, wie aus der Gesamtheit seiner Briefe hervorgeht: Der Tod und die Auferstehung Jesu sind die tragenden Säulen des Evangeliums, das Paulus verkündet. Diese Botschaft war völlig neu: Mit der Auferstehung Jesu ist das Leben der Menschen nicht mehr in dem engen irdischen Horizont eingeschlossen, sondern öffnet sich einem neuen, ungeahnten und vielleicht undenkbaren Horizont. Es ist das größte Geschenk, das Gott der Menschheit machen konnte. So spricht die Kirche in der Osternacht in einem Hymnus von der „glücklichen Schuld" des Adam, die das Kommen des Erlösers ermöglicht hat. Um diese Hoffnung und das Herzstück des Evangeliums von Jesus Christus zu verkünden, hat Paulus Schwierigkeiten und Gefahren jeder Art auf sich genommen und erduldet nun auch noch einen langwierigen Prozess. Er gehört zur Schar der ersten Jünger, die ihr Leben hingegeben haben, um die Auferstehung Jesu zu bezeugen. Viele andere sind im Laufe der Jahrhunderte denselben Weg gegangen. Diese Brüder und Schwestern stehen uns allen vor Augen, um uns den Wert und die Kraft der Liebe

Christi zu zeigen, die sogar so weit führt, dass man das eigene Leben für den Herrn und die Brüder hingibt.

Gebet des heiligen Kreuzes

Samstag, 30. Mai

Die Juden feiern das Schawout-Fest (Pfingsten).

Apg 28,16–20.30–31. **Paulus in Rom**

Im letzten Abschnitt der Apostelgeschichte wird kurz beschrieben, wie Rom das Evangelium übergeben wird. Dort beginnt Paulus seine Sendung in einem Privathaus, während er unter Hausarrest steht. Er genoss ein gewisses Wohlwollen seitens der römischen Behörden und konnte daher auch „führende Männer" der jüdischen Gemeinde Roms empfangen. Obwohl viele von ihnen seine Predigten nicht für sich annahmen, waren sie doch nicht feindselig ihm gegenüber. Vielmehr zeigten sie große Toleranz und gaben ausdrücklich an, nichts gegen ihn zu haben. Paulus blieb zwei Jahre in diesem Haus, das wahrscheinlich in der Nähe des jüdischen Viertels gelegen war, und machte es zu einem Zentrum der Mission. Auch wenn sein Körper in Ketten lag, entfaltete er eine intensive apostolische Tätigkeit: In seinem Haus empfing er Leute, predigte, betete und schrieb Briefe an weit entfernte Gemeinden. Nichts, nicht einmal seine Ketten hielt den Apostel davon ab, das Evangelium zu verkünden. Welch ein Vorbild ist er für uns, denn obwohl wir oft viele Mittel und Möglichkeiten haben, fällt es uns dennoch schwer, zum Herzen der Menschen zu sprechen! Unvermittelt beendet Lukas die Erzählung an dieser Stelle, wie um zu verdeutlichen, dass von nun an die Verbreitung des Christentums auf der ganzen Welt beginnt. Nicht einmal vom Martyrium des Paulus berichtet er. Aus anderen Quellen wissen wir, dass sich gegen Ende seines zweiten Jahres in Rom das politische Klima den Christen gegenüber änderte und Nero eine Christenverfolgung anzettelte, während der sowohl Paulus als auch Petrus getötet wurden. Lukas betont nur, dass Paulus den christlichen Glauben mit Freimut verkündete. Als junger Mann hatte er die Kleider bewacht, während Stephanus gesteinigt wurde; doch dann hat er sich von Jesus so sehr begeistern lassen, dass er auf den Straßen der Welt unterwegs war: „Er verkündete das Reich Gottes und lehrte über Jesus Christus, den Herrn".

Gebet der Vigil

Sonntag, 31. Mai: Pfingsten

Apg 2,1–11; Ps 104; 1 Kor 12,3b–7.12–13, Joh 20,19–23

„Als der Tag des Pfingstfestes gekommen war, waren alle zusammen am selben Ort." Fünfzig Tage waren seit dem Paschafest vergangen. Wie es die Jünger inzwischen gewohnt waren, waren sie zusammen mit Maria und den anderen Frauen im Abendmahlsaal versammelt. Denn seit Ostern hatten sie nicht aufgehört, sich zu versammeln, um gemeinsam zu beten, auf die Schrift zu hören und geschwisterlich zu leben. Diese apostolische Tradition ist bis heute nie unterbrochen worden. Nicht nur in Jerusalem, sondern auch in vielen anderen Städten versammeln sich die Christen immer wieder „alle zusammen am selben Ort", um auf das Wort Gottes zu hören, sich vom Brot des Lebens zu nähren und weiter zusammen im Gedächtnis an den Herrn zu leben. Dieser Pfingsttag hatte für die Jünger aufgrund der Ereignisse im Abendmahlsaal wie auch außerhalb grundlegende Bedeutung. Die Apostelgeschichte berichtet, dass am Nachmittag „plötzlich vom Himmel her ein Brausen" kam, „wie wenn ein heftiger Sturm daherfährt". Er erfüllte das Haus, in dem die Jünger waren. In diesem Abendmahlsaal machten die Jünger wirklich die Erfahrung eines Erdbebens, das zwar hauptsächlich im Inneren vor sich ging, das sie jedoch alle und auch ihre Umgebung in sichtbarer Weise ergriff. Sie sahen „Zungen wie von Feuer, die sich verteilten; auf jeden von ihnen ließ sich eine nieder. Und alle wurden vom Heiligen Geist erfüllt und begannen, in anderen Sprachen zu reden". Diese Erfahrung veränderte sie alle zutiefst, von den Aposteln bis zu den Jüngern und den Frauen.

Dieses innerliche Erdbeben, das die Herzen der Jünger verwandelte, hatte auch Auswirkungen nach außen. Die verschlossene Tür wurde geöffnet, und die Jünger fingen an, zu der herbeigeströmten Menge zu sprechen. Die lange und detaillierte Aufzählung der Völker bedeutet, dass die ganze Welt anwesend war, denn alle Völker werden genannt. Während die Jünger Jesu sprechen, können alle sie in ihrer Muttersprache verstehen. „Wir hören sie in unseren Sprachen Gottes große Taten verkünden", sagen sie staunend. An diesem Tag hat der Geist des Herrn begonnen, Grenzen zu überwinden, die unüberwindlich schienen. Pfingsten setzt Babel ein Ende. Der Heilige Geist leitete eine neue Zeit ein, die Zeit der Kommunion und der Geschwisterlichkeit. In Jerusalem nimmt die Kirche zwischen Abendmahlsaal und Straße ihren Anfang, denn erfüllt vom Heiligen Geist überwinden die Jünger ihre Angst und beginnen zu predigen. Jesus hatte zu ihnen gesagt: „Wenn aber jener kommt, der Geist der Wahrheit, wird er euch in der ganzen Wahrheit leiten" (Joh 16,13).
Der Geist ist herabgekommen, und seit diesem Tag führt er die Jünger weiter auf den Wegen der Welt. Im Brief an die Galater schreibt der Apostel Paulus: „Die Frucht des Geistes aber ist Liebe, Freude, Friede, Langmut, Freundlichkeit, Güte, Treue, Sanftmut und Enthaltsamkeit" (Gal 5,22–23). Diese Früchte braucht die ganze Welt. Pfingsten ist der Beginn der Kirche. Der Heilige Geist wurde auch über uns ausgegossen, damit wir heraustreten aus unserem kleinlichen Denken und unserer Verschlossenheit, um die Liebe des Herrn zu bezeugen und sein Evangelium allen Geschöpfen bis an die Enden der Erde zu verkünden.

Gebet am Tag des Herrn

ZEIT IM JAHRESKREIS

Montag, 1. Juni

Fest der seligen Jungfrau Maria, Mutter der Kirche

Joh 19,25–27. **Die Mutter und der geliebte Jünger**

Nachdem wir das große Pfingstfest gefeiert haben, das den Beginn der Geschichte der Kirche in der Welt bezeichnet, lädt uns die Liturgie heute ein, Maria als Mutter der Kirche zu betrachten. Dass sie Mutter der Kirche ist, zeigt sich in gewisser Weise schon unter dem Kreuz, als Jesus selbst zu Maria sagt: „Frau, siehe, dein Sohn!“ und zum Jünger: „Siehe, deine Mutter!“. Diese Worte Jesu sprechen zu unserem Leben, zu jedem von uns, die wir uns alle so leicht dazu drängen lassen, uns in Sicherheit zu bringen, Probleme und mehr noch das Leiden und die Herausforderung des Bösen zu vermeiden. Doch wo immer sich eine Gemeinschaft unter dem Kreuz bildet, welches das Zeichen für jedes menschliche Leiden ist, dort ist in gewisser Weise die Kirche anwesend. Es ist nötig, den vielen Gekreuzigten unserer Welt nahe zu sein, um so den Trost zu empfangen, eine Mutter und einen Sohn zu finden, Schwestern und Brüder zu haben, die einen begleiten und nicht im Stich lassen. „Von jener Stunde an“, so schreibt der Evangelist, „nahm sie der Jünger zu sich“. Die Mutter Jesu zu sich zu nehmen, sie in sein Herz aufzunehmen, bedeutet, mit ihr unter den vielen Kreuzen der Welt zu stehen als ein Zeichen der Hoffnung, als ein Zeichen eines neuen Lebens, das wieder geboren wird, einer neuen Familie, die entsteht, die andere aufnimmt und Solidarität hervorbringt.

Gebet für die Kranken

Dienstag, 2. Juni

2 Petr 3,12–15a.17–18. **Ein Neubeginn in Heiligkeit**

Der Apostel erinnert die Christen, die zweifeln, weil die Wiederkunft Christi sich verzögert, daran, dass Gott die Zeit in anderer Weise misst, als wir das tun. Petrus schreibt: „Dies eine aber, Geliebte, soll euch nicht verborgen bleiben, dass beim Herrn ein Tag wie tausend Jahre und tausend Jahre wie ein Tag sind“ (2 Petr 3,8). Der Apostel möchte damit ausdrücken, dass für jede christliche Generation die Endzeit diejenige Zeit ist, die sie gerade lebt. Denn jeder Christ lebt seine letzte Zeit und ist aufgerufen, sie mit der von jedem Jünger des Evangeliums geforderten Verantwortung zu leben. Deshalb fügt der Apostel hinzu: „Der Herr der Verheißung zögert nicht“. Denn wer das Evangelium Jesu in sein Herz aufnimmt, lebt schon in der Endzeit, also in der Familie der vom Herrn Geretteten, der genau darum von den Toten auferstanden ist, um uns zu retten. Ja, wir sind uns gewiss, dass der Tag des letzten Hinübergangs, der Tag des Todes, sich für alle Menschen ereignen wird, und uns „wie ein Dieb“ ereilen wird. Deshalb ermahnt Petrus alle, das Gericht Gottes vor Augen zu haben und das eigene Leben nach dem Willen Gottes auszurichten. Durch ein Leben nach dem Evangelium verlangsamen die Christen das Werk des Bösen und beschleunigen die Ankunft des Reiches. Wenn die Gläubigen an der Liturgie teilnehmen, in der geschwisterlichen Kommunion leben, den Armen mit Liebe dienen und die universale Solidarität wecken, dann können die Gläubigen den „neuen Himmel“ und die „neue Erde“, von denen die Offenbarung spricht, nicht nur erahnen und erwarten, sondern leben sie schon heute. Der Apostel ruft dazu auf, nicht ein zügelloses Leben zu führen, als läge die Endzeit noch immer in weiter Ferne. Die Zeit des Eintretens in das Reich hat schon begonnen. Daher ermahnt der Apostel die Christen, in der Liebe und in der Erkenntnis des Herrn Jesus zu wachsen. Denn er soll uns „ohne Makel und Fehler in Frieden“ antreffen, wenn wir sein Angesicht sehen werden.

Gebet für die Armen

Mittwoch, 3. Juni

Gedenktag des heiligen Karl Lwanga, der zusammen mit zwölf Gefährten in Uganda den Märtyrertod erlitt (1886).

2 Tim 1,1–3.6–12. **Die Gnade, die Timotheus zuteilwurde**

Zu Beginn seines zweiten Briefes an Timotheus spricht Paulus von seiner Autorität als „Apostel“ Jesu Christi, die ihm „durch den Willen Gottes“ verliehen worden ist. Paulus ist sich des jugendlichen Alters des Timotheus bewusst sowie der großen Aufgabe des pastoralen Dienstes, die er ihm anvertraut hat. Er erinnert ihn daran, keine Furcht zu haben, da ihm von Gott selbst, durch die Auflegung seiner Hände, eine besondere Kraft geschenkt worden ist. Diese Gnade muss er freilich durch Gebet, Treue und Hingabe neu beleben. Er macht dem jungen Jünger zudem deutlich: „Gott hat uns nicht einen Geist der Verzagtheit gegeben, sondern den Geist der Kraft, der Liebe und der Besonnenheit“. Deshalb soll Timotheus ein weiser und starker Hirte sein und sich „nicht des Zeugnisses für unseren Herrn“ schämen, also das Evangelium Jesu verkünden. Er soll sich auch des Apostels nicht schämen, der „seinetwegen“, also des Herrn wegen, „im Gefängnis“ ist und die Verkündigung zu seinem Lebensziel gemacht hat. Dies gilt im Übrigen für jeden Jünger, wie Jesus selbst gesagt hat: „Jeder, der sich vor den Menschen zu mir bekennt, zu dem werde auch ich mich vor meinem Vater im Himmel bekennen“ (Mt 10,32). Paulus weiß, dass er am Ende seiner Tage angelangt ist, und er hat die Gewissheit, dass das ihm „anvertraute Gut“ (vgl. auch 1 Tim 6,20) bis zu „jenem Tag“, das heißt bis zum Ende der gegenwärtigen Zeit und der Rückkehr des Herrn (2 Tim 1,18; 2 Thess 1,10), in den allmächtigen Händen Gottes gut behütet sein wird. Paulus ruft Timotheus dazu auf, das „kostbare Gut“, also das Evangelium Jesu Christi, gut zu bewahren, denn Jesus hat „den Tod vernichtet und uns das Licht des unvergänglichen Lebens gebracht“.

Gebet mit den Heiligen

Donnerstag, 4. Juni

2 Tim 2,8–15. **Das Wort Gottes ist nicht gefesselt**

Paulus ermahnt Timotheus, stark zu sein, nicht den Mut zu verlieren und sich nicht der Verzagtheit hinzugeben. Seine Kraft liegt in der „Gnade, die [ihm] in Christus Jesus geschenkt ist“. Aus der Begegnung mit Jesus muss er kontinuierlich die Inspiration und Kraft für seinen Dienst schöpfen, der darin besteht, das Evangelium zu verkünden und es seinerseits „zuverlässigen Menschen“ anzuvertrauen, damit sie es wiederum anderen weitergeben. Paulus deutet hier den Sinn der kirchlichen Tradition an, die eben darin besteht, das Evangelium von Generation zu Generation weiterzugeben. So ist eine ununterbrochene Kette entstanden, die den Glauben von heute mit der Verkündigung der Apostel und damit mit Jesus selbst verbindet. Die christliche Tradition besteht nicht darin, abstrakte Wahrheiten oder leere Riten weiterzugeben, sondern mit Worten und Taten Zeugnis abzulegen vom Leben Jesu, der gekreuzigt wurde, aber von den Toten auferstanden ist. Diese Verkündigung kann nicht einmal durch Ketten gehindert werden. Paulus spricht von den Ketten seiner Haft, während er diesen Brief schreibt. Eindringlich betont er, dass „das Wort Gottes … nicht gefesselt“ ist. Keine menschliche Macht kann es aufhalten. Vielmehr wird der Glaube durch Verfolgung gestärkt und vervielfacht. Paulus weiß, dass sein Leiden Teil der Berufung zum Apostel ist, und genauso ist es auch Teil der Berufung der Jünger aller Epochen. Das Martyrium, also sein Leben für Jesus hinzugeben, ist integraler Bestandteil des Evangeliums. Der Apostel erinnert Timotheus aber daran: „Wenn wir nämlich mit Christus gestorben sind, werden wir auch mit ihm leben; wenn wir standhaft bleiben, werden wir auch mit ihm herrschen“. Wer sein Leben für Christus hingibt, wird mit ihm Miterbe der Herrlichkeit. Tragisch dagegen ist das Geschick dessen, der sich von Christus trennt. Doch es ist gut zu wissen, so fügt der Apostel hinzu, dass Jesus treu bleibt, denn er begeht niemals Verrat. Der Apostel will den Gläubigen eine väterliche Mahnung schenken, damit sie wissen, dass Jesus uns, was auch immer wir tun, erwartet wie jener Vater seinen verlorenen Sohn. Seine Bindung der Liebe zu uns ist stärker als unsere Schwächen und unsere Sünde.

Gebet mit der Kirche

Freitag, 5. Juni

Gedenktag des heiligen Bischofs und Märtyrers Bonifatius, der das Evangelium in Deutschland verkündete und während einer Missionsreise nach Friesland getötet wurde († 754).

2 Tim 3,10–17. **Treues Hören auf die heiligen Schriften**

Paulus hat soeben Timotheus davor gewarnt, dass „in den letzten Tagen … schwere Zeiten anbrechen" werden aufgrund eines allgemeinen Sittenverfalls: „Die Menschen werden selbstsüchtig sein, habgierig, prahlerisch, überheblich, Lästerer, ungehorsam gegen die Eltern, undankbar, gottlos, lieblos, unversöhnlich, verleumderisch, unbeherrscht, rücksichtslos, dem Guten abgeneigt, heimtückisch, verwegen, hochmütig, mehr dem Vergnügen als Gott zugewandt. Den Schein der Frömmigkeit wahren sie, verleugnen aber deren Kraft." Paulus mahnt Timotheus: „Wende dich von diesen Menschen ab!" Vielmehr ruft er ihn – der ihm ja „gefolgt" und sehr nahe gewesen ist – auf, sich an sein Beispiel zu erinnern, an seine Art im Glauben, mit Liebe und mit Langmut zu leben, und sich der Verfolgungen und Leiden bewusst zu sein, die damit einhergehen. Ja, der Apostel betont mit aller Deutlichkeit, dass „alle, die in der Gemeinschaft mit Christus ein frommes Leben führen wollen, verfolgt werden". Timotheus soll sich dessen bewusst sein – und wir mit ihm –, dass alle Jünger dasselbe Schicksal wie Jesus teilen werden. Deshalb ermahnt Paulus den Jünger mit väterlicher Sorge: „Du aber bleibe bei dem, was du gelernt und wovon du dich überzeugt hast". Unsere Kraft kommt ganz und gar aus dem Hören auf die heiligen Schriften. Denn sie wurden von Gott inspiriert, damit sie lebendige und reine Quelle einer neuen Weisheit seien. So sind die heiligen Schriften „nützlich zur Belehrung, zur Widerlegung, zur Besserung, zur Erziehung in der Gerechtigkeit". Das treue und beständige Hören auf die Schriften bildet den Jünger gemäß dem Denken Gottes selbst. Sie sind uns von Gott selbst gesandt worden, damit „der Mensch Gottes gerüstet ist, ausgerüstet zu jedem guten Werk".

Gebet des heiligen Kreuzes

Samstag, 6. Juni

2 Tim 4,1–8. **Ermahnung zur Verkündigung des Wortes Gottes**

Gegen Ende des Briefes scheint Paulus in seinen Mahnungen an Timotheus nachdrücklicher zu werden. Er sorgt sich um das Schicksal der Gemeinde und will, dass sein Schüler seiner Leitungsaufgabe gerecht wird. Er scheut sich nicht, ihm die Tragweite seiner Verantwortung vor Augen zu führen, und so leitet er seine Weisungen mit einer feierlichen Beschwörung ein, mit der er Timotheus vor Gott und den Herrn Jesus, den obersten Richter, hinstellt. Der Apostel erinnert Timotheus an das ewige Urteil Jesu Christi, des Richters „der Lebenden und der Toten", der auch sein Wirken als Hirt der Gemeinde beurteilen wird. Dabei besteht das erste Werk, das er ihm ans Herz legt, darin, „das Wort" zu verkünden. Für den Apostel ist das die vorrangige Aufgabe des Hirten. Deswegen dürfen keinerlei menschliche Erwägungen die Verkündigung des Evangeliums beeinträchtigen. Es spielt keine Rolle, ob die Menschen es annehmen oder nicht, und es spielt auch keine Rolle, ob der Zeitpunkt, die Art und die Umstände der Verkündigung den Menschen gelegen kommen oder nicht. Paulus fordert Timotheus auf, bei der Darstellung der Botschaft des Evangeliums Nüchternheit walten zu lassen und es mit Klugheit und Klarheit, aber auch mit Festigkeit zu verkünden. Sicher wird die Verkündigung des Wortes Leiden und Demütigungen mit sich bringen, wie es auch Paulus erlebt hat. Ja, während Paulus dies schreibt, hat er den Tod vor Augen, denn er weiß, dass der Moment herannaht, da sein Blut im Martyrium vergossen und Gott als Opfergabe dargebracht werden wird. Doch der Tod ist ein Hinübergang, eine Art Rückkehr zum Herrn. Paulus wendet seinen Blick zurück, und sieht, dass sein Leben wie ein Wettlauf, wie ein „Kampf" gewesen ist. So kann er in sicherer Hoffnung den „Kranz der Gerechtigkeit" erwarten. Er weiß dabei, dass er diesen Siegeskranz nicht alleine, sondern gemeinsam mit den Jüngern, „die sehnsüchtig auf sein Erscheinen warten", erhalten wird. Das ist die gemeinsame Bestimmung zu jenem Reich, zu dem alle Jünger gerufen sind. Denn man kann sich nicht alleine retten, sondern gemeinsam finden wir Rettung.

Gebet der Vigil

Sonntag, 7. Juni: Dreifaltigkeitssonntag

Die orthodoxen Kirchen feiern das Pfingstfest.

Ex 34,4b.5–6.8–9; Dan 3,52–56; 2 Kor 13,11–13; Joh 3,16–18

Die heilige Liturgie kommt uns heute entgegen, denn der Zeitpunkt dieses Festes legt uns nahe, dass die zu Pfingsten entstandene Kirche ihre ersten Schritte im Zeichen der Dreifaltigkeit macht. Alles stammt von Gott, es entspringt seinem Geheimnis der grenzenlosen Liebe, die den Vater dazu veranlasst hat, seinen eigenen Sohn für die Rettung aller Völker zu senden: „Gott hat die Welt so sehr geliebt, dass er seinen einzigen Sohn hingab, damit jeder, der an ihn glaubt, nicht verloren geht, sondern ewiges Leben hat" (Joh 3,16), wie Jesus zu Nikodemus sagt. Auch der Verfasser des Hebräerbriefs spricht von solch einer Liebe Gottes, die ständig im Hinausgehen ist: „Vielfältig und auf vielerlei Weise hat Gott einst zu den Vätern gesprochen durch die Propheten; am Ende dieser Tage hat er zu uns gesprochen durch den Sohn" (Hebr 1,1–2). Jesus selbst hat nach seiner Auferstehung über seine Jünger den Heiligen Geist ausgegossen, der sie in die ganze Wahrheit einführen soll. Das Fest der Dreifaltigkeit lädt uns ein, diese grenzenlose Liebe Gottes zu feiern und lässt uns dabei die Kirche, die christliche Gemeinschaft, als Frucht der Liebe des Vaters, des Sohnes und des Heiligen Geistes betrachten. Die Kirche, die christliche Gemeinschaft, ist kein Werk der Menschen, sie ist nicht einfach das Ergebnis einer menschlichen Initiative. Sie ist Frucht Gottes, Werk seiner Liebe, sein großes Geschenk an die Welt. Deshalb ist die Kirche, die christliche Gemeinschaft, in erster Linie ein Geheimnis, das es zu betrachten, aufzunehmen, zu achten, zu behüten, zu verteidigen und zu lieben gilt. Dies ist eine der großen Errungenschaften des II. Vatikanischen Konzils: Die Kirche ist in erster Linie ein Geheimnis der Liebe; ein Geheimnis, das es zu betrachten, aufzunehmen, zu achten, zu behüten und zu lieben gilt. Nur in diesem Licht ist die Kirche Gemeinschaft und keine Institution, in der nur die Organisation zählt. Wer mit dem Herzen auf das Evangelium hört, findet nicht nur in einer organisierten Gemeinde Aufnahme, sondern ist vor allem in das Geheimnis der Dreifaltigkeit hineingenommen, in die Kommunion mit Gott. Wir leben im Vater, im Sohn und im Heiligen Geist. Der schöne Brauch des Kreuzzeichens, das wir zu Beginn und am Ende all unseres Tuns machen sollen, erinnert uns an eben dieses Geheimnis, an dem wir teilhaben dürfen. Die Kirche ist in ihrer ganzen Verfasstheit eine Berufung, nämlich zum Dienst an der Einheit und der Kommunion. Das Fest der Dreifaltigkeit ist eine drängende Einladung, uns in die Dynamik Gottes selbst hineinzubegeben, nach seinen Bestrebungen zu streben, Gottes eigenes Leben zu leben, und die Liebe zu genießen, die nie mehr vergeht. Der Herr will die Rettung aller und erreicht sie, indem er die Frauen und Männer in einer großen und grenzenlosen Familie um sich versammelt. Rettung heißt genau dies: Gemeinschaft mit Gott und Gemeinschaft der Menschen untereinander. Dies mag ein naiver Traum sein, aber freilich ein schöner Traum. Er ist der Traum Gottes für die Welt.

Gebet am Tag des Herrn

Montag, 8. Juni

1 Kön 17,1–6. **Der Prophet Elija in Israel**

Der Name Elija bedeutet „Jahwe ist mein Gott“ und darin ist das gesamte Leben des Propheten zusammengefasst. Er ist im Wortsinn ein Mann Gottes. Er war dies in einem Moment, in dem die religiöse Krise ihren Höhepunkt erreicht hatte: Gedrängt von seiner Frau Isebel – einer phönizischen Prinzessin – hatte Ahab den Baalskult unterstützt, indem er dem Gott Baal in der Hauptstadt ein Heiligtum widmete, eine Kampagne gegen den Glauben Israels in Gang setzte, und sogar so weit ging, die Propheten zu töten. In dieser dramatischen Lage sendet der Herr Elija. Dieser taucht ganz unvorhergesehen auf, ohne Vorankündigung. Er wird nicht als Prophet bezeichnet, doch bekräftigt er, dass er in der Gegenwart Gottes lebt, und verhängt die Dürre aufgrund seiner eigenen Vollmacht. Seine Stärke liegt gleichsam allein in seinem Wort. So beginnt der Prophet seinen Kampf gegen diesen Götzendienst ganz gezielt. Während dieser schrecklichen Not wird Elija vom Herrn in die Schlucht des Baches Kerit gesandt. Dieser Ort steht weniger für einen Zufluchtsort als für eine Einkehr in der Abgeschiedenheit, fern von den gewöhnlichen Sorgen, damit der Herr das Herz der Jünger verwandeln kann und sie in der Weisheit wachsen. Nicht zufällig wird Elija in der Lebensbeschreibung des Antonius, die sowohl im Osten als auch im Westen großen Einfluss haben sollte, so zum Archetypen des Mönches, der sein ganzes Leben dem Herrn widmet und in allem von ihm Hilfe erfährt. Der Prophet wird, wie der Jünger, von Gott ernährt. Im Text heißt es: „Die Raben brachten ihm Brot und Fleisch am Morgen und ebenso Brot und Fleisch am Abend“. Es verwirklicht sich für ihn das, was Jesus später seinen Jüngern sagen wird: „Macht euch also keine Sorgen und fragt nicht: Was sollen wir essen? Was sollen wir trinken? Was sollen wir anziehen? Denn nach all dem streben die Heiden. Euer himmlischer Vater weiß, dass ihr das alles braucht. Sucht aber zuerst sein Reich und seine Gerechtigkeit; dann wird euch alles andere dazugegeben“ (Mt 6,31–33).

Gebet für die Armen

Dienstag, 9. Juni

1 Kön 17,7–16. **Die Witwe von Sarepta in Sidon und das Wunder**

Nachdem der Bach, der Elija Wasser spendete, ausgetrocknet war, sagte der Herr zu ihm: „Mach dich auf, und geh nach Sarepta, das zu Sidon gehört, und bleib dort! Ich habe dort einer Witwe befohlen, dich zu versorgen“. Elija befolgte die Weisung des Wortes Gottes und ging dorthin. Am Stadttor begegnete er der Witwe und bat sie um Hilfe. Womöglich hegt Elija Zweifel, ob ihm eine arme Witwe wohl helfen könne. Also bittet er sie zunächst nur um etwas zu trinken, und erst als sie unterwegs ist, um Wasser zu holen, bittet er sie auch um ein Stück Brot. In der Antwort der Witwe spiegelt sich ihre völlige Armut wider, was das Wort des Herrn noch unverständlicher macht: „Ich habe nichts mehr vorrätig als eine Handvoll Mehl im Topf und ein wenig Öl im Krug. Ich lese hier ein paar Stücke Holz auf und gehe dann heim, um für mich und meinen Sohn etwas zuzubereiten. Das wollen wir noch essen und dann sterben“. Elija aber war dem Wort Gottes treu, und so wusste er, dass ihn der Herr nicht verlassen würde, und er war auch sicher, dass der Herr den Waisen und die Witwe schützen würde. So bestärkte er sie: „Fürchte dich nicht! Geh heim, und tu, was du gesagt hast!“ Hier begegneten sich der Glaube des Elija und der Glaube der armen Witwe. Aus dem Glauben erwächst immer das Wunder. Wie Elija sich dem Wort Gottes anvertraute, so vertraute sich die Witwe dem Wort des Propheten an. Dies ist das Wunder, das sich immer dann verwirklicht, wenn das Wort Gottes verkündet und angenommen wird. Wir könnten in dieser Szene die Geschichte der christlichen Verkündigung erkennen, denn durch sie haben sich die Wunder der Vermehrung von Liebe und Geschwisterlichkeit ereignet und ereignen sich so noch heute. Wenn die Resignation in eine Hungersnot führen kann, kann der Glaube Wunder hervorrufen. Diese arme Witwe und Elija zeigen uns, wie das Hören auf das Wort Gottes die Herzen von uns Gläubigen zu einer Quelle der Liebe macht, die weder räumliche noch zeitliche Grenzen kennt. Zum Schluss des Textes heißt es: „Der Mehltopf wurde nicht leer und der Ölkrug versiegte nicht, wie der Herr durch Elija versprochen hatte.“

Gebet mit Maria, der Mutter des Herrn

Mittwoch, 10. Juni

1 Kön 18,20–39. **Elija und das Gottesurteil auf dem Karmel**

König Ahab begegnet schließlich Elija und beschuldigt ihn, Verderben über Israel zu bringen. Elija aber erinnert ihn daran, dass es sein Vergehen ist, dass er sich von Gott entfernt und zugelassen hat, dass das Volk der Abtrünnigkeit verfällt, welche die wahre Ursache für die Hungersnot ist, die das gesamte Land befallen hat. Die Situation war derart ernst, dass sich Elija dazu gedrängt sieht, die Priester des Baal öffentlich herauszufordern. Dazu wählt er gerade den Berg Karmel aus, auf dem der von David erbaute Altar für den Kult am Herrn zerstört und von Ahab durch einen anderen, dem Baal gewidmeten, ersetzt worden war. Elija will, dass das Volk seine Widersprüchlichkeit ablegt und von Neuem für Gott als seinen einzigen Herrn entscheidet. Es ist nicht möglich, Baal und Gott zu dienen. Denn man kann kein geteiltes Herz haben. Weil er den Bund in seiner Gesamtheit wiederherstellen will, befragt Elija das ganze Volk: „Wie lange noch schwankt ihr nach zwei Seiten?“, um zu fragen, wie lange sie noch zwei Herren dienen wollen. Im Buch Deuteronomium mahnt der Herr: „Höre, Israel! Jahwe, unser Gott, Jahwe ist einzig. Darum sollst du den Herrn, deinen Gott, lieben mit ganzem Herzen, mit ganzer Seele und mit ganzer Kraft“ (Dtn 6,4–5). Wie auf jeder Seite der Schrift ersichtlich, ist der Gott Israels ein eifersüchtiger Gott, der keine anderen Götter neben sich duldet. Baal ist ein stummer und machtloser Götze. Der Herr hingegen spricht und ist stark. Die Propheten des Baal „schreien“ umsonst ihre Bitte heraus. Elija verspottet sie und erhebt sich als neuer Mose mit der Bitte an den „Gott Abrahams, Isaaks und Israels“, dass er den Bund wiederherstelle. So wie Mose errichtet er einen Altar mit zwölf Steinen als Symbol für die Einheit Israels. Auf dem Berg Karmel findet das Volk Israel durch Elija sein Herz wieder und richtet es erneut auf den Herrn aus, der es aus der Sklaverei in Ägypten befreit hat und es nun aus der Sklaverei der vielen Götzen dieser Welt errettet.

Gebet mit den Heiligen

Donnerstag, 11. Juni: Fronleichnam

Gedenktag des Apostels Barnabas. Er war Begleiter des Paulus auf dessen Weg nach Antiochia und auf der ersten Missionsreise.

Dtn 8,2–3.14b–16; Ps 147; 1 Kor 10,16–17; Joh 6,51–58

Das Fest Fronleichnam bringt die alte und tief verwurzelte Liebe zur Eucharistie zum Ausdruck. Der Apostel Paulus schreibt an die Korinther: „Denn ich habe vom Herrn empfangen, was ich euch dann überliefert habe: Jesus, der Herr, nahm in der Nacht, in der er ausgeliefert wurde, Brot, sprach das Dankgebet, brach das Brot und sagte: Das ist mein Leib für euch. Tut dies zu meinem Gedächtnis! Ebenso nahm er nach dem Mahl den Kelch und sprach: Dieser Kelch ist der Neue Bund in meinem Blut. Tut dies, sooft ihr daraus trinkt, zu meinem Gedächtnis!" (1 Kor 11,23–25). Die Kirche hütet die Worte Jesu und verehrt im geweihten Brot und Wein seinen Leib und sein Blut. Dabei ist der Herr darin in einer ganz bestimmten Weise gegenwärtig, nämlich als „gebrochenes" Brot und als „vergossenes" Blut, das heißt als einer, der nicht sich selbst bewahrt hat, sondern der sein ganzes Leben hingegeben hat, bis zum Tod am Kreuz, bis zum letzten Tropfen Blut. Er hat nichts für sich selbst zurückgehalten, bis zur Vollendung hat er nichts für sich behalten. Dieser gebrochene Leib und dieses vergossene Blut sind für jeden von uns und für die Welt ein Stein des Anstoßes, die wir es gewohnt sind, für uns selbst zu leben und so viel wie möglich von unserem Leben für uns zu behalten. Der Apostel Paulus erkennt den Reichtum dieses Geheimnisses, an dem wir teilhaben, und so mahnt er streng, sich ihm mit Furcht und Zittern zu nähern: „Wer also unwürdig von dem Brot isst und aus dem Kelch des Herrn trinkt, macht sich schuldig am Leib und am Blut des Herrn. Jeder soll sich selbst prüfen; erst dann soll er von dem Brot essen und aus dem Kelch trinken" (1 Kor 11,27–28). Doch hüten wir uns! Doch wer könnte sich ihm – auch nach einer solchen Prüfung – nähern? Wir kennen unsere Sünden genau, wie der Psalmist singt: „Denn ich erkenne meine bösen Taten, meine Sünde steht mir immer vor Augen" (Ps 51,5). Doch in ihrer Weisheit lässt uns die Kirche mit dem Hauptmann aus dem

Evangelium sagen: „Herr, ich bin nicht würdig, dass du eingehst unter mein Dach, aber sprich nur ein Wort, so wird meine Seele gesund." Es genügt, ein Wort zu sprechen. Ja, das Wort des Herrn selbst lädt uns ein, uns zu nähern, und dieses Wort macht uns würdig, denn es ist ein Wort, das vergibt und heilt. Zum Tisch des Herrn können wir treten, nachdem wir das Wort gehört haben und es unser Herz gereinigt und mit Wärme erfüllt hat. Es besteht gleichsam eine Kontinuität zwischen dem Brot des Wortes und dem Brot der Eucharistie. Es ist gleichsam ein einziger Tisch, von dem wir immer dieselbe Speise empfangen: den Herrn Jesus, der sich zur Speise für alle gemacht hat.

Gebet für die Kirche

Freitag, 12. Juni

1 Kön 19,9a.11–16. **Ein sanftes, leises Säuseln auf dem Berg Horeb**

Elija steigt auf den Berg Horeb und betritt eine Höhle, in der er die Nacht verbringt. Dort vernimmt er die Stimme Gottes: „Was willst du hier, Elija?" Dies ist eine direkte Frage, wie jene, die an Adam nach dem Sündenfall erging oder an Kain nach der Tötung seines Bruders. Elija fühlt sich vom Herrn in Frage gestellt und antwortet, indem er sich darüber beklagt, was mit ihm geschehen ist: „Mit leidenschaftlichem Eifer bin ich für den Herrn, den Gott der Heere, eingetreten … Ich allein bin übrig geblieben und nun trachten sie auch mir nach dem Leben". Elija ist noch immer Gefangener seiner selbst und seiner Geschichte, seiner Taten, die vielleicht auch heldenhaft waren, in denen aber immer er selbst im Zentrum stand. Zwar ist er von Leidenschaft für den Herrn erfüllt, doch ist er vor seinem Volk geflohen. Der Herr drängt den Propheten und fordert ihn auf hinauszutreten: „Komm heraus und stell dich auf den Berg vor den Herrn!" Und siehe, „da zog der Herr vorüber: Ein starker, heftiger Sturm, der die Berge zerriss und die Felsen zerbrach, … Doch der Herr war nicht im Sturm". Auch wir denken – sicher nicht, weil wir Elija nahe wären, sondern weil wir noch einer alten Sprache verhaftet sind – dass Gott in den Gewittern und Naturkatastrophen oder zumindest in erstaunlichen Ereignissen anwesend ist. Der Herr ist aber weder in den Erdbeben noch in den Unwettern und sicher nicht in den Kriegen und Konflikten, welche das Leben von Millionen von Menschen in Mitleidenschaft ziehen. Doch dann fühlt Elija ein „sanftes, leichtes Säuseln". Sofort verhüllt sich der Prophet mit dem Mantel das Gesicht und tritt aus der Höhle hinaus. Das sanfte Säuseln, der Hauch des Geistes und der Hauch der Liebe haben die Rüstung seiner Verteidigungshaltung gesprengt und das Herz des Propheten auf die Horizonte der Welt hin ausgeweitet. Das sanfte Säuseln ist die schwache Kraft der Liebe. Denn die Liebe, diese schwache Kraft, stellt das zerrissene Netz der Geschwisterlichkeit der Menschen wieder her. Die Liebe des Herrn ist wie dieses sanfte Säuseln, das zusammenfügt, tröstet, Nähe schenkt. Es wird an den Propheten aufs Neue jene Frage gerichtet, die ihm zu Beginn gestellt wurde: „Was willst du hier, Elija?" Der Prophet antwortet erneut mit denselben Worten. Doch nun ist es Gott selbst, der ihm befiehlt, den Weg wiederaufzunehmen. Elija hat noch seine Mission zu erfüllen, damit dem Volk Gottes das Licht des Wortes Gottes nicht vorenthalten bleibt.

Gebet des heiligen Kreuzes

Samstag, 13. Juni

1 Kön 19,19–21. **Elija wirft den Mantel über Elischa**

Nach der Begegnung mit Gott auf dem Berg Horeb begibt sich Elija auf seine Rückreise. Sogleich begegnet er Elischa, seinem von Gott auserwählten Nachfolger, während dieser mit dem Pflügen der Felder beschäftigt ist. Die Propheten stammten nicht aus einer besonderen Klasse oder Gruppe. Einige, wie Jesaja, waren in der Stadt geboren. Andere, wie Amos und Micha, stammten aus ländlichen Gebieten. Wieder andere, wie Jeremia und Ezechiel, gehörten Priesterfamilien an. Elischa wurde während des Pflügens auf seinen Feldern berufen. Im Allgemeinen sind die Berufungen von einer besonderen Geste gekennzeichnet, die ein Zeichen Gottes offenbart. Dem Elischa wird vom

Propheten Elija der Mantel um die Schultern geworfen: „Im Vorbeigehen warf Elija seinen Mantel über ihn“. Alles geschieht Schlag auf Schlag: Wir wissen nicht, ob sich die beiden überhaupt kannten. Doch sobald er den Mantel erhielt, „verließ Elischa sogleich die Rinder“ und „eilte Elija nach“. Was war geschehen? Dieser Mantel war kein gewöhnlicher Mantel. Elischa begriff, dass er vom Geist des Herrn umhüllt worden und dass auf seine Schultern ein Erbe gelegt worden war, für das er so verantwortlich wurde. Er begriff, dass nicht er sich entschieden hatte, sondern dass er vom Herrn ausgewählt worden war, um sein Wort zu verkünden. Ein Prophet spricht nämlich nie von sich aus und auch nicht für sich. Vielmehr gehört er ganz Gott. Das Gleiche wird sich an den Ufern des Sees Gennesaret ereignen, wenn Jesus beginnt, die ersten Jünger zu berufen. Auch diese verließen sogleich ihre Netze und folgten ihm. Elija aber kommt dem Wunsch Elischas nach, sich von seinen Eltern zu verabschieden. Hier besteht ein Unterschied zu dem, was Jesus in einer ähnlichen Situation sagt: „Zu einem anderen sagte er: Folge mir nach! Der erwiderte: Lass mich zuerst weggehen und meinen Vater begraben. Jesus sagte zu ihm: Lass die Toten ihre Toten begraben; du aber geh und verkünde das Reich Gottes! Wieder ein anderer sagte: Ich will dir nachfolgen, Herr. Zuvor aber lass mich Abschied nehmen von denen, die in meinem Hause sind. Jesus erwiderte ihm: Keiner, der die Hand an den Pflug gelegt hat und nochmals zurückblickt, taugt für das Reich Gottes“ (Lk 9,58–62). Das Evangelium enthält eine Radikalität, die nicht geschmälert oder abgemildert werden kann. Entscheidend ist in jedem Fall die Nachfolge des Herrn. Als Elischa zurückkehrte, begab er sich in die Nachfolge Elijas. Die Mission eines Propheten und auch eines jeden Jüngers ist es, das „leichte Joch“ des Wortes Gottes auf den Schultern anzunehmen und es überall dort zu verkünden, wohin er vom Herrn geschickt wird.

Gebet der Vigil

Sonntag, 14. Juni: 11. Sonntag im Jahreskreis

Ex 19,2–6a; Ps 100; Röm 5,6–11; Mt 9,36–10,8

Als Jesus „die vielen Menschen sah, hatte er Mitleid mit ihnen; denn sie waren müde und erschöpft wie Schafe, die keinen Hirten haben". Das Evangelium berichtet, dass viele von überall her bei Jesus zusammenströmten und ihn um Hilfe baten. Er schickte niemanden weg. Inzwischen war die Zahl der Hilfesuchenden jedoch so groß geworden, dass er nicht mehr allen zuhören und helfen konnte. Daher bat er einige Jünger, ihn zu unterstützen und bei seiner Mission zu helfen, und wählte zwölf aus. Es handelt sich um eine ziemlich heterogene Gruppe, deren Herkunft und Weltanschauung nicht vorrangig sind. Vielmehr kommt es auf die Verbundenheit mit Jesus und auf den Gehorsam gegenüber seinem Wort an. Diese beiden Aspekte sind grundlegend für die Auswahl der zwölf Apostel. Sie werden nicht mehr als Zöllner, Zeloten oder Fischer angesehen und dargestellt, ihre wesentliche Eigenschaft ist das Zusammensein mit Jesus von Nazaret. Wie Jesus den Namen des Ersten der Apostel in Petrus verändert, so ändert er die persönliche Geschichte aller Jünger. Ihr neuer Name bedeutet nun: „Diener des Herrn und Menschen für seine Mission". Sie sollen dieselben Worte sagen, die Jesus gesprochen hat, und dieselben Werke vollbringen, die er getan hat. Wer ein Jünger wird, bleibt nicht, wie er vorher war. Das Evangelium erwähnt, dass sie nun die Vollmacht besaßen, die unreinen Geister auszutreiben und alle Krankheiten und Leiden zu heilen. Diese Vollmacht wird den Jüngern aller Zeiten übertragen, nicht nur einigen besonderen (wie etwa Priestern, Ordensleuten, pastoralen Mitarbeitern oder Exorzisten). Jeder Christ soll auf das Evangelium hören und sich bemühen, ihm nachzufolgen. Dazu erhält er in der Taufe die Kraft des Heiligen Geistes. Sie wird allen geschenkt, damit sie jeder auch einsetzt. Allerdings ist es eine schwache Kraft, die weder von politischer noch wirtschaftlicher oder militärischer Natur ist. Jesus sendet die Jünger mit diesen Worten aus: „Steckt nicht Gold, Silber und Kupfermünzen in euren Gürtel. Nehmt keine Vorratstasche mit auf den Weg, kein zweites Hemd, keine Schuhe, keinen Wanderstab." Auch wenn der Jünger diese Dinge nötig hat, liegt seine eigentliche Macht im Wort und in der Herrschaft über die unreinen Geister. Jesus sagt zu ihnen: „Geht und verkündet: Das Himmelreich ist nahe. Heilt Kranke, weckt Tote auf, macht Aussätzige rein, treibt Dämonen aus!" Diese Kraft ist real, stammt jedoch nicht vom Menschen. Sie entspringt weder unserer Tradition noch unserer familiären Abstammung oder unseren persönlichen Fähigkeiten. Es ist die Kraft des Evangeliums. Zu den Jüngern, die in zunehmendem Maße erstaunt sind über so viel Vertrauen, sagt Jesus: „Umsonst habt ihr empfangen, umsonst sollt ihr geben." Diese Vollmacht kommt von Gott. Niemand kann sich ihrer rühmen. Gleichzeitig darf sie niemand aus Faulheit oder Angst verborgen halten. Das Ideal des Christen und jeder kirchlichen Gemeinschaft besteht nicht im Verzicht auf Veränderung, Kampf und Einsatz. Im Gegenteil, man muss dem Herrn nachfolgen, um die außergewöhnlichen Werke zu vollbringen, die er selbst vollbracht hat. Alle Jünger, auch die Schwächsten und Bedürftigsten, empfangen diese Vollmacht „umsonst". Jesus warnt vor der Versuchung, sich vor diesem Auftrag zurückzuziehen. Allen ist es möglich, diese Vollmacht auszuüben, denn sie ist nichts anderes als die Liebe. In der Liebe verkündet man das Evangelium, durch sie werden die unreinen Geister ausgetrieben, und eine schönere und menschlichere Welt entsteht.

Gebet am Tag des Herrn

Montag, 15. Juni

1 Kön 21,1b–16. **Der Weinberg des Nabot**

Ahab hatte Verlangen nach dem Weinberg des Nabot, der neben seinem Palast lag. Er wollte ihn seinem Palast angliedern, um daraus einen „Gemüsegarten" zu machen. Doch dieser Wunsch, einen Weinberg, Sinnbild der Fruchtbarkeit des verheißenen Landes und des göttlichen Segens in einen Gemüsegarten umzuwandeln, zeigt, wie launisch und dumm dieser König ist. Zudem ist das Grundstück Nabots an das Familienerbe gebunden, sodass eine Veräußerung nicht nur eine Schande, sondern beinahe eine Gotteslästerung bedeutete. Deshalb antwortet er auf die Bitte des Königs ablehnend. Der König erkennt die auch religiösen Beweggründe Nabots an und kehrt traurig und verärgert zum Palast zurück, trifft aber keine Entscheidung. Isebel, seine nicht aus Israel stammende skrupellose Ehefrau, heckt zur Lösung dieser Frage mit grausamer Sorgfalt einen genauen Plan aus, um Nabot töten zu lassen und ihm somit auch seinen Weinberg nehmen zu können. Nabot wird so zu einem Sündenbock gemacht. Die Begierde und der Zynismus der Königin, die symbolisch für jede menschliche Macht steht, begleitet von der Komplizenschaft der korrupten hohen Beamten, aber auch des gesamten Volkes, das sich überzeugen lässt, führen dazu, dass der unschuldige Nabot getötet wird. Das Böse ist stark und gleichzeitig geschickt. Denn es versteht es, Beziehungen zu stiften, die ein hinterlistiges Netz unter Komplizen knüpfen können, was – wie in diesem Fall – zum Tod eines Gerechten führt. Dieser Fall von Korruption erinnert sehr an das, was Jesus widerfahren wird, als er am Ende eines falschen Prozesses unschuldig zum Tod verurteilt werden wird. Wir alle sind aufgerufen, nicht zu Komplizen des Bösen zu werden, auch nicht, indem wir einfach wegschauen, um unsere Ruhe zu haben. Denn noch heute erleben wir, wie viele Unschuldige zu Tode gebracht werden. Dieser Kraft des Bösen können wir uns nicht ergeben.

Gebet für den Frieden

Dienstag, 16. Juni

1 Kön 21,17–29. **Elija verteidigt Nabot gegen Ahab**

Nach der Ermordung Nabots fordert Isebel den König auf, den Weinberg in Besitz zu nehmen. Der Verfasser schreibt: „Als Ahab hörte, dass Nabot tot war, stand er auf und ging zum Weinberg Nabots aus Jesreel hinab, um von ihm Besitz zu ergreifen". In dieser Geste zeichnet sich das Bild der grausamen Ungerechtigkeit ab, zu der die Besitzgier führt, die sich im Herzen eines jeden Menschen verbirgt. Diese Besitzgier ist es, welche die Ungerechtigkeit und Unterdrückung der Schwächsten und Ärmsten auslöst. Und so ist es kein Zufall, dass einer der bedeutendsten Aspekte der biblischen Prophetie gerade der Kampf für Gerechtigkeit ist. Die Propheten, „die Gottesmänner", wissen sehr wohl, dass ihr Auftrag auch darin besteht,

Ungerechtigkeiten und Übergriffe anzuzeigen. Die Ungleichheiten unter den Menschen – vor allem jene, die den Graben, der die Menschen voneinander trennt, auf unerträgliche Weise verbreitern – haben nicht nur soziale Auswirkungen. Elija wird vom Herrn gerufen: „Mach dich auf und geh Ahab, dem König von Israel, entgegen … Er ist zum Weinberg Nabots hinabgegangen, um von ihm Besitz zu ergreifen.“ Die Auseinandersetzung zwischen diesen beiden ist hart. Der Prophet weicht nicht zurück. Das Wort Gottes ist, wie es im Hebräerbrief heißt, ein „zweischneidiges Schwert“ (Hebr 4,12). Dieses ist ausgesandt, damit den Menschen ihr böses und ungerechtes Tun bewusst wird, und zugleich ist es, wenn es angenommen wird, auch eine Medizin, die hilft, das Herz von der Sünde zu heilen. Genau das geschieht Ahab. Als der Herr die Reue Ahabs sieht, schickt er Elija noch einmal, um ihm die Vergebung zu verkünden: Der Niedergang seines Geschlechts wird hinausgezögert und wird nicht zu seinen Lebzeiten geschehen, sondern erst während der Herrschaft seines Sohnes.

Gebet mit Maria, der Mutter des Herrn

Mittwoch, 17. Juni

2 Kön 2,1.4b.6–14. **Elischa beginnt seine prophetische Sendung**

Zusammen mit Elischa ist Elija gerade dabei den Jordan zu überqueren, wie um sich in Richtung seines „Gelobten Landes“ zu begeben, dem Himmel. Und siehe da, ein feuriger Wagen, gezogen von feurigen Pferden, erscheint zwischen den beiden. Das Entschwinden des Elija in den Himmel, das mit den typischen Bildern der Theophanie beschrieben wird, weist auf die religiöse Erfahrung des Todes des Elija hin und bezeichnet den Übergang des Prophetenamtes auf Elischa. Der Verfasser schreibt: „Dann hob er den Mantel auf, der Elija entfallen war, kehrte um und trat an das Ufer des Jordan“. Der Jünger muss zum Jordan zurückkehren, um von Neuem von der Quelle, vom Wort Gottes, zu trinken, damit er dieses dem Volk des Herrn weitergeben kann. Der Prophet, ja jeder Jünger überhaupt, ist nicht dazu berufen, seine eigenen Lehren oder Gedanken vorzubringen, sondern dazu, den Auftrag seines Meisters fortzuführen. Elischa hat sich von Elija „zwei Anteile seines Geistes“ erbeten. Die rabbinische Überlieferung kommentiert, dass Elija acht Wunder vollbracht habe, Elischa dagegen sechzehn. Elischa nimmt das Erbe an, das Elija ihm überlässt, und sein Werk wird wirksam sein. Jener zusammengerollte Mantel, den Elischa aufhebt, hat die Kraft, die Wasser des Jordan zu zerteilen, sodass der Prophet ihn überqueren kann. Die Analogie zum Stab des Mose, der das Rote Meer teilte (Ex 14,16), ist offensichtlich und sie verstärkt auch die Parallelen, die zwischen Mose und Elija gezogen werden. Die Übereinstimmung der Situationen, denen Elischa begegnen muss (die Zerstörung der Dynastie Ahabs, der Krieg gegen Baal, die aramäische Bedrohung, der Gegensatz zwischen einem treuen und einem untreuen Israel), zeigt die kontinuierliche Bedeutung der prophetischen Sendung angesichts der anhaltenden Sünde und Untreue des Volkes Gottes. Jede Generation braucht die Verkündigung des Wortes. Der „Geist des Herrn“, den das Volk vergessen hatte, erscheint wieder mit den Propheten, die sich gegen die Königsherrschaft ereifern (1 Kön 22,24). Die Kontinuität der Prophetie unterstreicht die Treue Gottes, der nicht aufhört, sein Volk zu begleiten und zu ihm zu sprechen, damit es sich nicht vom Weg des Heils entfernt. Auch wir sind eingeladen, den Mantel des Elija zu nehmen, das heißt, den Geist der Prophetie anzunehmen, um ihn in unserer Zeit zu leben. Die Propheten folgen einer auf den anderen, aber der Geist ist immer derselbe. Die Anwesenheit der „Söhne und Töchter der Propheten“ unterstreicht die Gemeinschaft der Brüder und Schwestern, die die prophetische Sendung begleitet.

Gebet mit den Heiligen

Donnerstag, 18. Juni

Sir 48,1–14. **Elija wird in einem Wirbelsturm aus Feuer in den Himmel aufgenommen**

Der Verfasser stellt hier Elija und Elischa vor, zwei Propheten, welche die Zerstörung und Verwüstung ankündigen, die diejenigen erwartet, die Gott vergessen. In der Tat hatte das Volk des Herrn sein Herz verhärtet und verharrte in einem gewalttätigen und sündhaften Leben. Da tritt der Prophet auf. Jesus Sirach schreibt mit deutlichen Worten: „Da stand Elija auf, ein Prophet wie Feuer, sein Wort brannte wie eine Fackel." Der Herr hat ihm die Macht über die Schöpfung und die Menschen verliehen. Er ließ Hungersnöte kommen und Feuer vom Himmel herabfallen, er erweckte einen Verstorbenen vom Tod und führte Könige in die Vernichtung, bis er in den Himmel aufgenommen wurde. Seine Prophetie war ein Geschenk für das ganze Volk. Der Verfasser schreibt abschließend: „Selig, die dich gesehen haben und die in Liebe entschlafen sind." Es ist die Glückseligkeit derer, die auf die Propheten als Abgesandte Gottes hören. Ihr Wort rettet aus dem Verderben. Elija und Elischa bekämpften den Götzendienst und die Verderbtheit, um das Volk dazu zu bringen, auf den Weg des Herrn zurückzukehren. Das ist die Aufgabe der Propheten. Auch Johannes der Täufer, den Jesus mit Elija vergleicht, war geschickt worden, um das Volk für den Herrn bereit zu machen und „um die Herzen der Väter den Kindern zuzuwenden und die Ungehorsamen zu rechter Gesinnung zu führen" (Lk 1,17). Der Herr lässt immer wieder Propheten in seinem Volk entstehen, damit es sich bekehrt und zum Herrn zurückkehrt. Die Verkündigung, die in dieser Zeit an uns gerichtet wird – und ich denke vor allem an Papst Franziskus, der wahrlich Elija gleicht – lässt weiterhin „dreimal Feuer" in die Herzen der Menschen herabfallen. Wir begegnen vielen Wundern. Gibt es etwa kein Feuer, das auflodert und „die Herzen der Väter den Kindern zuwendet"? Es ist das Feuer der Verkündigung, die uns alle in die Prophetie des Elija einbeziehen will, damit jede Zerrissenheit geheilt und die Geschwisterlichkeit wiederhergestellt wird.

Gebet für die Kirche

Freitag, 19. Juni: Hochfest des Heiligsten Herzens Jesu

Gedenktag des heiligen Romuald († 1027). Er war Einsiedler und Gründer des Ordens der Kamaldulenser.

Lk 15,3–7. **Das verlorene Schaf**

Die Kirche feiert heute das Hochfest des Heiligsten Herzens Jesu, und die Liturgie hilft uns dabei, das Geheimnis der Liebe Gottes zum Herzen seines Sohnes zu betrachten, der sich uns wie ein guter Hirte zeigt. Das Bild des Hirten ist ein Bild, das die Propheten gern verwendet haben, und schon Ezechiel hat davon gesprochen: „Siehe, ich selbst bin es, ich will nach meinen Schafen fragen und mich um sie kümmern … ich werde sie in ihr Land bringen. Ich führe sie in den Bergen Israels auf die Weide" (Ez 34,11.13). Wie um auf die Worte des Propheten zu antworten, überliefert uns das Evangelium nach Lukas die Worte Jesu, der sich mit dem guten Hirten gleichsetzt, der seine Schafe so sehr liebt, dass er sein Leben für sie hingibt. Wie es im Johannesevangelium heißt, liebt er seine Schafe und kennt sie einzeln beim Namen (Joh 10,3), nicht wie eine unterschiedslose Masse; er kennt wirklich die Stimme, den Namen, die Geschichte, die Bedürfnisse eines jeden einzelnen und er schenkt einem jeden seine Zuneigung und setzt seine ganze Hoffnung auf jeden. In einer Gesellschaft wie der unseren, die virtuell, anonym und individualistisch geworden ist, kann man leicht vergessen werden und verschwinden. Die Gesellschaft ist gleichsam herzlos, ohne Geschwisterlichkeit und ohne Freundschaft. Aber da ist das Herz Jesu, das für alle schlägt und niemanden vergisst. Ein jeder von uns ist geliebt und wird vom Herrn mit seinem Namen gekannt. Es ist wahr, dass oft wir es sind, die sich vom Herrn entfernen, die sich müde und erschöpft fühlen, wie jene Menschenmenge, die das Mitleid des Herzens Jesu erweckte, weil sie ihm „wie Schafe, die keinen Hirten haben" (Mt 9,36) erschienen. Der gute Hirte, erinnert Jesus, lässt die neunundneunzig Schafe im Schafstall zurück, um das verlorene Schaf zu suchen. „Das Verlorene werde ich suchen, das Vertriebene werde ich zurückbringen" (Ez 34,16), sagt der Prophet Ezechiel. Jesus überlässt kein einziges seiner Schafe seinem Schicksal, immer sammelt er sie zusammen, beschützt sie und vielleicht nicht einmal, sondern viele Male hat er die anderen neunundneunzig zurücklassen müssen, um einen jeden von uns wiederzufinden und auf seine Schultern zu nehmen.

Gebet des heiligen Kreuzes

Samstag, 20. Juni

2 Chr 24,17–25. **Die Steinigung des Priesters Secharja**

Der Beginn des langen 24. Kapitels erinnert an die gute Regierung des Joasch. Mit sieben Jahren bestieg er den Thron und regierte vierzig Jahre lang voller Weisheit, da er auf die Ratschläge des Priesters Jojada hörte. Darin zeigt sich der Ratschlag, immer jemanden als Hilfe zur Seite zu haben, um den Willen Gottes zu erkennen, gemäß der Tradition eines „geistlichen Vaters", der einem hilft, der Spirale der Selbstliebe zu entkommen. Nach dem Tod des Jojadas fehlt sowohl dem Joasch als auch dem Volk die Hilfe des Priesters, „sodass sie den Bund des Herrn verließen und die Kultpfähle und Götzenbilder verehrten". Der Herr erweckte in ihrer Mitte Propheten, um sie zur Umkehr zu bewegen, „aber man hörte nicht auf ihre Warnung". Die Selbstbezogenheit stumpft das Denken ab und macht das Herz blind. Diese Geschichte wiederholt sich häufig. Man hört nicht mehr auf maßgebliche Worte und entfernt sich von Gott. Doch der Herr findet sich damit nicht ab und schickt einen weiteren Propheten – Secharja –, der alle mit noch deutlicherer Stimme mahnt. Aber sie bringen ihn um, indem sie ihn im Tempel steinigen. Dies geschieht so allen Märtyrern, die ihr Zeugnis für das Evangelium – auch heute noch – mit ihrem Blut bezahlen. Die Tötung des Propheten, also die gewaltsame Ablehnung des Wortes Gottes, liefert das Volk Juda den Händen des Feindes aus: „Weil ihr den Herrn verlassen habt, wird er euch verlassen". Das Heer der Aramäer fällt in das Gebiet von Juda ein und erreicht Jerusalem. Als Erste fallen die führenden Männer, die den König schlecht beraten hatten. Doch das Unheil trifft auch das große Heer von Juda, das durch den Ungehorsam des Volkes in die Gewalt von wenigen feindlichen Soldaten gerät. Nur der Herr rettet.

Gebet der Vigil

Sonntag, 21. Juni: 12. Sonntag im Jahreskreis

Jer 20,10–13; Ps 68; Röm 5,12–15; Mt 10,26–33

„Fürchtet euch nicht vor denen, die den Leib töten, die Seele aber nicht töten können“ (Mt 10,28). Der Evangelist Matthäus hatte, als er diese Worte Jesu überlieferte, wahrscheinlich die Erfahrung seiner Gemeinde vor Augen, die unter heftigen Streitigkeiten litt. Er wollte sie beruhigen. Der Herr verlässt seine Jünger nicht. Im Gegenteil, jeder, der sein Leben für das Evangelium einsetzt, erfährt den Trost des Herrn, vor allem dann, wenn er Schwierigkeiten und Prüfungen bestehen muss. Der heilige Augustinus schreibt in seiner Schrift „Vom Gottesstaat“, dass der Jünger „auf seiner Pilgerreise zwischen den Qualen der Welt und den Tröstungen Gottes voranschreiten muss“. Aber was bedeutet für uns diese Aufforderung des Evangeliums, keine Angst zu haben und die Menschen nicht zu fürchten, die wir in einer Zeit leben, in der wir keine Verfolgung erfahren? Vielleicht liegt genau hier das Problem. Es ist wahr, dass die Mehrheit der Christen nicht verfolgt wird, aber es geschieht leicht, dass viele im Herzen schwach werden. Es geschieht also leicht, dass sie es nicht wagen und nicht den Mut haben, an das Evangelium als Kraft der Veränderung und des Heils zu glauben. Ein Christsein, das sich zurückzieht, das nicht auf eine Welt des Friedens hoffen kann, ist also in seiner Kraft geschwächt. Es gibt jedoch einige Länder, in denen die Verfolgung von Christen eine sichtbare Realität ist, und oft bleibt die Welt dabei gleichgültig. Es ist wirklich überraschend, dass die Kraft des Bösen oft am Sonntag hereinbricht, während die Christen zur Feier der Messe versammelt sind. Ein leichtes Ziel für die Gewalt, die über sanftmütige Männer und Frauen hereinbricht, die zum Gebet versammelt sind. Wir können heute in der Tat die Worte des Hebräerbriefs wiederholen: „ … die wir eine solche

Wolke von Zeugen um uns haben … lasst uns mit Ausdauer in dem Wettkampf laufen, der vor uns liegt“ (Hebr 12,1). Voll Verantwortung können wir die Worte annehmen, die der Brief an uns richtet: „Ihr habt im Kampf gegen die Sünde noch nicht bis aufs Blut Widerstand geleistet“ (Hebr 12,4). Das Evangelium, das wir gehört haben, ruft uns – zusammen mit den Worten des Hebräerbriefs – dazu auf, keine Angst davor zu haben, dem Herrn zu folgen und ihn mit dem Leben zu bezeugen. Der Jünger, der dem Weg des Evangeliums folgt, wird Sauerteig der Veränderung sein, Werkzeug des Friedens, der Geschwisterlichkeit und der Freundschaft. Gott, der mit ihm am Werk ist, unterstützt ihn immerzu, ohne ihn je zu verlassen. Jesus erinnert uns: „Verkauft man nicht zwei Spatzen für einen Pfennig? Und doch fällt keiner von ihnen zur Erde ohne den Willen eures Vaters. Bei euch aber sind sogar die Haare auf dem Kopf alle gezählt. Fürchtet euch also nicht! Ihr seid mehr wert als viele Spatzen.“ Diese liebevolle Aufmerksamkeit des Herrn wird auch zur Begleitung im Kampf für die Verkündigung des Evangeliums bis an die Grenzen der Erde. Jeremia bezeugt uns diese Nähe: „Doch der Herr steht mir bei wie ein gewaltiger Held. Darum straucheln meine Verfolger und können nicht überwältigen. Sie werden schmählich zuschanden, da sie nichts erreichen“ (Jer 20,11). Aber der Sieg ist nur möglich, wenn wir die Selbstliebe in uns sterben lassen und uns der Kraft des Evangeliums anvertrauen.

Gebet am Tag des Herrn

Montag, 22. Juni

2 Kön 17,5–8.13–15.18. **Zerstörung des Reiches Samaria**

Kapitel 17 des zweiten Buchs der Könige ist eine Art Predigt, die vom Ende des Nordreichs erzählt. Es gibt eine frühere Geschichte, die auch auf der Gegenwart lastet. Tatsächlich existiert eine Solidarität im Bösen, wie übrigens auch im Guten. Deshalb müssen wir uns an die Bindungen zwischen den Generationen erinnern. Eine Generation ist mit der anderen verbunden, sei es im Bösen wie im Guten. So war das auch damals.

Ursache für den Untergang des Nordreichs waren der Götzendienst und die daraus folgenden Missetaten: Das Volk folgte dem Verhalten seiner Väter, indem es den Bund aufkündigte und die Bräuche und Sitten der benachbarten Völker nachahmte. Der Herr sah sich gezwungen einzugreifen und verstieß das Volk von seinem Angesicht. Diese Worte waren vor allem an Juda gerichtet, damit es seine Lehren aus dem Untergang Israels zog. Auch wenn nämlich das Reich des Südens weiterbestand, könnte ihm doch das gleiche Schicksal wie dem Nordreich bevorstehen. Wenn der Stamm Juda Götzen verehrt wie das Volk des Nordreichs, befindet er sich in der gleichen Situation und wird alle Tragödien erleben, die der wachsenden Entfernung von Gott folgen. Das ist eine Lehre, die sich wie ein roter Faden durch die biblischen Ereignissen zieht: Nicht Gott ist es, der sein Volk verdammt; es ist das Volk selbst, das sich durch die Verehrung fremder Götter von Gott entfernt und so in die schrecklichen Schlingen der Zerstörung gerät, die der Fürst des Bösen legt.

Gebet für die Armen

Dienstag, 23. Juni

2 Kön 19,9–11.14–21.31–35.36. **König Hiskija betet und Gott rettet die Stadt**

Nach dem Fall des Nordreiches richtet sich die Mahnung direkt an Jerusalem. Der assyrische König lässt Hiskija ausrichten, dass er sein Vertrauen nicht auf den Herrn setzen soll: „Dein Gott täusche dich nicht, auf den du vertraust, wenn du sagst: Jerusalem wird nicht in die Hand des Königs von Assur gegeben werden.“ Sanherib, der schon einige andere Siege in der Region errungen hat, will Hiskijas Glauben unterhöhlen, indem er ihm sagt, dass sein Gott doch nicht so stark ist, wie er es glaubt: Aus den Worten des assyrischen Königs spricht ein hochmütiger Sarkasmus. Sie sind darauf ausgerichtet, den Glauben Hiskijas zu schwächen. Aber der König von Juda achtet auf die Bedrohung, die sich gegen Jerusalem richtet, und lässt nicht zu, dass sein Glauben schwach wird. Er weiß genau, um wie viel besser das feindliche Heer gerüstet ist als seines und dass er sich diesem nicht allein, nur mit seinen Streitmächten, entgegenstellen kann. Aber er weiß, dass er auf Gott vertrauen kann und dass in diesem seine Kraft liegt. Er steigt sofort zum Tempel hinauf und richtet sein gramerfülltes Gebet an den Herrn. Er bittet nicht für sich, sondern für die Stadt, für das Heil seines Volkes: „Neige, Herr, dein Ohr und höre! Öffne, Herr, deine Augen und sieh her!“ Die Antwort auf sein Gebet erhält Hiskija durch das Wort des Propheten Jesaja, den Gott gesandt hat. Der Prophet versichert ihm, dass sein Gebet den Himmel erreicht hat. Nicht nur wird die Stadt vor der Zerstörung gerettet werden, sondern der Herr wird sie bewahren, „denn von Jerusalem wird ein Rest ausziehen, vom Berg Zion ziehen die Geretteten hinaus“. Gott rettet die Stadt nicht um ihrer selbst willen, sondern wegen des Auftrags, den Gott dem Volk anvertraut hat, das sie bewohnt. Dieser kleine Rest ist die kleine Gruppe derer, die dem Herrn treu sind, die er sich erwählt hat, um der ganzen Welt seinen universellen Heilsplan mitzuteilen. Das Heil, das Gott ihnen schenkt, ist nicht nur ihnen zugedacht, sondern allen.

Gebet mit Maria, der Mutter des Herrn

Mittwoch, 24. Juni: Hochfest der Geburt Johannes des Täufers

Die West- und die Ostkirche gedenken heute der Geburt Johannes des Täufers. „Unter den von einer Frau Geborenen ist kein Größerer aufgetreten“ als er, der dem Herrn den Weg bereitet hat.

Jes 49,1–6; Ps 139; Apg 13,16.22–26; Lk 1,57–66.80. **Die Geburt Johannes des Täufers**

Die Kirche feiert heute die Geburt Johannes des Täufers. Es ist ein sehr altes Fest. Neben Maria ist Johannes der Täufer der einzige Heilige, an dessen Geburtstag mit einem Festtag gedacht wird. Denn das Leben beider ist – von Geburt an – nicht erklärbar ohne den Bezug zu Jesus: Sie sind für Jesus geboren. Maria sollte seine Mutter werden, Johannes sollte ihm den Weg bereiten. Beide werden auf der byzantinischen

Ikonostase neben der zentralen Tür dargestellt, die Christus ist. Jeweils auf einer Seite fordern sie mit einer Geste der Hand die Gläubigen auf, ihren Blick auf den Heiland zu richten. Johannes wurde geboren, um den Menschen den Weg zu Jesus zu zeigen. Er wird auch im Islam verehrt: Seine Reliquien werden in der Umayyaden-Moschee in Damaskus aufbewahrt. Der Evangelist Lukas stellt seine Geburt parallel zur Geburt Jesu dar. Auch auf ihm ruht der Blick des Herrn. Der Engel erscheint Zacharias während seines Dienstes im Tempel und verkündet ihm die Geburt eines Sohnes. Diese Ankündigung scheint Zacharias absolut unvorstellbar zu sein, da seine Ehefrau Elisabet bereits im vorgerückten Alter und somit längst unfruchtbar ist. Der Engel beharrt darauf und nennt Zacharias sogar den Namen, den er dem Kind geben soll: „dem sollst du den Namen Johannes geben", das bedeutet „Gott ist gnädig". So geschah es. Im Moment der Geburt kann Zacharias wieder sprechen, nachdem er stumm geblieben war, und gibt dem Kind den Namen Johannes. Die Geburt dieses Kindes ist der Anfang eines neuen Lebens für die beiden alten Eltern, nachdem aufgrund der Unfruchtbarkeit Elisabets schon jede Hoffnung geschwunden schien. Dieser Sohn ist jedoch vor allem durch das Wort des Engels auf die Welt gekommen und sein Name ist völlig neu. Johannes kommt in die Welt, um die Menschen seiner Zeit auf Jesus hinzuweisen. Sein Beispiel und sein Zeugnis helfen auch uns und den Christen aller Zeiten. Wie Johannes der Täufer sind wir alle durch Gottes Liebe auf der Welt, niemand wird aus Zufall geboren. Wir sind geboren, um Jünger Jesu zu sein und die Herzen der Menschen darauf vorzubereiten, ihn als Retter der Welt aufzunehmen.

Gebet mit den Heiligen

Donnerstag, 25. Juni

2 Kön 24,8–17. **Nebukadnezzar erobert Jerusalem und verschleppt den König ins Exil**

Das Königreich Juda hatte die assyrische Invasion im Jahr 701 v. Chr. überstanden. Nachdem es dank der religiösen Reform des Joschija einen

Moment der Erholung erlebt hatte, scheint es nun seinem Ende entgegenzugehen. Der Text berichtet, dass König Jojachin, der erst 18 Jahre alt ist, unter dem Einfluss seiner Mutter steht, Nehuschta, die – wie schon zur Zeit der Herrschaft seines Vaters – ein verderbtes Leben führt: „Wie sein Vater tat er, was böse war in den Augen des Herrn". Dies zeigt, dass die Verderbnis sich tief verwurzelt, wenn man sich vom Gesetz des Herrn entfernt. Es gibt immer eine Verbindung zwischen dem Verlassen von Gottes Gesetz und der Verderbnis, die sich immer mehr im Leben der Stadt einnistet. Diese Erfahrung prägt Israels Geschichte und wird in den beiden Büchern der Könige besonders betont. Doch diese Erfahrung machen auch wir in unserer Zeit. Wer Gott verlässt, denkt nur noch an sich selbst und seine eigene Gruppe, und dies führt leicht zu Übergriffen und Gewalttaten gegenüber den anderen, vor allem gegenüber den Schwächsten und Ärmsten. Dies führt so weit, dass ein Netz der Verderbnis entsteht, in dem die individuellen Interessen über denen aller anderen stehen und so das Leben der Gemeinschaft ersticken. Das Geschehen, das in diesem Abschnitt erzählt wird, zeigt auch die Kapitulation des Königs und der ganzen Stadt Jerusalem, die verarmt und vom mächtigen babylonischen Reich unterjocht wird. Nebukadnezzar belagert Jerusalem im Jahre 597 v. Chr., und binnen kurzer Zeit kommt König Jojachin zu ihm, ergibt sich und lässt sich festnehmen. In Jerusalem – so merkt der Text traurig an – „blieben nur die geringen Leute zurück". Als neues Oberhaupt setzte der babylonische König den Onkel Jojachins ein, Mattanja, dem er jedoch den Namen Zidkija gab. Dies ist das traurige Ende eines Königs, der, nachdem er den Herrn verlassen hatte, gezwungen war, seine Stadt zu verlassen und als Sklave des Gegners verschleppt wurde.

Gebet für die Kirche

Freitag, 26. Juni

2 Kön 25,1–12. **Die Zerstörung Jerusalems**

Dieser Abschnitt beschreibt uns die Zerstörung Jerusalems durch die Babylonier. Er ist wie eine Mahnung, die alle Gläubigen daran erinnern soll, dass Krieg immer Zerstörung und Tod bedeutet. Viele Einwohner der Stadt wurden nach Babylon verschleppt, vor allem die Vertreter der Priesterklasse und der Reichen, während man „von den armen Leuten im Land … einen Teil als Wein- und Ackerbauern“, wie wir gelesen haben, im Land zurückließ. „Die Armen des Landes“ sind diejenigen, die von den Früchten der Erde leben. Das babylonische Exil warf viele Fragen bei den verschleppten Israeliten auf, wie es immer geschieht, wenn Krieg und Umweltkatastrophen über ein Volk oder ein Land hereinbrechen. Israel fühlte sich vom Herrn verlassen und in Babylon war es versucht, nicht mehr an die heilbringende Anwesenheit seines Gottes zu glauben. Im Angesicht von Schmerz, Leid, Krieg und Gewalt stellen auch wir uns oft dieselben Fragen wie das Volk Israel im Exil. Viele stellen sich diese Fragen auch heute angesichts der Konflikte, der Kriege, der Ungerechtigkeiten. Wird Gott helfen? Wird da jemand sein, der denen zu Hilfe kommt, die leiden oder die gezwungen sind, ihr Land zu verlassen? Heute sind viele gezwungen, ihre Heimat zu verlassen aufgrund von Armut, Gewalt und Umweltproblemen. Die Propheten der Exilszeit, wie Ezechiel und Deuterojesaja (Jes 40–55) versuchten, eine Antwort auf diese Fragen zu geben, indem sie an die eifrige Fürsorge Gottes und seine Liebe zu seinem Volk erinnerten. So kündigten sie einen neuen Exodus, eine erneute Rückkehr in das Land Israel an. Aber es ist nicht immer leicht, im Angesicht von Gewalt und Zerstörung Hoffnung zu schöpfen. Vertrauen wir uns dem Wort Gottes an, das immer eine Zukunft weist. Durch dieses Wort können auch wir denen Hoffnung vermitteln, die sie verloren haben und die traurig in die Zukunft sehen. Das ist der Auftrag des Evangeliums, der Auftrag der Jünger Jesu.

Gebet des heiligen Kreuzes

Samstag, 27. Juni

Klgl 2,2.10–14.18–19. **Die Töchter Jerusalems schreien zum Herrn**

Dieser Abschnitt steht im Buch der Klagelieder, das sich aus fünf Trauergesängen zusammensetzt, die nach dem Untergang Jerusalems verfasst wurden. Das Volk Israel ist verstreut und hat keine Bezugspunkte mehr. Mit der Zerstörung des Tempels ist auch der Kult erloschen. Es scheint, als sei das ganze Volk Israel von einer großen und dunklen Stille umgeben. Es ist dramatisch, wenn der Himmel verschlossen ist und die Geschichte keinen Horizont mehr hat. Deshalb die Klage. Die Worte der Klage drücken die Traurigkeit Israels aus, als es die Lage sieht, in die es geraten ist: „Schonungslos hat der Herr vernichtet alle Fluren Jakobs … Am Boden sitzen, verstummt, die Ältesten der Tochter Zion … Kind und Säugling verschmachten auf den Plätzen der Stadt". Dies ist ein Sinnbild für die Vernichtung des Lebens, das auch heute noch genauso wahr ist. An den Ausschluss der alten Menschen und der Kinder haben wir uns als etwas Normales gewöhnt. Der Text fordert dazu auf, das Gebet zum Herrn zu erheben, ja zu ihm zu schreien: „Ihr Herz schreit laut zum Herrn … lass fließen wie einen Bach die Tränen Tag und Nacht". Die Gläubigen sollen diese Schreie aufnehmen, sie zu ihren eigenen machen und vor den Altar des Herrn tragen. Ohne „sich Ruhe zu gewähren", also mit unablässigem Gebet, ohne zu ermüden. „Steh auf, klage bei Nacht, zu jeder Nachtwache Anfang! … Erhebe zu ihm die Hände für deiner Kinder Leben, die vor Hunger verschmachten an den Ecken aller Straßen!" Dies geschieht auch heute noch in zu vielen Teilen der Erde. Dieser Abschnitt der Bibel schafft bei allen Unruhe und wirft für alle Fragen auf, damit die Klage zum inständigen Gebet wird.

Gebet der Vigil

Sonntag, 28. Juni: 13. Sonntag im Jahreskreis

Gedenktag des heiligen Irenäus, Bischof von Lyon, der aus Anatolien nach Frankreich kam, um das Evangelium zu predigen, und als Märtyrer starb († 202).

2 Kön 4,8–11.14–16; Ps 88; Röm 6,3–4.8–1; Mt 10,37–42

„Wer Vater oder Mutter mehr liebt als mich, ist meiner nicht wert, und wer Sohn oder Tochter mehr liebt als mich, ist meiner nicht wert." Jesus

verlangt von seinen Jüngern eine so radikale Liebe, dass sie sogar die Liebe zur eigenen Familie übersteigen soll. Nur wer diese Liebe hat, ist des Herrn „wert“. Dreimal wiederholt sich in wenigen Zeilen der Ausdruck „meiner wert sein“, eine Eindringlichkeit, die im Kontrast steht zu den Worten des Hauptmanns, die wir bei jeder Eucharistiefeier wiederholen: „Herr, ich bin nicht würdig, dass du eingehst unter mein Dach.“ Wer kann wirklich sagen, dass er des Herrn würdig ist? Es reicht ein realistischer Blick auf das Leben eines jeden von uns, um uns unserer Wenigkeit und Sündhaftigkeit bewusst zu werden. Ein Jünger Jesu zu sein, ist nicht leicht, ist keine Selbstverständlichkeit und geschieht nicht aufgrund von Zugehörigkeit oder Tradition. Christ ist man nur aus eigener Wahl, nicht von Geburts wegen. Das Evangelium sagt uns, welches Ausmaß eine derartige Wahl hat. Die Jünger Jesu sind diejenigen, die vorbehaltlos zu Jesus stehen und sein Schicksal teilen bis hin zur Identifikation mit ihm. In diesem Sinn findet ein Jünger sich selbst, wenn er Jesus findet.
Dies ist der Sinn der Worte, die folgen: „Wer das Leben findet, wird es verlieren; wer aber das Leben um meinetwillen verliert, wird es finden.“ Dies ist einer der Sätze Jesu, die am häufigsten überliefert sind (gut sechs Mal in den Evangelien). Offensichtlich hatte die erste christliche Gemeinde verstanden, welche Bedeutung dieser Satz hat, und sah ihn vor allem in Jesus selbst verwirklicht. Er hat sein Leben, das er „verloren“ hat, indem er es am Kreuz hingab, gefunden in der Auferstehung. Dies ist genau das Gegenteil der gängigen Mentalität, die glaubt, glücklich zu sein bedeute, festzuhalten am eigenen Leben, an der eigenen Zeit, den eigenen Reichtümern, den eigenen Interessen.
Die Hinweise an die Jünger, die ausgesendet sind, werden abgeschlossen mit einigen Aussagen über die Aufnahme, die ihnen vorbehalten ist. Es ist selbstverständlich, dass der Eingeladene sich erwartet, von denen aufgenommen zu werden, zu denen er gesandt ist. Jesus selbst wünscht sich das und betont den zugrundeliegenden Gedanken: „Wer euch aufnimmt, der nimmt mich auf, und wer mich aufnimmt, nimmt den auf, der mich gesandt hat.“ In diesem Satz verdichtet sich der Grund für die Würde des Jüngers, nämlich die vollständige Abhängigkeit vom Herrn, die so weit geht, dass seine Anwesenheit die

Anwesenheit Jesu selbst bedeutet. Es ist offensichtlich, dass der Jünger aufgenommen wird wie ein Prophet, das heißt, wie der, der das Evangelium bringt, der uns das Wort Gottes verkündet, nicht das eigene. Der Empfang des Wortes ist der Lohn, den der Herr denen verspricht, die seine Jünger aufnehmen. Jesus nennt sie auch „Kleine“. Der Jünger besitzt in der Tat weder Gold noch Silber, er hat keine Vorratstasche und kein zweites Hemd und er muss ohne Wanderstab und Schuhe gehen (Mt 10,9–10). Sein einziger Reichtum ist das Evangelium, dem gegenüber auch er klein ist und von dem er vollständig abhängt. Diesen Reichtum sollen wir annehmen, diesen Reichtum sollen wir weitergeben.

Gebet am Tag des Herrn

Montag, 29. Juni: Hochfest der heiligen Apostel Petrus und Paulus

Die Apostel Petrus und Paulus erlitten um das Jahr 60–70 n. Chr. den Märtyrertod in Rom.
Gedenken an den seligen Raimundus Lullus (1235–1316). Er war Katalane und lebte im Geist des heiligen Franziskus, liebte die Muslime und förderte den Dialog unter den Gläubigen.

Apg 12,1–11; Ps 34; 2 Tim 4,6–8.17–18; Mt 16,13–19. **Der Vorrang des Petrus**

Wir feiern heute das Fest der heiligen Apostel Petrus und Paulus. Dieses Gedenken begleitet die zweitausendjährige Kirchengeschichte und vor allem das Leben der Kirche in Rom, wo die beiden den Glauben bis zum Martyrium bezeugt haben.
Petrus wurde von Jesus berufen, während er seine Fischernetze am Ufer des Sees von Galiläa auswarf. Sobald Jesus ihn zu einem Leben mit größerer Weite berief, damit er nicht mehr Fische, sondern Menschen fing, ließ er sofort die Netze liegen und folgte Jesus nach, wie das Evangelium berichtet. Dann begegnen wir ihm als einem von den Zwölf. Petrus fühlte sich stark und selbstsicher, doch am Abend der

Gefangennahme genügte das Wort einer Magd, um ihn zum Verräter werden zu lassen. Als seine Augen dann am gleichen Abend dem ganz von Güte erfüllten Blick Jesu begegneten, fing er an zu weinen und verstand, dass allein dieses Antlitz seine Stärke ist. Der wahre Petrus, der Jünger, dem Jesus seine Herde anvertraut, ist schwach und lässt sich von Gottes Geist erfüllen, sodass er als Erster von allen bekennen kann: „Du bist der Christus, der Sohn des lebendigen Gottes!" Aus dieser Schwäche machte der Herr den Felsen des spirituellen Gebäudes, zu dem wir alle gehören.
Paulus begegnet uns als junger Mann an der Seite derer, die Stephanus steinigten und deren Kleider er bewachte. Erbittert bekämpfte er die junge Christengemeinde und ließ sich sogar Vollmachten geben, um sie zu verfolgen. Doch auf dem Weg nach Damaskus ließ ihn der Herr vom Pferd seiner Sicherheiten und seines Stolzes herabstürzen. Wie Petrus nach der Verleugnung traf es auch Paulus mitten ins Herz. Zwar flossen keine Tränen, doch seine Augen blieben verschlossen. Er, der es gewohnt war, andere zu führen, musste nun selbst an der Hand genommen und nach Damaskus geführt werden, wo er das Evangelium hörte, das ihm vom alten Hananias verkündet wurde. Das Wort dieses Bruders berührte sein Herz, sodass Paulus die Augen geöffnet wurden und er das Evangelium Jesu verkündete, zunächst den Juden und später den Heiden. Paulus überschritt die gewohnten Grenzen der Urgemeinde und machte die Sendung des Evangeliums zu einer universalen Sendung.
Die Kirche begeht das Gedenken der beiden Apostel gemeinsam, um ihr wertvolles Zeugnis zu einer Einheit zusammenzufügen. Mit ihren unterschiedlichen Talenten und mit ihrem Charisma haben sie beide die eine Kirche Christi geprägt, besonders die Kirche von Rom, die den Vorsitz in der Liebe einnimmt, wie die Kirchenväter es formulierten. Ihre Eigenschaften gehören zum Glauben und Leben dieser Kirche von Rom. Sie gehören auch zu unserem Glauben und zum Glauben der Gemeinschaft Sant'Egidio, die ganz und gar vom Charisma der beiden geprägt ist. Wir erinnern gern an die Worte, die der heilige Johannes Paul II. zu uns gesagt hat: „Überall, wohin ihr geht, seid ihr immer von Rom." Er wollte damit einen Glauben charakterisieren, der überall vom Geist dieser beiden Zeugen durchdrungen ist, vom demütigen

und starken Glauben des Petrus und vom weiten und missionarischen Herzen des Paulus.

Gebet mit den Aposteln

Dienstag, 30. Juni

Gedenktag der ersten Märtyrer der Kirche Roms unter der Verfolgung Neros.

Am 3,1–8; 4,11–12. **Man kann nicht anders, als Prophet zu sein**

Die Erwählung des Volkes durch Gott ist ein zentrales Thema in der prophetischen Verkündigung wie auch in der ganzen christlichen Verkündigung. Gott ist der Ursprung des Heils, sowohl seines Volkes als auch aller Völker der Erde. Mit sieben Beispielen hilft der Prophet, die Geschichte, die das Volk erlebt hat, und die Zeichen, die ihm gegeben worden sind, in ihrem tieferen Sinn zu lesen. Das Wort Gottes, das mit dem Brüllen eines Löwen verglichen wird, ist eine spirituelle Kraft, die mit unaufhaltsamer Wucht hervordringt und stets das bewirkt, wozu sie ausgesandt wurde. Gott hat das Volk Israel erwählt, um es für einen Auftrag zu bestimmen, nämlich, sein Wort bis an die Grenzen der Erde zu verkünden. Deshalb handelt es sich nicht um einen abgeschlossenen Bund. Im Gegenteil, es ist ein Bund für alle Völker, wie die Propheten mehrmals gesagt haben. Mit der Aussendung der Jünger durch Jesus erreicht diese universale Perspektive ihren deutlichen Höhepunkt. Gott hat uns erwählt, ohne deshalb die Erwählung des Volkes Israel zu widerrufen, damit wir sein Wort aufnehmen und überall auf der Welt zu seinen Verkündern und Zeugen werden. Dieses Wort – Gottes Wort, nicht unseres – hat gerade wegen des Auftrags, den es erfüllen soll, eine unwiderstehliche Kraft, die auch die Grenzen der Gläubigen überwindet. Wenn Gott gesprochen hat, so sagt Amos, wer kann da anders, als ein Prophet zu sein? Wenn Gott gesprochen hat, sagt Amos, wer kann dann nicht als Prophet sprechen? Wenn Gott spricht, dann können wir – wenn wir ihm zuhören – nicht anders, als in dieser Welt

Propheten zu sein. Die abschließenden Worte des Amos rufen uns zu einer neuen Verantwortung auf: „... weil ich dir das alles antun werde, mach dich bereit, deinem Gott gegenüberzutreten“ (Am 4,12).

Gebet mit Maria, der Mutter des Herrn

Mittwoch, 1. Juli

Am 5,14–15.21–24. **Hasst das Böse, liebt das Gute**

Die Worte des Propheten Amos wollen die Scheinheiligkeit derer enthüllen und verurteilen, die weiterhin die Armen unterdrücken, aber von der Richtigkeit ihrer Taten überzeugt sind, da sie einen den Regeln des Tempels folgenden Kult ausüben. Ohne die Gerechtigkeit gegenüber den Armen zu üben kann man Gott nicht verehren. Die Propheten drücken sich hierzu sehr klar aus und sind sich einig, was diesen Punkt betrifft. Einem Volk, das Gott durch Worte und Rituale ehrt, ohne jedoch Gerechtigkeit zu üben und sich der Armen anzunehmen, wird die Verachtung Gottes zuteil. Amos verwendet besonders harte Worte: „Ich hasse eure Feste, ich verabscheue sie und kann eure Feiern nicht riechen ... das Recht ströme wie Wasser, die Gerechtigkeit wie ein nie versiegender Bach.“ Diesen Aufruf müssen wir uns wieder viel stärker ins Bewusstsein rufen, denn er wird oft vergessen in einer Welt, in der dem Schrei der Armen selten Gehör geschenkt wird, da jeder von sich selbst und dem ruhelosen Streben nach einem rein individuellen Wohlbefinden eingenommen ist. Der Appell des Propheten hilft uns dabei, einen Weg zu finden, der unseren Glauben lebendig und wirksam macht: „Sucht das Gute, nicht das Böse; dann werdet ihr leben und dann wird, wie ihr sagt, der Herr, der Gott der Heerscharen, bei euch sein“. „Hasst das Böse, liebt das Gute, und bringt bei Gericht das Recht zur Geltung.“ Christ zu sein, ohne diese Worte des Propheten präsent zu haben, ist unmöglich. Man kann nicht so leben, als gäbe es das Böse und die Ungerechtigkeit nicht. Dennoch reicht eine bloße Anklage des Bösen nicht aus. Wir sollen uns vielmehr für das Gute einsetzen und für die Gerechtigkeit arbeiten. Unsere Liebe für die Armen entsteht aus ihrem Recht, Liebe und Hilfe zu erfahren. Gutes zu tun bedeutet, die wahre Bestimmung der Schöpfung zu verwirklichen, denn der Herr hat sie für das Gute geschaffen, damit wir alle an diesem gemeinsamen Guten teilhaben können. Ein Volk der Armen wartet darauf, dass jeder einzelne seinen Schrei hört und sich mit ihm auf die Suche nach dem Guten macht.

Gebet mit den Heiligen

Donnerstag, 2. Juli

Fest Mariä Heimsuchung

Lk 1,39–56. **Der Besuch Marias bei Elisabet**

Die katholische und anglikanische Kirche gedenken heute des Besuches Marias bei Elisabet, von dem das Evangelium berichtet. Maria eilt sofort zu Elisabet, nachdem sie vom Engel erfahren hat, dass Elisabet schwanger ist. Maria „eilte", schreibt Lukas. Das Evangelium ruft immer zur Eile auf, es fordert dazu auf, die eigenen Gewohnheiten, Gedanken und Sorgen abzulegen. Wie viele Gedanken wird Maria sich wohl in diesen Augenblicken gemacht haben, nachdem das Wort Gottes ihr Leben gerade völlig auf den Kopf gestellt hat! Das Evangelium führt uns weg von uns selbst und hin zu denen, die leiden oder zumindest Hilfe brauchen wie die alte Elisabet mit ihrer schwierigen Mutterschaft. Als sie die junge Maria in ihr Haus kommen sieht, ist sie ganz und gar bis ins Innerste von Freude erfüllt. Es ist die Freude der Schwachen und Armen, wenn sie von den Dienerinnen und Dieners des Herrn besucht werden, „die geglaubt" haben, „dass sich erfüllt, was der Herr" ihnen „sagen ließ". Wenn das Wort Gottes gläubig angenommen wird, schafft es einen neuen und ungewöhnlichen Bund in der Welt, den Bund zwischen den Jüngern des Evangeliums und den Armen. Maria wurde die Erste der Gläubigen. In ihr erfüllt sich von Anfang an die Seligpreisung derer, die auf das Wort Gottes hören. Lukas überliefert hier die erste Seligpreisung des Evangeliums: „Und selig, die geglaubt hat, dass sich erfüllt, was der Herr ihr sagen ließ." Die große Freude Marias als erster Jüngerin des Evangeliums kommt im Gesang des Magnifikat zum Ausdruck. Dieses Lied zeigt die Freude eines armen Mädchens aus einem abgelegenen Dorf am Rande des Reiches, als sie erlebt, dass sich der Herr des Himmels und der Erde ihr als seiner armen Dienerin zugewandt hat. Die Beachtung, die jeder von uns für sich einfordert, glaubt Maria nicht verdient zu haben. Sie weiß, dass alles, auch ihre Größe und Kraft von Gott kommt. Dieser Gott hat Israel befreit, er beschützt die Armen, bringt die Hochmütigen zu Fall und versorgt die Hungernden mit Gaben. Dieser Gott hat sich ihr zugewandt und ihr seine Liebe erwiesen, und sie hat ihn in ihrem Herzen aufgenommen. Seit diesem Tag hat Gott durch Maria unter den Menschen Wohnung genommen.

Gebet mit Maria, der Mutter des Herrn

Freitag, 3. Juli

Fest des Apostels Thomas. Er bekannte Jesus als seinen Herrn, legte Zeugnis für ihn ab und kam der Überlieferung nach dabei bis nach Indien.

Joh 20,24–29. **Der Glaube des Thomas**

Heute feiern wir das Fest des Apostels Thomas, auch Didymus genannt. Das Johannesevangelium erwähnt ihn mehrmals im Zusammenhang mit einigen wichtigen Momenten im Leben Jesu. Thomas war kein schlechter Jünger, im Gegenteil, er war äußerst großzügig. Als Jesus zum kranken Lazarus gehen wollte und sich so selbst in Lebensgefahr brachte, sagte Thomas im Namen all seiner Jünger: „Lasst uns mit ihm gehen, um mit ihm zu sterben!". Er war jedoch zu selbstsicher, zu überzeugt von seinen Empfindungen und seinen Ansichten. Dies wird am Abend des Ostertags deutlich. Den anderen Aposteln, die ihm davon berichteten, den auferstandenen Herrn gesehen zu haben, entgegnete er misstrauisch: „Wenn ich nicht das Mal der Nägel an seinen Händen sehe … und meine Hand nicht in seine Seite lege, glaube ich nicht." Das ist keine Äußerung eines bösen Mannes. Es ist das Glaubensbekenntnis eines Menschen, der nicht über seine eigene Person hinaussieht, der nicht mehr anerkennt als seine eigenen Überzeugungen, als das, was er selbst sehen und berühren kann. Auch wir sind Thomas nah, die wir so selbstsicher sind, so überzeugt von unseren eigenen Empfindungen, Meinungen und dem, was wir sehen und berühren können. Thomas muss dem Herrn aufs Neue begegnen, ihm erneut zuhören, ihn sehen und auch berühren. Und da, acht Tage später, erschien Jesus nochmals in der Mitte der Jünger. Er sagte ihm: „Streck deinen Finger hierher aus und sieh meine Hände! Streck deine Hand aus und leg sie in meine Seite und sei nicht ungläubig, sondern gläubig!". Diese Worte bewegten Thomas stark und er rief im Angesicht des verwundeten Körpers Jesu aus: „Mein Herr und mein Gott!". Auf diese Worte hin wandte sich Jesus an ihn und entgegnete, im Gedanken an all jene, die folgen sollten: „Weil du mich gesehen hast, glaubst du. Selig sind, die nicht sehen und doch glauben." Dies ist die letzte Seligpreisung des Evangeliums und sie gilt auch uns, denn auch wir sind dazu aufgerufen, zu glauben, ohne zu sehen. Der Glaube entspringt nach den Ostererscheinungen nicht aus der Schau des Auferstandenen, wie sie den Aposteln zuteil wurde, sondern aus dem Hören auf das Wort Gottes, das durch die Verkündigung weitergegeben wird und daraus, die Wunden der Armen und derjenigen, die vom Bösen betroffen sind, zu sehen und zu berühren.

Gebet mit den Aposteln

Samstag, 4. Juli

Am 9,11–15. **Von Gott auserwählt zu sein ist keine Absicherung**

Der Prophet ruft uns das Volk Israel in Erinnerung, das vor allem zu Zeiten des Wohlstandes das Privileg, von Gott auserwählt zu sein, als Anlass für Stolz und Unabhängigkeit interpretierte und somit taub für sein Gesetz war. Stolz entfernt uns immer von Gott und führt unvermeidlich ins Verderben. Er ist ein wiederkehrendes Motiv in der Geschichte Israels. Die Propheten werden nicht müde, diese Haltung zu verurteilen und die Gläubigen dazu zu ermahnen, ihre Herkunft und ihr fortdauerndes Bedürfnis nach Erlösung nicht zu vergessen. Dies ist eine beständige Dimension des biblischen Glaubens, sei er jüdisch oder christlich. Denn auch wir Jünger Jesu sind schwach und Sklaven der Sünde, wenn wir uns nicht an die Bedeutung der Liebe Gottes in unserem Leben erinnern. Gott hat uns gerufen und befreit, weil er unsere Versklavung und unser Bedürfnis nach Erlösung gesehen hat. Nachdem Amos viele Weissagungen gegen Israel gesprochen hat, das sich von Gott entfernt hatte, verkündet er nun dem Rest des Volkes, der dem Herrn treu geblieben war, ein Wort des Trostes. Das Haus Davids wird als „zerfallene Hütte“ beschrieben, doch gerade, als alles verloren scheint, greift das prophetische Wort ein, um zu trösten. Denn das, was den Menschen unmöglich ist, ist für Gott möglich. Das Haus Davids wird wiederaufgebaut werden – so die ermutigenden Worte des Amos – und es wird über die Nationen herrschen. Das Land wird aufs Neue in einem solchem Überfluss Früchte hervorbringen, dass die Ernte unmittelbar auf die Aussaat folgt. Der neue Wein und die Früchte der Gärten kündigen die Zeit des Messias an. Gott möchte durch sein Volk Israel allen seine Barmherzigkeit und Erlösung zuteil werden lassen. Mit der Ankunft Jesu wurden auch wir auserwählt, die Mission der universalen Erlösung zu erfüllen. Wir sind dazu aufgerufen, nicht für uns selbst, sondern für den Traum Gottes zu leben: die Erlösung der Menschheitsfamilie.

Gebet der Vigil

Sonntag, 5. Juli: 14. Sonntag im Jahreskreis

Sach 9,9–10; Ps 144; Röm 8,9.11–13; Mt 11,25–30

Das Evangelium dieses Sonntags gibt eines der wenigen Gebete Jesu wieder, die in den Evangelien enthalten sind. Matthäus verbindet es mit dem Beginn der Mission Jesu. Nachdem er den langen Missionsauftrag Jesu an die Zwölf wiedergegeben hat, der das ganze zehnte Kapitel umfasst, schreibt der Evangelist, dass Jesus weiterzog, „um in den Städten zu lehren und zu predigen". Dies tat er nicht alleine, sondern zusammen mit den Jüngern, die er kurz zuvor auserwählt und in seine Mission mit einbezogen hatte. Aus diesem Grund hält Jesus inne und dankt dem Vater im Gebet: „Ich preise dich, Vater, Herr des Himmels und der Erde, weil du das vor den Weisen und Klugen verborgen und es den Unmündigen offenbart hast." Das griechische Wort *nepìois* bedeutet kleine Kinder, Unmündige. Wir können uns vorstellen wie Jesus, nachdem er jene Jünger angesehen hatte, seine Augen zum Himmel erhebt und dem Vater dankt, der sich entschieden hat, dieser kleinen Gruppe das Geheimnis der Erlösung zu offenbaren.

Wie damals dankt Jesus auch heute dem Vater dafür, dass er uns das Evangelium vom Reich offenbart und in die Hände der christlichen Gemeinden gegeben hat. Die Heilige Sonntagsliturgie, in der die Jünger um Jesus versammelt sind, ist ein Moment des Lobpreises für den Vater, weil er allen Jüngern dieser Zeit die Aufgabe anvertraut hat, der Welt das Evangelium zu vermitteln. Zweifellos besteht eine Kluft zwischen der christlichen Gemeinschaft und der Mission in der ganzen Welt. Wenn Jesus uns unmündig nennt, so ist es, weil wir es wirklich sind. Im Evangelium ist derjenige unmündig und klein, der seine Grenzen und seine Zerbrechlichkeit anerkennt, der sein Bedürfnis nach Gott spürt, ihn sucht und sich ihm anvertraut. Zu solchen Menschen sagt Jesus: „Kommt alle zu mir, die ihr mühselig und beladen seid! Ich will euch erquicken".

Als guter Freund ruft der Herr alle zu sich, die sich plagen und im Leben schwere Lasten zu tragen haben, angefangen beim Zöllner und der kleinen Gruppe von Männern und Frauen, die ihm nachfolgen, bis hin zur Menschenmenge, die ohne Hoffnung ist, die von der Übermacht der Reichen unterdrückt wird und von der Gewalt des Krieges, des Hungers und der Ungerechtigkeit getroffen ist. Diese Menschenmengen müssten auch heute die Worte des Herrn hören können: „Kommt alle zu mir … Ich will euch erquicken." Die Erquickung ist nichts anderes als Jesus selbst: sich an seine Brust gelehnt auszuruhen und sich von seinem Wort zu nähren. Jesus, und nur er, kann hinzufügen: „Nehmt mein Joch auf euch." Nicht vom Joch des Gesetzes spricht er, also dem harten Joch, das die Pharisäer auferlegen. Das Joch, von dem Jesus spricht, ist das Evangelium. Es ist gleichzeitig fordernd und mild, genau wie er selbst. Deshalb fügt er hinzu: „Lernt von mir; denn ich bin gütig und von Herzen demütig." Lernt von mir und werdet meine Jünger.

Gebet am Tag des Herrn

Montag, 6. Juli

Hos 2,16.17b–18.21–22. **Ich will sie verlocken und umwerben**

In dieser Woche begleiten uns einige Abschnitte aus dem Buch des Propheten Hosea, der mit besonderer Kraft Gottes Barmherzigkeit besingt. Man kennt die Familiengeschichte des Propheten, erzählt in den ersten drei Kapiteln, aus denen der Abschnitt entnommen ist, den wir gehört haben. Hosea ist mit Gomer verheiratet, die sich weiterhin prostituiert. Und doch zwingt Gott ihn, sie weiterhin zur Frau zu haben. In ihr ist Israel dargestellt, das weiter den Bund mit dem Herrn verrät. Dieser fordert Hosea auf, Gomer als seine Frau zu behalten, um so auch zu zeigen, dass er Israel trotz des Verrates liebt. Dieser Abschnitt zeigt die Stärke der Liebe Gottes, der sein Volk, obwohl es ihn verrät, weiter umwirbt, um es in den Bund mit ihm zurückzuführen. Gott hatte Israel alles gegeben, das Land mit seinen Gütern – „Brot und Wasser, Wolle und Leinen, Öl und Getränke" – doch Israel folgte weiter den Götzen, die gleichsam zu seinen Geliebten geworden waren und an die es sein Herz gehängt hatte. Zwar klagt das Wort des Propheten das Volk dafür an, dass es sich von Gott und seiner Liebe entfernt hat. Doch der Herr gibt sich angesichts der Vergesslichkeit und auch des Verrats seines Volkes nicht geschlagen. Er tut alles, um das Herz seines Volkes zurückzuerobern: Er klagt an, er spricht, er versucht es daran zu hindern, den Götzen nachzulaufen, er nimmt ihm die Gaben, die er ihm gewährt hatte. Doch alles scheint nutzlos angesichts des Stolzes, der die Israeliten sicher und selbstzufrieden macht. Dann aber führt der Herr Israel wieder in die Wüste. Dort, am Ort der Entbehrung und des

Todes, spricht Gott zum Herzen seines Volkes und lässt es die Stärke und Süße der Liebe wiederentdecken, mit der es geliebt wird.

Gebet für die Kranken

Dienstag, 7. Juli

Gedenken an den Patriarchen Athenagoras von Konstantinopel († 1972), einen der Väter des ökumenischen Dialogs.

Hos 8,4–7.11–13. **Der Reichtum entfernt von Gott**

Im heutigen Abschnitt klagt der Prophet Hosea die Spaltung an, derer das Nordreich sich durch die Entscheidung, sich vom Königshaus David zu lösen und den Götzendienst einzuführen, schuldig gemacht hatte. Die Widersinnigkeit des Götzendienstes wird vom Propheten klar erfasst, wenn er sich über die vom Menschen geschaffenen Götzenbilder lustig macht: „Ein Handwerker hat es gemacht – ein Gott ist es nicht." Wegen seiner Verlogenheit führt der Götzendienst unweigerlich ins Verderben: „Denn Wind säen sie und ernten Sturm." Diesen Ausdruck gebraucht man noch heute, um die schlimmen Folgen falscher Entscheidungen zu betonen – Entscheidungen, die aus unmittelbaren Interessen hervorgehen, ohne zu bedenken, wieviel Böses sie in der Gesellschaft hervorrufen können. Der Götzendienst drängt dazu, die Götzen und Kulte zu vermehren, positive Veränderungen im Herzen der Gläubigen bewirkt er jedoch nicht. Vielmehr führt die Vielfalt der Kulte dazu, dass man nur einem Kult folgt und einen einzigen Altar errichtet, den Altar des Ichs. Dieser Kult, den einige „Götzendienst am Ich" nennen, den Ichkult, verbreitet sich auch heute immer weiter. Auf seinem Altar wird alles geopfert, auch das Nächste und Liebste und das Gemeinwohl aller, das uns der Herr stets in Erinnerung ruft. „Israel hat seinen Schöpfer vergessen und Paläste gebaut, Juda hat viele befestigte Städte errichtet. Doch ich sende Feuer in seine Städte; es soll seine Prachtbauten verzehren", sagt der Herr. Denn der Reichtum hat keinen Bestand, sondern wird schnell aufgebraucht. Jesus mahnt im Gleichnis vom törichten Reichen, der seine Scheunen vergrößern wollte, um all seine Reichtümer unterzubringen: „Gebt acht, hütet euch vor jeder Art von Habgier. Denn das Leben eines Menschen besteht nicht darin, dass einer im Überfluss seines Besitzes lebt“ (Lk 12,15). Jesus lädt seine Zuhörer vielmehr dazu ein, lieber vor Gott Schätze zu sammeln (Lk 12,21). Der Herr vergisst uns nicht und hilft uns zu verstehen, dass der einzig wahre Reichtum sein Wort ist, das uns reich vor ihm macht.

Gebet mit Maria, der Mutter des Herrn

Mittwoch, 8. Juli

Gedenken an Floribert Bwana Chui, einen jungen Kongolesen der Gemeinschaft Sant'Egidio, der im Jahr 2007 in Goma von Unbekannten getötet wurde, weil er sich der Bestechung widersetzte.

Hos 10,1–3.7–8.12. **Es ist Zeit, den Herrn zu suchen**

Hosea ist der Erste unter den Propheten des Ersten Testamentes, der Israel mit einem Weinberg vergleicht: „Israel war ein üppiger Weinstock, der seine Frucht brachte.“ Mit diesem Bild veranschaulicht Hosea den Wohlstand des Volkes Israel. Zwischen der Fülle des Weinberges, des Werkes des Herrn, und der Hartherzigkeit Israels, das die ihm angebotene Hilfe ablehnte, besteht ein schmerzhafter Kontrast. Der Herr vertraut seinem Volk eine schwere Aufgabe an, die mit dem Bild vom Pflügen und der Aussaat beschrieben wird. Efraim und Jakob – und damit das ganze Volk Israel – sind von Gott dazu berufen, Gerechtigkeit auf dem Acker des Lebens auszusäen, um Liebe ernten zu können. Beide, Gerechtigkeit und Liebe, sind die Früchte desjenigen, der den Herrn sucht und treu auf sein Wort hört. Wer dagegen Schlechtigkeit und Hass sät, wird Verbrechen ernten. Der Herr vertraut uns allen die Aufgabe an, Gerechtigkeit in einer Welt zu säen, die weder Gerechtigkeit noch Mitleid kennt. Leider liegt auf allen der Drang, nur nach der eigenen Sicherheit und Sattheit zu streben. Aber wer nur an sich selbst denkt und sich auf die eigene Kraft verlässt, entfernt sich von Gott und schafft eine gewalttätige Welt, in der Konflikt und Krieg zu Mitteln des Machtbeweises werden (vgl. Hos 10,13–14). Die Gerechtigkeit Gottes geht weit über die bloße Berechnung und das begrenzte Maß der menschlichen Erkenntnis hinaus. Sie erfüllt sich durch Güte und Barmherzigkeit. Alle Gläubigen sind dazu aufgerufen, jeden Tag den Acker des Lebens zu bestellen, indem sie Liebe und Barmherzigkeit säen. Auf einem solchen Acker wachsen Früchte der Gerechtigkeit und des Friedens für alle. Diese Aufgabe ist zu Beginn dieses neuen Jahrtausends besonders dringend.

Gebet mit den Heiligen

Donnerstag, 9. Juli

Hos 11,1–4.8c–9. **Gott ist unser Vater**

Der heutige Abschnitt beschreibt die väterliche und mütterliche Sorge Gottes um Israel, seinen Sohn. Er gehört zu den zärtlichsten und anrührendsten Abschnitten der gesamten Heiligen Schrift, in dem wir die Klage eines Vaters hören, der von seinem Sohn trotz seiner innigen Liebe zu ihm verraten wurde. Gottes Ruf, mit dem dieser Abschnitt beginnt, entspringt einem leidenschaftlichen Herzen, das diesem Sohn eine außergewöhnliche Mission anvertrauen will. Deshalb befreit er ihn aus der Sklaverei und umsorgt ihn auf den verschiedenen Schritten seines Lebens. Er lässt ihn wachsen, er lehrt ihn gehen, indem er ihn bei der Hand nimmt, er zieht ihn mit Banden der Liebe an sich, er beugt sich, um ihn zu ernähren. Was hat der Vater nicht alles für seinen Sohn getan! Und doch erlebt er nichts als Verrat. Diesen Abschnitt können wir auch auf uns beziehen. Der Herr hat sich auch unser angenommen. Sein Ruf hat uns zu Gliedern seines Volkes, seiner Familie, der Gemeinschaft der Gläubigen gemacht. Auch haben wir eine Mutter, die Kirche. Die frühen Kirchenväter sagten: „Man kann Gott nicht zum Vater haben, wenn man nicht die Kirche zur Mutter hat.“ Das ist das große Geschenk, das Gott uns gemacht hat. Doch verhalten auch wir uns häufig wie Israel, wenn wir weiter unseren Instinkten folgen und uns so von Gott entfernen. Doch der Herr verzichtet nicht auf seinen Traum für uns, nämlich uns von den zahlreichen Sklavereien der Welt zu befreien, damit wir unter allen Völkern Zeugen einer außergewöhnlichen Liebe sind. Trotz unseres Verrates kehrt der Herr zurück, um uns zu rufen, uns nachzulaufen, zu vergeben und uns zu ihm hinzuziehen. Kein Vater in der Welt würde sich weiter wie Gott verhalten. Doch Gott lässt sich unaufhörlich rühren und bekräftigt: „Ich will meinen glühenden Zorn nicht vollstrecken". Noch immer erbebt er vor Liebe zu uns. Er geht uns nach und spricht zu uns, bis wir zu ihm umkehren und uns von seiner Liebe umschließen lassen.

Gebet für die Kirche

Freitag, 10. Juli

Hos 14,2–10. **Die Umkehr zum Herrn**

Das Buch des Propheten Hosea schließt mit dieser leidenschaftlichen Aufforderung, zum Herrn zurückzukehren: „Kehr um, Israel, zum Herrn, deinem Gott!" Um zu vermeiden, dass Israel nur in oberflächlicher Weise zum Herrn zurückkehrt, ohne sein Herz ergreifen zu lassen, fordert der Prophet Israel auf, die Worte vorzubereiten, die es sagen will. Denn man kann nicht unvorbereitet und eilig vor Gott treten. Das Bewusstsein für die eigene Sünde, die Bitte um Vergebung und zugleich das Wissen um die eigene Bedürftigkeit sind unerlässliche Voraussetzungen, um den Herrn in unser Herz eintreten und es heilen zu lassen. Deshalb ermahnt der Prophet: „Nehmt Worte der Reue mit euch." Die Begegnung mit Gott erfordert Innerlichkeit, also das Wissen um die eigenen Grenzen und unser Bedürfnis, gerettet zu werden. Dabei kann allein Gott uns retten. Wir können hier etwa an die inneren Beschwerden denken, die der verlorene Sohn durchlebte, wie er im Lukasevangelium beschrieben wird. Seine traurige Lage und das Wissen um die begangene Sünde sind unerlässlich für die Entscheidung, zum Vater zurückzukehren. So bereitet er auch die Worte vor, die er seinem Vater bei der Rückkehr sagen will, wenngleich der Vater ihm dann gar keine Gelegenheit gibt, diese auszusprechen. Der Text zeigt deutlich, dass die Bekehrung beinhaltet, dass man auf die Verehrung der Götzen verzichtet, wie auch auf die Werkzeuge des Krieges, die Pferde, und dass man sich für geistliche Opfer an Gott, der Barmherzigkeit ist, entscheidet: „Assur kann uns nicht retten. Wir wollen nicht mehr auf Pferden reiten und zum Machwerk unserer Hände sagen wir nie mehr: Unser Gott. Denn nur bei dir findet ein Waisenkind Erbarmen.“ Die Verzeihung und die Liebe, die Gott uns anbietet, wirken das Wunder. Israels Gesundheit wird wiederhergestellt und es erlebt einen neuen Frühling. Es wird aufblühen wie die Lilie und Wurzeln schlagen wie ein Baum des Libanon, es wird die Schönheit des Ölbaums haben und wieder im Schatten Gottes sitzen. Das Leben dessen, der sein Herz bekehrt und zum Herrn zurückkehrt, wird dargestellt als ein üppiger Garten und als eine Quelle, die allen, die sich ihnen nähern, Zuflucht bieten und ihren Durst stillen können.

Gebet des heiligen Kreuzes

Samstag, 11. Juli

Fest des heiligen Benedikt († 547), des Vaters der westlichen Mönche. Er leitet sie mit der Mönchsregel, die seinen Namen trägt.

Jes 6,1–8. **Die Berufung des Jesaja**

Die Liturgie legt uns von nun an einige Tage lang Abschnitte aus dem Buch Jesaja vor. Es beginnt mit der Erzählung von der Berufung des Propheten. Gerade war König Usija an Aussatz gestorben, der unreinen Krankheit schlechthin, weil er in hochmütiger Weise die Heiligkeit Gottes geschändet hatte, indem er dem Volk erlaubt hatte, anderen Göttern Schlacht- und Rauchopfer darzubringen (vgl. 2 Kön 15,5). Ganz im Gegensatz zu dieser Haltung des Königs hat Jesaja eine Vision, in der die Transzendenz und absolute Majestät Gottes deutlich wird. Angesichts dieser Erhabenheit Gottes – „Heilig, heilig, heilig ist der Herr der Heere“ – erkennt der Mensch seine Begrenztheit, seine Niedrigkeit und die Unreinheit seiner Lippen. Nur Gott ist der „Heilige“, also der Abgetrennte. Und doch weigert dieser Gott sich nicht, in die Geschichte der Menschen einzutreten. Im Gegenteil, er will den Abgrund überbrücken, der ihn von den Menschen trennt, indem er seinen Propheten sendet. Jesaja ist sich seiner Kleinheit und Sünde bewusst. Doch der Herr ist es, der ihn ruft, ihn reinigt und ihm die Worte auf die Lippen legt, die er seinem Volk mitteilen soll. Angesichts der Berufung durch den Herrn zieht Jesaja sich nicht zurück. Er kennt genau seine Grenzen, doch er weiß auch, dass der Herr seine Kraft ist. Israels Geschichte ist sinnbildlich für alle Gläubigen, auch für uns, vielleicht gerade für uns, die wir zu einer neuen Mission in der heutigen Welt gerufen sind. Papst Franziskus ruft zu einer „missionarischen Bekehrung“ auf. „Wen soll ich senden?“, scheint Gott auch heute zu fragen. Wir aber sollen uns fragen: Wer wird Gottes Frage aufnehmen, die Propheten seines Wortes in einer Welt sucht, die anscheinend davon beherrscht ist, dass man gegenüber dem Bösen resigniert hat. Wir Gläubigen, und auch diejenigen, die sich einbeziehen lassen wollen, sollten alle wie Jesaja antworten: „Hier bin ich, sende mich!“

Gebet der Vigil

Sonntag, 12. Juli: 15. Sonntag im Jahreskreis

Jes 55,10–11; Ps 64; Röm 8,18–23; Mt 13,1–23

Um Jesus herum versammelt sich eine Menschenmenge, so groß, dass sie ihn dazu zwingt, ins Boot – das wahrscheinlich Petrus gehört – zu steigen. Von dort aus spricht er lange zu der Menge. Matthäus gibt das erste der sieben Gleichnisse wieder, die einen ganzen Abschnitt seines Evangeliums bilden. Es ist das Gleichnis vom Sämann. Jesus beginnt die Erzählung damit, wie der Sämann sein Haus verlässt, um zu säen. Er streut die Samen weitläufig aus, über das gesamte Gebiet, auch wenn nur der vierte Teil der Samen Früchte bringen wird. Jesus wird darauf hinweisen. Eine erstaunliche Großzügigkeit wird hier deutlich,

die sich nicht darum schert, wie viel vergeudet wird. Das Besondere an diesem Sämann ist, dass er allen Böden Vertrauen entgegenbringt, auch solchen, die eher eine Straße, ein Steinhaufen oder ein Dornengestrüpp sind als ein gepflügtes und bereitetes Feld. Der Sämann hofft, dass der Samen auch dort Wurzeln schlagen kann.
Dieser Abschnitt lässt uns an die Dringlichkeit der Mission für das Evangelium denken, zu der Papst Franziskus wieder neu aufruft. Wie Jesus den Sämann hinausgehen lässt, ruft heute der Papst die ganze Kirche dazu auf, hinauszugehen und zu säen. Nach dem Vorbild Jesu sollen auch wir großzügig den Samen auf allen Feldern ausstreuen, selbst in jenen äußerst unwirtlichen Peripherien, wo das Feld besonders steinig, unzugänglich und widerständig scheint und von allen verworfen wurde. Für Jesus, den wahren Sämann, dessen Beispiel jede Aussaat folgen soll, ist das ganze Feld wichtig. Es gibt keinen Teil dieses Feldes, der es nicht wert wäre, den Samen zu empfangen. Jedes Gebiet verdient Aufmerksamkeit, kein Feld darf verworfen werden, nicht einmal das entlegenste von allen. Die Dringlichkeit der Mission entspringt aus dem Bedürfnis aller nach dem Evangelium, in dem Wissen, dass andere Sämänner den Samen der Gewalt und des Konfliktes ausstreuen. In diesem Abschnitt des Evangeliums liegt eine missionarische Dringlichkeit, die sich an die Jünger von heute richtet, also an auch uns.
Dies können wir im zweiten Teil des Gleichnisses erkennen. Wahrscheinlich abends, nachdem sie nach Hause gegangen waren, fragen die Jünger Jesus nach einer Erklärung für dieses erstaunliche Gleichnis. Daraufhin wird ein Moment der Vertrautheit zwischen Jesus und den Jüngern beschrieben: „Euch ist es gegeben, die Geheimnisse des Himmelreichs zu verstehen“, sagt er ihnen. Und er erklärt ihnen, was er am Morgen der Menschenmenge gesagt hatte. Diese Worte sind auch an sie gerichtet. Auch sie sind dazu aufgerufen, Säleute zu sein: „Wie mich der Vater gesandt hat, so sende ich euch“. Vor allem jedoch sollen sie Hörende sein, die dieses Wort aufnehmen. Die Jünger und auch wir sind Teil des Feldes, auf das der Herr großzügig das Saatgut aussät. Die Gebiete, von denen das Gleichnis spricht, kennen wir auch persönlich. Auch unser Herz ist manchmal hart wie eine Straße, wenn wir der Gleichgültigkeit Raum überlas-

sen. Manches Mal sind es unsere Gewohnheiten, die wie Steine das Feld unfruchtbar machen. Wie oft lassen wir uns von unseren Sorgen mitreißen, die den Samen ersticken, der in uns gesät wurde und angefangen hatte, zu gedeihen?
Der Herr jedoch geht weiterhin auch für uns jeden Tag hinaus, um zu säen. Das treue Zuhören lässt uns zu Teilen des fruchtbaren Bodens werden, der stetig Früchte bringt, teils hundertfach, teils sechzigfach, teils dreißigfach.

Gebet am Tag des Herrn

Montag, 13. Juli

Jes 1,10–17. **Kult und Gerechtigkeit**

Der Prophet besteht darauf, das Wort Gottes anzuhören. Denn im treuen Hören auf das Wort Gottes kann auch in schwierigen Situationen die Hoffnung auf Rettung wachsen. Ganz Israel, die Führer und das Volk, wird mit Sodom und Gomorra verglichen, den zwei Städten, die den Fremden die Gastfreundschaft verweigert hatten und dann zerstört wurden, weil sie sich mit dieser schweren Sünde befleckt hatten. Es ist ein Wort von ungewohnter Härte. Nicht nur, dass religiöse Handlungen Gott nicht willkommen sind, wenn sie nicht mit Barmherzigkeit und Mitleid einhergehen – sie sind ihm sogar widerwärtig. Diese Worte des Propheten Jesaja erklingen mit noch größerer Dringlichkeit in dieser Zeit, in der wir ein ständig wachsendes Bedürfnis nach Barmherzigkeit und Frieden verspüren. Die heutige Gesellschaft mit ihren dramatischen Ungleichheiten muss den Sinn für eine globale, universale Solidarität wiederfinden. Sie braucht eine echte Nähe, die die Welt auf den Weg der Gerechtigkeit und der Barmherzigkeit führt. Eine Religiosität, die sich auf Rituale und Kulte beschränkt, reicht nicht aus. Das Gebet muss von Natur aus von der Liebe zu den Schwachen und Armen geprägt sein. Das ist der Wille Gottes für die Menschheitsfamilie, damit diese in Frieden lebt. Gott selbst fordert uns zum Gespräch mit ihm heraus, damit wir aufhören, Böses zu tun, und lernen, Gutes zu vollbringen und die Armen zu lieben. Auch wenn unsere Sünden schwer sind, auch wenn wir hartnäckig nur auf uns selbst hören, ist der Herr wirklich ein Freund der Menschen, denn er ist bereit, zu vergeben und unser Leben zu erneuern, wenn wir uns von seiner Barmherzigkeit erobern lassen.

Gebet für die Armen

Dienstag, 14. Juli

Jes 7,1–9. **Aufforderung zum Glauben**

Es besteht die Gefahr, dass das kleine Reich Juda bald in einen Krieg hineingezogen wird. Durch den Propheten will der Herr Israel vor der Zerstörung retten. Jesaja soll mit seinem Sohn Schear-Jaschub – was „ein Rest kehrt um" bedeutet – vor den König Ahas hintreten. In diesem soll der König das Zeichen einer Hoffnung für das Volk Juda erkennen. Der Prophet sagt dem König: „Hüte dich und verhalte dich still! Fürchte dich nicht und dein Herz sei nicht verzagt". Er ermutigt ihn, keine Angst vor der nahenden Gefahr zu haben. Doch die Ruhe des Gläubigen hat nur dann einen Sinn, wenn sie auf die Gewissheit des Glaubens an Gott gegründet ist, der sein Volk nicht alleine lässt. Später wird Jesaja sagen: „Durch Umkehr und Ruhe werdet ihr gerettet, im Stillhalten und Vertrauen liegt eure Kraft" (Jes 30,15). Der Aufruf zum Glauben ist in allen Geschehnissen der Bibel zentral, wie auch in diesem Abschnitt des Propheten. Die Kraft des Glaubens ist demjenigen fremd, der es gewohnt ist, nur auf sich selbst und auf seine eigene Kraft zu vertrauen. Der Glaube an Gott ist das Gegenteil der Angst, die aus arroganten Stolz entspringt. Weder menschliche Bündnisse noch die Suche nach Sicherheiten werden Schutz bieten und eine friedvolle Zukunft sichern können. Die Männer und Frauen des Glaubens können Erbauer des Friedens und der Sicherheit sein, wenn sie sich Gott und seinem Wort anvertrauen. So werden sie nicht nur frei von Angst sein, sondern auch dem Bösen widerstehen und es besiegen können. Vergessen wir nie die abschließenden Worte dieses Abschnitts: „Glaubt ihr nicht, so bleibt ihr nicht.“

Gebet für die Kirche

Mittwoch, 15. Juli

Jes 10,5–7.13–16. **Der leere Stolz der Mächtigen**

Dieser Abschnitt ist eine geistliche Reflexion über die Ereignisse der Geschichte. Das Reich Assur hat sich von einem Werkzeug, durch das Gott handelt, in eine gewalttätige und arrogante Macht verwandelt. Doch dieser imperialistische Traum wird – wie zu allen Zeiten – von der Geschichte besiegt werden. Um Israel wieder zur Treue zum Bund zurückzuführen, bedient sich Gottes weise Liebe auch des mächtigen Reiches Assur und weist ihm eine strafende Rolle zu, die allerdings begrenzt ist. Diese Worte spiegeln ein theologisches Verständnis der Geschichte wider. Gott ist es, der die Geschichte lenkt. Doch wessen Augen die Geschichte nicht in der Tiefe lesen, wer also nicht mit dem Blick des Glaubens auf die Geschehnisse der Welt schaut, der versteht Gottes Handeln nicht und deutet die Ereignisse in verzerrter Weise, denn er glaubt, dass es die Mächtigen – oder diejenigen, die sich dafür halten – seien, die die Geschichte lenken. Diese hochmütige Sicht ihrer Kräfte lässt die Assyrer übergriffig werden. Denn anstatt Israel zurechtzuweisen, damit es vom Bösen Abstand nimmt, wollen sie es nun unterdrücken und ihrer eigenen Macht wegen unterjochen. Dies ist die Haltung all derer – großer wie kleiner – die glauben, sie seien die Herren über das Dasein eines anderen und dabei sich selbst behaupten wollen. Mit scharfen Worten zeigt Jesaja auf, welche Arroganz und Dummheit hinter dieser Art zu denken steckt. Er kündigt auch ihr unvermeidliches Scheitern an: „Darum schickt Gott, der Herr der Heerscharen, gegen seine Fetten die Schwindsucht“. Nur in Gott und seiner Kraft ist das Heil zu finden. In einer Zeit wie unserer, in der Individuen, Gruppen und Völker der Macht nachlaufen, mit der sie die anderen zu beherrschen suchen, erklingen die Worte des Jesaja als Warnung und auch als Hoffnung für diejenigen, die sich demütig an den Herrn wenden, um seine Hilfe zu erbitten.

Gebet mit den Heiligen

Donnerstag, 16. Juli

Gedenktag Unserer Lieben Frau auf dem Berg Karmel.

Jes 26,7–9.12.16–19. **Meine Seele dürstet nach dir, o Gott**

Dieser Abschnitt gehört zu einem Textgefüge im Jesajabuch, das als Jesaja-Apokalypse (Jes 24–27) bekannt ist. Wir können diese Worte auch als Aufforderung des Propheten verstehen, sich dem Herrn zuzuwenden, weil er uns hilft, die Geschichte mit seinen Augen zu betrachten und daraus Schlüsse zu ziehen. Die Hingabe an Gott wird vor allem darin sichtbar, dass man in Zeiten der Prüfung oder des Leids, wie es eine Frau bei der Geburt eines Kindes erfährt, zum Herrn ruft, weil man seiner Hilfe gewiss ist. Nur von oben kann Hilfe kommen, nur von Gott wird uns Leben geschenkt. Der Gerechte weiß, dass ohne die Hilfe von oben all sein Bemühen umsonst ist: „Heil verschaffen wir nicht dem Land und Erdenbewohner sind keine geboren." Das Wissen um die eigene Schwäche lässt jedoch weder Resignation noch Pessimismus überwiegen. Der Gerechte weiß genau, dass nur der Herr wieder zum Leben erwecken kann. Deshalb hört er auch in Schmerz und Bedrängnis nicht auf, den Herrn zu suchen, und er weiß, dass dieser wie ein Vater ist, der seine Kinder nie verlässt. Im Drama einer friedlosen Zeit, wie es auf unsere Welt heute zuzutreffen scheint, ist es nötig, Gott wieder neu zu suchen und das Leben der Menschen von seinem Wort erleuchten zu lassen. Das Leid führt allzu oft dazu, dass wir uns in uns selbst verschließen und meinen, der Herr sei fern von uns und unseren Sorgen. Doch der Herr übersieht unser Leid nicht, er lässt nicht einen Tropfen vom Schmerz der Welt und vom Leid der Armen ins Leere fallen. Vielmehr versteht er ihre Mühe und ihren Schmerz und kommt allen bald zu Hilfe. Schließen wir uns also dem Gebet des

Propheten an, das eine wirklich echte und auch die beste Antwort auf das Leid der Welt ist.

Gebet mit Maria, der Mutter des Herrn

Freitag, 17. Juli

Jes 38,1–6.21–22.7–8. **Hiskijas Lied**

Die Erzählung von Hiskijas Krankheit und Heilung zeichnet das Bild von einem König, der sein ganzes Vertrauen auf Gott setzt. An ihn wendet sich Hiskija, als er krank und dem Tode nahe ist, ihn kann er zurecht auf seine Treue und seinen Gehorsam verweisen, ihn darf er um ein Zeichen bitten, ohne dass dies als Zweifeln verstanden wird, sondern vielmehr als Zeichen, dass er die göttliche Verheißung akzeptiert. Hiskija war ein großer König für sein Volk. Er hatte sich eingesetzt, dass Israel von den Götzen ablässt und zum Herrn zurückkehrt. Doch sein Leben neigt sich jetzt dem Ende entgegen: „In der Mitte meiner Tage muss ich hinab zu den Pforten der Unterwelt, ich bin gefangen für den Rest meiner Jahre", so beginnt der König sein Lied. Auch weise und rechtschaffene Menschen werden im Leben von Schwierigkeiten heimgesucht. Der König ist krank und richtet ein herzzerreißendes Gebet an den Herrn, in dem er seinen Schmerz beschreibt und Gottes Hilfe erfleht: „Ich bin in Not, Herr. Tritt für mich ein!" Der König versteht, dass Krankheiten und Schwierigkeiten keine Strafe Gottes sind. Diese Erkenntnis kommt aus spirituellen Überlegungen, die von der grenzenlosen Liebe Gottes geprägt sind. Die Heilige Schrift lehrt uns, unaufhörlich zu Gott zu beten, ihm in Leid und Not um Hilfe zu bitten und ihm auch die Gründe für die Ängste, die unser Leben bedrängen, darzulegen. Als guter Vater weist Gott seine Kinder nicht ab, wenn sie zu ihm rufen. Er ist nicht taub gegenüber dem Hilfeschrei der Armen und Bedrückten. In seiner großen Liebe und Barmherzigkeit kommt er uns zu Hilfe, er heilt und rettet. Auf das Flehen des Königs gibt der Prophet eine Antwort: Der Herr hat sein Gebet vernommen und erhört und er bezieht auch Jerusalem mit ein. Denn auch zugunsten Jerusalems wird der Herr eingreifen und der König wie die Stadt werden Gottes Befreiung und seinen Schutz erfahren.

Gebet des heiligen Kreuzes

Samstag, 18. Juli

Gedenken an den heiligen Mönch Sergius von Radonesch, den Gründer des Klosters der heiligen Dreifaltigkeit in der Nähe von Moskau. Gedenken an den evangelischen Pastor Paul Schneider, der 1939 im Konzentrationslager Buchenwald starb.

Mi 2,1–5. **Ungerechtigkeit und Unrecht**

Micha lebte in Jerusalem, einer Stadt, die sich nicht allzu sehr von Samaria unterschied, wie sie bei Amos beschrieben wurde. Er erhebt nicht nur Anklage gegen Willkür und Unterdrückung, sondern er deckt auch deutlich auf, wie die Macht sich verkehren kann und die selbst zu Sklaven werden, die sie ausüben. Auch nachts hegen sie böse Gedanken, die ganze Zeit sind sie vom Geist des Bösen beherrscht. Der Prophet warnt davor, sich nicht von der Gier nach Besitz ergreifen zu lassen, denn alles ist endlich und geht zugrunde. Auch in unserer heutigen Welt schafft die Geldgier Ungleichheit und Ungerechtigkeit und lässt die Armen draußen vor der Tür, wie es dem armen Lazarus widerfuhr. Noch nie war die Welt so reich an Gütern wie heute und trotzdem gibt es heute so viele Arme wie nie zuvor. In den Augen Gottes ist das eine unerträgliche Ungerechtigkeit. Der Schrei der Armen dringt zum Herzen Gottes und weckt sein Mitleid. Das Wort des Propheten klagt diese skandalöse Ungleichheit an. Heute vergrößert sich der Abgrund zwischen Reichen und Armen immer weiter. Diese Ungleichheit ist die Ursache für Konflikte und Kriege, die unaufhörlich auf Erden Blutvergießen verbreiten. Die ersten Worte dieses Abschnitts sind aufschlussreich. Er beginnt mit: „Weh“. Diese Drohung wendet sich an den, der Böses tut. Sie ist aber auch eine ernste Aufforderung, das Unrecht zu bereuen, ehe es zu spät ist. Denn das Böse fällt auf die Gewalttäter zurück. Die, die Tag und

Nacht Niederträchtigkeiten aushecken, täuschen sich, wenn sie meinen, straffrei davonzukommen. Die biblische Weisheit warnt vor Ungerechtigkeit, denn sie kränkt immer auch Gott, der der Vater aller ist.

Gebet der Vigil

Sonntag, 19. Juli: 16. Sonntag im Jahreskreis

Weish 12,13.16–19; Ps 86; Röm 8,26–27; Mt 13,24–43

In drei Gleichnissen wird das Reich Gottes verglichen: zunächst mit den Weizenhalmen, die neben dem Unkraut heranwachsen, dann mit einem winzig kleinen Senfkorn, das jedoch zu einem großen Baum wird, und schließlich mit ein paar Gramm Sauerteig, der eine große Menge Mehl durchsäuern kann. Das Hören dieser Gleichnisse des Evangeliums weitet Herz und Denken, sodass man das menschliche Leben besser beurteilen und ein solches führen kann. Das Gleichnis vom Unkraut hilft uns zu erkennen, wie sehr das Böse tatsächlich in unserer Welt verbreitet ist. Der Besitzer des Ackers bemerkt, dass ein Feind Unkraut gesät hat, wo er eigentlich guten Samen ausgestreut hatte. Als die Knechte ihn auf diese Tatsache hinweisen, hindert er sie jedoch daran, das Unkraut gleich zu Beginn auszureißen.
Warum gebietet der Gutsherr dem Eifer derer Einhalt, die doch nur seine Arbeit schützen wollen? Im Buch der Weisheit lesen wir: „Weil du über Stärke verfügst, richtest du in Milde…, dass du den Sündern die Umkehr gewährst.“ Der Gerechtigkeitssinn der Menschen muss vor dem Geheimnis der Barmherzigkeit Gottes haltmachen.
Dieses Gleichnis, das unserer Denkweise und unserem Verhalten sehr fremd ist, begründet eine Kultur des Friedens. In unserer Zeit erleben wir überall, wie sich tragische lokale Konflikte ausweiten und wie man, wenn man sich stark fühlt, leichtfertig nach neuen Angriffszielen sucht. Deswegen muss man sich diesen Abschnitt des Evangeliums wieder neu vornehmen, damit Dialog und Verhandlungen wieder Vorrang bekommen oder zumindest nicht ausgeschlossen werden. Es ist kein Zeichen von Schwäche oder Nachgiebigkeit. Es bedeutet viel-

mehr, jedem Menschen die Möglichkeit zu geben, in sich zu gehen, um im eigenen Herzen Spuren Gottes und seiner Gerechtigkeit zu finden. Dazu wird der Verstand gebraucht und vielleicht auch die Schlauheit, seinem Feind ins Gesicht zu schauen und ihm Redlichkeit und den aufrichtigen Wunsch nach Frieden zuzugestehen. Das bedeutet, die Logik der Feindschaft zu überwinden.
Das Gleichnis behauptet nicht, dass es keine Feinde gibt. Im Gegenteil. Es empfiehlt aber, anders mit ihnen umzugehen: Statt das Unkraut in rabiater Weise auszureißen und zu riskieren, auch die guten Pflanzen zu erwischen, sollte man lieber geduldig aussortieren und warten. Dies zeugt von großer Weisheit, die eine unglaubliche Kraft in sich birgt. Diese Worte über Toleranz und Frieden gleichen wahrhaftig einem Senfkorn und einer Handvoll Sauerteig. Wenn wir sie in uns und in den Wechselfällen des Lebens wachsen lassen, werden sie Feindseligkeit und Kriegsgeist überwinden. Wird die Entscheidung des Gutsherrn akzeptiert, kann dies die ganze Menschheit verwandeln. Das Wachstum des Unkrauts darf uns nicht erschrecken. Es kommt darauf an, die guten Gewächse so gut wie möglich zu pflegen. Dadurch setzt sich bereits auf Erden das Himmelreich durch.

Gebet am Tag des Herrn

Montag, 20. Juli

Gedenken an den Propheten Elija, der in den Himmel entrückt wurde und Elischa seinen Mantel überließ.

1 Kön 17,7–16. **Die Witwe von Sarepta**

An diesem Tag, an dem die Kirche das Gedenken an Elija begeht, lässt uns das Wort Gottes über den Gang des Propheten zur Witwe von Sarepta nachdenken. Diese Erzählung berichtet über schwierige Zeiten von Hungersnot und Entbehrung und von einem schwachen und gefährdeten Leben. Elija wird nicht müde, Hoffnung zu vermitteln. Das Zukunft verheißende Wort, das Gott ihm anvertraut hatte, nämlich dass die Hungersnot zu Ende sei, gibt er nicht an die Mächtigen weiter. Vielmehr wählt er, wie es dem Wort Gottes entspricht, eine Witwe und ein Waisenkind aus, um dem Unmöglichen die Stirn zu bieten und eine Schneise zu bahnen, die Zukunft ermöglicht. Mit einer Handvoll Mehl und einem Tropfen Öl, die eigentlich für einen letzten Tag den Unterhalt von Mutter und Sohn sichern sollten, macht er auf konkrete Weise klar, welche Sicherheit es gibt: das Wenige wird sich nicht vermehren, aber es wird auch nicht weniger werden. Dieses rechte Maß, das Leben ermöglicht, wird zum Zeichen dafür, wie menschliche Existenz aus dem entsteht und hervorgeht, was geteilt wird, und wie es allen ein reichliches Leben in Fülle garantiert. Dabei erscheint die Bitte des Elija an diese Frau wirklich übertrieben. Der Prophet ist sich bewusst, dass seine Worte nicht nur aufgrund des Hungers gesprochen werden, sondern weil Gott selbst eine Botschaft vermitteln möchte, die in diesem tödlich finsteren Szenarium ein Licht der Hoffnung und des Heils ist. Wie das Gebet hat eine Bitte um Hilfe immer einen Wert, sie bedeutet, die Frau daran zu erinnern, dass sie trotz ihrer Armut einen Wert hat und anderen helfen kann zu leben. Daher weist diese Witwe seine Hilfe nicht ab. Wie die Witwe aus dem Evangelium all ihren Lebensunterhalt in den Tempelkasten wirft, setzt auch sie alles, was sie hat, für den Propheten, Gottes Abgesandten, ein. Dieses Verhalten regt uns zum Nachdenken an, denn wir müssen uns bei jeder Bitte um Hilfe, jeder Frage nach Gastfreundschaft und jedem Wunsch nach Zukunft, auch angesichts der Hilferufe der Armen die Frage stellen, ob sie nicht tatsächlich aus der Prophezeiung Gottes für unsere so teilnahmslose und materialistische Zeit hervorgehen. Und so offenbart uns diese arme Witwe, was eigentlich im Herzen eines jeden Menschen ist. Heute können auch wir unser Herz durch ihr Beispiel anrühren lassen und entdecken, dass in der Bereitschaft zum Teilen ein unerschöpfliches Maß an Gnade und Barmherzigkeit enthalten ist.

Gebet für den Frieden

Dienstag, 21. Juli

Mi 7,14–15.18–20. **Gott, der barmherzige Hirte**

Mit dem Bild des Hirten lässt der Prophet Micha daran denken, wie aufmerksam und zuvorkommend Gott sich um seine Schafe kümmert, wie er sich um den Zusammenhalt der sich sonst zerstreuenden Herde sorgt und das Leben der Schafe verteidigt, selbst um den Preis des eigenen Lebens. Er fordert den göttlichen Hirten auf, sich auch weiterhin für das Wohl seines Volkes einzusetzen. Dieses göttliche Handeln wird sich auf zweierlei Weise zeigen. Der Herr ist ein Hirte, der verzeiht: „Wer ist Gott wie du, der Schuld verzeiht und an der Verfehlung vorübergeht für den Rest seines Erbteils!“ Diese Worte erinnern an den Hirten im Psalm 23 und an das Buch Ezechiel (Ez 33). Und dann ist es auch ein Hirte, der nicht aufhört, sein Volk zu lieben: „Er wird sich unser wieder erbarmen, er wird niedertreten unsere Schuld. Ja, du wirst in die Tiefen des Meeres werfen all ihre Sünden.“ Der Herr ist wirklich der gute Hirte, der sich so sehr um sein Volk sorgt, dass er ihm die Schuld vergibt. Seine Barmherzigkeit ist viel größer als die Sünde seines Volkes. Diese Größe der Vergebung ist typisch für Gott und sie zeigt, dass er vollkommen anders ist als die stummen und abgestumpften Götzen der anderen Völker. Fast scheinen Micha die Worte zu fehlen, um die Größe von Gottes Barmherzigkeit angemessenen zu beschreiben. Jesus greift das Bild des Hirten auf und er zeigt sich als der wahre Hirte Israels, der seine Schafe kennt, sie beim Namen ruft und in den Stall eintreten lässt. Fehlt nur ein einziges Schaf, lässt er alle anderen im Stall zurück, um das eine zu suchen. Und erst wenn er das verlorene Schaf gefunden hat, kehrt er zurück. Bitten wir den Herrn um die Bereitschaft, auf diese Stimme des guten Hirten zu hören, damit wir uns als eine einzige Herde nur von ihm leiten lassen und lernen, aus seiner Barmherzigkeit zu leben.

Gebet mit Maria, der Mutter des Herrn

Mittwoch, 22. Juli

Fest der heiligen Maria von Magdala. Sie verkündete den Jüngern die Auferstehung des Herrn.

Joh 20,1.11–18. **Das leere Grab**

Heute feiert die Liturgie das Gedenken an Maria Magdalena. Sie stammte aus Magdala und begegnete Jesus, der sie von sieben Dämonen befreite. Das Evangelium zeigt sie uns, wie sie am leeren Grab weint. Sie haben ihren Herrn weggenommen. Weil sie den einzigen Menschen verloren hatte, der sie in all den vergangenen Jahren verstanden hatte, eilte sie auch dann noch zu ihm und suchte ihn, als er schon gestorben war. Alle – die beiden Engel und den „Gärtner“ – fragt sie nach Jesus. Sie ist ganz mit der Suche nach dem Meister beschäftigt, nichts anderes interessiert sie. Darin ist sie ein bleibendes Beispiel für eine echte Gläubige, die den Herrn sucht. Sie fragt auch den „Gärtner“. Sie sieht Jesus mit den Augen, doch sie erkennt ihn nicht, bis sie beim Namen gerufen wird. So geht es auch uns mit dem Evangelium. Nicht die Augen lassen uns Jesus erkennen, sondern seine Stimme. Dieser Tonfall und Klang, mit denen er den Namen Marias liebevoll ausspricht und schon so oft ihr Herz berührt hatte, lösen ihre Blockade und Maria erkennt ihren Meister. Wer Jesus auch nur ein einziges Mal gehört hat, wird ihn nie wieder verlassen. Die Stimme Christi, die im Evangelium erklingt, vergisst man nicht. Mit den Worten des Evangeliums vertraut zu sein, heißt, mit dem Herrn vertraut zu sein. Es ist der Weg, ihn zu sehen und ihm zu begegnen. Maria wirft sich Jesus zu Füßen. Jesus sagt jedoch zu ihr: „Halte mich nicht fest … Geh aber zu meinen Brüdern“. Die Liebe, die aus dem Evangelium hervorgeht, ist eine Kraftquelle, die zum Weitergehen drängt. Es war keineswegs selbstverständlich, dass Maria zu den Aposteln eilte. Jesus vertraut die erste Botschaft von der Auferstehung einer schwachen Frau mit einer schwierigen Geschichte an. Sie hätte durchaus befürchten können, dass man ihr nicht glauben oder dass man sie beschimpfen würde. Auch uns scheint es oft unvernünftig, an eine Liebe zu glauben, die stärker ist als der Tod, an Tränen, die getrocknet werden, und an das Leben, das den Tod besiegt. Doch Maria hörte von Neuem auf die Stimme ihres Meisters und eilte umso glücklicher zurück zu den Jüngern, um zu verkünden: „Ich habe den Herrn gesehen.“ Die Begegnung mit Jesus setzt alles wieder in Bewegung. Was uns gegeben wird, ist nicht für uns allein bestimmt, vielmehr soll es viele erreichen. Sie, die Sünderin, ist zur ersten Verkünderin des Evangeliums geworden. Sie hat keine Angst, weil das

Wort Jesu sie stark macht. Deshalb wird Maria in der byzantinischen Tradition als „Apostelin der Apostel“ bezeichnet.

Gebet mit den Heiligen

Donnerstag, 23. Juli

Gedenken an die Heiligen Antonius und Theodosius († 1073), die Gründer des Kiewer Höhlenklosters und Väter des russischen und ukrainischen Mönchtums. Gedenken an die Christen in der Ukraine und in Russland.

Jer 2,1–3.7–8.12–13. **Der Glaubensabfall Israels**

Dieser Abschnitt ist gleichsam ein Aufruf Gottes an sein Volk, damit es aus dem Schlaf erwacht und sich an die Geschichte der Liebe Gottes zu ihm erinnert. Gregor der Große sagte, dass die Heilige Schrift ein Liebesbrief Gottes an uns ist. Denn jedes Mal, wenn wir auf sie hören, können wir erkennen, mit welcher Vorliebe der Herr auf unser Leben geschaut hat und mit welch liebevoller Sorge er uns umgibt, und wir können uns daran freuen. Gott hat uns an sich gezogen und wir sind ihm gefolgt. Der Herr verspürt das Verlangen, durch den Mund des Propheten die Liebe zu seinem Volk laut hinauszurufen, damit es die große Geschichte seiner Güte nicht vergisst, die es mit dem Herrn gelebt hat. Leider fällt es dem Volk Israel und auch uns sehr leicht, auf das zu schauen, was wir für die anderen getan haben, während wir nicht an die vielen Dinge denken, die wir ihnen schulden. Stolz und Selbstgenügsamkeit lassen das Wirken Gottes vergessen und wir entfernen uns unabwendbar von ihm. Doch Gott fordert eine Antwort von seinem Volk: „Was fanden eure Väter Unrechtes an mir, dass sie sich von mir entfernten, nichtigen Göttern nachliefen und so selber zunichte wurden?“ Welches Unrecht könnten wir bei Gott finden, dass wir uns von ihm abwenden und uns selbst nachlaufen? Diese Frage müssen wir uns stellen. Andernfalls werden wir mit leeren Händen dastehen, weil wir es vorgezogen haben, uns selbst nachzulaufen statt auf den Herrn zu hören. Vielleicht ist die Enttäuschung, die uns in vielen Momenten ergreift, auch die Folge eines Lebens, in dem der Herr wenig zählt, weil wir alle sehr von uns selbst eingenommen sind.

Gebet für die Kirche

Freitag, 24. Juli

Jer 3,14–17. **Der Herr ruft auf, zu ihm umzukehren**

Unaufhörlich fordert der Herr sein Volk auf, zu ihm umzukehren. Doch es muss die eigene Sünde erkennen: „Doch erkenne deine Schuld: Dem Herrn, deinem Gott, hast du die Treue gebrochen". Worte über die Untreue des Volkes Israel findet man beim Propheten immer wieder. In unsicheren Zeiten und bei unsicheren Zukunftsperspektiven erliegt man leicht der Versuchung, sich selbst nachzulaufen und sich zu verirren. Der Herr ist groß und barmherzig, er greift ein und sammelt einen kleinen Rest: „Ich hole euch, einen aus jeder Stadt und zwei aus jeder Sippe". Dieser Rest soll zur Hoffnung für alle werden. Mit einer Minderheit von Gläubigen wird Gott unter der Führung von Hirten, die seinem Herzen entsprechen, eine neue Geschichte und einen neuen Bund beginnen. Der Prophet verkündet diese Worte in der Zeit nach dem babylonischen Exil. Jerusalem, das noch immer die Zeichen der Zerstörung zeigt, war vom Pessimismus beherrscht. Doch Gott ist zu allem bereit, um Israel zurückzugewinnen und es zu einem Volk zu machen, das der ganzen Welt das Heil verkündet. Das prophetische Wort rüttelt das Volk aus einem traurigen Leben auf und macht es offen für eine unerwartete Zukunft, die Wiederherstellung der Einheit zwischen Juda und Israel, während die sie umgebende Welt noch von Trennungen und Krieg zerrissen ist. Wenn Jerusalem wiedervereinigt ist, wird es zur Stadt des Friedens und zum ersehnten Ziel für alle Völker. Jerusalem wird zum Zeichen der Einheit für ein geteiltes Volk und zum Zeichen des Friedens in einer von Gewalt geprägten Welt. Eine außergewöhnliche Liebe liegt in den Worten, die Gott an sein Volk richtet: „Ja, ich will dich unter die Söhne aufnehmen und dir ein liebliches

Land geben“. Noch einmal stellt der Prophet die Liebe Gottes und die Untreue Israels einander gegenüber. Was kann der Herr mit abtrünnigen Kindern anfangen, die sich nicht entscheiden können, weil sie von sich selbst eingenommen sind? Er kann nur zur Umkehr aufrufen und sie gleichzeitig der Verlässlichkeit seiner väterlichen Liebe versichern.

Gebet des heiligen Kreuzes

Samstag, 25. Juli

Fest des Apostels Jakobus, des Sohnes des Zebedäus. Er war der Erste der Zwölf, der das Martyrium erlitt. Seine sterblichen Überreste werden in Santiago de Compostela verehrt.

Mt 20,20–28. **Jakobus, der Sohn des Zebedäus**

Jesus war Jakobus am Ufer des Sees von Galiläa begegnet und hatte ihn zusammen mit seinem Bruder Johannes in seine Nachfolge gerufen. Ohne zu zögern hatte Jakobus der Ältere – so wird er genannt, um ihn von dem anderen Jakobus zu unterscheiden – die Einladung Jesu, ihm nachzufolgen, angenommen und so den Weg der Jüngerschaft angetreten. Wie alle anderen verstand auch er nicht immer, was der Herr in seiner Liebe mit seinem Leben vorhatte. Daher erlag auch er wie die anderen der Versuchung, einen Platz und eine Position für sich zu beanspruchen. Eigentlich geht es bei der Jüngerschaft vor allem darum, auf den Meister zu hören, und nicht darum, eine gute Position zu erlangen. Die Bitte der Mutter der beiden Söhne um einen Platz zur Rechten Jesu war nicht naiv. Die eifersüchtige Reaktion der anderen Jünger lässt nicht lange auf sich warten. Geduldig weist Jesus sie zurecht und spricht weiter zu ihnen allen. Jakobus hat vielleicht die Antwort Jesu nicht wirklich verstanden, doch er hört ihm weiterhin zu und folgt ihm nach. Er akzeptierte auch die Zurechtweisung des Meisters, als er in seinem Übereifer Feuer vom Himmel gegen die Samariter schicken wollte, die Jesus nicht aufnehmen wollten. Durch die Begegnung mit dem auferstandenen Jesus und die Ausgießung des Heiligen Geistes in sein Herz wird Jakobus dann zum Zeugen für das Evangelium bis hin zum Blutvergießen. Der Überlieferung nach war er der erste Apostel, der das Martyrium erlitt. An jenem Tag trank Jakobus den Kelch, den auch Jesus getrunken hatte. Sein Leben ist dem des Meisters gleich geworden und wurde für die anderen hingegeben. Dazu hatte sein Herr ihn aufgefordert. Bis zum Letzten gehorsam erfüllte Jakobus den Auftrag, den Jesus ihm anvertraut hatte.

Gebet mit den Aposteln

Sonntag, 26. Juli: 17. Sonntag im Jahreskreis

Gedenktag der Heiligen Joachim und Anna, Vorfahren des Herrn. Gedenken an alle alten Menschen, die mit großer Liebe ihren Glauben an die Jüngeren weitergeben.
Gedenken an Maria, eine psychisch kranke Frau, die 1992 in Rom gestorben ist. Mit ihr denken wir an alle psychisch Kranken.

1 Kön 3,5.7–12; Ps 119; Röm 8,28–30; Mt 13,44–52

Die drei Gleichnisse aus dem heutigen Evangelium enthalten den dringenden Aufruf an die Zuhörer, das Geheimnis des Himmelsreiches und damit die zentrale Botschaft Jesu anzunehmen. Das Reich ist wirklich ein Schatz, eine kostbare und seltene Perle, sagt Jesus in Anlehnung an die biblische Weisheitstradition: „Ein unerschöpflicher Schatz ist sie für die Menschen; die ihn erwerben, erlangen die Freundschaft Gottes“ (Weish 7,14).
Auch wenn sich die ersten beiden Gleichnisse auf die Weisheitsliteratur beziehen, betonen sie nicht die Entdeckung des Schatzes und die Suche nach der kostbaren Perle, sondern den Entschluss des Bauern und des Kaufmanns, alles zu verkaufen, um es auf das zu setzen, was sie gefunden haben. Man muss zwar alles verkaufen, was man besitzt, dafür ist aber das Erworbene unvergleichlich. Es wird ein „Opfer“ verlangt, wie es das Evangelium in ähnlicher Weise in der Erzählung vom

reichen Jüngling nahelegt, doch der Gewinn, den man durch diese neue Entscheidung erwirbt, ist unvergleichlich höher. Das Himmelreich ist auf jeden Fall dieses Opfer wert. Wie oft sind wir doch auch sonst bereit, alles und sogar unsere Seele zu verkaufen, nur um für uns wichtige Dinge zu besitzen! Die Frage ist, ob uns der Herr und seine Freundschaft wirklich wichtig sind, ob wir die Freude und Lebensfülle verstehen, die uns in unerwarteter Weise angeboten werden, wie der Schatz dem Bauern und die Perle dem Händler unvermutet in die Hände fielen. Ein wunderbarer Kommentar zu dieser Stelle stammt von Johannes Chrysostomus: „Durch diese beiden Gleichnisse lernen wir nicht nur, dass wir uns aller anderen Dinge entäußern sollen, um dem Evangelium zu folgen. Wir sollen es auch in voller Freude tun. Wer auf das, was er besitzt, verzichtet, muss davon überzeugt sein, dass dies ein Geschäft ist und kein Verlust ... Diejenigen nämlich, die das Evangelium besitzen, wissen, dass sie reich sind." Für den Jünger besteht der Reichtum nicht im Besitz von Dingen, sondern in der Freundschaft Gottes und in seiner Liebe. Das legt uns die Entscheidung des jungen Salomo nahe, von der in der ersten Lesung berichtet wird. Als er die höchste Verantwortung für sein Volk übernimmt, bittet er Gott weder um ein langes Leben noch um die Reichtümer dieser Welt, sondern um ein auf den Willen Gottes hörendes Herz, „damit er dein Volk zu regieren und das Gute vom Bösen zu unterscheiden versteht!"

Das letzte Gleichnis bezieht sich auf den Fischfang, das heißt auf das Fangen der Fische und ihre Auslese am Ufer des Sees. Es erinnert an das Gleichnis vom Unkraut. Das Gute und das Böse sind vermischt bis zum Ende der Welt. Erst am Ende wird Gott das Böse vom Guten trennen. Diese Trennung wird jeden von uns betreffen, weil niemand von sich sagen kann, ohne Sünde zu sein. Es kommt nicht darauf an, sich seiner eigenen Gerechtigkeit zu rühmen, sondern der Freundschaft Gottes, die nicht den Gesunden, sondern den Kranken gilt, die nicht die Gerechten sucht, sondern die Sünder. Das Evangelium fordert uns eindringlich dazu auf, uns dafür zu entscheiden, die Freundschaft Gottes in und um uns herum wachsen zu lassen. Es lohnt sich, für diesen Schatz alles zu verkaufen.

Gebet am Tag des Herrn

Montag, 27. Juli

Jer 13,1–11. **Der verdorbene Schurz**

Worte und Zeichen begleiten oft das Leben der Propheten, vor allem bei Jeremia und Ezechiel. Auch in den Evangelien begleiten Zeichen die Worte Jesu, wie es Johannes am Ende seines Evangeliums betont: „Noch viele andere Zeichen hat Jesus … getan … Diese aber sind aufgeschrieben, damit ihr glaubt" (Joh 20,30f). Als Jünger der heutigen Zeit sind auch wir aufgerufen, auf das Evangelium zu hören und die Zeichen Gottes in der Geschichte zu erkennen. Dieser spirituellen Sichtweise folgend hat das II. Vatikanische Konzil von den „Zeichen der Zeit" gesprochen, die wir Gläubigen durch das Hören auf Gottes Wort verstehen sollen. Wie ein Alphabet hilft uns das Wort Gottes, die Geschichte zu lesen und zu deuten, um in ihr dem Plan Gottes gemäß zu leben. Jeremia soll ein ganz einfaches Zeichen vollbringen, nämlich einen Schurz in einer Felsspalte am Fluss Euphrat verstecken; zusammen mit seinem Volk befindet sich Jeremia im Exil in Babylon. Dann soll er den ganzen Weg zurückgehen und den Schurz wieder holen, der „zu nichts mehr zu gebrauchen" ist. Dann folgt die Deutung dieses Zeichens: „Ebenso verderbe ich den Hochmut Judas und den großen Hochmut Jerusalems." Hochmut bringt nichts, er richtet das Leben so zugrunde, wie Jerusalem durch die Zerstörung in Trümmer gelegt wurde. Wer nicht auf die Worte Gottes hört und von den eigenen Vorstellungen überzeugt nur sich selbst hinterherläuft, bringt nichts Gutes hervor. Was der Schurz bedeutet, erklärt der Herr dem Propheten Jeremia genau: „Denn wie sich der Schurz den Hüften des Mannes anschmiegt, so wollte ich, dass sich das ganze Haus Israel und das ganze Haus Juda mir anschmiegen – Spruch des Herrn –, damit sie mir Volk zum Ruhm, zum Preis und zum Schmuck seien. Sie aber haben nicht gehört." Der Herr möchte, dass wir bei ihm bleiben und unser Leben mit ihm verbringen, um sein Volk, sein Ruhm, sein Lobpreis und sein Schmuck zu sein.

Gebet für die Armen

Dienstag, 28. Juli

Jer 14,17–22. **Fürbitte, dass Gott den Bund nicht bricht**

Angesichts des Bösen sucht der Prophet weder Rechtfertigungen noch Schuldige. Er flieht auch nicht, obwohl er die Bosheit des Volkes Israel erkennt. Wie bei den Psalmen und in vielen Abschnitten der Bibel ist die Antwort Jeremias das Gebet. Im Gebet versteht man in neuer Weise das Böse, das Leid und das Unglück. Die erste Antwort eines Gläubigen auf das Böse, das über das Leben der Menschen hereinbricht, ist das Gebet. Jeremias Glaube bringt ihn dazu, sich an Gott zu wenden und auf ihn zu vertrauen. Er beschreibt eine verzweifelte Situation: Hunger, Tod und Orientierungslosigkeit. Die Worte des Propheten stellen uns zahlreiche leidvolle Situationen vor Augen und helfen uns, die vielen Tränen wahrzunehmen, die aus den Augen von leidenden Männern und Frauen hervorströmen. Gott selbst weint über das Unheil, das sein Volk getroffen hat: „Meine Augen fließen über von Tränen bei Tag und bei Nacht und finden keine Ruhe. Denn einen großen Zusammenbruch erlitt die Jungfrau, die Tochter, mein Volk, eine unheilbare Wunde." Wir dürfen nicht länger über uns selbst weinen. Auf der Welt werden von so vielen Menschen Tränen des Leids vergossen. Gott weint mit ihnen und lehrt uns, uns seinem Weinen und dem der Leidenden anzuschließen. Wir dürfen nicht gleichgültig bleiben. Gleichgültigkeit ist immer Komplizenschaft mit dem Bösen, sodass der Friede nicht Wirklichkeit wird. Viele hofften auf Frieden, „doch kommt nichts Gutes, auf die Zeit der Heilung, doch siehe: nur Schrecken!" Das Gebet wird auch zur drängenden Frage an den Herrn: „Hast du denn Juda ganz verworfen, wurde dir Zion zum Abscheu?" Allerdings hat der Herr uns nicht vergessen, sondern wir sind es, die den Herrn vergessen, wie das beim Volk Israel geschehen war. Wir leben in uns verschlossen und vergessen seine Gegenwart und sein Eingreifen für die Leidenden und die Wunden der Welt.

Gebet mit Maria, der Mutter des Herrn

Mittwoch, 29. Juli

Gedenktag der heiligen Marta, die den Herrn in ihrem Haus aufnahm.

Lk 10,38–42. **Marta und Maria**

Heute gedenkt die Kirche Martas, der Schwester von Maria und Lazarus. Durch dieses Gedenken verstehen wir die Kraft des Evangeliums, die das Herz und das Leben verändert. Nachdem Marta Jesus in ihr Haus aufgenommen hat, geht sie nämlich ganz in ihrem Dienst auf, also in dem, was sie für das eigentlich Wichtige hält. Dieser „Dienst" nimmt sie letztlich so sehr in Anspruch, dass sie die Anwesenheit des Meisters in ihrem Haus nicht wahrnimmt. Diese Konzentration auf sich und ihre Überzeugungen hält sie nicht nur vom Hören auf Jesu Worte ab, sondern führt sogar zum Vorwurf gegenüber Jesus, dass er sich nicht für sie und ihr Tun interessiert. Es ist die Haltung einer Dienerin, die gerne Ansprüche stellt wie jemand, der sich in der eigenen Rolle nicht ausreichend beachtet fühlt. Sie will einfach nur die Hauptrolle spielen und ist neidisch auf Maria, weil sie zu den Füßen Jesu sitzt. Sie denkt vielleicht, dass es falsch sei, nichts für den Gast zu tun, oder dass Jesus einer der üblichen Gäste ist, die bedient werden wollen. Doch tatsächlich hat sie Jesus nicht verstanden. Wenn wir nur auf uns und unsere Beschäftigungen schauen, fliehen wir immer vor dem Hören auf den Herrn. Der gute Teil, der niemandem genommen werden kann, ist die Beziehung zu Jesus. Maria hat verstanden, worauf es im Leben am meisten ankommt. Sie setzt sich vor den Meister hin und hört aufmerksam seinen Worten zu. Dieses Hören auf das Evangelium soll zur Quelle unseres ganzen Lebens, Denkens und Handelns werden. Später verstand Marta diesen unvoreingenommenen Hinweis Jesu. Sie nahm ihn weiter in ihrem Haus auf und öffnete ihm auch ihr Herz. Als Jesus kam und das Grab des verstorbenen Lazarus besuchen wollte, bemerkte sie als Erste den Meister und eilte ihm entgegen. Sie hatte gelernt, dem Meister entgegenzueilen, der sie, ihre Schwester und Lazarus liebte wie niemand sonst. Heute bittet sie auch uns, dass wir uns nicht von unseren Sorgen verzehren lassen, sondern aus dem

Haus hinausgehen und diesem Meister entgegeneilen, der uns vom Tod erlösen kann.

Gebet mit den Heiligen

Donnerstag, 30. Juli

Gedenken an Nunzia, eine Frau mit geistiger Behinderung, die 1991 in Neapel gestorben ist, und mit ihr an alle Menschen mit geistiger Behinderung, die im Herrn entschlafen sind.

Jer 18,1–6. **Jeremia und das Tongefäß**

„Siehe, wie der Ton in der Hand des Töpfers, so seid ihr in meiner Hand“. Diese Worte erinnern an die Erschaffung des Menschen, als der Herr ihn zuerst aus dem Erdboden formte und ihm dann den Lebensgeist einhauchte. Wir dürfen nicht vergessen, dass die dauerhafte Beschaffenheit jedes Menschen darin besteht, dass er aus Staub gemacht und daher von Schwäche, Endlichkeit und Zerbrechlichkeit gezeichnet ist. Doch Gott verachtet diesen Staub, der der Mensch ist, nicht, er schätzt ihn sogar. Wie ein Töpfer formt er weiterhin jeden von uns und schenkt uns seinen Geist des Lebens, damit wir immer mehr zu Menschen „nach seinem Bild und ihm ähnlich“ werden. Der Herr verachtet unsere Zerbrechlichkeit nicht. Daher wendet er sich uns immer wieder zu und bewirkt, dass wir mehr und mehr seine Kinder und Zeugen werden. Der Apostel Paulus war sich dessen bewusst, als er schrieb, dass wir wie „zerbrechliche Gefäße“ sind, doch zugleich einen kostbaren Schatz hüten und weitergeben. Denn durch sein Wort gießt der Herr immerfort das Wehen seines Heiligen Geistes in unsere Herzen aus. Jeremia erinnert uns an die große Verantwortung, dass wir uns vom Herrn formen lassen, um die uns anvertraute Sendung erfüllen zu können. Wer sich vom Herrn und nicht von der „Verstocktheit seines bösen Herzens“ (Jer 18,12) formen lässt, wird Segen empfangen. Es klingt wie ein Aufruf zur Liebe, wenn der Herr sein Volk bittet: „Fragt unter den Völkern, wer je Ähnliches gehört hat! … Mein Volk aber hat mich vergessen; den Nichtsen bringen sie Rauchopfer dar. Doch diese lassen sie straucheln auf ihren Wegen, den altgewohnten Bahnen" (Jer 18,13–15). Im Leben kommt es auch zu Rückschritten, wenn man nicht auf den Herrn hört. Das Verhalten und die Entscheidungen können sich zum Schlechten hin entwickeln. So ist es, wenn wir das Wort Gottes vergessen und unseren Gedanken folgen. Daher verstehen wir das Gebet des Propheten besser, der angesichts der Mühen auf dem Weg seiner Berufung Gott um Hilfe bittet. Der Herr schenkt uns Kraft, damit wir die Schönheit seiner Liebe auch in Zukunft weitergeben können.

Gebet für die Kirche

Freitag, 31. Juli

Die Muslime feiern das Opferfest (Aid al-Adha)

Jer 26,1–9. **Die Verhaftung des Jeremia**

Der Prophet ist gleichsam von seiner Berufung als Diener des Wortes durchdrungen. Sogar seine Freiheit wird mit diesem Dienst identifiziert. Der Prophet – wie auch alle Jünger Jesu – wägt, wenn er spricht, nicht die Gefahren für sein Leben ab. Als Sohn und Freund des ihm anvertrauen Wortes gibt er es weiter, sei es gelegen oder ungelegen, wie der Apostel später sagen wird. Das Leben des Propheten ist mit seiner Sendung verbunden. Auf diese Berufung, die er empfangen hat, kann er nicht verzichten. Jeremia erlebt sofort die Folgen dieser Sendung. Der Verfasser schreibt: „Als Jeremia alles gesagt hatte, was er im Auftrag des Herrn vor dem ganzen Volk zu verkünden hatte, ergriffen ihn die Priester, die Propheten und alles Volk". So sollte es auch Jesus widerfahren, der von denen verhaftet wurde, die ihn nicht als Messias anerkennen wollten. Weder Jeremia noch Jesus sprechen aus eigener Initiative. Sie ordneten ihre Sendung auch nicht ihrer Unversehrtheit unter. Beide haben im Namen Gottes und zum Herzen der Menschen gesprochen. Dabei nahmen sie Verfolgungen in Kauf. Einige haben die

Worte Jeremias jedoch angenommen und sie haben verstanden, dass er sie zum Wohl aller sprach. Ihre Weisheit brachte sie dazu, dass sie den Entscheidungen der Tempelführer widersprachen, die sich nur um ihre eigene Position sorgten. Jeremia konnte dem Tod entfliehen. Er wurde von denen gerettet, die sein Wort annahmen und von ihren bösen Wegen umkehrten. Das Wort des Herrn konnte nicht zunichtegemacht werden durch die schändlichen Interessen der Verantwortlichen im Tempel. Die Welt wird gerettet, wenn gerechte Menschen die Stimme Gottes erkennen und versuchen, ihr den Vorrang vor Verwirrung und Lüge zu verschaffen.

Gebet des heiligen Kreuzes

Samstag, 1. August

Gedenken an den heiligen Seraphim von Sarow, russischer Mönch und Starez († 1833). Er hat durch sein Zeugnis von der Osterfreude und dem Wirken des Heiligen Geistes den Frieden weitergegeben.

Jer 26,11–16.24. **Die Verurteilung des Jeremia**

In dieser Lesung, in der der Prophet Jeremia angeklagt wird, weil er Worte gegen den Kult im Tempel geäußert hat, wird zweierlei deutlich. Die Prophetie hat es nie leicht, zu keiner Zeit der Geschichte. Die Worte eines Mannes oder einer Frau des Glaubens, die keine Angst haben, das Wort Gottes zu übermitteln, werden oft mit Härte aufgenommen, weil sie die Bosheit der Gesellschaft und jedes Einzelnen von uns aufdecken. Die feindliche Reaktion, die Jeremia entgegenschlägt, kommt aus dem Inneren seines eigenen Volkes. Doch der Prophet lässt sich nicht einschüchtern. Er weiß, wie er das verkünden muss, was der Herr ihm geoffenbart hat. Das Wort Gottes enthüllt, was verborgen ist, deckt die Sünde, das Unrecht, die Lüge auf. Das ist ein wichtiger Bestandteil der Prophetie. Deshalb ist sie jenen ein Ärgernis, die sich auf der richtigen Seite wähnen. Doch Prophetie heißt nicht nur, das Böse anzuprangern, sondern ist immer auch eine sehr nachdrückliche Einladung zum Wandel des Herzens, zur Veränderung der Einstellungen. Das Wort Gottes lässt es sich niemals nehmen, den Weg der Veränderung vorzuschlagen: „Nun also, bessert euer Verhalten und euer Tun und hört auf die Stimme des Herrn, eures Gottes, dass sich der Herr des Unheils gereut, das er euch angedroht hat!“ Der Herr will das Wohl jedes Einzelnen von uns – auch wenn er harte Worte an uns richtet. Seine Absicht zielt immer auf die Veränderung unseres Lebens ab. Seine Worte sind immer von der Hoffnung auf Veränderung erfüllt, und die Verurteilung unserer Verhaltensweisen ist nie das letzte Wort. Oberstes Gebot ist für Gott, dass er dem vergibt, der bereut. Jeremia wurde von der Gewalt der Gläubigen seiner Zeit verschont. Doch nicht alle, die das Evangelium verkündet haben, sind vom Tod verschont geblieben. Viele Männer und Frauen des Glaubens haben ihr Leben verloren, weil sie dem Herrn treu waren. Sie sind die Märtyrer der Vergangenheit und die Märtyrer unserer Zeit. Sie sind bis zum Ende treu geblieben. Und der Herr hat sie in sein Reich aufgenommen und mit der Krone des Ruhmes belohnt. Wir gedenken ihrer, damit auch unser Leben immer Ausdruck der Treue zu jenem großen Geschenk ist, das Gott uns mit seiner Liebe und mit seinem Wort des ewigen Lebens gemacht hat.

Gebet der Vigil

Sonntag, 2. August: 18. Sonntag im Jahreskreis

Gedenken an den Porajmos, den Völkermord der Nationalsozialisten an den Roma während des Zweiten Weltkriegs.
Gedenken an den seligen Ceferino Giménez Malla, einen Märtyrer aus dem Volk der Roma, der 1936 in Spanien getötet wurde.
Gedenken an Yaguine und Fodé, zwei Jugendliche aus Guinea Conakry, die im Jahr 1999 im Alter von 15 und 14 Jahren im Fahrwerk eines Flugzeugs versteckt erfroren. Sie hatten versucht, nach Europa zu kommen, um dort eine Ausbildung zu machen.

Jes 55,1–3; Ps 145; Röm 8,35.37–39; Mt 14,13–21

Als Jesus das Ufer erreichte, sah er, dass dort eine Menge auf ihn wartete. Die Menschen waren außer Atem, von der Anstrengung erschöpft, vor allem aber auf der Suche nach einem Hirten, nach jemandem, der sich ihrer Bedürfnisse annahm. Wie schon so oft ließ sich das Herz Jesu auch dieses Mal bewegen: Er heilte die Kranken, die man zu ihm brachte, und dann blieb er bei ihnen, wie es seine Gewohnheit war, und begann zu ihnen zu sprechen und sie zu lehren. So hielt er es bis zum Abend. Und alle blieben und hörten ihm zu. Es hilft, sich bewusst zu machen, dass es jener Menschenmenge sicherlich an Brot, vor allem aber an wahren Worten über ihr Leben mangelte, dass ihnen jemand fehlte, der sich zu ihnen und ihren Kranken herabneigte. Deshalb war sie den ganzen Tag über bei Jesus geblieben, um ihm zuzuhören. Zu Recht hatte Jesus gesagt: „Der Mensch lebt nicht vom Brot allein, sondern von jedem Wort, das aus Gottes Mund kommt" (Mt 4,4). Angesichts der vielen Menschen versuchten die Jünger Jesus zur Vernunft zu bringen: „Der Ort ist abgelegen und es ist schon spät geworden. Schick die Leute weg, damit sie in die Dörfer gehen und sich etwas zu essen kaufen!" Das war ein normales, sogar ein umsichtiges Verhalten. Doch Jesus sagte: „Sie brauchen nicht wegzugehen. Gebt ihr ihnen zu essen!" Damit appellierte er an jeden Einzelnen, Verantwortung zu übernehmen – entgegen jener Auffassung, die uns in Fleisch und Blut übergegangen ist, dass jeder sich um seine eigenen Angelegenheiten kümmern soll. Der Herr verlangte von seinen Jüngern ein ganz anderes Verhalten. Jene Menschenmenge sollte nicht weggeschickt werden. Sie, die Jünger, sollten ihnen helfen. Das sagte der Herr, obwohl er wusste, dass die Jünger nicht viel in Händen hatten: gerade einmal fünf Brote und zwei Fische – das ist nichts für fünftausend Menschen. Dennoch sollten die Jünger mit diesem Wenigen auf die Not jener Menge reagieren und niemanden zurückschicken. Wir könnten sagen, dass genau hier das Wunder seinen Anfang nahm: Die Schwachheit der Jünger hat, wenn sie vertrauensvoll in die Hände des Herrn gelegt wird, die Kraft, auch das Brot zu vermehren. Aus Armut wird Überfluss.

Das Evangelium lässt keinen Zweifel daran aufkommen, dass der Herr es ist, der das Wunder gewirkt hat. Aber Jesus vollbringt es nicht ohne die Mithilfe der Jünger. Er braucht unsere Hände, auch wenn sie schwach sind. Er braucht unsere Ressourcen, auch wenn sie bescheiden sind. Wenn alle Hände sich mit den Händen des Herrn vereinen, werden sie zu einer Quelle des Reichtums. Auch darin besteht der Sinn der zwölf Körbe voller Brotreste und übrig gebliebener Fische: Jedem Jünger, jedem der Zwölf, wird einer dieser Körbe übergeben, damit er die schwere und süße Verantwortung spürt, dieses Brot auszuteilen, das die Barmherzigkeit Gottes in seinen Händen vermehrt hat.

Gebet am Tag des Herrn

Montag, 3. August

Jer 28,1–17. **Die Auseinandersetzung mit dem Propheten Hananja**

Hananja gehört zur Familie der Tempelpropheten und streitet mit Jeremia. Anders als Jeremia, der ein Prophet des Unglücks und der Katastrophen zu sein scheint, will er als der Prophet besserer Zeiten, erfreulicher Zustände und optimistischer Aussichten dastehen. Deshalb nahm Hananja das Jochholz vom Nacken des Propheten Jeremia. Der Text fügt hinzu: „Der Prophet Jeremia aber ging seines Weges." Es ist der Weg des Herrn, den Jeremia geht, auch wenn er damit das Wenige, was an Hoffnung noch übrig ist, zerstört. Jeremia kündigt die Verbannung Judas an, weil das Gottes Plan ist. Hananja dagegen, Inbild des falschen Propheten, der seinen eigenen Berechnungen folgt, will dem König und dem Volk gefallen und verheißt deshalb den Sieg über den König von Babel. Es ist die Verheißung einer Blütezeit, mit der er die Zustimmung des Volkes zu gewinnen sucht, während Jeremia zur Zielscheibe der Kritik wird und einige sogar seinen Tod wollen. Doch die Geschichte wird das Gegenteil beweisen. Keine Geschichte, weder die kollektive noch die persönliche, liegt in den Händen der „Wahrsager …, Zeichendeuter und Zauberer" (Jer 27,9). Gewiss muss man vom Frieden träumen und ihn als Zukunft für alle entwerfen. Verwirklicht aber wird er durch den konkreten und beständigen Einsatz derer, die ihn wahrhaft suchen und ihr Leben einsetzen, um ihn herbeizuführen. Der Friede braucht keine leeren und oft habgierigen Worte, sondern Baumeister des Friedens. Jeremia gibt Hananja zur Antwort: „Der Prophet aber, der Heil prophezeit – an der Erfüllung des prophetischen Wortes erkennt man den Propheten, den der Herr wirklich gesandt hat.“ Das Wort des Propheten wird in Erfüllung gehen, wenn es als Frucht aus dem Segen des Herrn und aus einem beharrlichen und inbrünstigen Gebet erwächst, mit dem viele um das Geschenk des Friedens flehen, das vor allem die Armen brauchen und sehnlichst erwarten. Hananja hat nicht den Frieden, sondern „Auflehnung gegen den Herrn gepredigt“ (Jer 29,32). Wer dagegen Jeremia auf dem Weg des Hörens und der Herzensumkehr nachfolgt, begibt sich auf den Weg des Friedens und des Heils.

Gebet für die Kranken

Dienstag, 4. August

Jer 30,1–2.12–15.18–22. **Das Trostbuch**

An dieser Stelle beginnt das „Trostbuch“, das die Kapitel 30 und 31 umfasst. Bisher hat der Prophet etliche Weissagungen ausgesprochen, die Katastrophen mit Toten und Verbannungen ankündigten. Dies alles geschah nicht zufällig, sondern als die bittere Konsequenz aus der Auflehnung des Volkes, das nicht mehr dem Wort Gottes folgte und den Propheten missachtete, der nicht aufhörte, es zu übermitteln. Da ruft der Herr den Propheten und sagt zu ihm: „Schreib dir alle Worte, die ich dir gesagt habe, in ein Buch! Denn siehe, Tage kommen …, da wende ich das Geschick meines Volkes …Ich führe sie zurück in das Land, das ich ihren Vätern gegeben habe, und sie werden es in Besitz nehmen“ (Jer 30,2–3). Wieder einmal ergreift der Herr die Initiative zur Befreiung des Volkes. Er konnte das „Angstgeschrei“ nicht mehr ertragen: dass „Schrecken“ herrschte „und kein Friede“. Also beschloss er einzugreifen, um den Tag der Befreiung rascher herbeizuführen. Das Volk konnte hoffnungsvoll in die Zukunft blicken, denn das Land, das er ihm gegeben hatte, würde wieder in seinen Besitz gelangen. Auf diese Weise wiederholte sich die Erfahrung des Exodus:

Das Volk würde das Land verlassen, in dem es fremd war, und in das Land zurückkehren, das Gott ihm zugewiesen hatte. Wird das Volk dieses neuerliche Eingreifen Gottes begreifen? Dazu muss es auf den Herrn und sein Wort hören. Der Herr ist nicht fern, er ist nicht stumm, sondern spricht immer weiter: „Du aber, fürchte dich nicht, du, mein Knecht Jakob – Spruch des Herrn –, verzage nicht, Israel! Denn ich bin es, der dich aus fernem Land errettet, deine Kinder aus dem Land ihrer Gefangenschaft" (Jer 30,10). Der Herr sichert dem Volk zu: „Ich bin mit dir …, um dich zu retten" (Jer 30,11). Das Mitleid des Herrn wurde die große Arznei, die die tiefe Wunde des Verrats heilen konnte. Der Herr verheißt einen Retter, „er hat uns einen starken Retter erweckt im Hause seines Knechtes David" (Lk 1,69). Diese Prophezeiung des Jeremia wird sich in Jesus erfüllen, dem Messias und König, der aus demselben Volk, nämlich dem Stamm Juda und dem Haus David hervorgegangen ist. Die Jünger Jesu bilden dieses Volk, das durch den Bund der Liebe zum Herrn gehört: „Ihr werdet mein Volk sein und ich werde euer Gott sein." Der Bund mit dem Herrn bleibt die Arznei, die heilt, und das Wort Gottes bleibt das Licht und die Kraft, die den Weg des Friedens unterstützen.

Gebet mit Maria, der Mutter des Herrn

Mittwoch, 5. August

Jer 31,1–7. **Das Heil auf dem Berg Zion**

Die Sprache der Liebe ist am besten geeignet, um den Bund des Herrn mit seinem Volk auszudrücken: „Mit ewiger Liebe habe ich dich geliebt, darum habe ich dir die Treue bewahrt. Ich baue dich wieder auf, du wirst aufgebaut sein, Jungfrau Israel." Die Liebe Gottes zu Israel ist „ewig", sie besteht für immer. Nichts kann ihr ein Ende setzen. Dieser Bund beginnt mit der Befreiung aus der Knechtschaft Ägyptens und mit der Übergabe des Gesetzes auf dem Sinai. Die Wüste war Zeuge der Liebe, mit der Gott, der Bräutigam, für seine Braut Israel sorgte. Auf jenem 40-jährigen Weg durch die Wüste lernte das Volk Israel, den

Herrn zu lieben, und der Herr besiegelte einen Treuebund mit seinem Volk, der auf „ewiger Liebe" gründete. Die Wüste ist im Kontext dieses Bibeltexts kein mythischer Ort. Sie ist der Ort, an dem mit Ausdauer und Hingabe die Liebe erbaut wird. Dem Gläubigen wird die Kraft der Liebe Gottes und damit auch seiner Antwort auf den Bund bewusst. Auf diese Weise wird die Wüste zu einem Weg der Hoffnung, der „zur Ruhe" führt. Wir können uns fragen, wo die Wüsten unserer Tage sind. Vielleicht erkennen wir sie in unseren Städten, die oft wüst und leer von Leben und Liebe sind. Die Kirche ist berufen, die Städte der Menschen menschlicher und solidarischer zu machen. Die Gemeinschaften sind aufgerufen, aus ihren eigenen, engen und warmen Einfriedungen herauszugehen, um auf den Straßen und Plätzen der Peripherien der großen Städte zu wohnen und sie aus Orten der Einsamkeit und Gewalt in Orte der Liebe und des Friedens zu verwandeln. Jerusalem – der Name, der für alle Städte steht – heißt „Stadt des Friedens", denn in ihr wohnt der Herr. Deshalb erstrahlt sie, die auf dem Berg liegt, in einem Licht, das sich über die Erde ausbreitet. Die Einladung, nach Jerusalem zu gehen, bedeutet, nach oben zu steigen, das heißt, die Instinkte hinter sich zu lassen, die uns nach unten ziehen, und unser Leben dafür einzusetzen, dass der Plan Gottes für alle Völker, Arme und Kranke, „Blinde und Lahme" (Jer 31,8), Frauen und Mädchen wahr wird. Niemand darf übergangen werden.

Gebet mit den Heiligen

Donnerstag, 6. August

Fest der Verklärung des Herrn auf dem Berg Tabor.
Gedenken an Hiroshima in Japan, wo im Jahr 1945 die erste Atombombe abgeworfen wurde.

Dan 7,9–10.13–14; Ps 97; 2 Petr 1,16–19; Mt 17,1–9

Heute feiern wir das Fest der Verklärung Jesu, eine der geheimnisvollsten Episoden des Evangeliums. Die Kirche legt dieses Fest – weil sie um seine Beziehung zum Kreuzgeheimnis weiß – auf den 6. August, das heißt 40 Tage vor das Fest der Kreuzerhöhung, das am 14. September gefeiert wird. Es besteht ein enger Zusammenhang zwischen dem Antlitz des Gekreuzigten und dem Antlitz des Verklärten: Beide drücken Liebe aus. Eine Liebe, die sich bis zum Letzten hingibt und ebendeshalb verklärt. Jesus wollte die drei Jünger näher an dieses Geheimnis heranführen. Es beginnt mit einer Freundschaft, die sich angesichts dessen, was auf dem Berg Tabor geschieht, in den Worten des Petrus äußert: „Es ist gut, dass wir hier sind." Petrus entdeckt ein völlig anderes Leben. Sein Staunen erwächst aus der Erfahrung eines Menschen, der weiß, dass das alltägliche Leben oft gar nicht schön, sondern von Bitternis, Unverständnis, Unruhe, Ungewissheit und von Fragen gekennzeichnet ist, die oft unbeantwortet bleiben. Kann man denn überhaupt ein anderer werden? Sind wir nicht dazu verurteilt, uns immer zu wiederholen? Wie erstarrt in unseren Grenzen, Fehlern, Gewohnheiten? Scheinen nicht auch die Gesellschaft und die Welt zu Gewalttaten und Übergriffen verdammt? Der Prophet Daniel spricht in der Lesung, die wir gehört haben, von einer nächtlichen Vision, in der Gott selbst sich in der Geschichte kundtut. Es ist eine alte Prophezeiung, die uns auffordert, unsere verhärtete Resignation abzuschütteln. Das Evangelium kommt uns entgegen und zeigt uns Jesus, der vor unseren Augen verklärt wird. Das ist die gute Nachricht, dass es eine Lebensweise gibt, die anders ist, als wir denken, und anders als die, die wir sehen. Gewiss, das Gedenken an den Abwurf der Atombombe über Hiroshima erinnert uns daran, welche Tragödien möglich sind, wenn es der Welt nicht gelingt, sich verklären zu lassen. Dann läuft sie Gefahr, dass ihr Antlitz wie in jenem Kriegsjahr nicht verklärt, sondern auf dramatische Weise entstellt wird. Jesus wird verklärt, weil er will, dass wir und die Welt verklärt werden. Um es auf den Punkt zu bringen, könnten wir sagen, dass wir durch die Freundschaft mit Jesus, dadurch, dass wir uns von ihm lieben lassen, verklärt und befähigt werden, unsererseits die Welt zu verklären.

Gebet für die Kirche

Freitag, 7. August

Nah 2,1.3;3,1–3.6–7. **Weh der Stadt voll Blutschuld**

Das Buch Nahum, ein sehr kurzer prophetischer Text, der in der Mitte des 7. Jahrhunderts vor Christus geschrieben wurde, überliefert Weissagungen gegen die Stadt Ninive, die stolze Hauptstadt des assyrischen Reiches, die von der aufstrebenden Großmacht Babylon verwüstet und erobert worden ist. In diesem Ereignis erkennt der Prophet Gottes gerechtes Urteil über einen der grimmigsten Feinde und Unterdrücker Israels. Die Niederlage des Erbfeindes ist für das Königreich Juda Anlass zum Jubel: „Juda, feiere deine Feste, erfülle deine Gelübde! Denn der Unheilstifter durchstreift dein Land nicht mehr; er ist völlig vernichtet." Dann spricht der Prophet sein Urteil über Ninive: „Weh der Stadt voll Blutschuld; sie ist nichts als Lüge. Voll von Raffgier ist sie, vom Rauben lässt sie nicht ab." Der Prophet verurteilt das System der Korruption, das sich in der Stadt etabliert und letztlich nicht nur das Miteinander zerstört, sondern auch die Möglichkeit einschränkt, das gesellschaftliche Leben überhaupt wiederaufzubauen. Denn Korruption heißt nicht nur, dass ein Verbrechen begangen wird, sondern dass sich ein System der Gewalt und Unterdrückung verfestigt. Die Korruption ist gleichsam ein Heer, das die Stadt verwüstet und in Brand steckt: „Knallen von Peitschen und Gedröhn rasselnder Räder, durchgehende Pferde und holpernde Streitwagen. Hochsteigende Reiter, flammende Schwerter, blitzende Lanzen, eine Menge Erschlagener, eine Masse von Toten, kein Ende der Leichen, man stolpert über ihre Leichen." Wir wissen, wie sehr Papst Franziskus gegen die Korruption ankämpft, weil sie jegliches Miteinander zerstört. Er geht sogar so weit, zu sagen, dass es für den, der sie fördert, keine Vergebung gibt. Die Umkehr zu Gott ist unerlässlich. Denn der Herr will den Aufbau seines Volkes und nicht das Inferno, das die Korruption mit sich bringt. Nachdem er den Feind vernichtet hat, baut Gott die Zukunft seines Volkes wieder auf: „Wahrhaftig, der Herr stellt die Pracht Jakobs wieder her wie die Pracht Israels; denn Verwüster haben sie verwüstet und ihre jungen Reben vernichtet." Der Prophet ruft aus: „Seht auf den Bergen die Schritte des Freudenboten! Er verkündet Frieden!" Der Herr – so verkündet es der Prophet – kehrt zurück, befreit sein Volk aus der Unterdrückung des Feindes und schenkt ihm den Frieden.

Gebet des heiligen Kreuzes

Samstag, 8. August

Hab 1,12–2,4. **Die Chaldäer, Geißel Gottes**

Der Herr ist kein schweigender, stummer Gott wie die Götzen dieser Welt. Der Prophet überliefert folgende Worte Gottes: „Denn seht, ich stachle die Chaldäer auf, das grausame, ungestüme Volk“ (Hab 1,6). Die Chaldäer, das Volk also, das Jerusalem zerstört und dem Reich Juda ein Ende gesetzt hatte, wird vom Herrn auserwählt, um die Gerechtigkeit einzusetzen. „Herr“, sagt Habakuk, „du hast sie dazu gerufen, an uns das Gericht zu vollziehen: Du, unser Fels, du hast sie dazu bestimmt, uns zu bestrafen.“ Im ersten Teil der Weissagung beschreibt Habakuk die militärische Stärke der Chaldäer, denen niemand widerstehen kann. Sie sind „wilder als die Abendwölfe“ (Hab 1,8), raffen mit Leichtigkeit Gefangene zusammen und erobern Städte und ganze Länder. Man könnte meinen, dass Gott mit Krieg auf Gewalt reagiert, das heißt, Gewalt mit Gewalt erwidert. Auch wenn der Krieg zur Zeit des Propheten als angemessenes Mittel galt, Unrechtssituationen aus der Welt zu schaffen, zeigt der Prophet doch seine Ambivalenz auf: Wie kann man Gerechtigkeit durch Gewalt verwirklichen? Er führt diese Debatte mit Gott selbst. Obwohl er dessen Gerechtigkeitssinn und Heiligkeit preist, hört der Prophet nicht auf, die Unmenschlichkeit des Krieges zu beschreiben und damit gleichsam Gott selbst anzuklagen, weil der ihn gewollt hat und das Unrecht immer noch hinnimmt: „Deine Augen sind zu rein, um Böses mit anzusehen, du kannst der Unterdrückung nicht zusehen. Warum siehst du also den Treulosen zu und schweigst, wenn der Ruchlose den Gerechten verschlingt?“ Im Konflikt verlieren Männer wie Frauen das Bewusstsein ihrer Menschlichkeit und sind nur noch Feinde, die einander zerstören müssen. Wie oft entstehen Konflikte aus der Gier nach Besitz und Herrschaft über die anderen! Tatsächlich löst der Krieg das Problem der Gewalt nicht nur nicht, sondern verschärft es sogar. Der Wohlstand des Siegers verdammt ihn dazu, die Gewalt fortzusetzen. Deshalb ist der Krieg wahrhaftig der Vater aller Armut.

Gebet der Vigil

Sonntag, 9. August: 19. Sonntag im Jahreskreis

1 Kön 19,9a.11–13a; Ps 85; Röm 9,1–5; Mt 14,22–33

Nach der Vermehrung der Brote und der Fische sagte Jesus zu seinen Jüngern, sie sollten ins Boot steigen und ans andere Ufer vorausfahren, während er noch weiter zu der Menschenmenge sprechen werde. Danach stieg er allein auf einen Berg, um zu beten. Mit dieser Szene verdeutlicht der Evangelist die zentrale Bedeutung des Betens Jesu, das ihn mit dem Vater verbindet. Hieraus entspring das ganze Werk Jesu und das ganze Heilswerk. Die Szene, die auf diese folgt, ist eine ganz andere: Die Jünger sind mitten auf dem See, und auch sie sind allein, ohne Jesus und ohne die Menge. Wenn wir alleine sind und ohne die Hilfe des Herrn, dann reißen die Stürme des Lebens uns mit sich fort und lassen uns untergehen. Die Jünger verbringen jene Nacht in der Angst, dass die von widrigen Winden aufgewühlten Wellen sie verschlingen. Endlich bricht der Tag an, schreibt Matthäus, und siehe da: Jesus nähert sich jenem Boot, das alle Mühe hat, nicht unterzugehen. Er geht über das Wasser. Er „ist der Herr“ (Joh 21,7) – auch der Herr über alles Geschaffene. Die Jünger, die blind sind vor Angst, sehen ihn, aber erkennen ihn nicht. Sie haben sogar Angst vor ihm: „Ein Gespenst“, schreien sie. Die Angst ist die Schwester der Einsamkeit und macht immer blind. Sie haben noch nicht verstanden, wer Jesus ist. Doch Jesus spricht und beruhigt sie: „Habt Vertrauen, ich bin es; fürchtet euch nicht!“ So oft haben sie diese Stimme schon gehört.
Im Namen aller fordert Petrus einen Beweis: „Herr, wenn du es bist, so befiehl, dass ich auf dem Wasser zu dir komme.“ Es ist der Beweis dafür, dass Gott auch über die Wasser herrscht, wie der Psalmist singt:

„Durch das Meer ging dein Weg, dein Pfad durch gewaltige Wasser; doch deine Spuren erkannte man nicht" (Ps 77,20). Da sagt Jesus zu Petrus: „Komm!" Petrus gehorcht und beginnt, auf den Wellen zu gehen. Doch der Zweifel und die Angst, die noch tief in seinem Herzen verwurzelt sind, gewinnen die Oberhand, und die Wellen drohen den Apostel zu verschlingen. In diesem Moment schreit Petrus in echter Verzweiflung: „Herr, rette mich!" Nur drei Wörter, abgerissen vielleicht, und doch voller Hoffnung. „Jesus streckte sofort die Hand aus, ergriff ihn und sagte zu ihm: Du Kleingläubiger, warum hast du gezweifelt?"
Wir alle können uns Petrus nahe fühlen und uns in seinen Zweifeln, seinen Unsicherheiten und seinen Ängsten wiedererkennen. Aber auch in seinem Schreien zum Herrn. Die Glaubensgewissheit ist unsere Sache nicht: Wir Menschen sind alle schwach und anfällig, Zweifler und sogar Verräter. Die Glaubensgewissheit ist Gottes Sache: Er wird uns nie unserem traurigen Schicksal überlassen, er wird nie zulassen, dass die Wogen des Bösen uns mit sich reißen und verschlingen. Was zählt – und in diesem Punkt müssen wir Petrus nachahmen –, ist, dass wir schreien wie er: „Herr, rette mich!" In diesem schlichten Gebet ist das schlichte und tiefe Geheimnis des Glaubens verborgen: Jesus ist der Einzige, der uns retten kann.

Gebet am Tag des Herrn

Montag, 10. August

Fest des heiligen Diakons und Märtyrers Laurentius († 258). Er zeigte, dass die Armen der wahre Schatz der Kirche sind. Gedenken an alle, die ihnen im Namen des Evangeliums dienen.

Ez 1,2–5.24–28. **Die Berufung Ezechiels**

Von heute an legt uns die Liturgie einige Abschnitte aus dem Buch des Propheten Ezechiel vor. Über ihn ist nur sehr wenig bekannt. Er war ein verheirateter Mann und Angehöriger einer Priesterfamilie, der im Umfeld des Jerusalemer Tempels ausgebildet worden war, seinen prophetischen Dienst jedoch überwiegend in der babylonischen Diaspora verrichtete. In dieser Situation hatte der Prophet die Aufgabe, dem Volk Israel zu einem neuen Verständnis des Bundes mit Gott zu verhelfen. Ezechiels Berufung erfolgt in dieser neuen Situation Israels. Gott spricht immer in der Geschichte der Menschen, er will sie aus einer Situation der Knechtschaft in eine Heilgeschichte verwandeln. Der Prophet beschreibt eine Abfolge außergewöhnlicher Bilder, um eine Erfahrung zu veranschaulichen, die ihn zutiefst erschüttert. Tatsächlich geschieht das, was Ezechiel beschreibt – natürlich auf je unterschiedliche Weise – mit jedem Gläubigen. Die Berufung zur Umkehr ist immer eine tiefe Veränderung des Lebens. Der Sendungsauftrag, den zu erfüllen Ezechiel von Gott selbst berufen wird, besteht darin, dem Heilsplan, den Gott für sein Volk gefasst hat, zu dienen. Die Erhabenheit dieses Rufes lässt den Propheten auf sein Angesicht niederfallen. Ihm wird die Größe der Berufung bewusst, die der Herr seinen Propheten schenkt. So wird es auch den Jüngern Jesu ergehen, der sogar sagen wird: „Wer an mich glaubt, wird die Werke, die ich vollbringe, auch vollbringen und er wird noch größere als diese vollbringen" (Joh 14,12). In der Erhabenheit dieser Berufung sind wir eingeladen, die „Furcht des Herrn" (Spr 8,13) wiederzuentdecken, das heißt, die große Aufgabe, die der Herr seinen Jüngern anvertraut, nicht geringzuachten.

Gebet für die Armen

Dienstag, 11. August

Gedenktag der heiligen Klara von Assisi († 1253). Sie folgte dem heiligen Franziskus auf dem Weg der Armut und der Einfachheit des Evangeliums.

Ez 2,8–3,4. **Der Prophet soll das Buch essen**

Der Prophet empfängt seine Sendung von Gott durch eine Art sakramentale Liturgie. Zuerst fordert der Herr Ezechiel auf, zuzuhören und zu gehorchen: „Menschensohn, höre, was ich zu dir sage. Sei nicht widerspenstig". Er weiß noch gar nicht, welche Aufgabe ihm der Herr anvertrauen wird, doch die Voraussetzung ist der Gehorsam gegenüber dem Wort Gottes. Vor dem Herrn sind wir zuallererst dazu aufgerufen, sein Wort aufzunehmen und in die Tat umzusetzen. Das ist der Sinn des Glaubens. Wir werden ebendann zu Gläubigen, wenn wir uns auf das Wort Gottes verlassen, treu darauf hören und es eins zu eins umsetzen. Das macht uns zu Gläubigen und somit zu Propheten, also zu Menschen, die das Wort des Herrn übermitteln. Ohne diese Bereitschaft zum Zuhören – die ihrerseits die Demut erfordert, sich auf jemand anderen zu verlassen – kann man keine Sendung empfangen. Sich Gott anzuvertrauen ist in gewisser Weise nicht nur die Voraussetzung für die Sendung, sondern auch die Grundlage des Glaubens. Der Prophet sieht die Hand Gottes, die sich zu ihm ausstreckt und ihm eine von innen und von außen beschriebene Schriftrolle entgegenhält. Es handelt sich um ein Pergament, das von beiden Seiten beschrieben ist. In der Schriftrolle ist das enthalten, was Gott mitgeteilt wissen will und was sich dem Propheten tief ins Herz und sogar ins Fleisch hineinsenken muss. Er muss sich von jener Schriftrolle ernähren. Sie ist seine wahre Speise. Er muss sie verdauen wie das Brot: „Menschensohn, iss, was du vor dir hast! Iss diese Rolle! Dann geh, rede zum Haus Israel!" Der Prophet spricht nicht nur nicht aus eigener Initiative – er ist auch nicht dazu berufen, eine abstrakte Lektion zu wiederholen oder eine Theorie in Umlauf zu bringen. Vielmehr soll er sich so sehr von den Heiligen Schriften ernähren, dass er selbst lebendiges Wort wird, das heißt, sie mit seinem Dasein und seinen Verhaltensweisen mitteilt. Darin erweist sich seine Autorität. Jene von innen und von außen beschriebene Schriftrolle steht für die geistliche Schriftlesung, also für eine Lektüre der Bibelworte, die diese mit dem alltäglichen Leben verknüpft. Denn hinter dem Buchstabensinn des Geschriebenen verbirgt sich der geistliche Sinn, also das, was der Text meinem Leben, was er der Gemeinschaft zu sagen hat, damit sie imstande ist, die Welt so zu verändern, wie Gott es will.

Gebet mit Maria, der Mutter des Herrn

Mittwoch, 12. August

Ez 9,1–8a; 10,18–22. **Die Gerechten werden vor der Vernichtung bewahrt**

Die heutige Lesung besteht aus zwei Abschnitten, die dem neunten und dem zehnten Kapitel entnommen sind und zwei Visionen Ezechiels schildern. Die erste beschreibt die Aussendung von Boten, die die sündige Stadt bestrafen, aber einen Rest verschonen, und die zweite beschreibt die Herrlichkeit des Herrn, die den geschändeten Tempel verlässt. Der Prophet hatte mit eigenen Augen gesehen, welche Verwüstungen das babylonische Heer in den Straßen Jerusalems angerichtet hatte. Nun erlebt er mit vielen anderen Juden die Leiden des Exils und beobachtet mit den Augen Gottes, was der Stadt aufgrund der Hartherzigkeit des Königs Zidkija bevorsteht. Die Beschreibung des Propheten ist brutal und dramatisch. Er erkennt darin die Strafe Gottes für den Verrat am Bund. In einer weniger rohen und für uns vielleicht besser verständlichen Sprache könnten wir sagen, dass nicht Gott es ist, der bestraft. Die von solcher Grausamkeit geprägte Zerstörung der Stadt ist nicht das Werk Gottes, sondern die bittere und schreckliche Konsequenz dessen, was Menschen tun, wenn sie sich vom Geist des Bösen leiten lassen. In seiner Vision spricht Ezechiel von sechs Männern, die ausgesandt werden, um die Stadt auszurotten und alle zu vernichten, die sich vom Bösen haben verführen lassen. Niemand sollte verschont werden, außer denjenigen, die sich nach Frieden und Gerechtigkeit sehnten und den Bund mit Gott nicht verraten hatten. Deshalb gibt es einen siebten Boten, der wegen seiner Nähe zu Gott mit Leinen bekleidet ist und die Aufgabe hat, den anderen vorauszugehen und alle, die verschont werden sollen, mit dem Buchstaben Taw zu bezeichnen, dem ersten Buchstaben des hebräischen Wortes Thora, der damals die Form eines Kreuzes hatte. Es ist ein Rest, genau wie die Kinder Israels, die in der Nacht des Pascha in Ägypten vom Engel des Herrn verschont worden waren (Ex 12,23.29), wie die 7000, die zur Zeit Elijas ihre Knie nicht vor dem Baal gebeugt hatten (1 Kön 19,18), und wie die Jünger Jesajas

(Jes 8,16–17). Die geistliche Tradition des Christentums hat in diesem Taw – das ja die Form eines Kreuzes hatte – das Zeichen für Jesus gesehen, der diejenigen rettet, die sich in seine Liebe hineinnehmen lassen.

Gebet mit den Heiligen

Donnerstag, 13. August

Ez 12,1–12. **Der Prophet sagt das Exil voraus**

Der Prophet erhält vom Herrn den Auftrag, den Israeliten mit einer sehr anschaulichen Szene die Folgen ihrer Herzensverhärtung vor Augen zu führen. Ihr Ohr hört nicht mehr auf das Wort Gottes und ihr Herz hat sich so sehr verhärtet, dass es Gottes Liebe zu ihnen nicht mehr begreift. So prophezeit Ezechiel durch eine Zeichenhandlung den bevorstehenden Fall Jerusalems und die Verschleppung des Königs Zidkija und des Volkes nach Babylon. Die biblischen Texte betonen oft, dass das Volk des Herrn Augen und Ohren hat, aber die Werke des Herrn nicht sieht und nicht auf sein Wort hört. Dennoch sorgt sich der Herr, der reich ist an Erbarmen, auch weiterhin um seine Kinder und hört nicht auf, seine Boten zu senden: „Vielleicht sehen sie es", sagt er. Deshalb fordert er Ezechiel sieben Mal, das heißt unermüdlich und immer wieder dazu auf, rasch all seine Sachen zu packen, sie vor dem Haus stehenzulassen wie einer, der seine Abreise vorbereitet, und ein Loch in die Backsteinwand zu brechen, um das Gepäck hinauszuschaffen. Das ist das Bild des Auswanderers, von dem sich unsere Gemeinden und Gemeinschaften auch heute befragen lassen müssen. Die Anwesenheit der Auswanderer erzählt von einem gemeinsamen Schicksal, das man nicht ignorieren kann und das alle, die Augen und Ohren haben, dazu auffordert, hinzusehen und hinzuhören.

Gebet für die Kirche

Freitag, 14. August

Gedenktag des heiligen Priesters und Märtyrers der Liebe Maximilian Kolbe. Im Konzentrationslager Auschwitz nahm er im Jahr 1941 den Tod auf sich, um einem anderen Mann das Leben zu retten.

Ez 16,1–15.60.63. **Gottes Treue zum Bund mit seinem Volk**

Der Prophet beschreibt die wechselhafte Geschichte des Bundes Gottes mit seinem Volk anhand der Metapher eines Königs, der ein verlassenes, neugeborenes Mädchen von der Straße aufliest. Der König nimmt sie auf, umsorgt und erzieht sie und macht sie sogar zur Königin, obwohl sie sich weiter mit anderen Männern prostituiert. Der Prophet will, dass Israel sich durch diese Erzählung seiner Sünde bewusst wird und vor allem, dass es erkennt, wie sehr Gott es liebt. Die Traurigkeit des Exils, in dem Israel sich befindet, ist nichts anderes als die bittere Folge seines Verrats am Bund mit Gott. Wenn Israel Gott bitten will, ihm entgegenzukommen, damit es Hilfe erhält, muss es seine Sünde und seine Unfähigkeit, sich aus eigener Kraft von der Sünde zu befreien, anerkennen. Die ganze Geschichte Israels ist, auch wenn das Volk Gottes dies oft vergisst, gekennzeichnet von der Liebe Gottes, der sein Volk nie im Stich lässt, obwohl es ihn ständig verrät. Es ist schön zu lesen, wie das kleine Mädchen dem Herrn mehr und mehr ans Herz wächst. Das ist das Ausmaß der Liebe Gottes, der uns über die Jahre begleitet und immer wieder die Mittel findet, uns zu helfen und wachsen zu lassen. Die in der Erzählung mehrfach wiederkehrenden Worte „Da kam ich an dir vorüber und sah dich“, zeigen die Beständigkeit einer Liebe, die sieht und nicht vorbeigeht, sondern stehenbleibt und die Hilfe leistet, die wir brauchen. Die Worte des Propheten zeigen nicht nur die Beständigkeit der Barmherzigkeit, die Gott seinem Volk und jedem von uns erweist, sondern auch, wie sich diese Barmherzigkeit auf die verschiedenen Lebensabschnitte und die verschiedenen Situationen, in denen wir uns befinden, einstellt. Die Liebe des Herrn ist nicht irgendeine Liebe. Sie ist eine Liebe, die sieht, die sich anrühren lässt, die unser Leben viel tiefer ergründet, als wir selbst dies tun und tun können.

Gebet des heiligen Kreuzes

Samstag, 15. August: Hochfest Maria Himmelfahrt

Offb 11,19a; 12,1–6a.10a,b; Ps 45; 1 Kor 15,20–27a; Lk 1,39–56

Mitten im August feiern die Kirchen des Ostens und des Westens gemeinsam das Fest der Aufnahme Mariens in den Himmel. Die Liturgie der Kirche verkündet das Evangelium von Marias Besuch bei Elisabet. Der Evangelist schreibt, dass Maria sich gleich nach der Verkündigung des Engels „auf den Weg“ machte und „in eine Stadt im Bergland von Judäa“ eilte. Sie eilte aus Galiläa in eine kleine Stadt in der Nähe von Jerusalem, um ihre Kusine Elisabet zu besuchen. Am heutigen liturgischen Fest führt der Weg Marias nicht zum Haus der Elisabet, sondern in den Himmel, um endlich das Antlitz des Vaters zu schauen und ihrem Sohn zu begegnen. Maria hat sich auf den Reisen ihres Erdenlebens nie von ihrem Sohn getrennt. Sie ist mit ihm nach Ägypten geflohen, hat den Heranwachsenden später nach Jerusalem begleitet, ihn in Nazaret dreißig Jahre lang Tag für Tag voller Liebe angeschaut und alles, was sie den Sohn tun sah, in ihrem Herzen bewahrt. Dann ist sie ihm in den drei Jahren seines öffentlichen Lebens nachgefolgt bis unter das Kreuz.
Heute sehen wir sie in den Himmel eingehen, „mit der Sonne bekleidet; der Mond war unter ihren Füßen und ein Kranz von zwölf Sternen auf ihrem Haupt“. Sie war die Erste, die das Wort Gottes angenommen hat, und sie ist die Erste, die in den Himmel aufgenommen wird. Sie war die Erste, die Jesus in den Armen gehalten hat, als er noch ein Kind war, und sie ist die Erste, die von ihrem Sohn in die Arme genommen und in den Himmel emporgehoben wird. Weil sie das Evangelium angenommen hat, wird sie, ein einfaches Mädchen aus einem entlegenen Dorf irgendwo am Rand des Römischen Reichs, nun am Thron ihres Sohnes von Gott als erste Bürgerin des Himmels aufgenommen.

Wahrlich, der Herr „stürzt die Mächtigen vom Thron und erhöht die Niedrigen". Was wir heute feiern, ist ein großes Geheimnis. Es ist vor allem das Geheimnis Marias. Aber auf seine Weise ist es auch das Geheimnis unser aller Bestimmung, ja der Bestimmung der gesamten Menschheit. Denn auf dem Weg, der sich mit Marias Aufnahme in den Himmel aufgetan hat, gehen all jene, die ihr Leben an den Sohn binden, wie Maria es getan hat.
Maria und Christus, innigst verbunden, sind das erhabenste Zeichen des Guten und des Heils, die immer gegen das Böse kämpfen, jenen Drachen, der im Buch der Offenbarung beschrieben wird. Am Anfang der Geschichte wurden Adam und Eva vom Bösen besiegt, und in der Fülle der Zeiten erringen der neue Adam und die neue Eva den endgültigen Sieg über den Feind. Ja, mit dem Sieg Jesu über das Böse sind auch der innere und der leibliche Tod besiegt. Deutlich zeichnen sich die Auferstehung des Sohnes und die Aufnahme der Mutter in den Himmel am Horizont der Geschichte ab.

Gebet mit Maria, der Mutter des Herrn

Sonntag, 16. August: 20. Sonntag im Jahreskreis

Gedenktag des heiligen Stephan, König von Ungarn († 1038). Er bekehrte sich zum Evangelium und förderte die Evangelisierung in seinem Land.

Jes 56,1.6–7; Ps 67; Röm 11,13–15.29–32; Mt 15,21–28

Es kommt selten vor, dass wir Jesus und seine Jünger außerhalb von Palästina sehen. Tyrus und Sidon waren für eine Gruppe von Juden, wie es Jesus und seine Jünger waren, außerhalb ihres Horizonts. Diese Situation der Fremdheit kommt in der Begegnung mit der kananäischen Frau zum Ausdruck, einer Ausländerin, die um die Heilung ihrer Tochter fleht. Jesus schweigt zunächst, er „gab ihr keine Antwort", heißt es im Evangelium, und dann reagiert er, für uns überraschend, mit Ablehnung: „Es ist nicht recht, das Brot den Kindern wegzuneh-

men und den kleinen Hunden vorzuwerfen.“ Diese Worte und dieses Verhalten überraschen uns, vielleicht weil jeder von uns im Grunde davon überzeugt ist, den Herrn bereits zu kennen, und sich wenig Mühe gibt, ihn besser kennenzulernen und seine Liebe und Freundschaft zu gewinnen. Aus Liebe zu ihrer Tochter, die „von einem Dämon gequält“ wird, wagt es diese heidnische Frau, die dem Herrn scheinbar fern ist, sich Jesus zu widersetzen und gleichsam den Kampf mit ihm aufzunehmen. Obwohl sie die Lehren Jesu nie gehört hat, lehrt sie ihre Not, jene Inständigkeit des Gebets in die Tat umzusetzen, die Jesus seinen Jüngern in den Evangelien so oft empfiehlt: „Bittet und es wird euch gegeben; sucht und ihr werdet finden; klopft an und es wird euch geöffnet!“ (Mt 7,7). Diese Frau gibt nicht auf, sie wehrt sich gegen das Böse, sie bittet, sie sucht und klopft nicht weniger als drei Mal an die Herzenstür des Herrn: „Hab Erbarmen mit mir, Herr, du Sohn Davids!“, „Herr, hilf mir!“, und schließlich die so ergreifende Antwort: „Ja, Herr! Aber selbst die kleinen Hunde essen von den Brotkrumen, die vom Tisch ihrer Herren fallen.“ Es sind Worte voller Glauben und die Quintessenz jenes Gebets, das Jesus uns lehrt und das nicht viele Worte macht. Diese Worte versetzen Jesus in Erstaunen, und er antwortet: „Frau, dein Glaube ist groß. Es soll dir geschehen, wie du willst.“
In diesem Evangelium lässt sich Jesus das Herz erweichen. In ihm herrscht keine Fremdheit gegenüber dem Leid des Menschen, sondern die Liebe, die, wenn sie wahrhaftig ist, alle Entfernungen überbrückt. So kann er den großen Glauben jener armen Frau sogar bewundern. Ahmen wir ihren Glauben nach, suchen wir den Herrn alle Tage, wenden wir uns in unserem Beten mit großer Liebe und Klugheit an ihn und bitten wir für alle, die von der Angst, der Gewalt, dem Hass und der Verachtung gequält werden.

Gebet am Tag des Herrn

Montag, 17. August

Ez 24,15–24. **Der Prophet als Mahnzeichen**

Wir stehen vor einem Moment großen Leids für den Propheten, dem plötzlich die Frau genommen wird. Und nicht nur das, er muss außerdem auf jedes Zeichen und jede Geste der Trauer verzichten. Warum nur ist ihm dies widerfahren? Ist ein Gott, der sich so verhält, denn nicht grausam? Zuweilen kommen auch uns ähnliche Gedanken, vor allem dann, wenn wir das Leiden und Sterben eines geliebten Menschen mitansehen müssen. Doch der plötzliche Tod seiner Frau gehört zum Leben Ezechiels, der sich in den Dienst Gottes gestellt hat und dessen Wort in seinen eigenen Worten und Taten zum Ausdruck bringen muss. An anderen Stellen des Buches Ezechiel lesen wir über Gesten, mit denen der Prophet den Israeliten etwas zeigen soll, was sie betrifft. Einmal wird er gefesselt und verstummt (Ez 3), ein anderes Mal muss er ein Loch in die Mauer brechen, um wie ein Migrant seine Stadt zu verlassen (Ez 12). Kurz gesagt, der Prophet muss dem Volk des Herrn nicht nur mit seinen Worten, sondern mit seinem Leben sein Schicksal verdeutlichen. Der Gehorsam des Propheten ist beeindruckend. Doch wenn nicht einmal der Prophet Gott zuhören würde, der zu ihm spricht, wie sollte dann das Wort Gottes zu uns gelangen? Deshalb müssen wir mit größerer Leidenschaft das leben, was das Leben des Christen ausmacht: dass wir Propheten des Gotteswortes sind. Auch wir haben es nötig, die Zeichen in der Geschichte zu hören und zu sehen und sogar selbst in dieser unserer Zeit Zeichen zu setzen, damit das Wort Gottes gehört und auch gesehen werden kann, während der Lärm der Egoismen die Augen des Herzens blendet und die Ohren des Geistes verschließt. Das Wort muss sichtbares Zeichen im Leben unserer Gemeinschaften werden, damit die anderen, wenn sie uns sehen, von der Liebe Gottes angezogen werden und ihrerseits dieses selbe Wort hören können, durch dessen Kraft alles anders werden kann.

Gebet für den Frieden

Dienstag, 18. August

Ez 28,1–10. **Der Prophet gegen den König von Tyrus**

Ezechiel pflückt sich eine Konstante im Verhalten der Völker heraus: die Überheblichkeit, den Stolz, der dazu führt, dass man sich selbst und die eigenen Kräfte überschätzt. Für den Propheten ist der Stolz die Ursünde der Völker, das, was die eigentliche Grundlage des Zusammenlebens untergräbt. Er warnt: „Weil sich dein Herz überhoben hat und du sagtest: Ich bin ein Gott ... Doch du bist ein Mensch und kein Gott." Worin besteht diese Sünde? Das Herz der Stadt Tyrus, besser gesagt, das Herz ihrer Bewohner ist voller Überheblichkeit, weil sie so machtbesessen sind und auf den Reichtum vertrauen, den sie durch den Handel aufgehäuft haben. Genau diese Denkweise ist die Ursache für viele Ungerechtigkeiten und Ungleichheiten, die unweigerlich zu Konflikten und Kriegen führen. Gott kann dieser Unterwerfung unter den Reichtum nicht ertragen. Jesus wird später sagen, dass Gott und der Reichtum sich nicht miteinander vereinbaren lassen. Schon jetzt warnt uns das Wort Gottes davor, das zu versuchen. Das prophetische Wort klingt wie eine ernste Mahnung: Menschen und Völker, die nur ihre eigenen Interessen im Blick haben und sich für Herren über das Leben der anderen und über die Güter der Erde halten, werden „hinab in das Grab" gestoßen, werden erniedrigt werden. Darin wird offenbar, wer wir wirklich sind und was sich jeder eingestehen sollte, dass wir nämlich arme und schwache Menschen und keine allmächtigen Götter sind. Das sagt Ezechiel zweimal, um uns zu ermahnen. Er weiß, dass im Herzen jedes Menschen die Versuchung wurzelt, sich in einem Allmachtswahn an Gottes Stelle zu setzen. Doch in Wirklichkeit sind wir anfällig, schwach, sterblich. Betrachten wir unser Leben wieder mit Demut, um nicht der Versuchung der Macht und des Reichtums zu erliegen, die in der Welt so viel Böses hervorbringt, so viel Unrecht und großes Elend verursacht.

Gebet mit Maria, der Mutter des Herrn

Mittwoch, 19. August

Ez 34,1–11. **Die Hirten Israels**

Das Bild des Hirten war im damaligen Palästina sehr verbreitet. In der Bibel wird es häufig verwendet, um die Verantwortung derer zu beschreiben, die nicht nur im religiösen Bereich, sondern auch innerhalb der Gesellschaft eine leitende oder eine Regierungsfunktion ausüben. Der Prophet findet harte Worte für diejenigen Verantwortungsträger, die sich nicht um das Gemeinwohl des Volkes kümmern, sondern lieber ihre persönlichen Interessen verfolgen: „Weh den Hirten Israels, die sich selbst geweidet haben! Müssen die Hirten nicht die Schafe weiden?“ Diese Frage ist auch an uns gerichtet. Denn wir alle sind in gewisser Weise Hirten, das heißt, für die anderen und, wie der Prophet hervorhebt, zuallererst für die schwachen, die kranken und verletzten und für die verirrten Schafe verantwortlich. Wie viele Frauen und Männer sind schwach, verletzt, krank oder verirrt! Oft sind wir mit uns selbst beschäftigt, fühlen uns als Opfer einer ungerechten Welt und vergessen darüber, dass viele andere deutlich mehr leiden als wir. Aber wer soll sich der schwachen, armen und verlassenen Schwestern und Brüder annehmen, wenn nicht wir, die Jünger Jesu, uns um sie kümmern? Im zehnten Kapitel des Johannesevangeliums stellt sich Jesus selbst als den guten Hirten dar, der seine Schafe kennt, sie beim Namen ruft, sie auf seine Schultern nimmt, sie pflegt und heilt. Wir dürfen der Frage nicht aus dem Weg gehen: Sind wir gute Hirten? Der Hirte lebt für seine Herde. Der Herr wird uns danach fragen wie in jenem wunderbaren Abschnitt aus dem 25. Kapitel des Matthäusevangeliums, wo das Letzte Gericht beschrieben wird. Wir alle, Glaubende und Nichtglaubende, werden nach unserer Liebe zu den Armen, zu denen, die das Leben verwundet hat, zu den Verachteten und den Geringsten gerichtet werden. Nehmen wir jenes Gericht vorweg und lernen wir, uns mit derselben barmherzigen Liebe, mit der der Herr sich unser annimmt, um das Leben der anderen zu kümmern – angefangen bei den Armen in unserer Herde, bei jenen, denen sich niemand zuwendet. bei jenen, die vom Leben verletzt worden sind. Dies ist die Zeit aufmerksamer und barmherziger Hirten.

Gebet mit den Heiligen

Donnerstag, 20. August

Ez 36,23–28. **Den Namen des Herrn heiligen**

Der Prophet überbringt die Worte, die Gott zu seinem Volk spricht: „Meinen großen, bei den Nationen entweihten Namen, den ihr mitten unter ihnen entweiht habt, werde ich wieder heiligen." Israels sündiges Verhalten betrifft Gott selbst, bedeckt ihn mit Schande, zieht ihn durch den Schmutz. Gott selbst wird eingreifen, Israel läutern und es zum Zeugen der Heiligkeit Gottes und seines Namens machen. Im Vaterunser lehrt Jesus uns zu beten: „Geheiligt werde dein Name." Den Namen Gottes zu heiligen heißt, an seiner Heiligkeit teilzuhaben, mit ihm, dem allmächtigen und barmherzigen Herrn, in Gemeinschaft zutreten. In der spirituellen Tradition des Ostens legt man großen Wert auf das Namensgebet, das auch Herzensgebet genannt wird. Dabei betet man immer und immer wieder: „Herr Jesus Christus, Sohn Gottes, sei mir armem Sünder gnädig." Es ist auch als das Gebet des russischen Pilgers bekannt, jenes Mannes, der jemanden suchte, der ihn das Beten lehrte, aber niemanden fand. Schließlich traf er einen Mann Gottes, einen *Starez*, der zu ihm sagte: „Du musst einfach nur immer das Jesusgebet wiederholen und an die Auferstehungsmacht dieses Namens glauben." Heiligen wir den Namen Jesu, indem wir seinen Namen anrufen und auf ihn vertrauen. Heiligen wir ihn im alltäglichen Leben und seien wir mit ihm vereint, um dieselben Wunder zu vollbringen wie er. Der Herr wird unser Herz läutern. Er wird uns aus der Zerstreuung unseres Lebens herausnehmen und sammeln und zu seinem Volk machen, dem Volk des erneuerten Bundes. Denn er sagt zu uns: „Ihr werdet mir Volk sein und ich, ich werde euch Gott sein." Wir bedürfen der Läuterung in dem, was wir denken, fühlen und tun, weil auch unser Herz zuweilen zu Stein wird und sich gegenüber den anderen und vor allem gegenüber dem Schmerz, dem Leid und den Armen verhärtet. Unser Herz ist oft angefüllt mit uns selbst und unseren Sorgen. Der Herr aber gibt uns mit seinem Wort ein Herz aus Fleisch, ein Herz wie das seine, das zu Mitleid und Erbarmen fähig ist. Rufen wir daher im Gebet den

Namen des Herrn an, damit wir ein Herz aus Fleisch zum Geschenk erhalten.

Gebet für die Kirche

Freitag, 21. August

Ez 37,1–14. **Die ausgetrockneten Gebeine**

Die Hand des Herrn bringt den Propheten „hinaus“, hinauf, und zeigt ihm eine Ebene voller ausgetrockneter Gebeine: „Diese Gebeine sind das ganze Haus Israel“, sagt der Herr zum Propheten. „Siehe, sie sagen: Ausgetrocknet sind unsere Gebeine, unsere Hoffnung ist untergegangen, wir sind abgeschnitten.“ Er scheint die Worte vieler Menschen dieser unserer Welt zu hören, die Worte von Frauen und Männern, die die Hoffnung verloren haben, deren Leben in Leid und Liebesmangel vertrocknet ist, von alten Menschen, die man zum Sterben in einem Heim alleingelassen hat, von Menschen, denen der Krieg Gewalt angetan und die das Elend ans Ende ihrer Kräfte gebracht hat. Jene Ebene der ausgetrockneten Gebeine scheint kaum anders als unsere Welt, die in Scherben zu gehen scheint. Allzu oft vertrocknen die Gefühle, schwindet die Barmherzigkeit, vergeht die Hoffnung. Pessimismus und Verbitterung nehmen die Herzen in Besitz, und die Zukunft sieht düster aus. Die Resignation löscht jeden Hoffnungsfunken. Es scheint unmöglich, dass diese ausgetrockneten Gebeine je wieder lebendig werden, dass die Welt sich ändern, Ausgetrocknetes auferstehen und Zerstörtes wiederaufgebaut werden kann. Wie oft wird uns die Trockenheit bewusst, die uns umgibt, auch die Trockenheit unseres eigenen Lebens! Schnell gehen wir weiter, als hätten wir Angst davor. Heute richtet das Wort Gottes auch an uns eine Einladung, beinahe einen Befehl: „Tritt als Prophet auf und sag zu ihnen: … Ich gebe meinen Geist in euch, dann werdet ihr lebendig“. Der Geist Gottes kann, wie in der Schöpfungserzählung, ausgetrocknete Gebeine wiederbeleben, er kann neues Leben schenken. Der Geist kommt aus allen vier Winden, von den vier Enden der

Erde, wie um zu sagen, dass das Wort Gottes ein neues Zentrum, ein neues Leben erschafft.

Gebet des heiligen Kreuzes

Samstag, 22. August

Gedenktag Maria Königin

Ez 43,1–7. **Der Herr kehrt zurück**

Das Buch Ezechiel hatte mit der großen Vision von der Herrlichkeit Gottes begonnen, der sich den Menschen in seinem ganzen Glanz offenbarte. Der Evangelist Johannes schreibt gleich zu Beginn seines Evangeliums: „Das Wort ist Fleisch geworden und hat unter uns gewohnt und wir haben seine Herrlichkeit geschaut, die Herrlichkeit des einzigen Sohnes vom Vater, voll Gnade und Wahrheit“ (Joh 1,14). Allerdings wird der Glanz der Herrlichkeit Gottes oftmals durch die Sünde – auch unsere Sünde – verfinstert. Das schreibt der Prophet Ezechiel am Ende des elften Kapitels, wo die Herrlichkeit Gottes Jerusalem und den Tempel verlässt: „Die Herrlichkeit des Herrn stieg empor, weg aus der Mitte der Stadt; und sie blieb stehen auf dem Berg im Osten der Stadt“ (Ez 11,23). In der eben gehörten Lesung verkündet der Prophet ihre Rückkehr: „Und siehe, die Herrlichkeit des Gottes Israels kam aus dem Osten heran.“ Und siehe, der Herr hält mit seiner Herrlichkeit wieder Einzug in den wiederaufgebauten und gereinigten Tempel (Kapitel 40–42). Er ist in die Mitte seines Volkes zurückgekehrt, und alle können sich an seiner Gegenwart erfreuen. Wie Ezechiel fallen auch wir vor der außerordentlichen und strahlenden Gegenwart des Herrn nieder auf unser Gesicht. Vor einem Gott, der sich so tief herablässt, dass er unter uns wohnt, obwohl wir sündig und unbedeutend sind, kann niemand und können auch wir nicht auf Gerechtigkeit und Güte pochen. Nur wenn wir unsere Niedrigkeit und Armut anerkennen, können wir uns an dieser Gegenwart erfreuen. Beten wir, dass wir uns niemals von seiner Gegenwart entfernen. Er rettet uns aus der

Knechtschaft des Egoismus, der uns einschließt, und des Stolzes, der uns blind macht. Bleiben wir in der Gegenwart Gottes: Er öffnet unsere Augen und unser Herz, damit wir uns an seinen Gnadenerweisen freuen und auf seinen Wegen gehen können.

Gebet der Vigil

Sonntag, 23. August: 21. Sonntag im Jahreskreis

Jes 22,19–23; Ps 138; Röm 11,33–36; Mt 16,13–20

Nach seiner Predigttätigkeit in Galiläa steht Jesus praktisch alleine da. Er hatte versucht, aus den Scharen, die ihm nachfolgten, das neue Volk Gottes zu machen, hat nun aber eine erste Niederlage hinnehmen müssen. Alle haben ihn verlassen. Er ist wieder allein mit jenem kleinen Grüppchen seiner Jünger. Gewiss, sie scheinen treu zu sein, doch werden sie bis zum Ende durchhalten? Werden sie einen gekreuzigten Messias akzeptieren? Werden sie in der Lage sein, Ängste und Wiederstände zu überwinden, um das Evangelium der Liebe zu verkünden, ohne es abzuschwächen? Diese und viele weitere, ähnliche Fragen treiben Jesus um. Er führt sie an einen abgeschiedenen Ort in der Gegend von Cäsarea Philippi und fragt sie, was die Leute über ihn denken. Tatsächlich war die Erwartung unter den Leuten groß, was die Ankunft des Messias betraf, aber nicht minder groß war die Unsicherheit über seine Gestalt und Aufgabe.
Die Antworten der Jünger auf die Frage Jesu spiegeln die allgemeine Unsicherheit wider. Einige sehen in ihm den wiedererstandenen Täufer, andere Elija, wieder andere vergleichen ihn mit Jeremia oder anderen Propheten. Jedenfalls hielten ihn alle für einen großen Propheten, wenn auch nicht für den, in dem Gott selbst spricht und handelt. In Wirklichkeit ging es Jesus darum, zu erfahren, was sie selbst über ihn dachten. Er fragt: „Ihr aber, für wen haltet ihr mich?“ Petrus, der Koryphäe oder „Chorführer“, wie ihn die Kirche des Ostens nennt, antwortet im Namen aller mit dem Glaubensbekenntnis: „Du bist der Christus, der Sohn des lebendigen Gottes.“ Darauf sagt Jesus zu ihm:

„Selig bist du, Simon Barjona; denn nicht Fleisch und Blut haben dir das offenbart, sondern mein Vater im Himmel." Petrus hat die Offenbarung Gottes empfangen. Er gehört zu jener Gruppe von Kleinen, denen das seit Anbeginn der Welt verborgene Geheimnis geoffenbart worden ist (vgl. Mt 11,25–26). Er hat, wie Paulus schreibt, von der „Tiefe des Reichtums, der Weisheit und der Erkenntnis Gottes" kosten dürfen (Röm 11,33). Dann gibt Jesus ihm einen neuen Namen, Kephas oder, mit dem griechischen Wort, Petros, der Fels. Ein neuer Name ist gleichbedeutend mit einer neuen Berufung, einer neuen Geschichte. Der Name Kephas erinnerte an das Bild vom Hausbau. Gewiss, eigentlich ist Jesus der Fels. Er ist der „Eckstein", auf dem das Haus errichtet wird. Petrus wird zum Inbegriff des Jüngers, zum Vorbild für die Gläubigen aller Orte und Zeiten. Das deutet er selbst an: „Kommt zu ihm, dem lebendigen Stein … Lasst euch als lebendige Steine zu einem geistigen Haus aufbauen" (1 Petr 2,4–5). Im Hinblick auf den Aufbau des geistigen Hauses, nämlich der Gemeinschaft der Gläubigen, hat jeder Gläubige Anteil am Namen, an der Geschichte, an der Berufung des Petrus. Mit der Aufgabe, den Tempel Christi aufzubauen, der die Kirche ist, empfangen wir alle, jeder gemäß dem Charisma, das ihm gegeben wird, die Schlüsselgewalt, nämlich die Macht, zu „lösen" und zu „binden. Alle Jünger müssen die Fesseln lösen, die uns in einen persönlichen Egoismus oder auch in den Egoismus einer Gruppe, eines Clans, einer Ethnie oder Nation hineinzwingen. Diese Fesseln, die uns versklaven und gewalttätig machen, müssen dringend gelöst werden. Dem stehen die Bande der Freundschaft, der Solidarität und des wechselseitigen Dienstes gegenüber. Diese Bindungen müssen dringend geknüpft werden. Jesus sagt, dass diese auf Erden geknüpften Bindungen im Himmel bestätigt werden. Das Böse wird ihnen nichts anhaben können, und sie werden über den Tod hinaus Bestand haben. Es ist ein großer Trost, zu wissen, dass alles, was wir auf Erden binden, auch im Himmel, das heißt für immer gebunden sein wird. Was zählt, ist die Liebe. Sie hat Bestand. „Auf diesen Felsen", auf Felsen mit dieser Eigenschaft der Liebe, baut Jesus seine Kirche und die neue Welt.

Gebet am Tag des Herrn

Montag, 24. August

Fest des Apostels Bartholomäus aus Kana in Galiläa. Sein Grab befindet sich in Rom in der Basilika San Bartolomeo auf der Tiberinsel, die zum Ort des Gedenkens an die „neuen Märtyrer“ geworden ist. Gedenken an Jerry Essan Masslo, der als Flüchtling aus Südafrika nach Italien kam, bei der Gemeinschaft Sant'Egidio Aufnahme fand und 1989 von Verbrechern ermordet wurde. Mit ihm denken wir an alle Flüchtlinge.

Joh 1,45–51. **Die Berufung Natanaëls**

Die Kirche feiert heute das Fest des Apostels Bartholomäus, dessen sterbliche Überreste in Rom aufbewahrt werden. Die ihm geweihte Kirche auf der Tiberinsel ist zur Gedenkstätte für die neuen Märtyrer des 20. und 21. Jahrhunderts geworden und der Obhut der Gemeinschaft Sant'Egidio anvertraut. In dieser Basilika wird das Gedenken des Apostels gemeinsam mit dem Gedenken an die vielen Glaubenszeugen hochgehalten, die bis auf den heutigen Tag in allen Teilen der Welt ihr Leben für das Evangelium hingeben. Die Überlieferung will, dass Bartholomäus das Evangelium bis nach Armenien gebracht und dabei das Gebiet Syriens und des heutigen Irak durchquert hat, das auch in unseren Tagen vom Leid vieler Christen geprägt ist, die um ihres Glaubens willen verfolgt werden. Jetzt verstehen wir besser, was Jesus zu Bartholomäus gesagt hat, den die Tradition mit dem Natanaël aus diesem ersten Kapitel des Johannesevangeliums identifiziert: „Du wirst noch Größeres als dieses sehen.“ Die Liebe, die der Herr uns erweist und lehrt, ist immer größer, weil er zuerst sein eigenes Leben hingibt. Wir sind Zeugen dieser Liebe. Es ist ein Zeugnis, das von Herzen kommt und zu Herzen geht. Wie damals, als Philippus Natanaël erzählt, dass er den gefunden hat, „über den Mose im Gesetz und auch die Propheten geschrieben haben: Jesus, den Sohn Josefs, aus Nazaret.“ Natanaël hält ihm ein recht gravierendes Vorurteil entgegen: „Kann aus Nazaret etwas Gutes kommen?“ Das ist der Vorbehalt gegen alles, was von außen kommt, was nicht von mir handelt, was nicht mein eigenes „Ich“ ins Zentrum von allem stellt. Wie oft sind auch wir von

Vorurteilen blockiert. Wir klammern uns an unsere beschränkten Visionen, an unser dürftiges Wissen und sind nicht frei für den großen Plan Gottes mit der Welt. Als Jesus Natanaël kommen sieht, ruft er aus: „Sieh, ein echter Israelit, an dem kein Falsch ist." Diese Worte berühren Natanaël-Bartholomäus, er fühlt sich geliebt und erkennt Jesus als den Herrn des Lebens und der Geschichte an. Dieses Bekenntnis wird ihn veranlassen, ihm sein Leben lang nachzufolgen. Wenn wir das Wort hören und darauf vertrauen, werden wir zu Zeugen eines größeren Lebens und jener Vision von einem Himmel, der über der Erde geöffnet ist und aus dem die Engel Gottes auf- und niedersteigen, um den Menschen beizustehen.

Gebet mit den Aposteln

Dienstag, 25. August

2 Thess 2,1–3a.14–17. **Aufruf zur Beharrlichkeit**

Paulus erinnert die Thessalonicher an die besondere Gnade, die sie empfangen haben, dass ihre Stadt nämlich die erste in Mazedonien ist, in der das Evangelium verkündet wurde. Wir können sie als die erste christliche Gemeinde Europas bezeichnen. Sie, die als Erste das Evangelium empfangen hatten, sollten auch im Zeugnis die Ersten sein. Denn sie wurden zu einer Art Brennpunkt des Wortes: „Von euch aus ist das Wort des Herrn aber nicht nur nach Mazedonien und Achaia gedrungen, sondern überall ist euer Glaube an Gott bekannt geworden, sodass wir darüber nichts zu sagen brauchen" (1 Thess 1,8). Paulus wollte, dass die Thessalonicher das Evangelium weiter verbreiteten, um Gottes eigene Stimme in den Herzen der Menschen erklingen zu lassen. Die sich ausbreitende Verkündigung drängt alle dem Heil entgegen, sodass sie „die Herrlichkeit Jesu Christi, unseres Herrn, erlangen." Solange wir als Pilger auf dieser Erde unterwegs sind, kann sich allerdings niemand des Heiles sicher sein. In einer Zeit der Versuchung und des Kampfs ist der Christ immer in Gefahr und kann die empfangene Gabe vergeuden, wie der Apostel uns in Erinnerung ruft.

Niemand darf das Gebot Gottes übertreten, denn dann liefe er Gefahr, das wahre Leben zu verlieren: „Seid also standhaft, Brüder und Schwestern, und haltet an den Überlieferungen fest, in denen wir euch unterwiesen haben, sei es mündlich, sei es durch einen Brief!“ Es besteht eine enge Verbindung zwischen dem verkündeten Evangelium und dem Leben der Gemeinde. Paulus schreibt an die Korinther: „Ich erinnere euch, Brüder und Schwestern, an das Evangelium, das ich euch verkündet habe. Ihr habt es angenommen; es ist der Grund, auf dem ihr steht. Durch dieses Evangelium werdet ihr gerettet werden, wenn ihr festhaltet an dem Wort, das ich euch verkündet habe, es sei denn, ihr hättet den Glauben unüberlegt angenommen.“ (1 Kor 15,1–2). Er bittet den Herrn, ihre Herzen zu ermutigen und ihnen „zu jedem guten Werk und Wort“ Kraft zu geben. Denn alles kommt aus der Liebe des Vaters, der Trost und Hoffnung schenkt.

Gebet mit Maria, der Mutter des Herrn

Mittwoch, 26. August

2 Thess 3,6–10.16–18. **Warnung vor einem unordentlichen Leben**

Paulus wendet sich an die Thessalonicher, damit sie den Umgang mit jenen meiden, die die Unversehrtheit des Glaubens und die Einheit der Gemeinde gefährden. Er spürt nämlich die schwere Verantwortung, die Gemeinschaft in der Kirche vor den Irrtümern derer zu bewahren, die ihren persönlichen Ansichten gefolgt und zu Dienern des Feindes geworden sind. Von ihnen muss man sich fernhalten. Das ist so, weil sie sich des Bösen, das sie tun, bewusst werden und zur Einsicht kommen sollen. In diesem konkreten Fall unterstreicht Paulus, dass jeder Christ seine Arbeit gerne tun soll. Der Apostel wollte herausstellen, wie wichtig die Arbeit sowohl für den Unterhalt derer, die arbeiten, als auch zur Unterstützung der Ärmeren und Bedürftigen ist. Paulus wollte wie alle sein – wie ein Laie, würden wir heute sagen. Auf diese Weise würde er das Evangelium umso wirkungsvoller bezeugen können. Während seines Aufenthalts in der Stadt hatte er in seinen Predigten an die Thessalonicher bereits Gelegenheit gehabt, über die Einstellung zur Arbeit zu sprechen, und sogar eine Art Slogan geprägt: „Wer nicht arbeiten will, soll auch nicht essen." Der Jünger weiß, dass die christliche Liebe unentgeltlich und selbstlos ist. Wer diese Regeln nicht akzeptiert, soll getadelt werden, fordert der Apostel. Die Gemeinde ist keine Familie ohne Ordnung. Deshalb muss man eingreifen, wenn es nötig ist – nicht um zu richten und zu verurteilen, sondern um zu korrigieren und aufzubauen. Wer „nicht hört", soll „nicht als Feind" behandelt, sondern brüderlich ermahnt werden. Das Evangelium hat die Logik des Feindes abgeschafft und die Logik der Zurechtweisung eingeführt. So hat sich übrigens auch Gott uns gegenüber verhalten. In keinem Fall steht es der Gemeinde zu, die von der Liebe Gottes gesetzten Grenzen zu übertreten.

Gebet mit den Heiligen

Donnerstag, 27. August

Die syrische Kirche feiert das Gedenken an Zachäus, der auf einen Baum stieg, um den Herrn zu sehen und dem die Bekehrung des Herzens geschenkt wurde.

Lk 19,1–10. **Zachäus**

Heute gedenkt die Kirche des Zöllners Zachäus, der Jesus in seinem Haus aufnahm. Der Evangelist Lukas schreibt, dass Jesus, als er durch die Straßen von Jericho ging, nach oben sah und Zachäus erblickte, der klein von Gestalt und deshalb auf einen Baum geklettert war. Sobald Jesus ihn sieht, ruft er ihn beim Namen. Er ist wirklich der gute Hirte, der gekommen ist, um die Menschen vor einem Leben der Traurigkeit und Gewalt zu retten. In einer anonymen Massengesellschaft wie der unsrigen ist diese Haltung Jesu für uns eine wichtige Lehre. Jesus ruft ihm zu: „Zachäus, komm schnell herunter! Denn ich muss heute in deinem Haus bleiben." Das Evangelium ist immer persönlich, es spricht uns immer mit Namen an. Wir sind es oft, die es im Allgemeinen belassen wie ein entferntes Schauspiel, weil wir nicht zuhören. Stellen wir uns dagegen das Erstaunen des Zachäus vor, als er hört, wie Jesus ihn ruft. Er war ein Zöllner, also ein Sünder, und doch ruft Jesus nur ihn. Gewiss, er wollte Jesus sehen. Doch Jesus wollte viel mehr, er wollte ihn lieben, besuchen und ihn zu einem großzügigen Menschen machen. Auf Jesu Aufforderung hin steigt Zachäus eilig herab und nimmt ihn voller Freude in seinem Haus auf. Dieses Mal geht der reiche Mann – Zachäus – nicht traurig weg, als Jesus ihn ruft. Deshalb ist auch Jesus von Freude erfüllt. Die Begegnung verwandelt Zachäus. Er ist jetzt ein glücklicher Mensch mit einem neuen Herzen. Nach der Begegnung mit Jesus beschließt Zachäus, alles zurückzugeben, was er gestohlen hatte, und die Hälfte seines Vermögens den Armen zu schenken. Damit beginnt seine Bekehrung. Er ist nicht mehr derselbe wie vorher. Die Begegnung mit dem Herrn hat ihn verändert. Zachäus setzt einen Maßstab, seinen Maßstab, und handelt danach. Er sagt nämlich nicht: Ich gebe alles, sondern: Ich gebe die Hälfte. Heute lädt Zachäus uns ein, die Entscheidungen, die es zu treffen gilt, nicht aufzuschieben, nicht in Resignation zu verfallen und zu denken, dass die Welt sich ohnehin niemals ändern wird. Stattdessen ermuntert er uns, auf das Erbarmen jenes Meisters zu vertrauen, der auch sein Leben verändert hat. Wenn wir den Herrn in unserem Herzen aufnehmen, werden wir verwandelt werden und den Maßstab unserer Jesusnachfolge finden.

Gebet für die Kirche

Freitag, 28. August

Gedenktag des heiligen Augustinus († 430); er war Bischof von Hippo im heutigen Algerien und Kirchenlehrer.

1 Kor 1,17–25. **Die Torheit des Kreuzes**

Paulus hat in der Anmaßung des Ichs und im Stolz eines jeden auf seine eigene Weisheit die Wurzeln für die Spaltung in der Gemeinde ausgemacht. Das Heil, darauf weist Paulus mehrfach hin, kommt nicht aus der eigenen Weisheit, wie die Griechen glaubten, und auch nicht aus den eigenen Traditionen, wie die Juden meinten, sondern daraus, dass man die Torheit der grenzenlosen Liebe annimmt, die aus dem Kreuz Jesu erwächst. Das Geheimnis des Kreuzes als des höchsten Ausdrucks der Liebe zu den anderen bleibt das Kernstück des Evangeliums und seiner Verkündigung. Paulus erinnert die Mitglieder der Gemeinde daran, dass unter ihnen „nicht viele Weise im irdischen Sinn, nicht viele Mächtige, nicht viele Vornehme" sind (1 Kor 1,26). Dennoch ist der Ruf, den Gott an sie gerichtet hat, von hoher, ja höchster Würde. Sie sind nicht aus weltlicher Berechnung oder gar wegen ihrer organisatorischen Fähigkeiten vom Herrn erwählt worden. Der Herr hat sie, wie Paulus ihnen schreibt, gerade wegen ihrer Schwäche erwählt. Der Herr vollbringt Großes mit dieser ihrer Schwäche. Deshalb sollen sich die Jünger Jesu nicht ihrer Weisheit oder ihrer menschlichen Stärke, sondern nur des Evangeliums rühmen. Der Herr wirkt sein Heil durch die Torheit des Kreuzes, das heißt durch das Evangelium der Liebe, die keine Grenzen kennt. Das ist die Weisheit, die der Herr seinen Jüngern verleiht und die ihnen die Kraft gibt, die Welt zu verändern, indem sie sie geschwisterlicher, solidarischer und friedlicher machen.

Gebet des heiligen Kreuzes

Samstag, 29. August

Gedenktag des Märtyrertods Johannes des Täufers, der dem Herrn auf seinem Weg voranging.

Mk 6,17–29. **Der Tod Johannes des Täufers**

Seit der Antike begeht die Kirche nicht nur die Geburt des Täufers, sondern auch den Tag seines Todes von der Hand des Herodes, der lieber auf die Laune einer Frau mit einem bösen Herzen als auf das harte, aber wahre und heilsame Wort des Propheten hören wollte.

Johannes der Täufer ist der letzte und größte der Propheten, derjenige, der die Ankunft des Messias vorbereitet. Seine Strenge steht im Gegensatz zu der Gewohnheit, alles den eigenen Interessen unterzuordnen. Seine Beschränkung auf das Wesentliche hilft uns, uns von Überflüssigem zu befreien. Seine Hoffnung erinnert uns daran, dass wir Jesus nicht erkennen können, ohne unser Herz bereit zu machen, ohne uns der Wüste in unserem Herzen und an so vielen Orten dieser Welt zu stellen. Hören wir auf seine Stimme, um dem Herrn, der kommt, einen Weg zu bereiten. Der Täufer hatte Gerechtigkeit und Umkehr des Herzens gepredigt und den König beeindruckt. Herodias dagegen war zunehmend erbost über die Predigt des Propheten und verabscheute ihn. Leider hörte Herodes nicht länger auf das Wort des Propheten, und obwohl der gegen ihn erhobene Vorwurf ihm Angst machte, brachte ihn dies nicht dazu, weiter zuzuhören und so zur Umkehr zu gelangen. Alle Prinzipien wurden auf den Kopf gestellt. Das gegebene Wort war wichtiger als das Leben des Propheten, und Herodes beschloss, den Täufer enthaupten zu lassen. Aus dem fehlgeleiteten Herzen von Herodes wuchsen Mord und der Versuch, dem Bösen zum Triumph über das Gute zu verhelfen. Ganz anders verhielten sich die Menschen, die zum Jordan eilten, um den Täufer zu hören. Sie eilten dorthin, weil sie erkannten, dass sie Sünder waren und der Vergebung, Veränderung und Rettung bedurften. Das Zeugnis des Johannes – und dasselbe geschieht jedes Mal, wenn das Evangelium verkündet wird – macht das Herz bereit, den Herrn aufzunehmen. Wir gehen nicht in die Wüste, um ein im Wind schwankendes Schilfrohr, das heißt eines der vielen Bilder zu sehen, die wir anschauen, ohne zu verstehen. Wir suchen auch keinen Mann in feiner Kleidung, denn solche Männer finden sich genau wie die vielen falschen Sicherheiten des Wohlstands in den Palästen der Könige. Lassen wir uns von dem hinterfragen, der uns auf die Gegenwart des Herrn in der Welt hinweist, denn er ist der Mann der Erwartung, und nur wer warten kann, wer aus dem Schlaf erwacht, erkennt die Gegenwart des Heils.

Gebet der Vigil

Sonntag, 30. August: 22. Sonntag im Jahreskreis

Jer 20,7–9; Ps 63; Röm 12,1–2; Mt 16,21–27

Zum ersten Mal kündigt Jesus den Jüngern seine Passion an: Er werde „vieles erleiden“ und sogar „getötet“, aber „am dritten Tag auferweckt werden.“ Diese Worte überraschen durch ihre Offenheit und ihren Realismus. Jesus spricht nicht von einer leichten und bequemen Zukunft, sondern sieht nicht nur für sich, sondern auch für die Jünger Tage voller Schwierigkeiten und Bitterkeit voraus. Dies ist in gewisser Weise seine Art, sich gegen das Böse aufzulehnen, jenes Böse, das unsere Welt, unsere Stadt, unsere Wohnviertel und auch unser Leben durchzieht, das zu Angst, mangelnder Gastlichkeit und Gewalt wird. Jesus weiß, dass das Böse in der Welt existiert, und deshalb geht er entschlossen nach Jerusalem, weil er ihm die Stirn bieten will.
Vielleicht aber ist dies auch der Grund dafür, dass die Jünger diese Worte zunächst nicht hören wollen und Petrus das Wort ergreift, um Jesus zum Schweigen zu bringen: „Das soll Gott verhüten, Herr! Das darf nicht mit dir geschehen! Im Grunde scheint Petrus den Meister vor Bösem bewahren zu wollen, doch in Wirklichkeit sind das die Worte eines Menschen, der nicht begriffen hat, wer Jesus wirklich ist, auch wenn er ihn noch kurz zuvor als den „Christus“, den „Sohn des lebendigen Gottes“ bekannt hatte. Es sind Worte, die zum „Ärgernis“ werden, weil Gott nicht abseits stehen will, weil er das Leben der Menschen kennt, weil er weiß, was das Böse ist, und weil er es in Jesus erfährt bis ans Kreuz.
„Tritt hinter mich, du Satan …, denn du hast nicht das im Sinn, was Gott will, sondern was die Menschen wollen“, lautet die harte Antwort Jesu auf die Worte des Petrus. Das heißt, sei wieder du selbst, sei Jünger und nicht Meister. Wie leicht werden wir Meister unserer selbst und geben damit Anlass zur Spaltung! „Wer sein Leben retten will, wird es verlieren“, wird Jesus später sagen. Ja, wer sich aus eigener Kraft retten will, wird verlorengehen. Mag sein, dass er die ganze Welt gewinnt, aber seine Seele wird er nicht retten. Ja, das wahre Glück besteht darin, sein Kreuz zu nehmen, nicht so zu tun, als ob es das Böse nicht gäbe oder als ob es immer die anderen wären, sondern den

Schmerz der anderen auf sich zu nehmen, denn das befreit uns davon, uns als Opfer zu fühlen, und weitet unser Herz. Wir, die wir uns so oft über unsere kleinen alltäglichen Kreuze beklagen, wollen unser Herz weiten, um gemeinsam mit vielen Brüdern und Schwestern in der Welt das Kreuz zu tragen.
Die Worte des Evangeliums sind sicherlich anspruchsvoll. Aber vor allem für Jesus selbst. Wie oft erklärt er seinen Jüngern, dass er gekommen ist, um zu dienen und nicht, um sich bedienen zu lassen. In den Worten, die er zu Petrus spricht, ist die Kraft seiner Liebe zum Heil aller Menschen gegenwärtig. Das Evangelium lädt uns ein, wieder auf sein Wort zu hören. Dann werden wir den Sinn der Worte Jesu entdecken: Wer „sein Leben um meinetwillen verliert, wird es finden." Wir werden feststellen, dass unsere Tage wieder kostbar und voller Liebe sind, weil wir das Leben vieler leichter und gerechter machen.

Gebet am Tag des Herrn

Montag, 31. August

Gedenken an Josef von Arimathäa, einen Jünger Jesu, der „auf das Reich Gottes wartete".

Mt 27,57–61. **Das Begräbnis**

Heute erinnert die Kirche an Josef von Arimathäa, einen vermögenden Mann, Grundbesitzer und „vornehmes Mitglied des Hohen Rats, der auch auf das Reich Gottes wartete" (Mk 15,43). Er wird bei allen vier Evangelisten am Ende der Leidensgeschichte erwähnt. Sie alle schreiben, dass er ein Jünger Jesu geworden war, aber aus Furcht vor den anderen Ratsmitgliedern nur heimlich. Doch es kam der Moment, sich öffentlich zu zeigen, und zwar im Moment des Todes Jesu, als alle Jünger ihren Meister verlassen hatten. In jener Situation, in der man alles für verloren halten konnte, findet Josef stattdessen den Mut, zu Pilatus zu gehen und um den Leichnam Jesu zu bitten. Wir können uns fragen, woher Josef diesen Mut nimmt. Das Böse, das bisher ungehindert seinen Lauf genommen hatte, traf nun auf einen guten Menschen, der sich seiner unangefochtenen Macht widersetzt. Die Barmherzigkeit des Josef von Arimathäa stellte sich der Flucht, der Gleichgültigkeit und der Resignation in den Weg. Jener Tod war nicht vergeblich gewesen. Ein guter Mensch hat sich dem Bösen in den Weg gestellt und die Kraft des Erbarmens bewiesen. Josef traf auf Nikodemus und gemeinsam bewiesen sie öffentlich ihre Liebe zu jenem Meister. „Josef", schreibt der Evangelist Matthäus, „nahm den Leichnam und hüllte ihn in ein reines Leinentuch. Dann legte er ihn in ein neues Grab". An jenem Freitagabend, als die Nacht alles zu verschlingen schien, zeigen diese beiden Jünger ein Licht, das die Angst besiegt und die Kraft der Liebe sichtbar werden lässt.

Gebet für die Armen

Dienstag, 1. September

Gedenktag des heiligen Ägidius. Er war ein Mönch aus dem Osten, der in den Westen kam, in Frankreich lebte und Vater vieler Mönche wurde. Der Name der Gemeinschaft Sant'Egidio geht auf die ihm geweihte Kirche in Rom zurück.
Gedenken an den Ausbruch des Zweiten Weltkriegs und Gebet für das Ende aller Kriege.
Für die orthodoxe Kirche beginnt das Kirchenjahr.
Weltgebetstag für die Bewahrung der Schöpfung.

1 Kor 2,10b–16. **Die wahre christliche Weisheit**

Paulus, der vor kurzem den „Fehlschlag" von Athen erlebt hat, macht den Christen von Korinth gegenüber deutlich, dass seine ganze Stärke allein in der Verkündigung des gekreuzigten Christus besteht. Im Kreuz nämlich verdichtet sich die Kernaussage des Evangeliums: Gott hat die Menschen so unaussprechlich geliebt, dass er seinen eigenen Sohn auf die Erde sandte, damit er sich dem Kreuzestod überantwortete und so die Menschen vom Bösen und vom Tod befreite. Die Erkenntnis dieses Geheimnisses der Liebe ist die Weisheit, die die Glaubenden empfangen. Es ist eine wahrhaft paradoxe Liebe. Eine Liebe, die wir unmöglich erkennen könnten, wenn sie uns nicht geoffenbart worden wäre. „Davon reden wir auch", erinnert der Apostel die Christen von Korinth, „nicht mit Worten, wie menschliche Weisheit sie lehrt, sondern wie der Geist sie lehrt". Der Apostel weist hier darauf hin, wie wichtig das Handeln des Geistes ist, weil nur er sowohl die Geheimnisse Gottes als auch die Geheimnisse der menschlichen Seele kennt. Paulus fordert die Christen von Korinth und uns dazu auf, den Geist, der in unsere Herzen eingegossen worden ist, wirken zu lassen, das heißt, zu „geisterfüllten" Männern und Frauen zu werden, zu Glaubenden, die sich vom Geist des Herrn führen lassen. Wer jedoch die egozentrischen Triebe in sich handeln lässt, die ja ebenfalls im Herzen des Menschen wohnen, der „erfasst nicht, was vom Geist Gottes kommt", nämlich jene grenzenlose Liebe, die in den Augen der Menschen wie „Torheit" erscheint. Der Geist dagegen enthüllt den Jüngern das seit ewigen Zeiten verborgene Geheimnis, das kein Auge je zuvor geschaut hatte. Es ist das Geheimnis des Sohnes, des Einziggeborenen, den der Vater auf die Erde gesandt hat, um die Menschen aus der Knechtschaft des Bösen zu erretten. Das Evangelium hütet „den Geist Christi". Er ist der Schatz, der den Glaubenden ins Herz gesenkt worden ist, er ist die Energie, die aus aller Knechtschaft befreit, die Kraft, die die Welt verändert.

Gebet mit den Heiligen

Mittwoch, 2. September

1 Kor 3,1–9. **Alle sind Mitarbeiter Gottes**

Paulus erinnert die Christen von Korinth daran, dass sie erst am Anfang ihres geistlichen Weges stehen. Dazu verwendet er das wirkungsvolle Bild von der Mutter, die ihrem Kind, weil es noch klein ist, Milch und keine allzu feste Nahrung gibt. Damit beweist er eine große pastorale Klugheit. Der Glaubende ist nämlich nicht dazu berufen, bloß theoretische Formeln zu lernen, sondern in der Erkenntnis und in der Liebe zu Gott und den Mitmenschen zu wachsen. Außerdem erinnert Paulus die Christen von Korinth daran, dass sie erst am Anfang ihrer Bekehrung stehen, das heißt, dass sie noch „irdisch eingestellt" und gleichsam unmündig im Glauben sind und deshalb leicht zum Opfer von Eifersüchteleien, Streitigkeiten und Stolz werden können, die der Gemeinschaft schaden. Dann aber kommt es in der Gemeinde leicht zu Spaltungen und Brüchen und womöglich zu Forderungen, sich für den einen oder für den anderen zu erklären. Der Apostel Paulus will nicht nur keine Spaltungen erzeugen, sondern ruft entschlossen zur Einigkeit in den Zielen und in der Liebe auf. Wie er es gerade schon angedeutet hat, verlangt Paulus, dass sie als „Geisterfüllte" wachsen, das heißt als Menschen, die sich nicht von ihren eigenen Trieben, sondern vom Geist des Herrn leiten lassen. Deshalb darf sich in der christlichen Gemeinde niemand für einen Herren halten. Wir alle sind Diener Jesu und des Evangeliums. Der Herr Jesus ist der einzige wahre Meister und Hirte der Gemeinde. Wir alle hingegen sollen „Gottes Mitarbeiter" an seinem „Bau" sein, sollen pflanzen, begießen, predigen …, ein jeder gemäß seinem Charisma, aber alle zum gemeinsamen Nutzen. Die Christen sind dazu aufgerufen, in diesem Geist des Evangeliums zu wachsen, damit sie sich mit zunehmender Großzügigkeit und pastoraler Kreativität an der Sendung beteiligen können, die der Herr seiner Kirche anvertraut hat.

Gebet mit Maria, der Mutter des Herrn

Donnerstag, 3. September

Gedenktag des heiligen Gregor des Großen († 604), Papst und Kirchenlehrer.

1 Kor 3,18–23. **Verantwortungsbewusst bauen**

„Alles gehört euch", schreibt Paulus gleich zweimal in nur zwei Versen. In den Augen derer, die sich abmühen, um ein klein wenig Ruhm bei den Menschen zu ernten, und die sich diesen mit Geschick oder

Schläue zu verdienen suchen, mag diese Wahrheit übertrieben oder zumindest abstrakt erscheinen. Es ist sinnlos, sich für sich selbst, für die eigenen Pläne abzumühen. Der Apostel macht die Christen von Korinth darauf aufmerksam, dass sie viele Gaben bereits in Händen halten. Ja, genau das ist sogar die eigentliche Weisheit: die unzähligen Gaben zu erkennen, die wir bereits empfangen haben: „Paulus, Apollos, Kephas, Welt, Leben, Tod, Gegenwart und Zukunft: Alles gehört euch". Ja, alles gehört uns. Uns ist – unentgeltlich! – der ganze Schatz des Heils zuteil geworden. Er ist keine Frucht eigener Bemühungen oder Errungenschaften, deren wir uns rühmen könnten. Geben wir Acht, dass wir uns nicht selbst betrügen! Das ist eine Versuchung, die im Geist und Herz der Glaubenden häufig aufkommt. Wir haben alles von Gott empfangen: das Evangelium der Liebe, die Brüder und Schwestern in der Gemeinde und damit auch unsere Zukunft und die Zukunft der Welt. Die wahre Weisheit besteht darin, dieses Geheimnis Gottes, dessen wir durch die Gnade teilhaftig geworden sind, für die ganze Welt anzunehmen. Es ist ein Geheimnis, das wir annehmen, behüten und an die ganze Welt weitergeben müssen, ohne müde zu werden. Zusammenfassend schreibt der Apostel: „Ihr aber gehört Christus und Christus gehört Gott." Mit dieser Aussage verbietet sich sowohl für den Einzelnen als auch für die Gemeinschaft jedwede Selbstbezogenheit. Die Kirche ist heute aufgerufen, das endgültige Ziel, Gott selbst, im Blick zu haben und Jesus nachzufolgen, damit alle Völker der Welt dem heiligen Berg Gottes, dem himmlischen Jerusalem entgegengehen, das der Herr als das Haus aller erbaut hat.

Gebet für die Kirche

Freitag, 4. September

Gedenken an Mose, der von Gott berufen wurde, das Volk Israel aus der Knechtschaft Ägyptens zu befreien und in das Land der Verheißung zu führen.

1 Kor 4,1–5. **Vorsicht beim Urteilen**

In diesem Abschnitt des Briefes will der Apostel Paulus sein apostolisches Wirken verteidigen und so auf Kritik reagieren, die von einigen geübt worden war, um die Spaltungen, die in der Gemeinde entstanden waren, aufrechtzuerhalten. Paulus weist darauf hin, dass der apostolische Dienst sich ausschließlich auf die Zugehörigkeit zu Christus und auf die Treue zur empfangenen Sendung gründet. Aus dieser Überzeugung heraus fühlt er sich nicht als Herr über das Leben der Gemeinde, sondern nur „als Diener Christi und als Verwalter von Geheimnissen Gottes." Der Apostel nimmt die Perspektive dessen ein, der eben zum Verwalter der Dinge Gottes und nicht seiner eigenen Ambitionen oder Interessen berufen ist. Er fügt hinzu, dass er sich keiner Schuld bewusst ist. So oder so würde auch dies nicht genügen, denn, so erklärt er entschieden, „der Herr ist es, der über mich urteilt. Wenn der Herr kommt – diesen Tag stellt Paulus dem menschlichen Gericht gegenüber –, wird sein Gericht der Wahrheit entsprechen (vgl. Röm 2,2) und „die Absichten der Herzen", das heißt auch die verborgenen Gedanken „aufdecken". Erst dann wird der Gerechte als solcher erkannt werden und Gottes Lob und Lohn erhalten. Deshalb warnt der Apostel die Christen davor, die Früchte des Dienstes nach den Kriterien der herrschenden Kultur zu beurteilen. Die Treue zum Evangelium ist eine Frage der inneren Integrität und misst sich nicht an zählbaren Resultaten im Sinne einer weltlichen Logik. Niemand, so betont der Apostel, darf sich zum Richter seiner selbst und schon gar nicht der anderen aufwerfen. Nur der Herr kann über die Herzen aller urteilen.

Gebet des heiligen Kreuzes

Samstag, 5. September

Gedenktag der heiligen Mutter Teresa von Kalkutta, gestorben im Jahr 1997.

1 Kor 4,6b–15. **Paulus mahnt die Korinther zur Einheit**

Als Belege für die Echtheit seines apostolischen Dienstes listet Paulus die Schwierigkeiten und Prüfungen auf, die er erlitten hat, um der Verkündigung des Evangeliums treu zu bleiben. Diese Treue erwächst aus dem entschlossenen Willen des Apostels, sich an das zu halten, was geschrieben steht, ohne Gegenleistungen oder Anerkennung zu suchen. Der Selbstgefälligkeit der Korinther stellt Paulus die Demut, die Mühen und die Leiden der Apostel gegenüber. Mit ironischer Dialektik wirft er ihnen vor, „satt“ und „reich“ zu sein, und meint damit ihre offenkundige Zufriedenheit darüber, dass sie „kluge Leute“, „stark“ und „angesehen“ sind. Die Apostel hingegen „stehen als Toren da um Christi willen“, sie sind „schwach“ und „verachtet“, „Unrat der Welt“ und „der Abschaum von allen“. Der Apostel prangert die Selbstzufriedenheit der Korinther an. Eine Versuchung, die die Jünger Jesu oft dann erfasst, wenn sie vergessen, dass sie Kinder und stets darauf angewiesen sind, auf Gottes Wort zu hören und ihm zu gehorchen. Wer glaubt, er hätte die Verkündigung des Evangeliums nicht mehr nötig, wer sich für klüger und weiser hält als der Apostel, der ist schon auf dem Weg zum Bruch der Gemeinschaft. Im Gegensatz zu jener Selbstsicherheit, wie sie die Christen von Korinth und alle diejenigen vor sich hertragen, die wie sie mit sich zufrieden sind, nimmt der Apostel für sich den letzten Platz in Anspruch, auf den die Welt ihn stellt. Es ist der Platz der Verfolgungen, der Demütigungen, aber auch der pastoralen Mühe und, ungeachtet der menschlichen Undankbarkeit, des unaufhörlichen Einsatzes für die Verkündigung. Doch in den Augen Gottes nimmt er den ersten Platz ein, den Platz gleich neben Jesus, der von den Menschen verworfen, von Gott dagegen mit Freuden aufgenommen wurde. Die „Torheit“ des Apostels, seine Schwachheit, seine Leiden müssten die Christen von Korinth, die ihr Stolz so aufgebläht hatte, dass sie sogar die Einheit der Gemeinde zerstörten, und auch uns zum Nachdenken bringen.

Gebet der Vigil

Sonntag, 6. September: 23. Sonntag im Jahreskreis

Ez 33,7–9; Ps 95; Röm 13,8–10; Mt 18,15–20

„Wer den andern liebt, hat das Gesetz erfüllt", schreibt Paulus an die Römer. Diese Aussage geht weit über die legalistische Logik hinaus, die die Pharisäer ihren Zeitgenossen aufgezwungen hatten. Der Apostel ruft dazu auf, Starre und Engherzigkeit abzuschütteln, und bringt damit die Lehre des Evangeliums auf den Punkt. Der heilige Augustinus verknüpfte diesen paulinischen Gedanken mit der christlichen Freiheit und schrieb so den berühmten Satz: „Liebe und tu, was du willst!" Diese Aussage über die völlige Freiheit des Christen bedeutet natürlich keineswegs, dass es keine Pflichten gäbe. Denn Paulus ergänzt sofort: „Niemandem bleibt etwas schuldig, außer der gegenseitigen Liebe!" Also gibt es eine Pflicht, eine einzige Schuldigkeit der Christen, nämlich die der gegenseitigen Liebe. Von allen anderen Banden befreit haben die Gläubigen nur noch diese eine verbindliche Pflicht. Die anderen haben ein Recht auf unsere Liebe. Diese entschiedene Aussage des Paulus läuft unserem Egoismus zuwider und unterstreicht die Pflicht der Liebe zu allen und besonders zu den Armen. Leider sehen wir, dass Gleichgültigkeit und Gewalt zunehmen und dass es nach wie vor üble Nachrede und falsche Anschuldigungen gibt. Zuweilen ist der bloße Respekt schon eine Errungenschaft. Das Evangelium aber fordert, dass wir den anderen das Recht auf unsere Liebe zubilligen.
In diesem Horizont – dem Horizont der Liebe – ist die heutige Ermahnung Jesu über die geschwisterliche Zurechtweisung und Vergebung angesiedelt. Zuweilen gibt es eine Art, die Dinge zu sagen, die nicht respektvoll, sondern gleichgültig ist, und eine andere Art, die dagegen von aufrichtigem Interesse und gebührender Verantwortung zeugt. So, wie jeder Gläubige die Pflicht hat, seinen Bruder oder seine Schwester zurechtzuweisen, wenn er oder sie sich im Irrtum befindet, hat auch jeder ein Recht auf Vergebung. Leider leben wir in einer Gesellschaft, die, eben weil sie nichts von der Pflicht der Liebe weiß, die Vergebung nicht zu kennen scheint. Das Wort Gottes hinterfragt uns. In einer zunehmend von Interdependenz und Konkurrenz geprägten Welt müssen wir lernen, dass wir nur dann wahrhaft frei sein und eine wahrhaft menschliche Gesellschaft aufbauen können, wenn wir das Gebot der gegenseitigen Liebe annehmen.
Am anschaulichsten wird das menschliche Miteinander durch das Bild der einmütig betenden Jünger verdeutlicht: „Weiter sage ich euch: Was

auch immer zwei von euch auf Erden einmütig erbitten, werden sie von meinem himmlischen Vater erhalten." Auch das sind sehr anspruchsvolle Worte. Die Einmütigkeit, mit der die Jünger um dasselbe bitten, was immer es auch sein mag, macht es für Gott selbst zur Verbindlichkeit, ihnen ihre Bitte zu gewähren. Die heilige Liturgie ist der bevorzugte Moment, die Einmütigkeit und Eintracht im Beten und Bitten aufzubauen. Wenn unser Gebet scheinbar unbeantwortet bleibt, dann liegt das auch daran, dass wir nicht ausreichend nach unserem Nächsten, nach den Bedürftigen und nach jenen gefragt haben, die darauf warten, dass sich jemand ihrer erinnert.

Gebet am Tag des Herrn

Montag, 7. September

1 Kor 5,1–8. **Das Böse besiegen**

Nach den ersten vier Kapiteln, die dem Brief wie eine Art großer Einleitung vorangestellt sind, beantwortet Paulus nun einige Fragen zum Leben der Gemeinde. Aus den Worten des Apostels geht hervor, wie eng seine Beziehung zu jener Gemeinde war. Entschieden spricht er den Inzestfall an. Ihn galt es unverzüglich zu lösen. Diese Verse drängen uns, die Verantwortung der geschwisterlichen Zurechtweisung wiederzuentdecken, die oft aus Trägheit oder Gleichgültigkeit vernachlässigt wird. Denn die Zurechtweisung setzt voraus, dass man als Schwestern und Brüder füreinander Verantwortung übernimmt. Es braucht ein langes und geduldiges „Arbeiten" und zuweilen auch Unnachgiebigkeit, wenn man versuchen will, das Herz desjenigen zu verändern, der einen Fehler begangen hat, und so das Wachstum der gesamten Gemeinde zu ermöglichen. Ist die Sünde schwer, wie in diesem Fall, ist, um sie mit der Wurzel zu beseitigen, eine ebenso schwerwiegende Entscheidung gefordert. Doch nichts davon ist möglich ohne eine väterliche Liebe, die es versteht, den anderen zurechtzuweisen. Der Apostel Paulus mahnt uns, uns um das Heil derer zu sorgen, die sich mit schwerer Schuld befleckt haben. Das erfordert große pastorale

Klugheit und bringt auch harte Entscheidungen mit sich, „damit sein Geist am Tag des Herrn gerettet wird." Die ersten Worte des Apostels sind tadelnd, weil man dieses Unkraut nicht sofort und mit Entschiedenheit ausgerissen, sondern sich lediglich auf ein paar Worte der Rüge beschränkt hat. Die Gemeinde, so der Apostel, ist für die Heiligkeit aller ihrer Mitglieder mitverantwortlich. Darin liegt der Sinn der brüderlichen Zurechtweisung. Das Bild vom schlechten Sauerteig verdeutlicht, wie gründlich und aufmerksam man sein muss, um das Böse auszurotten. Wohingegen „den ungesäuerten Brote der Aufrichtigkeit und Wahrheit" der Vorzug zu geben ist, damit die Gemeinde der Gläubigen nach Gottes Willen wächst. Einmal aufgegangen, soll diese Gemeinde sodann die ganze Stadt durchwirken.

Gebet für die Kranken

Dienstag, 8. September

Fest der Geburt Mariens, der Mutter des Herrn.
Die franziskanische Familie gedenkt heute des friedlichen Besuchs von Franziskus bei Sultan Malek al-Kamel in Damietta. Gebet um neue Arbeiter des Friedens und des Dialogs.

Mt 1,1–16.18–23. **Die Vorfahren Jesu**

Der 8. September ist das Fest zum Gedenken an die Weihe der St. Anna-Basilika in Jerusalem, die sich an der Stelle erhebt, wo einer alten Tradition zufolge Joachim und Anna, die Eltern Marias, gewohnt haben sollen. In den byzantinischen Kirchen heißt es, Maria sei der „Erdboden des Himmels", das heißt der Schoß, den die Menschheit dem Herrn darbietet. Der Stammbaum Jesu zeigt, dass die gesamte Menschheit darauf wartet, dass der Sohn Gottes aus dem Schoß Marias geboren wird. Jesus lebt nicht außerhalb der Geschichte der Männer und Frauen, und nicht von ungefähr zählt der Evangelist auch Vertreter des Heidentums und einige Frauen auf, die alles andere als vorbildlich waren. Jesus ist Teil der Menschheitsgeschichte, er ist Teil unserer Generationenfolge. Der Evangelist gibt den vollständigen Namen „Jesu Christi" an, das heißt, Jesus ist der Messias und Retter. Dann fügt er hinzu, dass er der Sohn „Davids, des Sohnes Abrahams" ist, um deutlich zu machen, dass sich die Offenbarung in ihm vollends erfüllt. Der Messias musste nämlich von David abstammen, der die Mitte des Stammbaums einnimmt. Die Erwähnung Abrahams unterstreicht, dass das Geschenk des Sohnes in die Geschichte des Volkes Israel hineingeschrieben ist. Denn Jesus wird von einer jüdischen Frau geboren, Maria, die Gott als Mutter seines Sohnes erwählt hat. Weiter betont das Evangelium, dass die Geburt dieses Sohnes sich auf außergewöhnliche Weise und nicht im Rahmen einer normalen Zeugung vollzieht. Das ist die jungfräuliche Geburt Jesu durch Maria. Josefs Reaktion, die vom menschlichen Standpunkt aus betrachtet völlig gerechtfertigt ist, zeigt seine Bestürzung. Doch er lässt sich vom Engel leiten, vom Wort Gottes, das uns über das hinausblicken lässt, was wir sehen – das ist der Sinn der Träume in der Bibel –, und uns hilft, Maria – die Gemeinschaft – und das Geheimnis, das sie in ihrem Schoß bewahrt, zu uns zu nehmen. Josef akzeptierte Gottes Plan und durfte sich deshalb der Nähe von Gottes eigenem Sohn erfreuen, dem er auf die Anweisung des Engels hin auch seinen Namen gab.

Gebet mit Maria, Mutter des Herrn

Mittwoch, 9. September

Gedenken an Pater Aleksandr Men. Er war ein orthodoxer Priester aus Moskau und wurde 1990 grausam ermordet.

1 Kor 7,25–31. **Freiheit von der Welt**

Der Zölibat, so erklärt der Apostel, verkündet, dass das Reich Gottes schon gegenwärtig, dass der Geist des Auferstandenen schon am Werk, dass der Sauerteig der Ewigkeit – jener Ewigkeit, in der wir nicht mehr heiraten, weil wir den Herrn schauen – schon im Leben der christlichen Gemeinde enthalten ist. Der Apostel zeigt seine große Wertschätzung für den freiwillig aus Liebe zum Reich gewählten Zölibat. Der Gläubige, der sich entscheidet, nicht zu heiraten, zeigt mit seinem Leben, dass Gott allein genügt. Das können wir auch auf die Kirche übertragen: Wer zölibatär lebt, zeigt, dass die Kirche keine andere Unterstützung, keine andere Hilfe braucht als Gottes Hilfe. Gott allein ist ihr Halt. Das bringt der zölibatär lebende Mensch zum Ausdruck. Trotz seiner persönlichen Grenzen zeigt er mit dieser seiner Entscheidung, dass Gott der Vorrang gebührt. Paulus jedenfalls bekräftigt, dass dieses Gebot des Herrn nicht für alle gilt. Außerdem aber – und das ist in der Tat ein Gebot des Evangeliums, das alle befolgen sollen – erinnert er die Christen von Korinth erneut daran, dass das Reich Gottes in ihrem Leben und im Leben der Gemeinde Vorrang hat. Der Apostel sagt den Korinthern und auch unseren heutigen christlichen Gemeinden, dass die Zeit knapp geworden ist. Wir dürfen uns nicht von unserer Psyche, unseren Rhythmen und unseren Gewohnheiten versklaven lassen, die den Schritt unserer Jesusnachfolge verlangsamen. Die Freiheit des Christen besteht darin, dem Gebot des Herrn zu gehorchen und das Evangelium eiligst bis an die Enden der Erde zu tragen und allen Menschen zu verkünden. Wenn wir dieses Gebot des Herrn befolgen, werden wir ihm wohlgefällig sein.

Gebet mit den Heiligen

Donnerstag, 10. September

1 Kor 8,1–7.11–13. **Nur die Liebe baut auf**

Das Essen von Götzenopferfleisch war zur Zeit des Paulus ein so schwerwiegendes Problem geworden, dass es erhebliche Spaltungen in der Gemeinde hervorrief. Angesichts der dadurch entstandenen Zwietracht erklärt der Apostel in aller Klarheit, dass ebendiese Spaltung unter den Schwestern und Brüdern die eigentliche Sünde ist. Die eigentliche Sünde besteht – selbst wenn man glaubt, im Recht zu sein – darin, Verwirrung zu stiften. Es ist nicht unser Wissen, das uns rettet, und auch nicht die Weisheit dieser Welt, sondern allein die Liebe. Entschieden betont Paulus den Primat der Liebe. Das Gesetz ist immer ein Erzieher (vgl. Gal 3,24), das heißt ein Hilfsmittel, um den Mangel an Liebe zu kompensieren. Was zählt, ist der Aufbau der Gemeinschaft der Glaubenden zum Zeichen für die Einheit der gesamten Menschheitsfamilie. „Gebt Acht", sagt Paulus, „dass diese eure Freiheit nicht den Schwachen zum Anstoß wird!" (1 Kor 8,9). Das soll heißen, dass die Freiheit des Christen allein in der Freiheit besteht, zu lieben und aufzubauen, nicht aber in der Freiheit, zu tun, was man für richtig hält. „Die Erkenntnis macht aufgeblasen, die Liebe dagegen baut auf." Christus hat einen hohen Preis bezahlt, damit die christliche Gemeinschaft aufgebaut werden kann. Nicht unsere Überzeugungen oder Traditionen bauen die Gemeinde auf – selbst wenn sie richtig sind –, sondern allein der Geist der Liebe, den der Herr seinen Jüngern schenkt und der ihr Leben lenkt.

Gebet für die Kirche

Freitag, 11. September

Gedenken an die Terroranschläge von 2001 in den USA. Gedenken an die Opfer von Terrorismus und Gewalt und Gebet für den Frieden.

1 Kor 9,16–19.22b–27. **Sklave für alle**

Die wahre Freiheit, die Paulus bezeugt und uns verkündet, besteht darin, sich „für alle zum Sklaven" zu machen, um das Evangelium weiterzugeben. Mit jener Kraft, die aus seinem eigenen Zeugnis erwächst, verknüpft der Apostel zwei Aussagen: „Obwohl ich also von niemandem abhängig bin, habe ich mich für alle zum Sklaven gemacht". Es ist ein Nachhall dessen, was Jesus selbst gesagt hat: „Wer bei euch groß sein will, der soll euer Diener sein, und wer bei euch der Erste sein will, soll der Sklave aller sein" (Mk 10,43b–44). Dabei geht es jedoch nicht um eine asketische Übung zu dem Zweck, die eigene Seele zu vervollkommnen. Der Apostel hat sich zum Sklaven gemacht, um möglichst viele für Christus zu gewinnen. Gleich fünfmal wiederholt er innerhalb weniger Zeilen das Verb „gewinnen“, mit dem er ein zweites Verb, „retten“, eng verbindet. Das Herz des Apostels schlägt nicht für ihn selbst, sondern wird so weit, dass es die ganze Welt umarmt: „Allen bin ich alles geworden, um auf jeden Fall einige zu retten.“ Er schließt nicht nur niemanden aus – ob Juden oder Heiden, das spielt keine Rolle – sondern gönnt sich offenbar keine Ruhe, bis das Evangelium nicht die größtmögliche Anzahl von Menschen erreicht hat. Das ist sein Wettkampf, sein Lauf, der das ganze Leben lang dauert. Bei den Christen am Beginn dieses neuen Jahrtausends müsste dieses Zeugnis besonderen Anklang finden. Paulus kehrt in unsere Mitte zurück als der, der es verstanden hat, den universalen Geist der Verkündigung Jesu zu erfassen und zu seinem Daseinsgrund zu machen. Der Apostel will die ganze Welt erreichen. Er hat Rom, die Hauptstadt des Reiches, im Sinn, und will bis ans äußerste Ende, nach Spanien, gehen. Auch heute noch ist Paulus für jede christliche Gemeinschaft ein Beispiel dafür, wie man das Evangelium bis an die äußersten Enden der Erde trägt.

Gebet des heiligen Kreuzes

Samstag, 12. September

1 Kor 10,14–22. **Der eine Leib Christi**

Der Apostel kommt auf das Götzenopferfleisch zurück und mahnt die Christen von Korinth, den Götzendienst zu meiden, sich also nicht in den Dienst der Götzen dieser Welt zu stellen. Es gibt viele Götzen, denen man zuweilen Gaben darbringt und auf deren Altar man sogar das Leben opfert. Leicht kann es geschehen – heute womöglich noch leichter als früher –, dass unser eigenes Ich der erste Götze ist, auf dessen Altar wir auch noch die kostbarsten Dinge opfern. Der Götzendienst des Selbst ist ein Kult, der sich immer weiter ausbreitet. Er ist die Ursache vieler Übel und Konflikte nah und fern. Der lauteste und stärkste Protest gegen diesen Götzen ist die Eucharistie: die Quelle, aus der das Leben der Kirche entspringt. Die Eucharistie verwandelt die Kirche in den Leib Christi. Die Teilhabe an dem einen Brot und an dem einen Kelch macht aus den vielen einen einzigen Leib. Mit großer Weisheit schreibt der heilige Augustinus: „In diesem Brot seht ihr, was ihr seid, und empfangt, was ihr seid.“ Die Eucharistie ist der Bauplatz, wo die Kirche errichtet wird, wo die Verstreuten gesammelt und mit dem Feuer des Geistes zu einer starken Gemeinschaft verschmolzen werden, um jenes eine geistliche Gebäude zu bilden, in dem das Heil empfangen und die Hoffnung auf das Reich gelebt wird. Wenn wir zur Eucharistie hintreten, werden wir in Christi eigenen Leib verwandelt, um sein eigenes Leben, seine eigenen Gefühle, seine eigene Leidenschaft für die anderen in uns zu tragen. Die Christen der Antike sagten, dass man eucharistisch, das heißt mit der Gesinnung Christi selbst leben müsse, der im Brot und im Wein für die anderen „gebrochen“ und „vergossen“ worden ist, ohne irgendetwas für sich zurückzubehalten. Wie die Märtyrer von Abitene, die getötet wurden, weil sie die sonntägliche Eucharistie lebten. Dem Richter, der Rechenschaft von ihnen forderte, antworteten sie: „Wir können nicht ohne den Sonntag leben.“ Auch in letzter Zeit sind wieder nicht wenige Christen allein deshalb zu Märtyrern geworden, weil sie sich am Sonntag zur gemeinsamen Eucharistiefeier versammeln. Sie stehen uns vor Augen, um uns an dieses unvergleichliche Geheimnis der Kommunion zu erinnern.

Gebet der Vigil

Sonntag, 13. September: 24. Sonntag im Jahreskreis

Gedenktag des heiligen Bischofs und Kirchenlehrers Johannes Chrysostomus („Goldmund“, † 407). Die bekannteste Liturgie der byzantinischen Kirche trägt seinen Namen.

Sir 27,30–28,7; Ps 103; Röm 14,7–9; Mt 18,21–35

Für Jesus hat die Vergebung genau wie die Liebe kein Maß. Man vergibt, das ist alles, scheint Jesus zu antworten. Wie bei der Liebe: Liebe, das ist alles. Liebe bis zum Ende, liebe, ohne eine Gegenleistung zu erwarten. Ihre Grenzenlosigkeit macht die Vergebung stark und fähig, das Böse mit der Wurzel auszureißen. Die grenzenlose Vergebung verändert genau wie die Liebe das Herz der Menschen und befreit es vom Virus des Bösen. Wer vergibt, lässt sich nicht von der Logik des Bösen, von Groll und von den unendlichen Ketten der Rache einwickeln. Jesus verlangt, dass wir aus Liebe und nicht aus Berechnung vergeben. Das bedeutet „von Herzen" zu vergeben. Mit der „von Herzen" geschenkten Vergebung bricht sowohl für den, dem vergeben wird, als auch für den, der vergibt, eine neue Zukunft an, eine Zukunft ohne Feindschaft, Schuld und Sünde. Vergeben heißt allerdings nicht, so zu tun, als hätte man nichts bemerkt. Jesus verschließt nicht die Augen vor unserer Sünde. Er ist weder zerstreut noch nachsichtig. Jesus erkennt und verabscheut das Böse und er lehrt seine Jünger, es ihrerseits zu erkennen und – nämlich mit Vergebung und Liebe – zu bekämpfen. Das erklärt Jesus mit dem Gleichnis vom mitleidigen König und vom unbarmherzigen Knecht. Darin zeigt sich die Diskrepanz zwischen der Großmut des Königs und der Engherzigkeit eines Knechts. Letzterer, so erzählt das Gleichnis, schuldete dem König die immense Summe von zehntausend Talenten. Der König, der jenem Knecht gewiss vertraut hatte, reagiert nun mit Strenge auf dessen Vertragsbruch. Doch als ihn der Knecht um einen unmöglichen Aufschub bittet, um „alles" zurückzuzahlen, hat der König „Mitleid" und geht weit darüber hinaus: Er erlässt ihm sämtliche Schulden. Doch die Situation ändert sich von Grund auf, als ebendieser Knecht für seinen Mitknecht, der ihm eine lächerliche Summe schuldet, kein Erbarmen empfindet. Er lässt sich nicht erweichen und verlangt, dass der andere ins Gefängnis geworfen wird. Er ist weit vom Mitleid seines Herrn entfernt.

Es ist leicht, angesichts der Engherzigkeit dieses Knechts Unbehagen zu empfinden. Aber vielleicht ist er gar keine so ungewöhnliche Ausnahme. Wenn wir genau hinsehen, steckt in uns allen ein bisschen von jenem Knecht. In diesem Sinne sind wir, genau wie jener Knecht, allesamt Schuldner, die dem Herrn gegenüber eine immense Dankbarkeitsschuld anhäufen. Wir haben uns für die Besitzer dessen gehalten, was uns anvertraut worden ist, oder wir haben uns seinen Wert nicht bewusst gemacht, es oft auf unseren kleinen Horizont und auf die Logik selbstsüchtiger Bedürfnisbefriedigung reduziert. Jesus erinnert uns daran, dass wir uns unserer Schuldigkeit bewusst sein müssen und dies für uns persönlich verstehen müssen. Leider kann es leicht geschehen, dass wir sie vergessen und deshalb zuweilen kein Erbarmen mit den anderen haben. Wir alle wissen, wie schnell wir mit Ausreden für uns selbst bei der Hand und wie anspruchsvoll und unflexibel wir anderen gegenüber sind. Die Vergebung führt über die Dankbarkeit gegenüber dem Herrn, der uns Barmherzigkeit erwiesen und uns mit unvorstellbaren Reichtümern überhäuft hat

Das Evangelium mahnt uns, ein demütiges und vergebungsbereites Herz zu haben. Es gibt kein ausreichendes Maß, weder dreimal noch siebenmal noch zehnmal. Das sind Rechenexempel. Der Herr kannte keine Berechnung, sondern nur eine Liebe, die ihn dazu gebracht hat, sein Leben für uns hinzugeben.

Gebet am Tag des Herrn

Montag, 14. September

Fest der Kreuzerhöhung, das an die Wiederauffindung des Kreuzes Jesu durch die heilige Helena erinnert.

Num 21,4–9; Ps 78; Phil 2,6–11; Joh 3,13–17

Dieses Fest erinnert an den 14. September 335, als eine große Menge von Gläubigen sich in Jerusalem zur Weihe der von Kaiser Konstantin neu erbauten Grabeskirche versammelte. Bei jener Feier gedachte man auch der Auffindung des Kreuzesholzes. Dieses Gedenken hütet die Kirche, und sie feiert es jedes Jahr. Es nennt sich Fest der „Kreuzerhöhung", weil es gut ist, das Kreuz auch im ganz konkreten Sinne zu erhöhen. Alle müssen es sehen und sich an das erinnern, was Jesus selbst gesagt hat: „Und ich, wenn ich über die Erde erhöht bin, werde alle zu mir ziehen" (Joh 12,32). Mit diesem Fest, das das heilige Kreuz erhöht, will die Kirche auf die unsagbare Liebe Jesu zu den Menschen hinweisen. An jenem Kreuz werden Egoismus und Eigenliebe besiegt, wird jenes weltliche Evangelium all derer zurückgewiesen, die dem

Gekreuzigten zuriefen: „Rette dich selbst!“ An diesem Kreuz siegt die Liebe zu den anderen. Dieses Instrument einer Hinrichtung, die als so grausam galt, dass nur Sklaven und nie ein römischer Bürger dazu verurteilt werden konnten, ist für die Christen zum höchsten Ausdruck der Liebe Gottes geworden, der sogar sein eigenes Leben hingibt, um uns zu retten. Deshalb besingt die Kirche das Kreuz als eine Gnade. Der Hymnus des Apostels Paulus im Philipperbrief beschreibt den Beginn des Kreuzwegs Jesu so: Er hielt „nicht daran fest, Gott gleich zu sein, sondern er entäußerte sich und wurde wie ein Sklave“, „er erniedrigte sich“ aus Liebe „und war gehorsam bis zum Tod, bis zum Tod am Kreuz.“ An jenem Kreuz treffen Tod und Leben zur letzten und entscheidenden Schlacht aufeinander. Einer Schlacht, die an Jesu eigenem Leib ausgetragen wird. Der Tod packte ihn, einer der entsetzlichsten Tode. Doch die Liebe Gottes, jene Liebe, die keinerlei Grenzen kennt, auch nicht die Grenze des Todes, hat ihn mit der Auferstehung Jesu besiegt. zum letzten und endgültigen Kampf, und sie tragen diesen Kampf im Leib Jesu selber aus. Er stirbt. Doch mit ihm stirbt auch die Eigenliebe.

Gebet des heiligen Kreuzes

Dienstag, 15. September

Gedenktag Gedächtnis der Schmerzen Mariens, die unter dem Kreuz mitgelitten hat. Gedenken an alle, die Mitleid zeigen mit den Gekreuzigten, Verlassenen und Verurteilten.

Joh 19,25–27. **Jesus und seine Mutter**

Gleich nach dem Fest der Kreuzerhöhung begeht die Liturgie das Fest seiner schmerzensreichen Mutter. In knappen Zeilen erzählt uns das Johannesevangelium das außergewöhnliche Geheimnis der Anwesenheit Marias, die, vom Schmerz bis ins Innerste getroffen, an der Seite ihres Sohnes bleibt und von ihm gleichsam einen neuen Sendungsauftrag empfängt. Das Leiden Jesu ist zweifellos von Gewalt und Verrat gekennzeichnet – aber nicht nur. Leiden und Kreuz haben auch ein Lied auf das neu entstehende Leben hervorgebracht. Denn Jesus bittet vom Kreuz herab nicht nur um Trost für sich selbst, wie wir es getan hätten, und auch nicht darum, von jener Tortur erlöst zu werden. Vielmehr sorgt er sich – und damit gibt er uns ein Beispiel grenzenloser Liebe – um jenes kleine Grüppchen zu Füßen seines Kreuzes und besonders um seine Mutter und den jugendlichen Jünger, den er liebte. Der Jünger trägt das Antlitz eines jeden von uns. Durch jenen Jünger vertraut Jesus uns alle seiner Mutter Maria, der Kirche, der Gemeinschaft der Glaubenden an, und umgekehrt macht er Maria als fürsorgliche Mutter der Kirche und jedem von uns zum Geschenk. Aus dem Kreuz ist eine neue Familie entstanden. Wir sind dieser Gesellschaft, die ihre Kinder so oft stiefmütterlich behandelt, nicht preisgegeben. Jesus bittet Maria, unsere Mutter zu sein. Er vertraut ihr eine Aufgabe, eine Sendung an: die Mutter aller zu sein. In der Patristik hieß es, dass man von Maria, von dieser Mutter „nie genug sprechen" könne. Das ist in gewisser Hinsicht sehr wahr, denn Maria ist die Erste der Glaubenden, die Erste, deren Herz dem Herzen des Sohnes gleicht. Die vielen Darstellungen der Schmerzensreichen, die überall im Volk der Glaubenden verbreitet sind, zeigen, dass wir alle eine solche Mutter brauchen und dass wir sie in ihr gefunden oder besser, dass wir sie zum Geschenk erhalten haben. Unsere Aufgabe ist es, sie aufzunehmen und uns unter ihren Schutz zu stellen.

Gebet mit Maria, der Mutter des Herrn

Mittwoch, 16. September

1 Kor 12,31–13,13. **Das Hohelied der Liebe**

Dieser Abschnitt gehört zu den bekanntesten Texten des Apostels Paulus. Paulus bezeichnet die Liebe im Sinne des Evangeliums mit dem griechischen Begriff *Agápe*, der weniger gebräuchlich war als beispielsweise *Éros* oder *Philía*. Die christliche Liebe, die Jesus gelebt und bewiesen und die ihn ans Kreuz gebracht hat, war so unbekannt, dass es nötig wurde, ein neues Wort zu finden. Es war in der Tat eine Liebe, die alles menschliche Begreifen überstieg, eine Liebe, die selbstlos, unentgeltlich und sogar ungerechtfertigt war, weil sie – und das ist noch vorsichtig ausgedrückt – ihr Wirken auch außerhalb der Wechselseitigkeit fortsetzt. Die Agápe ist die Liebe Gottes, die sich in unsere Herzen ergießt. Sie ist insofern ein Charisma, als sie ein Geschenk ist, das Gott uns unentgeltlich macht. Sie ist Gott selbst, und ebendeshalb kann der Apostel sagen, dass sie das größte aller Charismen ist. Deshalb kann die Liebe nicht die Frucht unserer Anstrengung sein. Es gilt, sie anzunehmen, zu hüten, zu nähren und wachsen zu lassen. Aus diesem Grund wird sie auch als ein Weg dargestellt, den man zurücklegen muss. Vor allem aber ist sie ein Geschenk, das angenommen werden muss. Ohne dieses Geschenk, also ohne eine unentgeltliche Liebe wie die, die Jesus gelebt hat, ist es nutzlos, die Sprachen der Engel zu sprechen, sagt Paulus. Es ist nutzlos, die Gabe der Prophetie zu besitzen. Sogar der Glaube ist nutzlos, und nutzlos ist auch die Selbstentäußerung. Die Liebe im Sinne des Evangeliums ist der Urgrund des Heils, denn sie ist Gott selbst. Wer sie aufnimmt, ist langmütig, gütig, demütig, geduldig, wohlwollend, barmherzig. Die Aufzählung umreißt die Stufen auf dem Weg der Vollkommenheit. Jeder Gläubige muss sie gehen. Es ist der beste Weg von allen und er ist allen angezeigt. Ohne die Liebe ist alles nichts. Die unentgeltliche Liebe Gottes ist die Quelle alles Guten. Diese Liebe ist schon jetzt die Ewigkeit.

Gebet mit den Heiligen

Donnerstag, 17. September

1 Kor 15,1–11. **Die Auferstehung Jesu ist der Mittelpunkt des Evangeliums**

Bisher ging es dem Apostel darum, in der Gemeinde von Korinth für Ordnung zu sorgen. Er hat einige moralische Fragen gelöst und einige Verhaltensregeln auch für die liturgischen Versammlungen aufgestellt. Jetzt spricht er das zentrale Glaubensgeheimnis und damit auch das Kernstück der Liturgiefeier an, auf die der Apostel in diesem Brief sein besonderes Augenmerk richtet: das Geheimnis der Auferstehung Jesu. Sie ist das Herz des Evangeliums, das Paulus verkündigt hat: „Ich erinnere euch, Brüder und Schwestern, an das Evangelium, das ich euch verkündet habe. Ihr habt es angenommen; es ist der Grund, auf dem ihr steht." Doch nur, so warnt der Apostel, „wenn ihr festhaltet an dem Wort, das ich euch verkündet habe". Auch was seinen Inhalt betrifft, ist der christliche Glaube ein Geschenk, das man annimmt. Sein Kernstück ist die leibliche Auferstehung Jesu von den Toten. Der Apostel wendet sich energisch gegen die, die behaupten, dass es keine Auferstehung von den Toten gebe. Denn damit würde man auch die Auferstehung Jesu für nichtig erklären, und dann wären sowohl das Evangelium als auch der Glaube „leer" (1 Kor 15,14). Das Heil aber besteht ebendarin, dass Jesus von den Toten auferstanden und der Erstgeborene, der „Erste der Entschlafenen" (1 Kor 15,20) geworden ist, das heißt, der Erste von allen Söhnen und Töchtern Gottes, der wieder zum Leben erwacht und zur Fülle des Heils gelangt. Jesus hat seinen Jüngern einen Vorgeschmack darauf gegeben, als er nach Ostern vierzig Tage lang bei ihnen war. Zuerst erschien er den Zwölfen und dann über 500 Brüdern und Schwestern auf einmal, von denen, wie Paulus schreibt, die meisten noch am Leben sind. Sie konnten mit eigenen Augen sehen, dass Jesus, der gekreuzigt worden war, auferstanden war und den Tod besiegt hatte. Die Jesusjünger aller Zeiten – also auch wir – gehen daher der Vollendung der Auferstehung entgegen, die am Ende der Zeiten geschehen wird, wenn Gott alles in allem sein wird. Dies ist das Geheimnis, das wir jeden Sonntag in der Eucharistie feiern. Die Kirche lässt uns nach der Wandlung sagen: „Deinen Tod, o Herr, verkünden wir, und deine Auferstehung preisen wir, bis du kommst in Herrlichkeit."

Gebet für die Kirche

Freitag, 18. September

1 Kor 15,12–20. **Wenn Christus nicht auferstanden ist, ist euer Glaube leer**

Der Apostel schreibt weiter über die Auferstehung Jesu. Das Ostergeheimnis muss von Grund auf verstanden werden. Nicht zuletzt deshalb, weil sich in der Gemeinde bezüglich der Auferstehung der Toten falsche Vorstellungen ausgebreitet hatten. Einige – womöglich auch unter dem Einfluss des griechischen Denkens, das wissen wir nicht – vertraten die Auffassung, dass es gar keine Auferstehung von den Toten geben werde. Paulus reagiert energisch und erklärt, dass solche Vorstellungen dem Glauben an die Auferstehung Jesu radikal widersprechen. Seine Argumentation ist recht straff: „Wenn es keine Auferstehung der Toten gibt, ist auch Christus nicht auferweckt worden. Ist aber Christus nicht auferweckt worden, dann ist unsere Verkündigung leer, leer auch euer Glaube." Der Apostel hat die zentrale Bedeutung der Auferstehung Jesu im Geheimnis des Heils der Schöpfung begriffen. Mit dem auferstandenen Jesus beginnt die neue Welt Gottes, deren „Erstlingsfrucht" Jesus ist, wie der Apostel unterstreicht. Das Pascha Jesu teilt die Geschichte in zwei Hälften: die vor der Auferstehung, die der Knechtschaft des Bösen und des Todes unterworfen ist, und jene, die am Ostermorgen mit der Auferstehung Jesu beginnt. Die Zeit der Kinder der Auferstehung ist angebrochen. Jesus ist der „Erstgeborene" (Offb 1,5). Das Geheimnis der Auferstehung ist die christliche Neuheit, die der Apostel zum Zentrum seiner Verkündigung hat machen wollen. Keiner der Verfasser des Neuen Testaments spricht so ausführlich darüber. Man denke nur an seine Predigt auf dem Areopag in Athen: Jenen klugen Männern, die an die Unsterblichkeit der Seele glaubten, verkündet er die Auferstehung des Fleisches, die Auferstehung des Leibes, den sie für ein Gefängnis hielten. Dem Apostel ist bewusst, dass die Verkündigung der Auferstehung der Toten die „gute Nachricht" ist, die von der Angst vor dem Tod befreit und uns schon jetzt verpflichtet, Kinder der Auferstehung zu sein.

Gebet des heiligen Kreuzes

Samstag, 19. September

1 Kor 15,35–37.42–49. **Wie die Toten auferstehen**

Wie werden wir auferweckt? Das war eine Frage, die die Christen von Korinth sehr beschäftigte. Um hierauf zu antworten, verwendet der Apostel für den irdischen Leib das Bild vom Samenkorn, das, wenn es gestorben ist, zur Pflanze wird, dem auferstandenen Leib. Mit diesem Bild erklärt der Apostel, dass wir am Tag der Auferstehung dieselben und doch anders sein werden, dass wir unser „Fleisch", also unsere Identität noch haben, aber mit Unvergänglichkeit bekleidet, das heißt, auferstanden sein werden. Die Auferstehung ist der Abschluss eines Prozesses, der das ganze Leben dauert. Niemand von uns kann sich vorstellen, was ein auferstandener Leib ist. Dennoch können wir den Berichten in den Evangelien, die von den nachösterlichen Tagen Jesu erzählen, die eine oder andere Vorstellung entnehmen. Die Evangelien zeigen uns denselben Jesus, der den Tod am Kreuz erlitten hatte. Er trug die Wundmale in seinen Händen, seinen Füßen und in seiner Seite. Und doch war er anders. Die beiden Emmausjünger erkennen ihn nicht, und auch Maria und die anderen Jünger erkennen ihn nicht sofort. Man muss Zeit mit ihm verbringen, ihm zuhören, mit ihm Umgang haben, um ihn als den Auferstandenen zu erkennen. Nur wenn wir spirituelle Menschen sind, können wir einen überirdischen, also spirituellen Leib erkennen. Paulus deutet an, dass die Auferstehung, wenn wir sie verstehen und vor allem akzeptieren wollen, einen inneren Weg erfordert, eine Veränderung des Fühlens und des Denkens, aber auch des Körpers, das heißt unseres Verhaltens. Es geht nämlich darum, die Samenkörner der Unsterblichkeit in uns aufzunehmen. Diese Samenkörner sind das Evangelium, die heilige Liturgie, die Gemeinschaft mit den Glaubenden, die Liebe zu den Armen, der Einsatz für den Frieden und die Geschwisterlichkeit unter den Völkern. Wenn wir dies alles umsetzen, wächst in uns jene Saat der Unsterblichkeit heran, die uns am Tag unserer Taufe geschenkt worden ist – eine Saat, die Tag für Tag behütet, gehegt und gepflegt werden muss.

Gebet der Vigil

Sonntag, 20. September: 25. Sonntag im Jahreskreis

Jes 55,6–9; Ps 145; Phil 1,20ad–24.27a; Mt 20,1–16a

Im Buch Jesaja heißt es: „Meine Gedanken sind nicht eure Gedanken und eure Wege sind nicht meine Wege – Spruch des HERRN. So hoch der Himmel über der Erde ist, so hoch erhaben sind meine Wege über eure Wege und meine Gedanken über eure Gedanken." So viel größer also ist Gottes Liebe als unsere Liebe, doch nur wenn wir uns mit seinen Gedanken und seinen Wegen auseinandersetzen, erkennen wir, wie klein wir sind, und finden uns selbst, indem wir ihm ähnlich werden. Jesus ist anders als die Mentalität der Welt. Das ist auch der Sinn des Gleichnisses von den Arbeitern der letzten Stunde, das Matthäus uns überliefert. Seinen Zuhörern kam es merkwürdig vor, denn dass der Besitzer des Weinbergs jenen, die den ganzen Tag lang gearbeitet haben, denselben Lohn gibt wie jenen, die dagegen nur eine Stunde lang gearbeitet haben, hat mit der üblichen Lohngerechtigkeit rein gar nichts zu tun. Wir kennen das Gleichnis gut. Ein Landwirt braucht Arbeiter für seinen Weinberg und geht gleich bei Tagesanbruch auf den Markt, um sie anzuwerben. Er vereinbart mit ihnen einen Lohn von einem Denar. Doch es sind nicht genug, und so geht er noch weitere vier Mal hinaus. Beim letzten Mal spricht er die an, die noch herumstanden und warteten. Sie antworten ihm: „Niemand hat uns angeworben." Bei diesem Satz denkt man unwillkürlich an die vielen jungen und weniger jungen Arbeitssuchenden, denen es nicht nur oder nicht vorrangig um eine bezahlte Stelle geht, sondern die mit ihrer Arbeit zum Aufbau eines solidarischen Lebens beitragen wollen. Als der Abend hereinbricht, so erzählt das Gleichnis weiter, wird der Lohn ausbezahlt. Die Letzten bekommen jeweils einen Denar. Als die Ersten das sehen, erwarten sie, mehr zu bekommen. Es ist logisch, so zu denken, und vielleicht sogar gerecht. Die Überraschung darüber, dass sie nicht anders behandelt werden als die Letzten, lässt sie gegen den Gutsherrn murren: Das ist ungerecht!, würden sie wohl gerne sagen. Tatsächlich sind die Hörer des Gleichnisses und vielleicht auch wir geneigt, ihnen zuzustimmen. Doch genau hier liegt der Unterschied zwischen Himmel und Erde.

Zunächst einmal ist klarzustellen, dass Jesus keine Lektion über soziale Gerechtigkeit erteilen, sondern das Handeln des Vaters veranschaulichen will, dessen Barmherzigkeit die gewöhnliche Denkweise übersteigt. Diese außergewöhnliche Barmherzigkeit ruft Murren hervor und erregt Anstoß. Es ist nicht so, dass Gott seinen Lohn willkürlich austeilt und aufs Geratewohl dem einen mehr und dem anderen weniger gibt. Gott behandelt niemanden ungerecht und ist schon gar nicht unvernünftig. Vielmehr ist es die Größe seiner Güte, die ihn dazu veranlasst, allen zu geben, was sie brauchen. Die Gerechtigkeit Gottes beruht nicht auf einem abstrakten Gleichheitsprinzip, sondern misst sich am Bedürfnis seiner Kinder. Daher drängt uns dieses Gleichnis, die große Weisheit dieses Weges zu betrachten, der uns gewiesen wird. Der Lohn besteht in der Berufung, im Weinberg des Herrn zu arbeiten, und in dem Trost, der daraus erwächst, ganz gleich, ob man schon lange oder erst seit Kurzem im Weinberg ist.

Gebet am Tag des Herrn

Montag, 21. September

Fest des heiligen Apostels und Evangelisten Matthäus

Mt 9,9–13. **Berufung des Matthäus**

Die Kirche feiert heute den heiligen Apostel und Evangelisten Matthäus. Auf Hebräisch hieß er Levi, und der Beruf des Steuereinnehmers, den er ausübte, galt als unehrenhaft, weil er die Steuern für die fremden Besatzer erhob. Jesus geht durch die Straßen von Kafarnaum, sieht ihn und wirft ihm nicht bloß im Vorbeigehen einen verächtlichen Blick zu wie alle anderen, sondern bleibt stehen und ruft ihm zu: „Folge mir nach!“ Diese wenigen Worte genügten, und Matthäus „stand auf und folgte ihm nach.“ Für Jesus zählt nicht die Situation, in der sich ein Mensch jeweils befindet, sondern dass er seine Berufung in seinem Herzen annimmt. Genau das tat der Zöllner Matthäus, und sein Leben änderte sich von einem Moment auf den anderen. Bis zu diesem Zeitpunkt war er ganz darauf konzentriert gewesen, Reichtümer für sich selbst anzuhäufen. Doch sobald er jenen Meister hörte, tat er nichts anderes mehr, als ihm nachzufolgen. Das war für ihn kein Opfer, sondern im Gegenteil ein Fest. Er begriff, dass Jesus ihn nicht rief, um ihm sein Leben zu stehlen oder es trauriger zu machen, im Gegenteil: Jesus rief ihn, um seinen großen Traum von der Welt mit ihm zu teilen. Matthäus freut sich so sehr über seine Aufnahme in die Gefolgschaft jenes Meisters, dass er sofort ein Essen mit Jesus ausrichtet und auch seine Freunde – Zöllner und Sünder – dazu einlädt. Es ist ein seltsames Gastmahl, doch es verweist auf jenen Bund zwischen den Christen und den Armen, den Jesus gelebt und verkündet hat. Ab sofort sitzt Matthäus nicht mehr am Zoll und nimmt Steuern ein, sondern wird zum Jünger und ruft die Sünder, damit sie sich um Jesus scharen und gemeinsam feiern. Die Welt versteht nicht, was da geschieht, aber genau das ist die Neuheit des Evangeliums, die für die Mehrheit so befremdlich ist: Alle, ausnahmslos alle können im Herzen berührt werden und ihr Leben verändern, angefangen bei den Sündern. Wer dies damals wie heute nicht verstehen will, zu dem sagt Jesus in aller Deutlichkeit: „Nicht die Gesunden bedürfen des Arztes, sondern die Kranken." Denn es steht geschrieben: „Barmherzigkeit will ich, nicht Opfer!" Matthäus setzt das Evangelium, das seinen Namen trägt, damit fort, dass er uns an die zentrale Bedeutung des Wortes Gottes erinnert. Hören wir also wie Matthäus und wie die anderen Jünger zu allen Zeiten auf dieses Wort, und stellen auch wir uns in die Nachfolge Jesu.

Gebet für den Frieden

Dienstag, 22. September

Spr 21,1–6,10–13. **Der Weise besitzt ein barmherziges Herz**

Will der Gläubige die Weisheit des Herzens besitzen, dann muss er lernen, täglich in Demut zu erkunden, was in den Augen Gottes recht ist, und entsprechend zu handeln. Das ist die Bedeutung der Sprüchesammlung, auf die die Liturgie uns aufmerksam macht. Der Verfasser warnt: „Jeder meint, sein Verhalten sei richtig". Doch dem ist nicht so, denn es ist der Herr, der festlegt, ob diese Wege zum Leben oder zum Tod führen: „Der Herr prüft die Herzen." Der Weise versucht, die Wechselfälle dieser Welt mit Gottes eigenen Augen zu sehen, und lässt sich dabei vom Wort Gottes erleuchten, von dem er sich Tag für Tag ernähren soll. Es ist nicht nur unmöglich, den Gottesdienst vom Einsatz für Gerechtigkeit und Gleichheit zu trennen – für den Verfasser ist dieser Einsatz sogar wichtiger als der Gottesdienst. Die Weisheit, die direkt von Gott stammt, erfordert Güte und Barmherzigkeit: „Das Verlangen des Frevlers geht nach dem Bösen, sein Nächster findet bei ihm kein Erbarmen." Ganz klar wird hier ein hochmütiges und hartes Herz verurteilt, das unfähig ist, Mitleid mit dem Bedürftigen zu empfinden. Dadurch erscheint der Abschluss der Lesung noch eindrücklicher, der das zuvor Gesagte noch einmal erhellt. Der Verfasser erinnert an den Vorrang der Aufmerksamkeit für die Ärmsten. Ihr Schrei lässt Gottes Herz niemals gleichgültig. Der Gläubige muss sich gut einprägen, wie wichtig es ist, eine Vorliebe für die Armen zu haben, denn die Beziehung zu Gott selbst hängt davon ab: „Wer sein Ohr verschließt vor dem Schreien des Armen, wird selbst nicht erhört, wenn er um Hilfe ruft."

Gebet mit Maria, der Mutter des Herrn

Mittwoch, 23. September

Spr 30,5–9. **Die Worte Agurs**

Das 30. Kapitel des Buches der Sprichwörter enthält eine Sammlung, die Agur zugeschrieben wird. Der Text trägt Lehren zusammen, die in verschiedenen Epochen der Geschichte Israels entstanden sind und dem Leser zur Betrachtung vorgelegt werden. Der erste Teil des Kapitels verweilt bei zwei Aspekten des Weisheitsstrebens. Der Verfasser hebt vor allem hervor, welche Mühsal den Weisheitssuchenden erwartet: „Ich mühte mich ab", schreibt der Suchende, und gleich danach: Ich „bin am Ende“ (Spr 30,1). In Wirklichkeit sind wir alle unbedeutend angesichts der Größe Gottes und der Schwierigkeit, seine Weisheit zu erfassen. Wir sind nie klug genug, um seinen Willen zu begreifen: „Ich bin zu dumm für einen Menschen, ich habe keinen Menschenverstand, ich habe keine Weisheit gelernt und keine Kenntnis des Heiligen erlangt“ (Spr 30,2–3). Wer könnte eine solche Kenntnis denn auch erlangen? „Jede Rede Gottes ist im Feuer geläutert; ein Schild ist er für alle, die bei ihm sich bergen. Füg seinen Worten nichts hinzu“. Wir sind es gewohnt, dem Wort Gottes Eigenes hinzuzufügen. Manchmal biegen wir es sogar so zurecht, dass es zu unseren Vorstellungen, unseren Plänen und Projekten passt, und nehmen ihm so seine verwandelnde Kraft. Doch wir sind vor allem aufgerufen, auf das Wort Gottes zu hören. Es bewahrt uns davor, in „Falschheit und Lügenwort“ zu verfallen. Aus dem Zuhören erwächst auch die Weisheit, den Wegen des Herrn zu folgen. Das Wort Gottes verhilft auch zu einem weisen Gebrauch des Menschenworts. So erklärt sich die Mahnung: „Verleumde nicht“, und so erklären sich auch die Hinweise in den letzten Versen, die zeigen, was aus denen wird, die das Wort Gottes nicht annehmen: „ein Geschlecht, das … flucht und … nicht segnet“. Die Aktualität dieser Worte überrascht in einer Zeit der aggressiven Sprache. Wie viel Gewalt erwächst aus den Worten gegen die Armen, Worten der Verachtung und Verurteilung, die sie aus unserer Mitte verjagen sollen. Doch der Herr ist ihr Hüter und ihr Schutz und wir nehmen uns gemeinsam mit ihm ihrer Leiden an, damit ihnen Gerechtigkeit widerfährt.

Gebet mit den Heiligen

Donnerstag, 24. September

Koh 1,2–11. **Alles ist Windhauch**

Kohelet ist ein Pseudonym, hinter dem sich der Verfasser dieser „Worte“ verbirgt, und kann mit „Prediger“ übersetzt werden. Der Begriff verweist auf die Versammlung (*qāhāl*), eine religiöse Versammlung vielleicht oder eine Gruppe von Jüngern oder, allgemeiner, das Volk (vgl. Koh 12,9). Die Lesung beginnt mit dem berühmtesten Satz aus diesem biblischen Buch: „Windhauch, das ist alles Windhauch." Das hebräische Wort für Windhauch, *hebel*, ist eine Metapher für das ganze Leben, ja die ganze Realität, die wie ein Windhauch ist. Der Verfasser greift die Vorläufigkeit, Unbeständigkeit, Bedeutungslosigkeit und Nichtigkeit auf, die überall lauert und dem ganzen menschlichen Leben zugrunde liegt. Zugleich aber erscheint das Leben auch als etwas Schönes. Zwar ist es ein mühsames Kommen und Gehen von allem, doch es gibt „nichts Neues unter der Sonne." Die Schöpfung, so deutet Kohelet an, scheint – ein bisschen wie der Wind, der kommt und geht – zu einer ziellosen und unaufhörlichen Bewegung verdammt. Dem Menschen, der in diesen Strudel der Hinfälligkeit hineingezogen wird, gelingt es nicht, in irgendeiner Frage das letzte Wort zu sprechen. Sein Diskutieren und Verstehen hört niemals auf! Seine Reden und Theorien sind eine unablässige und nie endende Suche: „Alle Dinge sind rastlos tätig, kein Mensch kann alles ausdrücken." Auch die Wissenschaft vermag den tiefen Sinn der Geschichte nicht zu erfassen und begreift den Wandel der Dinge nicht. Wenn das, „was geschehen ist", also die Naturphänomene, und das, „was getan wurde", also die menschliche Geschichte, nichts wahrhaft „Neues" hervorbringen, wo ist dann der Sinn, wo ist die Erfüllung dieses unendlichen Drehens zu finden? Man könnte meinen, dass dies eine Haltung der Resignation rechtfertigt. Oft heißt es ja: Es ist nicht zu ändern, es ist doch sowieso immer dasselbe! Doch Kohelet geht es nicht um die ewige Wiederkehr aller Dinge. Er deutet vielmehr an, dass das menschliche Dasein ein Ziel hat, weil Gott der Schöpfer ist. Für Kohelet ist nur eines sicher: Das Neue kann unmöglich vom Menschen kommen. Wenn wir dieses kleine Buch aber im Kontext der gesamten Heiligen Schrift lesen, begreifen wir, dass die Beständigkeit und der Sinn des Lebens aus Gott hervorgehen. Daran erinnern uns die Propheten: „Siehe, nun mache ich etwas Neues", sagt der Herr durch Jesaja (Jes 43,19).

Gebet für die Kirche

Freitag, 25. September

Koh 3,1–11. **Alles hat seine Zeit**

Die Zeit zu erkennen ist ein Zeichen von Weisheit. Mit dieser Zusammenstellung von sieben Gegensatzpaaren will Kohelet das gesamte menschliche Leben mit seinen verschiedenen Jahreszeiten oder „Geschehen“ umfassen. Doch es ist nicht der Mensch, der sein Leben webt. Wir entscheiden nicht selbst über unsere Geburt und unseren Tod, und auch die Pole, die unser Leben strukturieren, können wir nicht aus der Welt schaffen. Alles unterliegt einer Ordnung: „Für jedes Geschehen unter dem Himmel gibt es eine bestimmte Zeit“. Mit der Aufzählung, die Kohelet vorlegt, will er die Vorstellung der Unordnung zurückweisen. Den Sinn dieser Abläufe zu erfassen oder sie gar zu steuern, ist dem Menschen jedoch nicht gegeben. Der Text unterstreicht die Misere des menschlichen Erkennens. Das ganze Dasein ist ein vielfältiges und abwechslungsreiches, aber sinnloses „Tun“. Der Mensch müht sich ab, um Ergebnisse zu erzielen, um Ziele zu erreichen, um die Welt aufzubauen, aber er ist nicht ihr Herr. Doch warum soll er sich dann anstrengen, wenn er die Früchte seiner Mühen nicht genießen kann? Kohelet weist die Vorstellung zurück, dass Gott einen Fehler gemacht haben könnte, und erinnert daran, dass er vielmehr „das alles … schön gemacht [hat] zu seiner Zeit.“ Es ist also „schön“, geboren zu werden, und „schön“, zu sterben. Es ist „schön“, zu lieben, und auch „schön“, zu hassen, und so fort. Die gesamte Schöpfung besitzt eine eigene, innere Harmonie. Die Erfahrung lehrt uns, dass das Leben sehr schwierig zu leben und zu verstehen ist, „doch ohne dass der Mensch das Tun, das Gott getan hat, von seinem Anfang bis zu seinem Ende wiederfinden könnte.“ Gott aber hat „die Ewigkeit in ihr Herz hineingelegt“. Zwar gelingt es dem Menschen nicht, den Sinn der aufeinanderfolgenden Zeiten zu begreifen, doch kann er die Ewigkeit, die Zeit Gottes erkennen. Gerade im Wissen um seine Begrenztheit öffnet sich der Mensch für den Sinn des Geheimnisses Gottes, dem nichts entgeht.

Gebet des heiligen Kreuzes

Samstag, 26. September

Gedenktag der beiden syrischen Märtyrer und Heiligen Kosmas und Damian († um 303). Nach der Überlieferung waren sie Ärzte, die Kranke unentgeltlich behandelten. Besonderes Gedenken an alle, die sich der Pflege und Betreuung von Kranken widmen.

Koh 11,9–12,8. **Die traurigen Tage des Alters**

Kohelet beschließt dieses Büchlein, das er an die Jugendlichen gerichtet hat, mit einer Meditation über die Lebenszeit. Er stellt die Jugend als den Frühling und das Alter als den Winter dar, wenn weder tags die Sonne noch nachts der Mond und die Sterne scheinen werden. Wenn es nach dem Regen nicht gleich wieder aufklaren wird wie im Frühling, sondern neue Wolken aufziehen werden. Nach dem Winter des Alters wird kein Frühling mehr kommen. Außerdem vergleicht er das Leben mit einem Haus, das zunächst, in der Jugend, von Leben und Freude erfüllt, dann aber zunehmend verlassen und verfallen ist. Auch über das Haus des Reichen werden Verlassenheit und Einsamkeit kommen, die Wächter werden alt und zittrig werden und die Herren sich krümmen unter der Last der Jahre. Mit einer Reihe von Bildern beschreibt der Verfasser den körperlichen Niedergang. Nach und nach verlassen den alten Menschen die physischen Kräfte. Schließlich kommt der Moment, in dem der Mensch „zu seinem ewigen Haus“ geht. Klagelieder werden über ihn gesungen. Mit dem Tod zerreißt die silberne Schnur, bricht die goldene Schale, wir der Krug an der Quelle zerschmettert. Die Schale und der Krug stehen für das Leben. Dieses traurige und melancholische Lied über das Alter handelt jedoch nicht von der Erfahrung des Scheiterns, sondern davon, sich gänzlich unbefangen als Geschöpf Gottes zu erkennen. Der Gedanke an den Tod lehrt uns, unsere Endlichkeit und Begrenztheit furchtlos zu leben. Der weise Mensch erkennt seine Grenzen und seine Hinfälligkeit und findet so die Freiheit, das Leben als ein Geschenk des Schöpfers zu genießen und es, wenn es an sein Ende gelangt ist, vertrauensvoll in seine Hände zu legen, denn er wird es aufnehmen.

Gebet der Vigil

Sonntag, 27. September: 26. Sonntag im Jahreskreis

Ez 18,25–28; Ps 25; Phil 2,1–11; Mt 21,28–32

„Die Zöllner und die Dirnen gelangen eher in das Reich Gottes als ihr“, sagte Jesus zu den Pharisäern, die ihm im Tempel zuhörten. Doch welchen Vorwurf macht Jesus den Pharisäern? Vor allem verweist er auf die Diskrepanz zwischen ihren Worten und ihrem Tun. Das veranschaulicht er an einem ganz kurzen Gleichnis. Ein Mann hatte zwei Söhne. Beide bittet er, im Weinberg zu arbeiten. Der erste will nicht gehen, geht dann aber doch. Der zweite dagegen antwortet zunächst mit Ja, tut es dann aber nicht. An diesem Punkt fragt Jesus die Pharisäer: „Wer von den beiden hat den Willen seines Vaters erfüllt?“ „Der erste“, können sie nicht umhin zu antworten. Die Mahnung, dass Worte allein nicht genügen, wird im Evangelium mehrfach wiederholt. Was zählt, ist, den Willen Gottes zu tun. Worte allein retten nicht, man muss sie in die Tat umsetzen. Das Beispiel des ersten Sohnes ist wirkungsvoll. Er erfüllt den Willen seines Vaters nicht mit seinen Worten, die diesem Willen sogar entgegengesetzt sind, wohl aber mit seinen Taten. Der erste betrachtet sich als Sohn und überdenkt seine Haltung, weil er jenen Weinberg auch als den seinen erachtet, der zweite dagegen nennt den Vater „Herr“, verhält sich jedoch wie ein Fremder. Jesus sagt: „Nicht jeder, der zu mir sagt: Herr! Herr!, wird in das Himmelreich kommen, sondern wer den Willen meines Vaters im Himmel tut“ (Mt 7,21).

Jesus weiß, dass ein Sünder sich immer ändern kann, während es dem, der sich für gerecht hält, schwerfällt, den Aufruf zur Umkehr anzunehmen. Als Beispiel führt er das Hören oder Nichthören auf die Verkündigung des Täufers an: Die Pharisäer haben sie abgelehnt, die Sünder aber haben sich bekehrt. Sie nämlich haben sich nicht aufs Zuhören beschränkt, sondern gefragt: „Was sollen wir also tun?“ (Lk 3,10), und die Worte des Predigers in die Tat umgesetzt. Das Vorbild des Franz von Assisi, dessen Gedächtnis wir in einigen Tagen feiern werden, ist das Gegenteil der pharisäischen Religiosität. Er war Jünger im Vollsinn des Wortes. Er hörte auf das Evangelium und setzte es sofort und wörtlich in die Praxis um. Nein, er war kein Held. Vielmehr war er ein

Mensch, der sich bis zum Letzten vom Herrn lieben ließ und ihm deshalb widerstandslos nachfolgte. Er ließ alles zurück, weil er jemanden gefunden hatte, der ihn mehr liebte, als er sich selbst. Mit uns ist es genauso, zumindest, was den Herrn betrifft. Jesus hat uns mehr geliebt, als wir uns selbst. Franziskus von Assisi hat das erkannt. Uns fällt es schwer, weil unsere Augen noch immer mit uns selbst und unseren Problemen beschäftigt sind. Richten wir unseren Blick auf den Herrn und lassen wir uns von ihm lieben.

Gebet am Tag des Herrn

Montag, 28. September

Gedenktag des heiligen Wenzel († 929), der in Böhmen als Märtyrer verehrt wird.
Gedenken an William Quijano, einen jungen Mann der Gemeinschaft Sant'Egidio in El Salvador, der im Jahr 2009 der Gewalt der Maras zum Opfer fiel.
Die Juden feiern Jom Kippur, den Tag der Versöhnung.

Ijob 1,6–22. **Ijob, ein Vorbild für den Gläubigen**

Mit diesem Abschnitt beginnen die Lesungen aus dem Buch Ijob. Die ersten beiden Kapitel stellen Ijob als ein Vorbild dar: Er war „ein Mann untadelig und rechtschaffen, er fürchtet Gott und meidet das Böse." Der Verfasser zeigt das integre und ungetrübte Leben eines Mannes, der die Gottesfurcht zum Dreh- und Angelpunkt seines Handelns gemacht hatte. Gott selbst freut sich und spricht gleichsam voller Stolz mit jenen über Ijob, die als Boten zwischen ihm und der Menschheit fungieren: den „Gottessöhne[n]", also den Engeln, und vor allem Satan, dem Widersacher. Den Herrn freut Ijobs Glück, doch Satan verdrießt dieser gerechte Mann, dem scheinbar alles gelingt. Ist Ijob vielleicht nur deshalb so gottestreu und rechtschaffen, weil es ihm gut geht? Satan drängt sich gleichsam zwischen Gott und die Menschen, um Zweifel am Glück, an der Freude und an der heiteren Ruhe jenes gerechten und gottesfürchtigen Mannes zu wecken. Das ist der Neid des Bösen auf das Glück des Menschen, auf die wohlwollende Gegenwart Gottes in der Geschichte. Es scheint geradezu seine Aufgabe zu sein, auf der Erde umherzuwandern und die in Frage zu stellen, die Gutes tun, wie es im ersten Petrusbrief heißt: „Euer Widersacher, der Teufel, geht wie ein brüllender Löwe umher und sucht, wen er verschlingen kann. Leistet ihm Widerstand in der Kraft des Glaubens!“ (1 Petr 5,8–9). Wird Ijob dem Bösen widerstehen können? Das ist die Frage, die Satan dem Herrn stellt. Also trifft Satan alles, was Ijob besitzt, mit einem Crescendo des Verlusts und des Leids. Zuerst wird Ijob sein ganzes Vermögen und dann werden ihm sogar seine Söhne und Töchter genommen. Doch Ijob verflucht Gott nicht und sieht ihn auch nicht als den Urheber des Bösen, das ihn getroffen hat. Vielmehr erstaunt seine Reaktion uns bis heute: „Nackt kam ich hervor aus dem Schoß meiner Mutter; nackt kehre ich dahin zurück. Der HERR hat gegeben, der HERR hat genommen; gelobt sei der Name des HERRN.“

Gebet für die Armen

Dienstag, 29. September

Fest der heiligen Erzengel Michael, Gabriel und Raphael. Die äthiopische Kirche, eine der ältesten in Afrika, verehrt den heiligen Michael als Schutzpatron.

Ijob 3,1–3.11–17.20–23. **Ijob verflucht den Tag seiner Geburt**

Das Schweigen der Freunde – wir haben selbst die Erfahrung gemacht, dass man angesichts des Leidens oft nicht weiß, was man sagen soll – wird vom Schrei Ijobs zerrissen, der sich wie die Armen und Kranken aus den Psalmen im Gebet an Gott wendet und gleichsam ein großes Klagelied über den Lebenssinn eines leidenden Menschen anstimmt. So beginnt Ijobs großer Protest, der die göttliche Gerechtigkeit hinterfragt, ohne sich gegen Gott selbst zu wenden. Es ist die Frage, die die Menschen sich in der Geschichte immer und immer wieder stellen: Warum leidet der

Gerechte, während der Übeltäter gedeiht? Ijob redet nicht gegen Gott und verflucht ihn nicht. Er weiß wohl, dass sein Gott ein Herr des Lebens ist. Doch welchen Sinn hat ein Leben, das wie das seine vom Tod und vom Leiden gekennzeichnet ist? Ijob stellt sein ganzes Dasein von der Geburt bis zum Tod zur Debatte. Seine Sprache ist beißend und hart. Zuerst verflucht er den Tag seiner Geburt: Warum soll man nicht lieber tot sein, ehe man das Licht der Welt erblickt, das für ihn nur Finsternis gewesen ist? Wir erkennen in seinen Worten die Tragödie so vieler Menschen, die leiden, deren Leben am seidenen Faden hängt und die unerbittlich dem Tode geweiht scheinen: ungeborene oder kranke Kinder, Gefangene und zum Tode Verurteilte, Todkranke, alleingelassene alte Menschen. Ijobs Worte sind jedoch auch von einer großen Weisheit erfüllt. Sie helfen, über den Sinn des Lebens und des Todes nachzudenken, der unvermeidlich scheint. Niemand kann ihm entkommen, er trifft unterschiedslos Reiche und Arme, Mächtige und die, die nicht zählen, den Häftling und seinen Peiniger, die Kleinen und die Großen, den Herrn und den Sklaven. Warum dann all diese Sorge um sich selbst, scheint Ijob zu fragen. Sie bringt nur Angst in das Leben des Menschen, denn „was mich erschreckte, das hat mich getroffen, wovor mir bangte, das kam über mich."

Gebet mit Maria, der Mutter des Herrn

Mittwoch, 30. September

Gedenktag des heiligen Kirchenvaters Hieronymus, der 420 in Betlehem starb. Er übersetzte die Bibel ins Lateinische. Gebet in dem Anliegen, dass die Stimme der Schrift in jeder Sprache gehört werde.

Ijob 9,1–12.14–16. **Gottes Gerechtigkeit steht über dem Recht**

Was ist der Mensch vor Gott, dem Schöpfer, der die Welt trägt und die Schöpfung nach seiner Weisheit ordnet? Ijob fühlt sich von Gottes Allmacht förmlich erdrückt: „Er macht so Großes, es ist nicht zu erforschen, Wunderdinge, sie sind nicht zu zählen." Also ist er auch im Hinblick auf die Gerechtigkeit unergründlich. Der Mensch vermag nichts;

„Wäre ich im Recht, mein eigener Mund spräche mich schuldig, wäre ich ohne Tadel, er machte mich krumm." Die Worte seines Freundes Bildad sind Ijob keine Hilfe. Seine Worte überzeugen Ijob weder von seiner Schuld, noch unterstützen sie ihn in seinem schwierigen Gespräch mit dem Herrn. Ijobs Größe besteht darin, dass er nicht aufhört zu reden, dem Herrn seine Fragen zu stellen, seine Gegenwart zu erforschen und im Inneren der Geschichte und der Schöpfung nach ihm zu suchen. Die Freunde dagegen können nichts anderes, als eine kurzsichtige Theologie nachzuplappern, die immer nur müde wiederholt, dass der Mensch aufgrund seiner Schuld vom Unheil getroffen wird. Auf diese Lehre erwidert Ijob, dass es angesichts eines Gottes, der sich um den Schmerz des Menschen nicht zu kümmern scheint, keine Rolle spielt, ob man unschuldig oder schuldig ist: „Wollte ich auch mit Schnee mich waschen, meine Hände mit Lauge reinigen, du würdest mich doch in die Grube tauchen, sodass meinen Kleidern vor mir ekelt" (Ijob 9,30–31). Doch in den Schlussworten dieser Rede Ijobs wird die Besonderheit seiner Gottesbeziehung deutlich: „Es gibt keinen Schiedsmann zwischen uns, der seine Hand auf uns beide legte" (Ijob 9,33). Ijob betrachtet Gott nicht als einen Schiedsmann, als einen Richter, der über Unschuld oder Schuld urteilt, wie die Freunde es gerne hätten, sondern als einen Freund, an den er sich wendet. Damit aber erhält seine Situation eine umso tiefere Dramatik. Ijob hört nicht auf, mit seinem Herrn zu sprechen. Sein Glaube ist größer als der Schmerz, den er erleidet.

Gebet mit den Heiligen

Donnerstag, 1. Oktober

Gedenktag der heiligen Therese von Lisieux († 1897), einer Karmelitin mit einem tiefen Gespür für die Sendung der Kirche.

Ijob 19,21–27b. **Der Triumph des Glaubens**

Anders als seine Freunde, die zu Ijobs Herzen keinen Zugang finden, versteht dieser ganz genau, was sie ihm sagen wollen: „Wollt ihr wirklich groß tun gegen mich und mir meine Schmach beweisen?" (Ijob 19,5). Sie sind nicht imstande oder vielleicht auch nicht bereit, sich wirklich auf die Situation ihres Freundes einzulassen, um ihre tiefen Ursachen zu verstehen und sie verantwortungsvoll mitzutragen. Sie bleiben Außenstehende, die nur eine Lehre wiederholen. Ijob erträgt diese dauernde Belehrung durch seine Freunde nicht. Er ist an ihren Reden nicht interessiert. Der Einzige, mit dem er ins Gespräch treten möchte, ist der Herr, den er weiterhin ohne Unterlass anspricht, ohne jedoch eine Antwort zu erhalten. Ijob geht so weit, den Herrn als einen Gegner zu beschreiben, als einen, der den Schrei des Unterdrückten nicht hört, ihm sogar den Weg versperrt, ihn seiner Ehre beraubt, ihm seine Hoffnung nimmt, im Zorn gegen ihn entbrennt, ihm seine Freundschaft entzieht. Und das ist noch nicht alles, was Ijob widerfährt: Selbst seine Brüder, seine Freunde und seine Bekannten haben sich von ihm entfernt, sind aus Entsetzen über seine Situation verschwunden. Der Verzweiflungsschrei aus Ijobs Mund hilft uns, die Situation der vielen armen Menschen zu verstehen, die von allen verlassen, verachtet, bedroht und für die Mehrheit nicht existent sind. Ijob jedoch hört nicht auf, den Herrn anzuflehen: „Erbarmt, erbarmt euch meiner, ihr, meine Freunde! Denn Gottes Hand hat mich getroffen." Ijob ist davon überzeugt, dass Gott ihn ganz und gar verlassen hat. Dieser ist aber nicht wie die Menschen. So erhebt sich von den Lippen Ijobs ein Gebet voller Schmerz und voller Glauben: „Doch ich, ich weiß: Mein Erlöser lebt, als Letzter erhebt er sich über dem Staub … Ihn selber werde ich dann für mich schauen; meine Augen werden ihn sehen, nicht mehr fremd."

Gebet für die Kirche

Freitag, 2. Oktober

Ijob 38,1.12–21;40,3–5. **Die schöpferische Weisheit verwirrt Ijob**

Endlich spricht Gott, wie Ijob es seit Beginn des Buches erfleht hat. Doch die Antwort erscheint befremdlich. Der Herr scheint gar nicht daran interessiert, Punkt für Punkt auf Ijobs Forderungen und Fragen einzugehen. Gott fordert einen Menschen heraus, der es gewagt hat, sein Handeln in Frage zu stellen. Die beiden Kapitel sind eine einzige Frage, die Gott Ijob stellt und die sich in der Herausforderung gleich zu Beginn verdichtet: „Wer ist es, der den Ratschluss verdunkelt mit Gerede ohne Einsicht? Auf, gürte deine Lenden wie ein Mann: Ich will dich fragen, du belehre mich!“ Also fragt Gott Ijob nach den Werken der Schöpfung, zuerst nach der Natur und dann nach den Tieren. Wie kann Ijob denken, dass Gott außerhalb der menschlichen Geschichte steht, wenn er nicht nur der Ursprung von allem, was existiert, sondern auch derjenige ist, der die Werke der Schöpfung am Leben erhält? Heute versucht die Wissenschaft, alles zu erklären, und findet eine Ursache für alle Ereignisse. Damit wird letztlich jeder Grund, über die Schöpfung zu staunen, für nichtig erklärt. Warum sollte man hinter dem, was wir jeden Tag sehen, die gütige Gegenwart Gottes erkennen? Im Grunde war den antiken Kulturen der Ursprung vieler Phänomene unbekannt, die wir heute erklären können. Deshalb führten sie sie gerne auf die Gottheit zurück oder vergöttlichten sie sogar selbst. So war es zum Beispiel im antiken Griechenland oder Rom, aber auch in vielen anderen Kulturen. Gerade das aber ist die Neuheit der Bibel: Sie vergöttlicht nichts, was geschaffen ist. In diesem Sinn ist sie zutiefst weltlich. Über allem aber zeichnet sich die Gegenwart Gottes ab: Er erhält diese wunderbare Ordnung der Schöpfung am Leben, angesichts deren es sich lohnt, zu staunen – nicht zuletzt deshalb, weil wir sie nie ganz beherrschen werden. Lassen deshalb auch wir uns vom Herrn in Frage stellen, damit unsere Weisheit nicht zur Torheit wird.

Gebet des heiligen Kreuzes

Samstag, 3. Oktober

Ijob 42,1–3.5–6.12–17. **Die letzte Antwort Ijobs**

Ijob begegnet Gott persönlich. Er begreift, dass für Gott nichts unmöglich ist. Das ist die Einsicht des gläubigen Menschen, der auch in schwierigen Zeiten, wenn alles unmöglich scheint, auf die Liebe Gottes vertraut. Deshalb erkennt Ijob, dass er es gewagt hat, Dinge auszusprechen, die seine Begriffe übersteigen und die er selbst nicht verstehen konnte. Denn wer könnte das göttliche Geheimnis begreifen, ohne auf Gottes Wort zu hören? Ijob hat lange gesprochen, doch jetzt sieht er ein, dass Gott nicht fern ist und dass sein Gebet der Gegenwart Gottes und seinem Wort Raum lassen muss. „Vom Hörensagen nur hatte ich von dir gehört, jetzt aber hat mein Auge dich geschaut", sagt Ijob. Oft kennen auch wir Gott vom Hörensagen oder geben vor, ihn zu kennen, weil wir von klein auf von ihm haben erzählen hören oder uns vielleicht aufgrund des Gehörten eine Vorstellung von ihm gemacht haben. Aber wer kennt den Gott der Bibel? Nur wer ihm begegnet, kann ihn erkennen. Er ist eine Person, die jedem entgegenkommt, mit allen spricht, jedem zuhört, der sich an ihn wendet. Er ist kein Gott, den man vom Hörensagen kennt. Das ist die zentrale Frage der Bibel: Wie kann man Gott begegnen? Die Seiten der Bibel sind selbst der beste Weg zu dieser Begegnung, die mit Jesus, dem Herrn, zu ihrer Fülle gelangen wird. Er selbst wird sagen: „Wer mich gesehen hat, hat den Vater gesehen" (Joh 14,9). Das Buch Ijob endet, wie es begonnen hat. Es gibt ein unergründliches Geheimnis, angesichts dessen niemand sagen kann, er hätte alles verstanden. Deshalb war Ijob schließlich bereit, das Wort und das Kundwerden des Göttlichen anzunehmen und einzusehen, dass er in seinem Schmerz und in der Prüfung nicht sich selbst überlassen gewesen war. Dass Ijobs Ausgangssituation wiederhergestellt wird, zeigt, dass Gott jeden Menschen segnet, der nicht aufhört, sich an ihn zu wenden, und die Hoffnung auf die gütige Gegenwart des Herrn nicht verliert.

Gebet der Vigil

Sonntag, 4. Oktober: 27. Sonntag im Jahreskreis

Gedenktag des heiligen Franziskus von Assisi († 1226).
Gedenken an die Weihe der kleinen Kapelle von Primavalle, des ersten Gebetsortes der Gemeinschaft Sant'Egidio am Stadtrand von Rom.

Am 4. Oktober 1992 wurde in Rom der Friedensvertrag unterzeichnet, der den Krieg in Mosambik beendete. Gebet für alle Arbeiter für den Frieden.

Jes 5,1–7; Ps 80; Phil 4,6–9; Mt 21,33–44

„Der Stein, den die Bauleute verworfen haben, er ist zum Eckstein geworden; vom Herrn ist das geschehen und es ist wunderbar in unseren Augen“. Jesus weist darauf hin, dass Gott eine Vorliebe für das hat, was von den Menschen „verworfen“ wird, was sie für unwichtig oder wertlos halten. Das begriff der heilige Franziskus, dessen Fest wir heute feiern, in San Damiano, als er die Stimme des Gekreuzigten hörte, der ihn rief, damit er sein Haus wiederaufbaute. Sein Haus – das war jener Ort, jene Kirche, aber auch das Leben der Menschen. Wie viele Menschen werden bis auf den heutigen Tag verworfen! Als nutzlos betrachtet, als eine Last, was ist ihr Leben schon wert? So ist es auch für das Wort Gottes. Es gerät inmitten all der eitlen und unnützen Wörter oft in Vergessenheit, und doch baut der, der sein Haus, also sein Leben, auf dieses Wort baut, auf Fels!
Jesus ist es, der das Leben mit seinem Evangelium wertvoll macht. Unser Leben wird geliebt wie der Weinberg, von dem die Schrift erzählt. „Es war ein Gutsbesitzer“, sagt Jesus, „der legte einen Weinberg an, zog ringsherum einen Zaun, hob eine Kelter aus und baute einen Turm.“ Diese Worte erinnern an das „Lied vom Weinberg“ des Propheten Jesaja und bringen die ganze Liebe *Gottes zu seinem Weinberg* zum Ausdruck. Dieser Weinberg ist sein Volk, aber auch die ganze Menschheit und das Leben eines jeden von uns. Der Herr ist es, der seinen Weinberg pflanzt, behütet und aufmerksam pflegt. Was die Früchte des Weinbergs angeht, hat Gott eine bestimmte Erwartung. Der Friede und die Gerechtigkeit sind die Früchte, die diese Welt voller Hoffnung erwartet. Doch allzu oft erhebt sich der Schrei der Unterdrückten von der Erde und schreit das vergossene Blut zum Himmel. Das Gleichnis Jesu erklärt, was mit dem Weinberg der Welt geschieht, wenn Gottes Liebe nicht erwidert wird. Es ist die Geschichte der Winzer, die im Moment der Ernte die Knechte packen, die der Herr ausgesandt hat, um die Früchte des Weinbergs zu holen, sie verprügeln und umbringen. Es ist ein Crescendo der Hab-

gier und Gewalt. Je mehr sich der Herr um seinen Weinberg kümmert, desto feindseliger werden die Winzer. Was geschieht? Sie betrachten jenen Weinberg als ihr Eigentum und beginnen, ein gänzlich eigennütziges Leben darin zu führen. Aus dieser Haltung erwächst die Gewalt, die heute so verbreitet ist. Gott reagiert auf jenen Hass und jene wachsende Feindseligkeit mit einer verrückten und unentgeltlichen Liebe zu uns Menschen: Er hat seinen einzigen Sohn nicht geschont. Was wird aus jenem Weinberg werden? Er wird anderen gegeben werden, die die Früchte abliefern, wenn die Zeit gekommen ist. Das heißt, er wird nicht aufgegeben. Gott sucht nach Früchten, und wenn er sie nicht findet, wird er es dennoch nicht müde, das Gute in den Menschen zu suchen. Deshalb hört er nicht auf, sein Wort und seine Liebe in unser Herz zu säen. Das Volk ist jenes der Demütigen und Armen, das Franziskus von Assisi wiederentdeckt hat. Die Armen, die von allen verworfen worden sind, sind unsere Propheten, keine Propheten des Unglücks, sondern der Freundschaft. Der Herr wird uns in den Armen wieder besuchen kommen, und wenn wir ihnen begegnen und ihre Gefährten werden, wenn wir uns derer annehmen, denen es schlechtgeht, dann werden wir dem Herrn die Möglichkeit geben, von unserem Leben gute Früchte der Barmherzigkeit und des Friedens zu ernten. Dann kann der Stein, den die Bauleute verworfen haben, zum Eckstein werden, um den herum wir unser Leben errichten. Das, was die Welt missachtet, was sie für schwach hält wie das Evangelium und seine Einladung, an die Liebe zu glauben, ist in Wirklichkeit das Fundament, auf dem wir ein festeres Leben errichten können. Auf diese Weise können wir alle im Weinberg des Herrn arbeiten und leben und in sein Reich eingehen, wo wir von Gott geliebt werden, der mit Leidenschaft auf seinen Weinberg achtgibt und ihn besuchen kommt, damit er allen gehört.

Gebet am Tag des Herrn

Montag, 5. Oktober

Gal 1,6–12. **Paulus hat das Evangelium durch eine Offenbarung Christi empfangen**

Paulus schreibt an die „Gemeinden in Galatien“ (Gal 1,2), der Region im Zentrum der heutigen Türkei, und betont vor allem seine Autorität als Apostel. Er ist besorgt, weil die dortigen Christen sich in Gefahr befinden. Denn einige schlechte Lehrer zogen nicht nur die apostolische Autorität des Paulus in Zweifel, sondern untergruben sogar die eigentliche Botschaft des Evangeliums Christi, das er verkündet hatte, dass nämlich allein der Glaube an Jesus, den einzigen Erlöser, das Heil bringt. Paulus ist sich der zentralen Bedeutung dieses Evangeliums im Christentum so deutlich bewusst, dass er sagt, er selbst oder sogar ein Engel oder sonst irgendjemand, der ein anderes Evangelium verkünde, müsse als verflucht, das heißt als exkommuniziert, als einer betrachtet werden, der nicht mehr am gemeinsamen Glauben teilhat. Dieses entschiedene Urteil des Paulus, das sogar bis zum Ausschluss aus dem Leben der Gemeinde reicht, erwächst aus seiner Sorge, das „Evangelium Christi“ unversehrt bewahren zu wollen. Er selbst, erklärt der Apostel, ist der Erste, der dem von Jesus Christus empfangenen Evangelium gehorcht. Mithin ist es von Grund auf falsch, was die schlechten Lehrer über ihn behaupten, um ihn in Verruf zu bringen: dass er nämlich „Menschen zu gefallen“ suche. Der Apostel nimmt für sich in Anspruch, allein Gott gefallen zu wollen, und zwar genau deshalb, weil er nur das predigt, was er von Jesus Christus empfangen hat.

Gebet für die Kranken

Dienstag, 6. Oktober

Gal 1,13–24. **Die Berufung zum Apostel**

Paulus stellt klar, dass das von ihm verkündete Evangelium „nicht von Menschen“ stammt, weil er es genau wie die anderen Apostel direkt von Christus selbst „empfangen“ hat. Dann skizziert er, wie diese „Offenbarung“ sich in seinem Fall ereignet hat. Vor allem erinnert er an seinen „früheren Lebenswandel im Judentum“, als er sich noch „mit dem größten Eifer … für die Überlieferungen“ einsetzte. Dass er sich von ihnen entfernt hat, so stellt der Apostel klar, bedeutet auf keinen

Fall, dass er sich von ihnen lossagt. Er spricht vielmehr mit Respekt von „meinem Volk“ und den Überlieferungen „meiner Väter“. Gleichwohl macht er die ganz und gar außergewöhnliche und unverdiente Tatsache geltend, dass es „Gott gefiel“, gerade ihm, dem Verfolger der Kirche, seinen Sohn zu offenbaren. Auf dem Weg nach Damaskus nämlich wurde er, der Verfolger, in einen Apostel verwandelt. Paulus weiß, dass alles, was geschieht, und besonders das, was ihm widerfahren ist, von Gott kommt. Denn der Herr hat ihn „schon im Mutterleib auserwählt“, um ihn zu einem Diener des Evangeliums zu machen. Dieses Bewusstsein lässt den Apostel leben und hoffen, um Gott mehr zu gefallen als den Menschen. Gott zu gefallen aber bedeutet, seinem Ruf zu folgen, das heißt, den neuen Lebensweg anzutreten, den Gott ihm gewiesen hat. Paulus begibt sich zunächst „nach Arabien“, also in die Gegend südöstlich von Damaskus, und anschließend nach Jerusalem, um den Mann kennenzulernen, der vom Herrn den Namen *Kephas*, „der Fels“, erhalten hatte. Von hier aus wendet er sich nach Norden und predigt in Syrien, in dessen Hauptstadt Antiochia die erste große heidenchristliche Gemeinde besteht. Dann reist er weiter nordwärts nach Zilizien, wo die christlichen Gemeinden Paulus nur vom Hörensagen kennen. Überrascht erfahren sie, dass der frühere Verfolger inzwischen jenen Glauben verkündet, den er zuvor hatte vernichten wollen. Dass er dem Ruf Gottes gehorcht hat, hat Paulus’ ganzes Leben verändert. Dieser Gehorsam bedeutet für jeden Jünger, Gott mehr zu gefallen als den Menschen oder sich selbst.

Gebet mit Maria, der Mutter des Herrn

Mittwoch, 7. Oktober

Gal 2,1–2.7–14. **Das Konzil in Jerusalem**

Nach vierzehnjährigem Dienst kehrt Paulus in Begleitung von Barnabas und Titus nach Jerusalem zurück, um mit den „Säulen“ der Gemeinde über sein missionarisches Wirken zu diskutieren. Der Apostel weiß wohl, dass sein apostolischer Einsatz außerhalb der Gemeinschaft nichts wert, dass er ein vergebliches Laufen wäre. Paulus zweifelte nicht an dem Evangelium, das er verkündete, ganz im Gegenteil. Ihm war jedoch bewusst, dass die Kirche nur innerhalb der Gemeinschaft aufgebaut werden kann. In Jerusalem debattiert er freimütig mit den anderen Aposteln über die Gültigkeit des Gesetzes, das heißt des Glaubens Israels. Tatsächlich erhielt er die Zustimmung der Apostel zu seinem pastoralen Wirken, und es ist ungewöhnlich, dass sie ihm nur eine einzige Empfehlung mit auf den Weg gaben: „Nur sollten wir an die Armen denken". Die Liebe, das Herz des christlichen Glaubens und damit des Heils, findet in der Entscheidung für die Armen ihre augenfälligste Verwirklichung. Sodann erinnert Paulus die Galater an seinen Widerstand gegen Petrus, als dieser nach Antiochia gekommen war, und daran, wie unterschiedlich er sich den Juden- und den Heidenchristen gegenüber verhalten hatte. Ein solches Verhalten, warnt Paulus, tastet das Wesen des Glaubens an. Denn Christus „vereinigte die beiden Teile und riss die trennende Wand der Feindschaft in seinem Fleisch nieder" (Eph 2,14). In der Nachfolge Christi verwirklicht sich die Versöhnung zwischen den Menschen, Völkern und Kulturen von der Wurzel her. Deshalb macht Paulus Petrus klar, dass sein ambivalentes Verhalten für alle verheerende Folgen haben wird: „Wenn du als Jude nach Art der Heiden und nicht nach Art der Juden lebst, wie kannst du dann die Heiden zwingen, wie Juden zu leben?" Man soll den Heidenchristen keine unnötigen Lasten auferlegen und damit obendrein riskieren, dass andere sich vom Eintritt in die christliche Gemeinde abhalten lassen. Christus ist der Friede und stiftet daher Frieden zwischen den Menschen.

Gebet mit den Heiligen

Donnerstag, 8. Oktober

Gal 3,1–5. **Die christliche Erfahrung**

Der Apostel geht von der Geschichte Abrahams aus, der nicht durch die Werke, sondern durch den Glauben gerecht gemacht wurde. Hart fährt er die Christen an: „Ihr unvernünftigen Galater“. Paulus liegt das Schicksal der Galater wirklich am Herzen. Er will sie vor Unvernunft schützen und sagt ihnen, dass es nur eine Wahrheit des Evangeliums gibt, nämlich den gekreuzigten Christus. Wer auf den Gekreuzigten schaut, wird vor Unvernunft bewahrt, weil er versteht, wie weit er von einer so außergewöhnlichen Liebe wie der Liebe Jesu entfernt ist, einer Liebe, die so grenzenlos ist, dass sie ihn drängt, für alle zu sterben. Wie können wir angesichts des Geheimnisses dieses Todes meinen, dass unsere Werke es sind, die uns retten? Das wäre, als wollten wir unsere Taten, die immer armselig sind, mit der Liebe Jesu zu den Menschen und zum Heil der Völker vergleichen. Wer von uns hat die anderen bis zum Tod am Kreuz geliebt? Paulus warnt, dass der Stolz und damit die Blindheit wieder die Oberhand gewinnen, wenn wir die Verkündigung Jesu Christi als des Gekreuzigten vergessen und mehr auf unsere Angelegenheiten als auf die überströmende Liebe Gottes zu allen Menschen achten. Die „Wundertaten“, die die Christen vollbringen, sind erst durch die Verkündigung des Evangeliums überhaupt möglich geworden. Deshalb fragt der Apostel: „Habt ihr den Geist durch die Werke des Gesetzes oder durch das Hören der Glaubensbotschaft empfangen?“ Der Heilige Geist, der den Herzen der Gläubigen eingegossen worden ist, wirkt und lässt „Machttaten“ vollbringen. Das hatte Jesus selbst den Jüngern gesagt: „Wer an mich glaubt, wird die Werke, die ich vollbringe, auch vollbringen und er wird noch größere als diese vollbringen“ (Joh 14,12).

Gebet für die Kirche

Freitag, 9. Oktober

Gedenken an den Patriarchen Abraham. Voll Glauben zog er in ein ihm unbekanntes Land, das Gott ihm verheißen hatte. Aufgrund dieses Glaubens wird er von Juden, Christen und Muslimen „Vater der Gläubigen“ genannt.

Gen 12,1–9. **Abrahams Berufung**

Inmitten der Verwirrung und Verstreuung der Völker verlässt der Herr den Menschen niemals. Während sich jedes Volk ein Land mit festen Grenzen und einer eigenen Sprache geschaffen hatte, fordert Gott Abraham auf, sein Land, seine Heimat und sein Haus zu verlassen. Die Heilsgeschichte, die Geschichte Abrahams mit Gott, beginnt mit einem Exodus, einer radikalen Abkehr. Der Verfasser betont dies als ein entschiedenes Gebot Gottes: „Geh fort aus deinem Land … in das Land, das ich dir zeigen werde!" Dieses Gebot Gottes legt den Gedanken nahe, dass wir nur dann, wenn wir dem Aufruf Folge leisten, den Gott an uns richtet, den Segen, das heißt den Schutz Gottes empfangen und unsererseits ein Segen für andere sein können. Im Zentrum der Berufung Abrahams steht der Gehorsam vor allem gegenüber Gottes Ruf. Vor allem darf er nicht stehenbleiben, um nur auf sich selbst zu hören und von seiner Warte aus sein eigenes Leben in den Blick zu nehmen. Stattdessen muss er sich die umfassende Sichtweise Gottes zu eigen machen, die ihm als eine Sendung anvertraut wird, die es zu erfüllen gilt. Tatsächlich gehorcht Abraham dem Wort Gottes, verlässt sein Land und wird, wie Gott selbst es ihm gesagt hat, zum Grundstein der Einheit und des Lebens für alle Völker. Juden, Christen und Muslime nennen ihn den Vater aller Gläubigen, all derer, die sich entscheiden, auf Gott zu hören und sich auf den Weg zu machen, den der Herr selbst ihnen gewiesen hat. Es ist der Weg eines Volkes, zu dem man gehört, der Weg der Begegnungen, die man erleben, der Etappen, die man durchlaufen muss, bis man das Land der Verheißung erreicht. Denn Gottes Gesellschaft ist Segen, Leben und Gedeihen. Abraham muss sich daran erinnern, dass Gott immer mit ihm ist. Diese Erinnerung, die für das Leben der Gläubigen grundlegend ist, befreit Abraham aus der Knechtschaft der Götzen. Es gibt nur einen Altar, neben dem man sein Zelt aufstellen soll. Abraham entscheidet sich, in der Nähe seines Herrn zu leben, er will sich nicht trennen von der Stätte seiner Gegenwart. Er weiß, dass der Herr ihn auf seinem Lebensweg begleiten wird, ja dass er vor ihm hergeht, um ihm den Weg zu weisen. Er ist das Vorbild des Gläubigen, denn er hat seine Bleibe nicht bei sich selbst, sondern beim Herrn, der ihn auf den Wegen der Welt begleitet.

Gebet mit den Heiligen

Samstag, 10. Oktober

Gal 3,22–29. **Das Gesetz hat die Verheißung nicht aufgehoben**

Paulus erinnert die Galater daran, dass das Erbe, das Abraham von Gott verheißen worden ist – „Ich richte meinen Bund auf zwischen mir und dir und mit deinen Nachkommen nach dir" (Gen 17,7) –, nun Jesus gehört. Dieser Bund hat auch über das Gesetz geführt, das dem Volk Israel auf dem Berg Sinai übergeben worden ist. Doch die gesamte vorchristliche Geschichte zunächst mit Abraham und dann mit Israel war eine einzige, lange Vorbereitung, um zum endgültigen Bund mit Jesus Christus zu gelangen, der uns vor der Sünde und dem Tod errettet. Er ist der einzige und universale Erbe der abrahamitischen Verheißungen. Deshalb kann das Heil nicht aus dem Gesetz, sondern muss aus der Zugehörigkeit zu Jesus Christus erwachsen. Zwar war das Gesetz nicht nutzlos. Es hatte eine vorbereitende Bedeutung. Das Gesetz, schreibt der Apostel, ist „unser Erzieher … geworden", aber „damit wir aus dem Glauben gerecht gemacht werden." Die Jünger Jesu stehen nicht mehr unter diesem „Erzieher", das heißt unter Beobachtung. Wenn erst einmal „der Glaube gekommen ist, stehen wir nicht mehr unter dem Erzieher." Wir leben in der Freiheit derer, die „durch den Glauben Söhne Gottes in Christus Jesus" sind. Der Apostel betont eine direkte Beziehung zu Gott durch den Glauben an Christus. Durch die Taufe, so hebt der Apostel hervor, haben die Gläubigen „Christus angezogen" und sind so zu neuen Geschöpfen geworden. Vor diesem Hintergrund zeigt der Apostel den Galatern die außerordentliche Neuheit des Evangeliums: „Es gibt nicht mehr Juden und Griechen, nicht Sklaven und Freie, nicht männlich und weiblich". Diese wenigen Worte zeigen die Kraft des Evangeliums im Leben: Sie lassen jedwede Spaltung, jede trennende Mauer einstürzen und drängen einer neuen Einheit entgegen. „Denn ihr alle seid einer in Christus Jesus", wie der Apostel unmissverständlich sagt. Die Zugehörigkeit zu Christus muss uns die Kraft zur Veränderung wiederentdecken lassen, die Abrahams Glaube besaß: Er ließ alles zurück, um an Gottes Traum teilzuhaben, alle Menschen zu Brüdern und Schwestern zu machen.

Gebet der Vigil

Sonntag, 11. Oktober: 28. Sonntag im Jahreskreis

Gedenktag des heiligen Papstes Johannes XXIII. († 1963) und Gedenken an die Eröffnung des II. Vatikanischen Konzils (1962–1965).

Jes 25,6–10a; Ps 23; Phil 4,12–14.19–20; Mt 22,1–14

„Der Herr der Heerscharen wird auf diesem Berg für alle Völker ein Festmahl geben mit den feinsten Speisen … Er hat den Tod für immer verschlungen und Gott, der Herr, wird die Tränen von jedem Gesicht abwischen und die Schande seines Volkes entfernt er von der ganzen Erde". Das ist der Traum des großen Propheten Jesaja, den wir am heutigen Sonntag gehört haben. Die Worte des Propheten reichen über seine Zeit hinaus und greifen einen Traum auf, der den Männern und Frauen aller Generationen, Orte und Religionen ins Innerste ihres Herzens hineingeschrieben ist. Viele haben ein Bedürfnis nach Versöhnung, viele sehnen sich danach, einer neuen Zukunft entgegenzugehen, und alle müssen eine unehrenhafte Situation hinter sich lassen.
Der Prophet sagt, dass das Festmahl schon bereit ist. Der Herr selbst hat den Tisch gedeckt. Ja, das Leben, der Friede und die Geschwisterlichkeit sind schon bereit. Der Herr schenkt sie uns, wie uns das Evangelium ins Gedächtnis ruft. Das eigentliche Problem ist unsere Weigerung, die Einladung anzunehmen und zu jenem Berg aufzubrechen, um am Festmahl des Lebens und des Friedens teilzunehmen. Weil wir uns nur um unsere Angelegenheiten sorgen, beachten wir die Einladung nicht, die an uns ergeht, und verachten die Geschenke, die uns angeboten werden. In dieser Hinsicht ist das Gleichnis vom Hochzeitsmahl klar genug. Es handelt von einem König, der ein Hochzeitsmahl für seinen Sohn vorbereitet hat und seine Die-

ner aussendet, damit sie die Geladenen rufen. Diese lehnen die Einladung ab, nachdem sie die Diener angehört haben. Jeder hat seine guten Gründe, seine mehr als verständlichen Verpflichtungen: der eine auf seinem Acker, der andere anderswo. Allen gemeinsam aber ist, dass sie ablehnen.
Der König gibt trotzdem nicht auf. Beharrlich schickt er die Diener ein weiteres Mal aus, um die Einladung zu erneuern. Doch dieses Mal reagieren die Geladenen nicht nur mit Achtlosigkeit auf den Vorschlag des Königs, sondern gehen so weit, die Diener zu misshandeln und sogar zu töten. Das geschieht immer dann, wenn das Evangelium in unserem Leben zur Nebensache wird oder gar keine Rolle mehr spielt.
Der König aber besteht auf seinem schrankenlosen Wunsch, die Menschen zu versammeln. Wieder sendet er andere Diener aus und gibt ihnen den Auftrag, unterschiedslos alle anzusprechen, denen sie auf den Straßen und Plätzen begegnen würden. Dieses Mal wird die Einladung angenommen, und die Gäste, „Böse und Gute", füllen den Saal. Es scheint beinahe, als frage Gott nicht danach, wer wir sind. Er will nur, dass wir da sind. In jenem Saal sind nicht nur die Reinen und die Heiligen. Alle sind da. Wenn man andere Stellen aus dem Evangelium hört, könnte man sogar sagen, dass Massen von Armen und Sündern dort versammelt waren. Jesus sagt, dass alle geladen sind und dass jeder, der kommt, Aufnahme findet. Es spielt keine Rolle, ob jemand Verdienste vorweisen kann oder nicht, und auch nicht, ob er mit seinem Gewissen im Reinen ist oder nicht. In jenem Saal kann man die Heiligen nicht von den Sündern, die Reinen nicht von den Unreinen unterscheiden.
Was zählt, ist, dass man das „Hochzeitsgewand" trägt. Im Orient wurde jeder Gast, wer er auch war, mit allen Ehren begrüßt. Ehe man ihn zum Mahl in den Saal führte, wurde er gewaschen und eingekleidet. Wer sich dieser Sitte entzog, zeigte damit, dass er die Gastfreundschaft nicht akzeptierte, sondern sich das Recht anmaßte, einzutreten, als wäre er selbst der Gastgeber. Das Hochzeitsgewand ist also die Liebe Gottes, die über uns gebreitet wird, bis sie all unsere Schuld und alle unsere Schwächen bedeckt.

Gebet am Tag des Herrn

Montag, 12. Oktober

Gal 4,22–24.26–27.31–5,1. **Die beiden Testamente: Hagar und Sara**

Um die Galater davon zu überzeugen, dass sie nicht wieder in die Sklaverei des Gesetzes verfallen dürfen, greift Paulus die Erzählung des Buches Genesis über die „zwei Söhne" Abrahams auf: Ismael, den Sohn der Sklavin und Nebenfrau Hagar, und Isaak, den Sohn der Freien, Herrin und rechtmäßigen Ehefrau Sara. Der Unterschied zwischen den beiden besteht nicht nur darin, dass sie zwei unterschiedliche Mütter haben, sondern vor allem darin, dass sie auf unterschiedliche Weise gezeugt worden sind. Ismael kam durch natürliche Zeugung, Isaak dagegen „aufgrund der Verheißung" zur Welt. Paulus liest diese alte Geschichte allegorisch, das heißt als Hinweis auf das, was in der Zukunft tatsächlich geschehen würde. In der Sklavin Hagar sieht Paulus den Bund vom Sinai, der „zur Sklaverei" des Gesetzes gebiert. Das Volk Israel wurde aus der Sklaverei des ägyptischen Pharaos befreit und empfing daraufhin das Gesetz vom Sinai. In Sara dagegen, der freien Frau, sieht Paulus die Kirche, „das Jerusalem oben", die neue Mutter derer, die an Christus glauben. In diesem „Jerusalem oben" wird den Christen die Freiheit geschenkt. Sie sind nicht mehr aufgerufen, das Gesetz zu befolgen, sondern den Glauben an Christus Jesus anzunehmen. In den Worten des Paulus hallt das Lied nach, das schon Jesaja, der Prophet des Exils, gesungen hat: Die Unfruchtbare bricht in Jubel aus, denn viele Kinder werden ihr geschenkt. Die unfruchtbare und verachtete Sara ist durch das Eingreifen Gottes zur Mutter eines großen Volkes geworden. Der Apostel erinnert die Galater daran, dass sie, genau wie Isaak, „Kinder der Verheißung" sind, und fügt sogleich hinzu: „Zur Freiheit hat uns Christus befreit." Die christliche Freiheit bewirkt, dass der Gläubige von jedweder Fessel befreit ist und die Liebe Gottes mit allen Menschen teilen kann. In diesem Sinne besteht ein enger Zusammenhang zwischen der persönlichen Freiheit und der Freiheit eines jeden Menschen. Die Freiheit ist nicht nur die Eigenschaft des Christen, sondern auch seine Berufung und Sendung.

Gebet für die Armen

Dienstag, 13. Oktober

Gal 5,1–6. **Die christliche Freiheit**

Nachdem Paulus den Galatern gezeigt hat, dass die Rechtfertigung nicht durch die Werke des Gesetzes, sondern durch den Glauben geschieht, zieht er daraus die moralischen Schlussfolgerungen für das christliche Leben. Christus, so erklärt der Apostel, hat uns aus der Sklaverei befreit, er hat uns „zur Freiheit … befreit." Wer das Evangelium annimmt, wird von jedem Götzen und von jeder Knechtschaft befreit und kennt nur einen Herrn, nämlich Jesus. Das ist eine neue Lebenssituation. Deshalb mahnt Paulus, in der Freiheit „fest" zu stehen und sich nicht wieder unter „das Joch der Knechtschaft" zu beugen. Der Apostel spricht hier von der Knechtschaft, die aus der Beschneidung erwächst, weil sie die Unterwerfung unter das Gesetz mit sich bringt. Deshalb appelliert er an die Christen von Galatien und sagt ihnen, dass sie sich auf den Weg der Rechtfertigung durch das jüdische Gesetz begeben, wenn sie sich noch immer beschneiden lassen. Auf diese Weise verfallen sie nicht nur wieder dem Fluch des Gesetzes, sondern trennen sich vor allem von Christus, in dem sie doch kraft ihrer Taufe eigentlich wurzeln sollten. Das Wort, das Paulus verwendet, um die Trennung von Christus auszudrücken, beinhaltet auch die Vorstellung des Untergangs, das heißt der Vernichtung. Wer die Rechtfertigung durch das Gesetz sucht, besiegelt seinen eigenen Untergang. Wer jedoch dem Evangelium nachfolgt, lebt aus dem Geist. Es ist daher weder „die Beschneidung … noch das Unbeschnittensein" (Gal 6,15), das uns rettet, sondern allein der Glaube an Jesus. Für uns Jünger Jesu sind diese Worte des Apostels eine Mahnung, nicht auf uns selbst oder unsere Werke oder unsere auch religiösen Gewohnheiten zu vertrauen, die wir vorzuweisen haben. Was uns rettet, ist das Hören auf den Geist, der uns lenkt. Der Geist nämlich ist es, der das Heil in uns wirkt. Deshalb kann der Apostel sagen, dass „der Glaube … durch die Liebe wirkt."

Gebet mit Maria, der Mutter des Herrn

Mittwoch, 14. Oktober

Gedenktag des heiligen Papstes Kallistus († 222). Er war ein Freund der Armen und gründete ein Gebetshaus, an dessen Stelle später die Basilika Santa Maria in Trastevere errichtet werden sollte.

Gal 5,18–25. **Freiheit und Liebe**

Für den Apostel sind die Christen „zur Freiheit berufen" (Gal 5,13). Dieser Ruf Gottes hat sie der „bösen Welt" (Gal 1,4) entrissen und in die neue Schöpfung hineingestellt. Wenn die Freiheit jedoch falsch verstanden wird, kann sie zum „Vorwand für das Fleisch" werden (Gal 5,13). In diese Versuchung gerät, wer sich selbst in den Vordergrund drängt und will, dass sich immer alles nur um ihn dreht. Eine Diktatur des Ichs, so könnten wir es nennen – auch über sich selbst. Paulus dagegen erklärt, dass uns die Freiheit geschenkt worden ist, damit wir einander dienen: „Dient einander in Liebe" (Gal 5,13). Wir sind frei, um zu lieben. Das ist das einzige Gesetz, ja, „das ganze Gesetz" ist sogar, wie der Apostel unerhört deutlich schreibt, in dem einen Wort erfüllt: „Du sollst deinen Nächsten lieben wie dich selbst!" (Gal 5,14). Jedenfalls ermahnt Paulus die Christen in Galatien, dass „nicht einer vom anderen verschlungen" wird. Streitigkeiten nämlich führen dazu, dass man sich selbst und die Gemeinde zugrunde richtet. Der einzige Weg, um in der Freiheit zu bleiben, ist die Liebe. Das bedeutet, sich „vom Geist führen" zu lassen und das „Begehren des Fleisches" von sich zu weisen. Wer sich von der Eigenliebe leiten lässt, wird schließlich zu ihrem Sklaven und mithin zu jemandem, der auch das tut, was er nicht will. Beispielhaft zählt Paulus fünfzehn Laster auf, die er als „Werke des Fleisches" bezeichnet: „Unzucht, Unreinheit, Ausschweifung, Götzendienst, Zauberei, Feindschaften, Streit, Eifersucht, Jähzorn, Eigennutz, Spaltungen, Parteiungen, Neid, maßloses Trinken und Essen und Ähnliches mehr." Diese Werke schließen den Menschen vom Reich Gottes aus, weil sie der Liebe entgegengesetzt sind. „Die Frucht des Geistes aber ist Liebe, Freude, Friede, Langmut, Freundlichkeit, Güte, Treue, Sanftmut und Enthaltsamkeit." Der Gläubige, der aus der Liebe lebt, wird zum Sauerteig einer neuen Welt, jener Welt, die Gott mit Jesus hat beginnen lassen. Die Christen, die sich liebevoll verhalten, ahmen Jesus nach, denn „sie haben das Fleisch … gekreuzigt“ und leben „im Geist“.

Gebet mit den Heiligen

Donnerstag, 15. Oktober

Eph 1,1–10. **Vor der Grundlegung der Welt erwählt, damit wir heilig leben**

Mit der heutigen Lesung beginnt der Brief an die Epheser. Paulus stellt sich als „Apostel Christi Jesu“, das heißt als jemanden vor, der vom Auferstandenen gesandt ist, um dem Evangelium zu dienen. In mehreren Briefen – und so auch in diesem – wiederholt der Apostel, dass er sein Charisma nicht irgendeinem Verdienst oder einer besonderen persönlichen Eigenschaft seinerseits verdankt. Er ist der Geringste „unter allen Heiligen“ (Eph 3,8), und gerade das, so scheint Paulus zu sagen, ist eine Garantie für die Echtheit seiner Botschaft. Der Apostel hat nichts, und an diesem Nichts erweist Gott seine Macht. Er nennt die Christen, an die er schreibt, „die Heiligen“ und „die Gläubigen in Christus Jesus“, wie er auch schon die Kolosser genannt hatte (vgl. Kol 1,2). Der Begriff „heilig“ verweist nicht auf eine moralische Dimension der Christen, sondern darauf, dass sie objektiv von der Welt „getrennt“ sind, um dem Herrn zu gehören. Es ist die Gemeinschaft mit dem Herrn und den Brüdern und Schwestern, die heilig macht. Das aber heißt, dass man nicht ein für alle Mal heilig ist. Die Heiligkeit ist im besten Fall ein Weg des Wachstums in der Liebe zum Herrn und zu allen Menschen. Dann segnet der Apostel den Herrn und preist seinen Heilsplan für die ganze Welt. Der Apostel verweist auf die drei Personen der Dreifaltigkeit, die gemeinsam für das Heil aller wirken. Der Lobpreis des Apostels ist an Gott gerichtet, der „uns mit allem Segen seines Geistes gesegnet“ hat. Im Allgemeinen sind wir es, die Gott um seinen Segen bitten. Hier aber segnet der Apostel den Vater und preist die Liebe, mit der er uns geliebt hat und weiterhin liebt. Diese Liebe ist unser aller Segen. Denn wir sind „vor der Grundlegung der Welt" von ihm erwählt worden, erwählt in Christus, das heißt als Mitglieder der Kirche. Gott hat Christus niemals ohne die Kirche und mithin uns nie ohne die Gemeinschaft gedacht. Daher rührt unsere Dankbarkeit gegenüber dem Herrn. Wir wissen, dass wir existieren, weil wir persönlich von ihm geliebt und dazu bestimmt sind, „heilig und untadelig" zu sein.

Gebet für die Kirche

Freitag, 16. Oktober

Gedenken an die Deportation der jüdischen Einwohner von Rom während des Zweiten Weltkrieges.

Eph 1,11–14. **Zum Lob von Gottes Herrlichkeit bestimmt**

In diesem Teil des Briefes wendet sich der Apostel innerhalb weniger Zeilen zunächst an die Christen von Ephesus, die früher Juden gewesen sind, also „schon früher in Christus gehofft haben" – ihnen sagt er, dass sie durch Jesus in den großen Heilsplan hineingenommen worden sind –, und gleich darauf an die anderen Christen der Gemeinde, die er mit „ihr" anspricht. Sie stammen aus dem Christentum, sind also zum Glauben gekommen, nachdem sie „das Wort der Wahrheit gehört" haben, „das Evangelium von eurer Rettung". Das Heil ist über allen ausgegossen worden. Bei Gott gibt es wahrhaftig „kein Ansehen der Person" (Eph 6,9), wie Paulus an einer späteren Stelle desselben Briefes schreiben wird. In diesem ersten Kapitel thematisiert der Apostel den kosmischen Heilsplan, der sowohl die Schöpfung, das „gemeinsame Haus", als auch die versöhnte Gemeinschaft der Erlösten betrifft, die in diesem Haus wohnen soll. Christus ist der Urheber der Versöhnung, die in der Gemeinschaft mit ihm – nichts anderes meint der Begriff „zusammenfassen" – Einheit und Einklang stiftet. Diese Vision spricht uns gerade jetzt in besonderer Weise an, da wir Zeugen einer unverantwortlichen Entstellung der Schöpfung wie auch einer nicht minder unverantwortlichen Zersplitterung der Menschheitsfamilie werden. Wahrhaftig, das Böse vollbringt sein Zerstörungswerk dadurch, dass es sowohl das gemeinsame Haus als auch die menschlichen Bindungen zu Bruch gehen lässt. Der Glaube an Christus macht uns alle zu „Erben" des einen Heils, das heißt des einen göttlichen Plans, der das Heil der Menschheitsfamilie und der Anbruch neuer Himmel und einer neuen Erde ist. Eine erste Anzahlung auf diese unsere Bestimmung haben wir schon jetzt im Heiligen Geist. Zweimal unterstreicht der Apostel, worin das Ziel dieser allumfassenden Einheit besteht: im „Lob seiner Herrlichkeit".

Gebet des heiligen Kreuzes

Samstag, 17. Oktober

Gedenktag des heiligen Ignatius, Bischof von Antiochien. Er wurde zum Tod verurteilt und nach Rom gebracht, wo er den Märtyrertod starb († 107).

Eph 1,15–23. **Triumph und Hoheit Christi**

Paulus dankt Gott für den Glauben der Epheser und auch für die geschwisterliche Liebe, die sie leben. Die Gemeinde von Ephesus, die ihm besonders lieb ist, ist Gegenstand seiner Gebete. Für sie bittet er um die Gabe des Geistes, damit sie zu einer tiefen Erkenntnis des Geheimnisses Gottes geführt werden. Denn nur der Geist lenkt die Herzen der Gläubigen zur Vertrautheit mit Gott. Sein Wirken richtet sich darauf, „die Augen eures Herzens" zu erleuchten, also dem Gläubigen jene Weisheit zu vermitteln, die nicht aus dem natürlichen Nachdenken, sondern aus dem Gehorsam gegenüber dem Wort Gottes erwächst. Aus dem Umgang mit der Heiligen Schrift können die Epheser verstehen, „zu welcher Hoffnung" sie berufen sind, das heißt, wie erhaben ihre Bestimmung ist. Dem Apostel ist der „Reichtum seiner Gnade" (Eph 1,7) bewusst, der unseren gläubigen Herzen geschenkt worden ist. Leider vergessen wir dies oft, besser gesagt, wir leben es nicht und stehen damit der Verwandlung der Welt nach dem Bild Christi im Wege. Paulus erweitert den Blickwinkel sodann auf die „Heiligen", also die universale Kirche, die Kirche des Himmels und der Erde und mithin auch auf die Engel, die Verstorbenen, die schon an der göttlichen Herrlichkeit Anteil haben, und auch auf die, die gemeinsam mit uns dem Ziel entgegengehen. Wir alle sind umkleidet von der Macht Gottes, deren Fülle schon bei der Auferstehung Jesu offenbar geworden ist. Gott hat den Tod vernichtet und die Gläubigen zum Leben wiedergeboren werden lassen. Der Apostel spricht an dieser Stelle von der Kirche, und zwar der universalen Kirche, als dem „Leib Christi. Während aber Christus als das Haupt des Kosmos und der Kirche verkündet wird, wird nur die Kirche als sein Leib bezeichnet. Nur sie nämlich hat eine ganz und gar privilegierte Beziehung zum Herrn. Nur in ihr wird die Hoheit des Auferstandenen schon jetzt deutlich und wirksam. Diese Beziehung bezeichnet der Apostel mit dem Begriff „Fülle". Trotz der Begrenztheit ihrer Mitglieder ist die Kirche reich durch die Fülle Christi, der in ihr wohnt. Sie ist heilig: nicht ihrer Mitglieder wegen, sondern weil Christus in ihr Wohnung genommen hat.

Gebet der Vigil

Sonntag, 18. Oktober: 29. Sonntag im Jahreskreis

Fest des heiligen Evangelisten Lukas, der auch die Apostelgeschichte verfasst hat. Der Überlieferung nach war er Arzt und Maler.

Jes 45,1.4–6; Ps 96; 1 Thess 1,1–5b; Mt 22,15–21

„Ist es erlaubt, dem Kaiser Steuer zu zahlen, oder nicht?", fragen die Pharisäer, um Jesus eine Falle zu stellen. Die Frage scheint nichts mit unserem Leben und unserer Zeit zu tun zu haben. In Wirklichkeit aber spricht das Evangelium immer zu uns, auch heute. Es ist kein Buch aus der Vergangenheit, das hin und wieder abgestaubt werden muss oder das man sich anhört wie eine erbauliche alte Geschichte. Das Evangelium ist Gott, der heute zu mir, zu uns spricht. Jesus entzieht sich dem tückischen Hinterhalt, indem er die Frage von der ideologischen Ebene – ob es legitim ist, Steuern zu zahlen – auf die praktische Ebene überträgt. Er fordert sie auf, ihm die Münze zu zeigen, mit der sie ihre Steuern bezahlen. Es ist die von Rom geprägte Münze, die im ganzen Reich in Umlauf war. Jesus fragt, wessen Portrait und Titel dem Denar aufgeprägt sei. Sie antworten: „Des Kaisers." Jesus erwidert: „So gebt dem Kaiser, was dem Kaiser gehört, und Gott, was Gott gehört!" Die Antwort verblüfft die Zuhörer. Auf jeden Fall müssen wir uns fragen, was dem Kaiser und was Gott gehört. Was dem Kaiser gehört, ist in der Antwort Jesu klar, nämlich nur jene von Rom geprägte Münze, die das „Bild" des Herrschers trägt. Diese hatte man daher ihrem Besitzer zurückzuerstatten. Mehr sagt das Evangelium hierzu nicht. Doch die entscheidende Frage ist für Jesus eine andere: Was gehört Gott? Das Wort „Bild", das Jesus für die Münze verwendet, hat seinen Zuhörern ganz sicher den biblischen Satz vom Anfang der Heiligen Schrift ins Gedächtnis gerufen: „Gott erschuf den Menschen als sein Bild, als Bild Gottes erschuf er ihn" (Gen 1,27).

Jeder Mensch ohne Ausnahme ist ganz grundlegend von einer göttlichen Gegenwart geprägt. Sie ist unauslöschlich, denn sie ist sogar stärker als unsere Schuld. Wir können sie entstellen oder verzerren, aber niemals ausradieren. Jeder Mensch ist eine Ikone Gottes, als sein Bild geschaffen. Doch diese Ikone wird dem Herrn keineswegs zurückerstattet, sondern oft geschmäht und erniedrigt. Wenn wir aber uns selbst oder die anderen verunstalten, dann entstellen wir Gottes eigenes Bild. Jesus will seine Zuhörer dazu ermahnen, Gott zurückzugeben, was Gott gehört, nämlich jeden Mann und jede Frau. Was also gehört Gott? Jedes menschliche Geschöpf gehört Gott. Die ganze Schöpfung gehört Gott. Auch der Lebenshauch gehört Gott, den wir empfangen und ihm immer dann geben, wenn wir lieben, und den wir ihm am letzten Tag zurückerstatten werden. Gott gehört die Liebe, die das Gesicht jedes Menschen verschönert und in der die Schöpferkraft weiterwirkt. Gott gehört die Freundschaft, die die Menschen miteinander verbindet, die Güte, die er anvertraut, damit sie das Böse besiegt. Das Herz, das was wirklich zutiefst unser und zutiefst menschlich ist – das gehört Gott.

Gott geben, was Gott gehört, heißt also anzuerkennen, dass wir selbst und auch die anderen uns nicht gehören. Dass wir mithin immer und ausschließlich Schuldner sind. So vieles, ja alles ist uns geschenkt worden, und wir müssen ein Vielfaches davon zurückgeben. Nur wenn wir das, was wir empfangen haben, an die Menschen verschenken und Gott vervielfacht zurückgeben, finden wir die Zukunft für uns und für die anderen. Nur die Liebe stiehlt nicht, geht nicht verloren, sondern vervielfacht sich, bleibt erhalten, erneuert sich. Sie gibt hundertfach, und sie gibt das Leben, das niemals endet.

Gebet am Tag des Herrn

Montag, 19. Oktober

Eph 2,1–10. **Gnadenhaftigkeit der Rettung in Christus**

Vor der Bekehrung haben „auch wir alle einmal", so erinnert uns Paulus, nach der Mentalität dieser Welt gelebt. Denn als wir dem Geist des Bösen unterworfen waren, sind wir unseren „Begierden" gefolgt, haben getan, „was das Fleisch und der böse Sinn uns eingaben", statt Gott zu lieben „mit ganzem Herzen und ganzer Seele" und mit unserem „ganzen Denken" (Mk 12,30). Daher waren wir „von Natur aus" dem Zorn Gottes unterworfen, das heißt in einer Situation, die Gott nicht ertragen konnte, weil sie dem Plan seiner Liebe widersprach. Trotz unserer Sünde ist er gekommen, um uns zu retten, wie der Apostel schreibt: „Gott aber, der reich ist an Erbarmen, hat uns, die wir infolge unserer Sünden tot waren, in seiner großen Liebe, mit der er uns geliebt hat, zusammen mit Christus lebendig gemacht. Aus Gnade seid ihr gerettet. Er hat uns mit Christus Jesus auferweckt und uns zusammen mit ihm einen Platz in den himmlischen Bereichen gegeben". Der Herr hat Mitleid mit uns und schenkt uns seine Liebe, ohne sich irgendeine Grenze zu setzen. Das Außergewöhnliche ist, dass er sich nicht an einen reuigen, sondern an einen sündigen Menschen wendet, der mithin sein Feind ist. Gleichwohl beschränkt er sich nicht darauf, uns aus einer ausweglosen Lage zu helfen, sondern gewährt uns sogar Anteil am wahren Leben. In Christus hat uns der Vater sein barmherziges Antlitz enthüllt. Als Glieder des Leibes Christi, des geliebten Sohnes, sind wir bereits mit ihm auferweckt und sind dort, wo er ist, nämlich bei Gott. Mit Christus und seinem Leib, der Kirche, vereint, sind wir vor dem blinden Schicksal des Bösen, der Einsamkeit und des Todes gerettet, aus Gnade gerettet, wie der Apostel wiederholt. Der Apostel erinnert an den Vorrang der Gnade, damit wir nicht in Versuchung geraten, uns einer Rettung zu „rühmen“, die wir unseren „Werken“ zu verdanken hätten. Der Glaube besteht darin, die Liebe Gottes in unserem Herzen aufzunehmen und ihrer Kraft gemäß wirken zu lassen.

Gebet für den Frieden

Dienstag, 20. Oktober

Eph 2,12–22. **Jesus Christus, Fundament der Einheit**

Der Apostel will das außerordentliche Werk Jesu, der „die trennende Wand“ zwischen den Menschen niedergerissen hat, und die Einheit verdeutlichen, die daraufhin entstanden ist. Es ist gut, wenn sich die Heiden an ihre frühere Situation, also daran erinnern, dass sie Gott einst fern waren und außerhalb seiner Offenbarung standen. Obwohl sich diese Worte des Apostels auf konkrete zeitliche Verhältnisse beziehen, können auch wir uns davon angesprochen fühlen, die wir einst fern von Gott und nicht in Gemeinschaft mit ihm waren – oder es sogar heute noch sind. Wahr sind diese Worte auch für die heutige Situation der Kirche, wo die Spaltungen stärker sind als die Gemeinschaft und die Sendung, das Evangelium zu verkünden. Wie viele Spaltungen bestehen noch immer zwischen den Christen! Schließlich können wir den Blickwinkel auch auf die ganze Menschheitsfamilie ausweiten. Wie zahlreich sind die Konflikte unter den Völkern der Erde! Als Gläubige dürfen wir uns nicht mit den Spaltungen abfinden, denn dann laufen wir Gefahr, daran mitschuldig zu werden. Wir sind berufen, uns dafür einzusetzen, dass die von Gott gewollte geschwisterliche Eintracht zwischen allen Menschen wiederhergestellt wird. Jesus ist der Friede. Deshalb wirkt er für die volle Gemeinschaft zwischen den Menschen. Der Friede ist kein persönliches Wohlgefühl und schon gar nicht die bloße Abwesenheit von Krieg. Der Friede ist die Fülle der Gemeinschaft, ist gelebte Geschwisterlichkeit. Um ihn zu ermöglichen, hat sich Jesus mitten in den Konflikt hineinbegeben und sogar den Tod auf sich genommen. Mit dem Kreuz hat er die Mauer des Egoismus niedergerissen, die die Menschen trennt. Er hat alle in der Liebe vereint und so den „neuen Menschen" verwirklicht, den Menschen, in dessen Herzen die gesamte Menschheit wohnt. Denn die Überwindung jedweder Spaltung, Barriere oder Grenze geschieht im Herzen des Gläubigen. Für den Jünger Jesu gibt es keine Feinde, die er bekämpfen, sondern nur Brüder und Schwestern, die er lieben muss. Aus dieser gekreuzigten Liebe entsteht die Kirche als Gemeinschaft von Brüdern und Schwestern. Vom Kreuz her ist eine neue Geschwisterlichkeit auf der Erde entstanden: die Gemeinschaft der Gläubigen. Ihr ist die Aufgabe der Versöhnung anvertraut, wo immer Trennung und Spaltung herrschen.

Gebet mit Maria, der Mutter des Herrn

Mittwoch, 21. Oktober

Gedenktag des seligen Giuseppe Puglisi, Priester der Kirche von Palermo, der 1993 von der Mafia ermordet wurde.

Eph 3,2–12. **Paulus, Diener des Christusgeheimnisses**

Der Horizont, in den Paulus seine Mission stellt, ist der große Plan Gottes für die Menschheit, das heißt die Einheit aller Völker und ihr Zugang zum Vater: „Deshalb bin ich, Paulus, der Gefangene Christi Jesu für euch, die Heiden" (Eph 3,1). Der Apostel unterstreicht die Verbindung mit Christus, der ihn erwählt und zu den Heiden gesandt hat – zu all jenen also, die nicht zum Volk Israel gehören. Paulus fühlt sich als „der Gefangene“ dieser Sendung, insofern er diese seine Sendung in vollkommener Abhängigkeit vom Herrn lebt. Sicher ist er ein Apostel wie die anderen (vgl. Eph 2,20), aber mehr als die anderen verdient er den Titel des Völkerapostels. Paulus weiß um die Größe seiner Sendung, ein „Diener“ des Evangeliums geworden zu sein. Diese Sendung ist für ihn kein Anlass zu persönlichem Stolz. Ihm ist deutlich bewusst, welchem Leben er entrissen und für welche Sendung er ausgewählt worden ist. Paulus betont seine Kleinheit und stellt so die Größe der empfangenen Berufung heraus, „den unergründlichen Reichtum Christi“ zu verkünden. Dieses „Geheimnis“, das sich ihm kundgetan hat, ist nicht auf herkömmlichen Wegen erfahrbar. Allein Gott enthüllt es. Für Paulus war es eine überwältigende spirituelle Erfahrung, ein Licht, das in die Tiefe seines Herzens eingedrungen ist und ihn befähigt hat, seinerseits die Menschen zu erleuchten (vgl. 2 Kor 4,6). Diese Erfahrung des Paulus lässt sich zur charismatischen Dimension der Kirche in Beziehung setzen, die bis heute auf vielfältige und unterschiedliche Weise gegenwärtig ist. Wir alle sind berufen, vereint mit Christus zu einem einzigen „neuen Menschen“ (Eph 2,15), zu einer einzigen, aus allen Völkern bestehenden Familie zu werden. Die Kirche ist das Werkzeug, mit dem Christus die Versöhnung unter die Völker der Erde bringen will. Ihre innere Einheit ist der Sauerteig der Einheit unter den Völkern. Dafür hatte Jesus selbst gebetet: „Alle sollen eins sein: Wie du, Vater, in mir bist und ich in dir bin, sollen auch sie in uns sein, damit die Welt glaubt, dass du mich gesandt hast“ (Joh 17,21). Die Gemeinschaft der Gläubigen wird zur Vermittlerin dieser neuen Beziehung, die Gott durch Jesus zur ganzen Menschheit hergestellt hat. Es ist eine mühsame und schwierige Aufgabe. Deshalb ruft Paulus dazu auf, nicht zu verzagen. Die Leiden, die diese Aufgabe mit sich bringt, sind das Zeichen einer neuen Geburt, der Hervorbringung einer neuen Menschheit.

Gebet mit den Heiligen

Donnerstag, 22. Oktober

Gedenktag des heiligen Johannes Paul II., der im Jahr 2005 verstorben ist.
Gedenken an Maria Salome, die Mutter von Jakobus und Johannes, die dem Herrn bis unter das Kreuz nachfolgte und ihn ins Grab legte.

Eph 3,14–21. **Gebet des Paulus**

Angesichts der Offenbarung des unergründlichen Reichtums Christi beugt Paulus seine „Knie vor dem Vater" und betet für die Epheser. Er bittet Gott, dass der Geist sie stark machen und den inneren Menschen in ihnen festigen möge. Der Geist ist die Kraft Gottes, die in der Tiefe des Herzens wirkt, dem Ort der Entschlüsse, Entscheidungen, und Gedanken. Denn im Herzen beginnt die Veränderung, und hier ist es, wo Christus mit seinem Wort und seiner Gnade herabsteigt. Die Gegenwart Christi öffnet das Herz und den Geist für die Gemeinschaft mit den Brüdern und Schwestern. Das Geheimnis Gottes kann man nur in der Liebe verstehen, nur in einem Leben der Jüngerschaft und des in der Gemeinschaft, „mit den Heiligen" gelebten Zeugnisses. Die Erkenntnis des Geheimnisses – einschließlich des Hörens auf das Wort – besitzt zwangsläufig eine kirchliche Dimension, insofern man dieselben Wahrheiten teilt und vor allem gemeinsam erfährt. In der gegenseitigen Liebe werden die Schwestern und Brüder zu Vermittlern der Erkenntnis Christi selbst. In der Geschwisterlichkeit wirkt der Geist für unser inneres Wachstum. Deshalb ist das gemeinsame Leben mit den Schwestern und Brüdern unabdingbare Voraussetzung der Erkenntnis Christi. Paulus' Gebet für die Epheser gipfelt in einer letzten Bitte: dass sie „in die ganze Fülle Gottes hinein" erfüllt werden. Der Apostel schließt mit einem Lobpreis. Die Einheit der Menschheit ist die Herrlichkeit Gottes, die Offenbarung seiner Liebe, die immer überreichlich sein und all unsere Begriffe und Erwartungen übersteigen wird. Ihm gebührt daher die Herrlichkeit „in der Kirche und in Christus Jesus".

Gebet für die Kirche

Freitag, 23. Oktober

Eph 4,1–6. **Einheit und Wachstum des Leibes Christi**

Mit dem vierten Kapitel beginnt der zweite Teil des Epheserbriefes, der einen eher mahnenden Charakter hat. Paulus wendet sich mit Leidenschaft an die Christen von Ephesus und stellt einen Zusammenhang zwischen dem Wirken Gottes und ihrer Antwort her: „Ich, der Gefangene im Herrn, ermahne euch, ein Leben zu führen, das des Rufes würdig ist, der an euch erging." Er weiß, dass es keine Trennung zwischen der empfangenen Berufung und dem Verhalten geben kann, das daraus folgen muss. Denn die Authentizität des Glaubens ergibt sich aus dem Lebenszeugnis. Das gilt für ihn, den Apostel, und das gilt genauso für jeden Gläubigen. Paulus fordert die Christen daher auf, es zu ihrem Lebensinhalt zu machen, dass die Gemeinde in Liebe und Einheit aufgebaut wird und wächst. Sieben Mal wiederholt der Apostel das Zahlwort „ein" und unterstreicht so die Einheit der Gemeinde. Der Apostel mahnt die Christen, durch ein demütiges, friedfertiges und geduldiges Verhalten „die Einheit des Geistes zu wahren". Warum sind die genannten Verhaltensweisen so wichtig? Weil der Apostel der Auffassung ist, dass durch sie die Einheit gewahrt wird. Die Demut lässt den Gläubigen vor Gott leben wie einer, der alles von ihm erwartet. Die Friedfertigkeit bringt ihn dazu, nicht mit Gewalt zu reagieren. Die Geduld schließlich macht ihn Gott ähnlich, der allen gegenüber geduldig ist. Das Vorbild, auf das wir schauen sollen, ist Jesus, denn er ist „gütig und von Herzen demütig" (Mt 11,29). Er ist gekommen, „um zu dienen und sein Leben hinzugeben" (Mk 10,45), und er „erniedrigte sich und war gehorsam bis zum Tod" (Phil 2,8). Der Apostel fordert die Epheser auf, die Einheit „zu wahren", und warnt, dass jede Verletzung der Einheit der Gemeinde eine Verletzung ist, die dem Leib Christi selbst zugefügt wird. Damit begeht man Verrat an der Berufung, ein einziger Leib zu sein, einen einzigen Glauben und eine einzige Taufe zu haben und einen einzigen Gott und Vater aller anzuerkennen. Quelle der Einheit ist die Aufnahme des einen Geistes im Herzen der Gläubigen.

Sie wird uns geschenkt, wenn wir Kinder des einen Vaters und der einen Mutter Kirche werden.

Gebet des heiligen Kreuzes

Samstag, 24. Oktober

Eph 4,7–16. **Der Aufbau des einen Leibes Christi**

Nachdem der Apostel die unverzichtbare Einheit der Kirche betont hat, wendet er seine Aufmerksamkeit den einzelnen Gläubigen zu. Er zeigt, dass Einheit nicht Verflachung oder Gleichförmigkeit bedeutet. „Jeder von uns“, schreibt Paulus, empfängt eine besondere Gabe, um der Gemeinde zu Diensten zu sein. Jeder Jünger ist mithin für den anderen und für die gesamte Gemeinde verantwortlich. Das ist der Sinn einer Kirche, die keine Klerus-, sondern eine Volkskirche ist, insofern alle – jeder nach den Gaben, die er empfangen hat – für das Ganze verantwortlich sind. Niemand darf sich der Verantwortung für den ganzen Leib der Kirche entziehen. In Anlehnung an das Psalmwort „Er gab den Menschen Geschenke“ (vgl. Ps 68,19) zählt Paulus einige Geschenke auf, die der Herr den Gläubigen macht. Da sind die Apostel, die das Fundament der Kirche bilden, sodann die Propheten, also die Menschen des Geistes, die das Wort lebendig machen, ferner die Evangelisten, die das Evangelium verkünden, und schließlich die Hirten und Lehrer, die für die pastorale Leitung der Gemeinde und für die Lehre verantwortlich sind. Alle diese Geschenke sind dazu da, um die Heiligen, also die Gemeinde „für die Erfüllung ihres Dienstes zuzurüsten, für den Aufbau des Leibes Christi“. Zweck der Charismen ist es folglich, die Christen zu vervollkommnen, damit sie fähig sind, den Leib Christi aufzubauen, der eine „Wohnung Gottes im Geist“ ist (Eph 2,22). Durch dieses Werk des Dienens wird jeder „zum vollkommenen Menschen“. Die Vollkommenheit besteht mithin nicht darin, sich selbst zu verwirklichen, sondern zur Größe Christi zu gelangen. „Wir sollen nicht mehr unmündige Kinder sein“, sagt der Apostel den Christen von Ephesus, also unreife Menschen, die wie auf einem Schiff von der Gewalt der Wellen hin und her geworfen oder von falschen Propheten betrogen werden. Die Reife des Glaubens besteht darin, „von der Liebe geleitet, die Wahrheit [zu] bezeugen“, das heißt, zusammen mit der ganzen Gemeinde der Jünger das Evangelium zu leben. Erkenntnis allein genügt nicht. Man muss lieben, das heißt, sein Leben für die anderen hingeben. Die Liebe lässt die Wahrheit erstrahlen und die Kirche wachsen.

Gebet der Vigil

Sonntag, 25. Oktober: 30. Sonntag im Jahreskreis

Ex 22,20–26; Ps 18; 1 Thess 1,5c–10; Mt 22,34–40

Der Gesetzeslehrer fragt Jesus nur, um ihn auf die Probe zu stellen. So ist es oft, wenn jemand meint, er hätte immer Recht. Er lässt sich sogar auf eine Diskussion mit Jesus ein und sucht nach Widersprüchen, um zu beweisen, dass er sich irrt. Das ist unsere übliche Art, mit den anderen umzugehen. Uns genügt ein „Beweis“, um zu verurteilen, um eine Freundschaft zu beenden, um den anderen nicht mit Liebe, sondern – und das ist das Gegenteil – mit Gleichgültigkeit zu begegnen. Die Frage, die der Gesetzeslehrer stellt, ist grundlegend. „Welches Gebot im Gesetz ist das wichtigste?“ In der Verwirrung unseres Lebens geschieht es leicht, dass wir alles relativieren, dass wir ohne ein klares Gebot und nicht nach einer, sondern nach vielen aufeinanderfolgenden Prioritäten leben. Ein Gebot lässt sich nicht auf das Maß meiner psychologischen Verfassung zurechtstutzen, sondern ist selbst das verbindliche Maß, nachdem ich mich richten muss. Umgekehrt kann es leicht dazu kommen, dass meine Empfindungen, mein Wohlergehen zum Gebot erhoben werden, das heißt, dass sie das Gesetz sind, dem wir gehorchen. Für den Herrn gibt es nur ein Gesetz: das der Liebe. Dieses Gebot rettet den, der liebt, und macht das Leben dessen, der geliebt wird, besser. Die Liebe verwandelt unser Leben weit mehr, als wir es uns mit unseren Berechnungen, unseren Zweifeln, unseren Gewissheiten und den vielen Resignationen vorstellen können. Das Evan-

gelium erinnert uns an das, was im Glauben und im Leben wesentlich ist. Das Evangelium sagt uns, dass das Wesentliche des Glaubens in der Einheit der beiden Gebote besteht. Die Nächstenliebe wird mit der totalen Gottesliebe gleichgesetzt.
Natürlich erleidet keiner der beiden Begriffe durch diese Gleichsetzung einen Abbruch, und natürlich steht der Primat Gottes außer Zweifel. Dennoch kann man Gott nicht lieben, ohne auch den Nächsten zu lieben. Das soll heißen, dass der Weg zu Gott unweigerlich den Weg kreuzt, der zu den Menschen und vor allem zu den Schwächsten führt. Wenn man ihnen hilft, hilft man Gott, wenn man sie verteidigt, verteidigt man Gott. Und nicht nur das. Gott will offenbar nicht einmal den Eindruck erwecken, dass er zur Menschenliebe in Konkurrenz tritt. Er besteht nämlich, anders, als wir es an seiner Stelle täten, nicht auf der Gegenseitigkeit. Jesus sagt nicht zu uns: Liebt mich, wie ich euch geliebt habe, sondern: Liebt einander, wie ich euch geliebt habe (vgl. Joh 13,34). Dieser Blickwinkel wird auch durch die Vorschriften aus dem Buch Exodus erhellt, die uns heute erneut vorgelegt werden. Wir werden aufgefordert – ein klares Zeichen gegen jene Verschlossenheit und mangelnde Gastfreundschaft, die aus Engherzigkeit und Egoismus erwachsen –, Fremde, Waisen und Witwen aufzunehmen. Gott selbst hat sich auf ihre Seite gestellt. Er hört ihr Schreien und wird für Gerechtigkeit sorgen. An diesen beiden Geboten „hängt“ nicht nur „das ganze Gesetz und die Propheten“, sondern auch das Leben auf unserer Erde, wenn wir denn wollen, dass es ein wahrhaft würdiges Leben für alle ist.

Gebet am Tag des Herrn

Montag, 26. Oktober

Eph 4,32–5,8. **Gott nachahmen als Kinder des Lichts**

Der Apostel Paulus ermahnt die Epheser, gütig zueinander, barmherzig und bereit zu sein, einander zu vergeben wie Gott uns vergeben hat. Die Gemeinschaft mit Gott erfordert die Gemeinschaft mit den Schwestern und Brüdern. Gott und seine Kinder sind nicht voneinander zu trennen. Vielmehr müssen wir Gottes Liebe in unser Herz aufnehmen. Der Apostel ruft die Christen von Ephesus auf, Gott nachzuahmen „als seine geliebten Kinder“ und „ein Leben in Liebe“ zu führen. Aufs Neue zeigt er den Grund für ein solches Verhalten auf: „Ahmt Gott nach als seine geliebten Kinder und führt euer Leben in Liebe, wie auch Christus uns geliebt … hat“. Der Gläubige führt sein „Leben in Liebe“, weil Gott die Liebe ist. Sodann setzt Paulus seine konkreten Ermahnungen fort, die sich nun auf ein Laster richten, das die jüdische und später die christliche Polemik dem Heidentum oft zum Vorwurf gemacht haben: die Unzucht und ihre Folgen, nämlich Unreinheit und Habgier. All diese Verhaltensweisen, so Paulus, müssen aus dem Leben des Christen entfernt, ja dürfen nicht einmal mehr beim Namen genannt werden, weil sie die Heiligkeit des Christen, also die Tatsache antasten, dass er nicht sich selbst, sondern Gott gehört. Auch eine obszöne, das heißt unziemliche und zweideutige Sprechweise gilt es auszuräumen. De facto verbirgt sich hinter all diesen Verhaltensweisen ein Götzendienst. Der Gläubige darf sich von niemandem täuschen lassen, der törichte Überlegungen anstellt. Solche Menschen sind Kinder des Ungehorsams wie jene, die Gott abgelehnt haben. Der Jünger dagegen ist ein Kind des Lichts, ein Kind des Evangeliums: „Jetzt aber seid ihr Licht im Herrn. Lebt als Kinder des Lichts!“ Das ist die Verbindung zwischen dem empfangenen Geschenk und der Verpflichtung, die daraus erwächst. Deshalb dürfen wir nicht im Dunkel der Resignation und der Selbstbezogenheit verharren. „Wach auf, du Schläfer“, schreibt Paulus, „und steh auf von den Toten, und Christus wird dein Licht sein“ (Eph 5,14). Die Christen sind aufgerufen, sich vom Licht des Auferstandenen durchfluten zu lassen und die Welt zu verändern, indem sie die heimtückische Versuchung überwinden, sich mit der Macht des Bösen abzufinden. Deshalb darf man sich nicht unbedacht, das heißt wie Menschen verhalten, die die Einsicht des Evangeliums verloren und die Kraft der Liebe vergessen haben. Die Ermahnung, sich nicht zu betrinken, warnt uns davor, uns von den Moden der Welt betäuben zu lassen. Weise ist es dagegen, sich vom Geist erfüllen zu lassen, der uns drängt, unserer Freude mit Psalmen, Hymnen und Liedern Ausdruck zu geben.

Gebet für die Armen

Dienstag, 27. Oktober

Gedenken an das historische Treffen von Assisi 1986, zu dem Papst Johannes Paul II. Vertreter aller christlichen Konfessionen und der großen Weltreligionen eingeladen hatte, um für den Frieden zu beten. Gedenken an Dominique Green, einen jungen Afroamerikaner, der 2004 hingerichtet wurde. Gebet für die zum Tode Verurteilten und für die Abschaffung der Todesstrafe.

Eph 5,21–33. **Die Beziehung zwischen den Eheleuten**

Der Apostel versäumt es nicht, auch die Beziehungen innerhalb der Familie gemäß dem Denken des Evangeliums zu deuten. Er weiß genau, dass die Mitglieder einer christlichen Familie auf neue Weise, nämlich als Personen miteinander umgehen müssen, die sich vor allem Christus unterordnen. Das bringt auch innerhalb der Ehe und der Familie neue Beziehungen hervor. Alle sind berufen, sich „in der gemeinsamen Furcht Christi" einander unterzuordnen. Noch vor dem Respekt vor ihren jeweiligen sozialen Rollen steht für beide, den Ehemann und die Ehefrau, ihre Zugehörigkeit zu Christus. Mit dieser Ermahnung wird jede Versuchung, sich autoritär zu verhalten, sich also dem anderen überlegen zu fühlen, mit der Wurzel ausgerissen. Paulus respektiert die geltenden Familienstrukturen seiner Zeit, betrachtet jedoch die Ehepartner als Geschwister in Christus. Ihre bräutliche Beziehung soll mithin von derselben Geschwisterlichkeit beseelt werden, die auch in der Kirche herrscht. Die christlichen Eheleute sind zu einer ähnlichen Gegenseitigkeit in der Liebe aufgerufen, wie sie zwischen Christus und der Kirche besteht, zu einer Liebe also, die bis zur Hingabe des Lebens reicht. Ihre Berufung besteht darin, sich gemeinsam dem Leben und der Weitergabe der Liebe bis an die Enden der Erde zu öffnen. Das „große Geheimnis" der Liebe Christi und der Kirche erleuchtet die eheliche Liebe und gibt ihr die Kraft, immer weiter über sich hinauszuwachsen. Jeder ausschließlich auf die Familie oder auf Abschottung gerichtete Aspekt wird überwunden. Deshalb kommt der Moment, da „der Mann Vater und Mutter verlassen" wird. Die Liebe, die die beiden Eheleute miteinander verbindet, bringt Neues hervor und drängt dazu, die Liebe bis an die Enden der Erde auszuweiten.

Gebet mit Maria, der Mutter des Herrn

Mittwoch, 28. Oktober

Fest der Apostel Simon Kananäus, genannt der Zelot, und Judas mit dem Beinamen Thaddäus.

Lk 6,12–16. **Die Wahl der Zwölf**

Heute gedenkt die Kirche der Apostel Simon und Judas. Simon wird „der Zelot" genannt, wahrscheinlich weil er Mitglied der antirömischen Bewegung der Zeloten war, die auch Gewalt anwendeten. Der Überlieferung nach soll er das Evangelium in Samarien und Mesopotamien verkündet haben und in Persien gestorben sein. Judas mit dem Beinamen Thaddäus, „der Mutige", ist der Apostel, der Jesus beim Letzten Abendmahl fragte, warum er sich nur den Jüngern und nicht der Welt offenbare. In den Apostellisten erscheint sein Name an letzter Stelle. Die Tradition sieht in ihm den Verfasser des gleichnamigen Briefes an die Judenchristen. Über das Leben dieser beiden Apostel ist fast nichts bekannt. Das heißt aber nicht, dass sie weniger wichtig wären als die anderen. In der Kirche zählt nicht der Bekanntheitsgrad, sondern die Gemeinschaft mit dem Herrn und den Schwestern und Brüdern. Leider geschieht in der Gemeinde oft dasselbe wie unter den Aposteln – es kommt zum Streit darüber, wer der Erste ist. Der einzige Primat, der in der Kirche angestrebt werden soll, ist der Primat der Liebe und damit des großzügigen und unentgeltlichen Dienstes. Wie um zu betonen, dass nur seine Liebe den Jüngern ihre Würde verleiht, hat Jesus auch Simon und Judas beim Namen gerufen. Dieser Liebe, die Jesus uns erweist, entspringt auch jene Liebe, die unter den Jüngern herrschen soll, nämlich die geschwisterliche Liebe, die der Grund dafür ist, dass die anderen uns als seine Jünger, als Zeugen des Evangeliums der Liebe erkennen werden. Nach biblischem Verständnis ist der Name nicht nur nützlich, um jemanden zu rufen, sondern weit mehr: Er steht für die Geschichte, das Herz und das Leben eines jeden. Wenn der Herr einen Menschen ruft, verändert er auch seinen Namen, das heißt, er verwandelt sein Herz und gibt ihm eine neue Berufung. So wurde Simon zu Petrus, dem Felsen, dem Fundament. Einen Namen zu bekommen heißt vor allem, von Gott geliebt und – eben – beim Namen gerufen zu sein. Es bedeutet zudem, von Gott eine neue Aufgabe zu erhalten. Namentlich bekannt zu sein gehört schon rein menschlich gesprochen zu den kostbarsten Schätzen des Lebens. Beim Herrn aber erhält es eine noch größere Bedeutung: Uns gegenseitig mit Namen zu kennen und beim Namen zu rufen ist das Zeichen einer Liebe, die das Siegel Gottes trägt. Vor diesem Hintergrund zeichnet sich die Dimension der Vertrautheit umso deutlicher ab, die das Leben der Jünger kennzeichnen und sich, angefangen bei den Armen, auf alle ausweiten muss. Es ist also geradezu revolutionär, wenn man es sich zur Gewohnheit macht, auch die Armen bei ihrem Namen zu nennen. Das wird nicht so ohne Weiteres geschehen. Doch es gibt eine Verbindung zwischen dem Namen der Jünger und dem der Armen, nämlich das Geschenk, dass wir alle – jeder mit seinem eigenen Namen – Gottes geliebte Kinder sind.

Gebet mit den Aposteln

Donnerstag, 29. Oktober

Eph 6,10–20. **Das Leben des Gläubigen als Kampf und Gebet**

Am Ende des Briefes wendet sich Paulus nochmals an die Epheser und sagt ihnen, dass das christliche Leben ein Kampf ist. Es ist ein schwieriger und harter Kampf, weil er gegen bedrohliche und heimtückische Kräfte geführt wird. Auf viele Arten, in vielen Ereignissen und in vielen historischen Situationen manifestiert sich das vielfältige Gesicht des Bösen. Paulus erwähnt die „Weltherrscher dieser Finsternis“ und die „bösen Geister in den himmlischen Bereichen", Kräfte also, die eine heimliche, aber machtvolle Herrschaft über die Menschen ausüben. Deshalb muss man „die Waffenrüstung Gottes" anziehen, das heißt mit Gottes eigenen Waffen kämpfen. Daher mahnt der Apostel, sich die Hüften „mit Wahrheit" zu umgürten, also das Evangelium gut zu kennen, und den „Brustpanzer der Gerechtigkeit" anzulegen, sich also von Gott gerecht machen zu lassen. Weiter geht die Beschreibung mit dem Bild der Soldatenstiefel, die für die Bereitschaft stehen, sich auf den Weg zu machen und das Evangelium des Friedens, den Jesus am Kreuz erwirkt hat, bis an die Enden der Erde zu tragen. Der Glaube ist der Schild, der den ganzen Leib des Soldaten schützt, wie geschrieben steht: „Der Herr ist meine Kraft und mein Schild, auf ihn vertraute mein Herz" (Ps 28,7). Der Helm steht für die Heilsgewissheit. Zuletzt erhält der Christ von Gott das Schwert des Geistes, das heißt das Wort Gottes. Es besitzt Urteilsvermögen, durchschlagende Wirkung, Schöpferkraft und zerstörerische Macht. Es ist die wahre Kraft des Gläubigen. Es ist richtig, an das „Wort der Wahrheit" zu denken, „das Evangelium von eurer Rettung" (Eph 1,13), das nicht nur im Kampf ein wirkungsvolles Mittel ist, den Feind zu besiegen, sondern mit der Kraft der Liebe auch das Reich Gottes unter den Menschen zu errichten vermag. Zum Kampf gegen das Böse gehört nicht zuletzt das Gebet, vor allem das inständige Gebet. Paulus spricht davon, „zu beten und zu flehen", um seine unabdingbare Beharrlichkeit zu betonen. Das Gebet „für alle Heiligen" zu dem Zweck, das Leben der Gemeinde zu erhalten und zu verteidigen, hilft, wachsam zu bleiben, und verleiht der Verkündigung des Evangeliums Kraft. Paulus bittet auch für sich selbst um Gebete, damit ihm „das rechte Wort gegeben werde, … mit Freimut das Geheimnis des Evangeliums", also die Größe der Liebe Gottes zu uns, „zu verkünden". Der Brief endet mit dem Segenswunsch: Friede und Gnade „von Gott, dem Vater, und dem Herrn Jesus Christus." Der abschließende Gruß ist weitgefasst und feierlich. Er verbindet den Frieden und die Liebe. Der eine kann nicht ohne die andere sein. Die Kraft der Christen ruht auch heute auf diesen beiden Säulen.

Gebet für die Kirche

Freitag, 30. Oktober

Phil 1,1–11. **Danksagung**

Paulus schreibt diesen Brief an die Gemeinde von Philippi aus dem Gefängnis. Er bezieht Timotheus, den er bald zu ihnen schicken wird, in den Gruß am Briefanfang mit ein und stellt sie beide als „Knechte Christi Jesu" vor. Ihr pastoraler Dienst wird als umfassender „Dienst am Evangelium" verstanden. Es erstaunt, dass der Apostel am Briefanfang nichts von seinen Schwierigkeiten schreibt. Stattdessen dankt er dem Herrn für ihr Zeugnis und für ihre „Gemeinschaft im Dienst am Evangelium". Außerdem schreibt er, dass das Leben der Gemeinde und ihr Einsatz für die Ausbreitung des Evangeliums ein gutes Werk sind, das der Herr bei ihnen begonnen hat und das er auch vollenden wird. Dem Apostel ist bewusst, dass die Gemeinde bei der Evangelisierung der Stadt Philippi eine zentrale Rolle spielt. In gewisser Weise ist er sogar stolz auf sie und bringt seine große Zuneigung zum Ausdruck: „Es ist nur recht, dass ich so über euch alle denke, weil ich euch ins Herz geschlossen habe. Denn ihr alle habt Anteil an der Gnade, die mir durch meine Gefangenschaft und die Verteidigung und Bekräftigung des Evangeliums gewährt ist." Die guten Nachrichten, die ihn aus der Gemeinde von Philippi erreichen, sind für den Apostel ein Trost. Er freut sich darüber und fühlt sich zugleich ermutigt. Die gemeinsame Leidenschaft für das Evangelium schafft starke und enge Bindungen, die weder die Entfernung noch die Schwierigkeiten lockern oder gar lösen können. Das Wachstum der Gemeinschaft ist immer Grund zur Freude. Wenn es darum geht, den Glauben zu leben, verleiht die Geschwisterlichkeit unter allen Jüngern Jesu eine außerordentliche Kraft. Das kann Paulus gerade in der Gefangenschaft bezeugen. Das Geheimnis dieser Kraft liegt im Gebet. Hat der Apostel zu Beginn das Dankgebet vorgeführt, so schreibt er den Philippern jetzt, dass er für sie betet. Das ist das Fürbittgebet: „Ich bete darum, dass eure Liebe immer noch reicher an Einsicht und jedem Verständnis wird". Für die anderen, also in diesem Fall für die ferne Gemeinde von Philippi zu beten zeigt, wie wichtig diese Geste der Gemeinschaft im Glauben ist. Wenn wir füreinander beten, knüpfen und verstärken wir das Netz der Geschwisterlichkeit der Christen in aller Welt.

Gebet des heiligen Kreuzes

Samstag, 31. Oktober

Phil 1,18–26. **Das Evangelium zuerst**

In den Versen, die der gehörten Lesung vorangehen (Phil 1,12–17), schreibt der Apostel an die Christen von Philippi, dass seine Gefangenschaft für ihn zu einer Gelegenheit geworden ist, das Evangelium zu verkünden. Die unangenehmen Seiten seiner Haft lässt der Apostel unerwähnt. Die Leidenschaft für das Evangelium hat die Gefangenschaft vielmehr zu einer außerordentlichen Gelegenheit werden lassen, das Evangelium zu verkünden. Der Apostel hat wahrhaftig sein ganzes Leben zu einem umfassenden Dienst am Evangelium Jesu gemacht. Sein persönliches Schicksal, sein Leben und sein Tod sind für ihn zweitrangig. Was zählt, ist die Verkündigung des Evangeliums. Das ist eine wichtige Lehre für uns alle, die wir uns so oft von unserer Trägheit oder von der Enge unserer persönlichen Horizonte einschränken lassen. Der Apostel will, dass auch die Christen von Philippi begreifen, dass gerade dies die Aufgabe der Jünger Jesu ist: immer Zeugnis für das Evangelium abzulegen. Diese Aufgabe ist so unverzichtbar, dass er sogar schreibt: „Auf jede Weise, ob vorgetäuscht oder in Wahrheit, wird Christus verkündet und darüber freue ich mich“ und „werde mich auch weiterhin freuen“. Das Evangelium weiterzugeben heißt nämlich, mit Worten und mit dem eigenen Leben erfahrbar zu machen, wie groß die Liebe Gottes ist, die sich in Jesus, dem Herrn, geoffenbart hat. Von dieser Leidenschaft des Paulus müssen wir Christen zu Beginn dieses neuen Jahrhunderts uns alle zutiefst hinterfragen lassen. Haben wir diese Aufgabe, die Gott doch ausnahmslos jedem Jünger anvertraut hat, nicht häufig an andere delegiert? Jeder müsste sagen können, wenn er den Philipperbrief liest: „Für mich ist Christus das Leben und Sterben Gewinn.“ Wenn der Herr uns das Leben schenkt, dann leben wir für den Herrn und für das Evangelium, weil wir nur so für die anderen und für die Welt wirklich eine Hilfe sein können.

Gebet der Vigil

Sonntag, 1. November: Hochfest Allerheiligen

Gedenken an alle Heiligen, deren Namen im Himmel verzeichnet sind. In Gemeinschaft mit ihnen beten wir zum Herrn in dem Wissen, dass wir seine Kinder sind.

Offb 7,2–4.9–14; Ps 24; 1 Joh 3,1–3; Mt 5,1–12a

Heute ist das Fest aller Heiligen. Das Buch der Offenbarung scheint sie uns vor Augen führen zu wollen: „Siehe, eine große Schar aus allen Nationen und Stämmen, Völkern und Sprachen; niemand konnte sie zählen. Sie standen vor dem Thron und vor dem Lamm, gekleidet in weiße Gewänder, und trugen Palmzweige in den Händen“. Es sind Männer und Frauen aus allen Nationen und Völkern, jeder mit einer anderen Geschichte und Zugehörigkeit, doch sie alle haben das Erbarmen Gottes empfangen und auf dem Weg des Evangeliums ausgeharrt. Es ist ein großes, ein grenzenloses Volk, das nun in jenem Haus des Vaters mit den vielen Wohnungen wohnt, in das der auferstandene Jesus gegangen ist, um einen Platz für alle vorzubereiten. Es ist kein Volk, das von uns getrennt in einer fernen und unerreichbaren Welt lebt. Dieses Fest hilft uns begreifen, dass die Heiligkeit nicht erst nach, sondern schon vor dem Tod beginnt: dann nämlich, wenn wir ein Teil der *Familia Dei* werden, wenn wir abgegrenzt – genau das bedeutet das lateinische Wort für heilig, *sanctus* – werden gegen das von Sünde und Tod bestimmte Schicksal dieser Welt und teilhaben an Gottes heiligem Volk. Der Apostel Johannes erinnert die Jünger in seinem ersten Brief an diese oft vergessene, außerordentliche Gabe, die sie aus reiner Gnade vom Herrn empfangen haben: „Seht, welche Liebe uns der Vater geschenkt hat: Wir heißen Kinder Gottes und wir sind es … Geliebte, jetzt sind wir Kinder Gottes. Doch ist noch nicht offenbar geworden, was wir sein werden.“

Wir sind ebendeshalb schon jetzt Kinder Gottes, weil wir in sein Volk aufgenommen, weil wir von dieser Mutter geboren worden sind, die sich nach wie vor liebevoll und geduldig zu uns herabbeugt, um uns zum Himmel empor- und jenem heiligen Volk entgegenzuführen, das vor dem Herrn steht. Tag für Tag begleitet uns die Kirche auf den Wegen der Barmherzigkeit, unablässig versammelt sie uns an den vielen Orten in aller Welt zum Gebet und lässt uns den Blick zu Gottes Himmel emporheben, als wolle sie uns schon heute einen Vorgeschmack auf das geben, was wir morgen sein werden. Die Heiligkeit ist keine Privatstraße, sie ist kein Lohn für persönliche Leistungen oder Verdienste, sie ist kein individueller Weg.

Wenn wir das Antlitz der Kirche betrachten, die noch als Pilgerin auf dieser Erde unterwegs ist, aber bereits unzählige Kinder im Himmel hat, dann sehen wir die Gesichter der Brüder und Schwestern, die uns geschenkt worden sind, und unser Blick kreuzt sich mit dem der Armen und der Schwachen, die wir nach dem Willen des Herrn lieben und denen wir als Brüder und Schwestern dienen sollen. Ja, diese Mutter, die Kirche, und die Armen sind das auf Erden sichtbare Antlitz jenes heiligen Volkes, das schon in den Himmel gekommen ist. In diese Vision schreiben wir unsere Gedanken, unsere Taten, unsere Entscheidungen, unsere Pläne hinein, weil dies das heilige Volk Gottes ist. Mit diesem Volk unterwegs zu sein bedeutet, auf dem Weg der Heiligkeit zu gehen. Nicht der ist heilig, der niemals sündigt. Nicht der ist heilig, der sich für gerecht hält. Heilig ist, wer nicht aufhört, bei dieser Mutter zu sein: von der Liebe Zeugnis zu geben, für die Gerechtigkeit und für den Frieden zu arbeiten und die Armen und Schwachen mit barmherzigen und mitleidigen Augen anzusehen. Heilig ist auch der Sünder, der vor dem Herrn niederkniet und über seine Sünden weint. Deshalb können wir alle, wirklich alle, heilig sein. Wir Sünder werden heilig gemacht, wenn wir uns von dieser Mutter lieben lassen.

Gebet mit den Heiligen

Montag, 2. November: Allerseelen

Gedenken an alle im Herrn Entschlafenen. Wir denken besonders an diejenigen Verstorbenen, an die sich niemand erinnert, und an alle, die unserem Herzen besonders lieb sind.

Jes 25,6a.7–9; Ps 23; Röm 8,14–23; Mt 25,31–46

Der Apostel Paulus lädt uns ein, die Zukunft zu betrachten, die den Kindern Gottes vorbehalten ist: „Ihr habt nicht einen Geist der Knechtschaft empfangen, sodass ihr immer noch Furcht haben müsstet, sondern ihr habt den Geist der Kindschaft empfangen … Sind wir aber Kinder, dann auch Erben", schreibt er an die Römer und fügt hinzu: „Ich bin nämlich überzeugt, dass die Leiden der gegenwärtigen Zeit nichts bedeuten im Vergleich zu der Herrlichkeit, die an uns offenbar werden soll." Das heutige Gedenken lässt uns einen Blick auf diese zukünftige Herrlichkeit erhaschen. Für uns, die wir noch auf der Erde sind, muss diese Herrlichkeit erst noch kommen, doch den Verstorbenen, die an den Herrn geglaubt haben, ist sie bereits enthüllt worden. Sie wohnen auf jenem hohen Berg, auf dem der Herr allen Völkern ein Festmahl bereitet hat. Für sie ist auf jenem Berg der Schleier, der das Gesicht verhüllt, das heißt die Gleichgültigkeit, die uns nur um uns selbst kreisen lässt, zerrissen worden, und ihre Augen schauen das Antlitz Gottes. Ja, niemand von ihnen vergießt mehr Tränen der Traurigkeit. Wenn es im Himmel Tränen gibt, dann sind dies Tränen einer innigen und zärtlichen grenzenlosen Ergriffenheit. Heute sehen wir mit den Augen des Herzens, wo unsere Lieben sind und wohin auch wir gehen werden.

Natürlich besteht eine Trennung zwischen ihnen und uns, und doch auch eine starke Verbindung. Für die Augen des Leibes ist sie nicht sichtbar, aber deswegen ist sie nicht weniger real. Die Gemeinschaft mit unseren Verstorbenen gründet sich auf das Geheimnis der Liebe Gottes, die alle sammelt und hält. Diese Liebe ist die Substanz des Lebens. Alles vergeht, auch der Glaube und die Hoffnung. Nur die Liebe bleibt. Das sagt uns Jesus, der Herr, im eben gehörten Evangelium. Ja, das Einzige, was im Leben zählt, ist die Liebe. Das Einzige, was von all unseren Worten und Taten, Gedanken und Plänen übrigbleibt, ist die Liebe. Die

Liebe ist immer groß, auch wenn sie sich in kleinen Gesten wie einem Glas Wasser, einem Stück Brot, einem Besuch, einem tröstenden Wort oder einem Händedruck äußert. Die Liebe ist groß, sie ist stark, sie ist unwiderstehlich, denn sie ist immer ein Funke Gottes, der die Erde entzündet und rettet. Selig sind wir, wenn wir den Worten des Evangeliums folgen, das wir gehört haben. Dann wird am Ende unserer Tage zu uns gesagt werden: „Kommt her, die ihr von meinem Vater gesegnet seid, empfangt das Reich als Erbe, das seit der Erschaffung der Welt für euch bestimmt ist" (Mt 25,34), und unsere Freude wird vollkommen sein.

Gebet des heiligen Kreuzes

Dienstag, 3. November

Phil 2,5–11. Die Erniedrigung und Erhöhung Christi

Der Apostel fordert die Philipper auf, die Einheit der Liebe und das Streben nach der Heiligkeit des Lebens und des Zeugnisses aufrechtzuerhalten. Er schreibt ihnen, dass man nur in dem Maß erhält, in dem wir alle auf Jesus blicken und „so gesinnt" sind, „wie es dem Leben in Christus Jesus entspricht". Dann singt er in wenigen Versen den berühmten Lobeshymnus, wie man es nennen könnte, auf Christus, der sich seiner Gottheit entäußert, um uns zu retten. Alle Evangelien beschreiben das Dasein Jesu als eines, das ganz und gar darauf ausgerichtet ist, für den Menschen zum Nächsten zu werden und, selbst um den Preis des Kreuzestodes, allen entgegenzugehen. Doch der Vater hat ihn verherrlicht und von den Toten auferweckt. Das ist das Ostergeheimnis, das sich jedoch durch die *Kenosis*, seine Erniedrigung bis zum Tod, vollzieht. Paulus fasst dieses Geheimnis in einem Loblied zusammen, das für die Menschen unbegreiflich ist: „Er war Gott gleich, … entäußerte sich und wurde wie ein Sklave … erniedrigte sich und war gehorsam bis zum Tod, bis zum Tod am Kreuz." Die Selbsterniedrigung Jesu bis auf die Stufe eines Sklaven hinab ist nicht einfach eine asketische Entscheidung, sondern die Logik der Gottesliebe, einer Liebe, die sich keinerlei Grenzen setzt und deshalb über den Tod und das Böse triumphiert. Es ist eine starke Liebe, die befreit, verwandelt, rettet. Diese Liebe, die sich erniedrigt, wird vom Vater erhöht. Jesus, der Diener aller, ist zum Herrn geworden, sodass „alle im Himmel, auf der Erde und unter der Erde ihr Knie beugen vor dem Namen Jesu und jeder Mund bekennt: Jesus Christus ist der Herr“. Jesus ist der Erlöser der Welt, weil er alle geliebt hat und in die tiefsten Tiefen hinabgestiegen ist. Jetzt ist es der Herr, der die menschliche Geschichte dem Heil entgegenführt. Die Jünger Jesu sind aufgerufen, genauso gesinnt zu sein wie er.

Gebet mit Maria, der Mutter des Herrn

Mittwoch, 4. November

Gedenktag des heiligen Karl Borromäus († 1584), Bischof von Mailand.

Phil 2,12–18. **Für das Heil arbeiten**

Paulus mahnt die Christen von Philippi, weiter im Gehorsam gegenüber dem Evangelium zu leben, weil sie auf diese Weise nicht wenige Früchte hervorgebracht haben. Außerdem ist es das, was Jesus getan hat – das wird im vorherigen Abschnitt von der Erniedrigung deutlich – und weswegen er vom Vater erhöht worden ist. Der christliche Gehorsam befreit uns von unserem Stolz, unserer Selbstbezogenheit, unserem Kreisen um uns selbst, damit wir an jenem Traum teilhaben, den Gott für die gesamte Menschheit träumt. Vor diesem Hintergrund ermahnt der Apostel die Christen der Gemeinde von Philippi, nicht zu murren, weil dies zu Brüchen und Spaltungen führt. Dann werden sie „rein und ohne Tadel“ sein, „Kinder Gottes ohne Makel mitten in einer verkehrten und verwirrten Generation“. Wie sollte man bei diesen Worten nicht an unsere Generation, an diese unsere Zeit denken, die so oft Spaltungen, Ungerechtigkeiten, Unwahrheiten und Konflikten anheimfällt, die das Leben der Menschen nach wie vor zerreißen! Die christliche Gemeinschaft – damals in Philippi und heute überall auf der Welt –

ist aufgerufen, „als Lichter in der Welt“ zu leuchten und festzuhalten „am Wort des Lebens“. Paulus weiß genau, dass sich die christliche Gemeinde auch inmitten von Anfechtungen auf das Evangelium stützt und auch für die anderen ein Fels sein muss. Jesus spricht am Ende der Bergpredigt vom Haus, das auf den Fels seines Wortes gebaut ist. Der Gemeinde von Philippi, die aus seiner eigenen Missionsarbeit entstanden ist, vertraut Paulus an, dass er, wenn sie das Evangelium auch in Zukunft zur Grundlage ihres Lebens macht, „nicht vergeblich gelaufen“ ist. Er selbst ist sicher, dass er nicht vergeblich gelaufen ist, weil er stets versucht hat, dem Herrn zu folgen. Daher lädt er die Gläubigen ein, dem Evangelium täglich gehorsam zu sein, um von der Knechtschaft der Eigenliebe befreit zu werden. Der Jünger und jede christliche Gemeinde ist aufgerufen, auf das Wort zu achten, das der Herr Tag für Tag sendet. Sie sollen darauf hören, es aufnehmen, es im Herzen bewahren und es weitergeben, wo immer sie auch sind. Das ist die Freude, die der Apostel selbst lebt und die er mit den Christen von Philippi und mit uns, den Jüngern der letzten Stunde, teilen will.

Gebet mit den Heiligen

Donnerstag, 5. November

Gedenken an Zacharias und an Elisabet, die noch im hohen Alter Johannes den Täufer gebar.

Phil 3,3–8. **Unser einziger Ruhm ist Jesus Christus**

Die Gemeinde von Philippi durchlebte eine nicht ganz einfache Phase. Das verdeutlicht auch dieser Abschnitt. Paulus hatte zuvor von „Gegnern“ (Phil 1,28) gesprochen und im unmittelbar vorangehenden Vers erwähnt er „Hunde“, „die üblen Arbeiter“ und andere, die die Beschneidung, das Zeichen der Zugehörigkeit zum Volk Israel, womöglich zum Anlass nahmen, sich innerhalb der Gemeinde, die inzwischen auch Mitglieder mit heidnischen Wurzeln umfasste, überlegen zu fühlen. Der Apostel ist förmlich gezwungen, sich selbst als vollkommenes

Mitglied des Volkes Israel zu rühmen. Mit dieser Argumentation will er jedoch nur deutlich machen, dass es nicht das ist, worauf es beim Herrn ankommt. Ob man Jünger ist, entscheiden nämlich nicht „irdische Vorzüge" wie Herkunft, Status, Bildung und das, wodurch man sich von den anderen abhebt. Weder Geburt noch Zugehörigkeit machen, kurz gesagt, den Jünger aus, sondern allein der Glaube. Paulus hält seine ganze Vergangenheit, sein ganzes Leben außerhalb des Glaubens für „Unrat" im Vergleich zu dem großen Geschenk, das er empfangen hat, nämlich der Gnade, dem Herrn zu begegnen und ihm ähnlich zu werden. Daher begreift er sein Dasein, seine Tage, sein Handeln nunmehr als einen Wettkampf, um in allem Christus gleich zu werden, um in seinem Tod und in seiner Auferstehung aufzugehen. Der Gehorsam gegenüber dem Evangelium ist seine Lebensgrundlage. Mit diesem Abschnitt seines Briefes will Paulus den Philippern und auch uns seine eigene Sehnsucht nach einem christlichen Leben vermitteln, das ganz und gar auf die Verwirklichung der vollen Gemeinschaft mit dem Herrn ausgerichtet ist. Auch in der Bedrängnis erfährt der Christ dieselbe Freude, zu der der Apostel die Christen von Philippi ermuntert. Wenn es uns nicht gelingt, die Erhabenheit der Erkenntnis Christi Jesu, das heißt die Schönheit der kostbaren Perle zu betrachten, die wir aus Gnade in unserem Leben gefunden haben, werden oft die weltlichen Rollen und Rücksichten wichtig und führen wie in Philippi zu Spaltungen unter den Schwestern und Brüdern. Allein das Bewusstsein, alles aus Gnade empfangen zu haben, hilft uns zu erkennen, wie sehr wir geliebt werden, und befreit uns von Rollen und Schemata, die von der Welt sind und nicht vom Geist stammen.

Gebet für die Kirche

Freitag, 6. November

Phil 3,17–4,1. **Die Heiligen nachahmen**

Der Apostel zögert nicht, sich selbst als Vorbild hinzustellen, damit die Christen von Philippi inmitten der Verwirrung und der Versuchungen der Gemeinde seine Menschlichkeit und seinen Geist nachahmen. Wie leicht ist es doch, die Logik der Welt – also das, was Papst Benedikt als den Schmutz oder das, was Papst Franziskus als die Versuchungen der Weltlichkeit bezeichnet hat – in die Gemeinde eindringen zu lassen. Sie führt dazu, dass die Barmherzigkeit nicht gelebt wird, weil die Welt nicht die Liebe zum Elend des Nächsten, sondern nur Gericht und Verurteilung, Gegenüberstellung und Eigennutz kennt. Paulus liebt die Gemeinde so sehr, dass ihm die Tränen kommen. Wir dürfen niemals vergessen, dass unsere Verhaltensweisen unseren Brüdern und Schwestern Leid zufügen können. Paulus setzt sich leidenschaftlich für die Einheit der Gemeinde und die Verkündigung des Evangeliums ein. Er steht dem, was geschieht, nicht gleichgültig gegenüber, denn es führt weg vom Kreuz Christi, vom Evangelium. Der Apostel aber, der ein echter Bruder ist, will nicht, dass auch nur einer von denen verloren geht, für die er sich verantwortlich fühlt. Er ist wirklich ein Hirte, der seine Schafe liebt und vor einem furchtbaren Wolf, nämlich der Mentalität der Welt, der Mentalität eines selbstsüchtigen Lebens beschützt. Seine Liebe ist keine oberflächliche Liebe, die alles gleichgültig hinnimmt. „Unter Tränen" schreibt er an die Philipper, um sie zu überzeugen. Wer als Feind der unentgeltlichen Liebe – der Liebe des Kreuzes – lebt, läuft in sein Verderben, weil er letztlich seinen „Bauch" zum Gott erhebt, weil seine „Ehre" in seiner „Schande" besteht und weil er nur „Irdisches" im Sinn hat. Unsere Heimat, so schreibt der Apostel, ist im Himmel. Nur wer den Himmel, also die Dinge Gottes sucht, versteht es auch auf Erden wahrhaft zu leben. Wer mit dem Evangelium verbunden bleibt, wird schon jetzt verklärt und so auf den Himmel vorbereitet. Der Apostel schreibt, dass Jesus Christus „unseren armseligen Leib verwandeln wird in die Gestalt seines verherrlichten Leibes". Nicht nur der individuelle Leib – auch die menschliche Gemeinschaft und die Schöpfung selbst werden verwandelt werden.

Gebet für die Armen

Samstag, 7. November

Phil 4,10–19. **Paulus dankt für die herzliche Verbundenheit**

Wir sind im Nachwort des Briefes angekommen, den Paulus an die Philipper geschrieben hat, und die Worte, mit denen der Apostel sich an sie wendet, sind voller Zuneigung. Er schreibt, dass er eine große Freude im Herrn empfindet, weil sie ihre Sorge für ihn wieder entfaltet haben. Die Gemeinschaft und die Freundschaft zwischen den Brüdern und Schwestern muss immer am Leben erhalten werden. Bleibt sie lau, wird sie unweigerlich verlöschen. Paulus unterstreicht hier die Bedeutung der Gefühle im Leben der Gemeinde. Die Geschwisterlichkeit macht ihr Wesen aus. Die christliche Geschwisterlichkeit ist ein Gottesgeschenk, das täglich angenommen und gelebt werden muss. Sie besteht aus Beziehung, gegenseitigem Respekt, dem Gebet füreinander, gemeinsamen Erwartungen. So erbaut sie die Gemeinde als einen Ort der Liebe. Der Apostel braucht die Geschwisterlichkeit der Philipper. Nicht aus äußerlichen Gründen oder bloß, weil sie ihm nutzt. Schon vor geraumer Zeit hat der Apostel gelernt, in jeder Situation zurechtzukommen. Er erklärt: „Ich weiß Entbehrungen zu ertragen, ich kann im Überfluss leben." All seine Zuversicht und Kraft schöpft er aus Gott: „Alles vermag ich durch den, der mich stärkt." Die Philipper jedoch haben sehr gut daran getan, ihn in der Vergangenheit und auch jetzt zu unterstützen. Die Geschwisterlichkeit ist die liebevolle Zuwendung der einen zu den anderen, und sie ist eine zutiefst spirituelle Dimension. Der Apostel will die Christen von Philippi der Versuchung entreißen, sich nicht umeinander zu kümmern, Zuschauer und einander fern zu bleiben. Die Geschwisterlichkeit findet weder auf der Ebene der Psychologie noch auf der der materiellen Hilfsleistungen statt. Die Geschwisterlichkeit erlaubt uns eine tiefe Beziehung der Gemeinschaft und der Bestimmung. Sie befähigt uns, an der Bedrängnis der anderen „Anteil zu nehmen", ihre Probleme zu teilen und ihnen die Unterstützung nicht zu versagen. Es liegt nahe, dass der Apostel sich auf die Zeit seiner Gefangenschaft bezieht. Die geschwisterliche Gemeinschaft ist das Geschenk, das der Herr denen macht, die einander großzügig helfen.

Gebet der Vigil

Sonntag, 8. November: 32. Sonntag im Jahreskreis

Weish 6,12–16; Ps 63; 1 Thess 4,13–18; Mt 25,1–13

Zehn Frauen, so schreibt das Evangelium, warten auf die Ankunft des Bräutigams. Fünf von ihnen sind töricht, die anderen sind klug. Ihre Klugheit besteht der Erzählung zufolge darin, dass sie nicht nur die Lampe mit der üblichen Ölmenge, sondern darüber hinaus einen weiteren Ölvorrat mitgenommen haben. Die fünf Törichten meinen selbstsicher, sie hätten für alles gesorgt. Doch der Bräutigam verspätet sich … bis tief in die Nacht. Nichts liegt näher, als vom Schlaf übermannt zu werden. Man kann leicht einschlafen über seinen Gewohnheiten und Sicherheiten. Die Liebe zu sich selbst kann einen leicht benommen machen. Alle schlafen ein. Nicht das macht den Unterschied aus. Es gibt nicht die Guten, die wachbleiben, und die Bösen, die einschlafen. Alle, auch die Besten, werden vom Schlaf übermannt. Sind denn nicht in jener Nacht am Ölberg, als Jesus Todesangst hatte, auch seine drei engsten Freunde eingeschlafen? Diese zehn Frauen sind wir alle. Wir sind oft gefangen in einer habgierigen und verschlafenen Lebensweise ohne große Träume und Ideale. Dies ist die Nacht eines grauen, immer gleichen Lebens ohne Lichtstrahlen und ohne Sterne. Es ist die Nacht eines Egoismus, der weit verbreitet ist und im tiefsten Herzen eines jeden entsteht, ganz gleich, ob er klug oder töricht ist.
Doch plötzlich ertönt in dieser Nacht, die uns großenteils von unserem persönlichen Schlaf übermannt antrifft, der Ruf, der das Kommen des Bräutigams ankündigt. Was ist das für ein Ruf? Es ist der Ruf, der aus der finsteren Nacht der vielen armen Länder aufsteigt, der Schrei, der aus den Betten der Kranken ertönt, der Schrei der Millionen von Flüchtlingen, der die Kontinente durchzieht, der Schrei der einsamen alten Menschen, die nach Gesellschaft rufen,

der Schrei der immer zahlreicheren und immer öfter im Stich gelassenen Armen, der Schrei unseres verzweifelten Nachbarn oder Kollegen, der Schrei derer, die in Angst versinken. Und es ist auch der Schrei des verkündeten Evangeliums, der Schrei Gottes, der Gesellschaft verlangt: „Siehe, der Bräutigam! Geht ihm entgegen!" Wie viele Menschen brauchen jemanden, der ihnen entgegengeht! Diese Forderung reißt uns aus dem Schlaf, bringt uns dazu, aufzustehen. Er will genau mich, er sucht mich, er kommt mir entgegen. Der Bräutigam kommt! Er ist meine Freude! Es sind die kleinen Brüder und Schwestern Jesu, die uns entgegenkommen. „Dein Wort ist meinem Fuß eine Leuchte, ein Licht für meine Pfade", singt der Psalmist (Ps 119,105). Das verkündete und gelebte Evangelium ist ein Quell des Erbarmens, des Trosts, des Einfühlungsvermögens, der menschlichen Klugheit, die das Dunkel erhellt. Das Evangelium scheint jedoch anzudeuten, dass wir nicht immer Zeit haben! Das Ende des Gleichnisses ist überraschend bitter und hart. Der Bräutigam wird sagen müssen: „Ich kenne euch nicht." Wir bekommen in unserem Leben nicht unendlich viele Chancen! Wenn wir ohne Liebe leben, verpassen wir die Begegnung mit so vielen Brüdern und Schwestern, und am Ende werden wir sie verlieren! Ebendeshalb müssen wir immer Öl bei uns haben! „Ich war hungrig und ihr habt mir nichts zu essen gegeben" (Mt 25,42). Wir tragen das kostbare Öl aus den Krügen des Evangeliums bei uns! Das Öl wird uns die Freude schenken, zu finden, was wirklich hilft, es wird unser Herz entzünden und das Dunkel erhellen, sodass wir den Geliebten erkennen, der zu uns kommt.

Gebet am Tag des Herrn

Montag, 9. November

Fest des Weihetages der Kathedrale von Rom, der Basilika des heiligen Johannes des Täufers und des heiligen Johannes des Evangelisten im Lateran. Gebet für die Kirche von Rom.

Gedenken an die Pogromnacht im Jahr 1938 und den Beginn der nationalsozialistischen Judenverfolgung.

Joh 2,13–22. **Die Tempelreinigung**

Heute begeht die Kirche das Weihefest der Basilika des heiligen Johannes des Täufers und des heiligen Johannes des Evangelisten im Lateran in Rom, die auch die Mutter aller Kirchen der Welt genannt wird. Dieses Fest führt uns zurück an die Ursprünge der Kirche und erinnert uns an die Bedeutung und den Sinn jeder heiligen Stätte als einer Stätte des Gebets und der Begegnung mit dem Herrn. In der Liturgie werden die Kirchen dem Herrn gewidmet, das heißt, es sind Orte, die wir nicht uns selbst oder unserem Geltungsdrang widmen und die eben deshalb Orte der Freiheit und der Menschlichkeit in der Welt bleiben. Für Jesus war es ganz klar, dass der Jerusalemer Tempel dem Vater, Gott, und nicht dem menschlichen Handel gewidmet war. Deshalb wollte er diesen Raum schützen, und er tat dies so kraftvoll und entschlossen, dass sich die Jünger, als sie sahen, wie er die Händler und Geldwechsler fortscheuchte, an das Psalmwort erinnert fühlten: „Der Eifer für dein Haus hat mich verzehrt“ (Ps 69,10).

Das heutige Fest erinnert uns daran, dass der Herr auch aus uns, aus unserem Leben, einen Tempel gemacht hat, der nicht durch die Logik des Marktes, durch die Logik von An- und Verkauf entweiht werden darf. Die einzige Logik, die im Haus Gottes wohnen darf, ist die der unentgeltlichen Liebe, und wie für das Gebäude selbst besteht auch der Daseinszweck seiner Bewohner darin, dass sie ihr Leben einsetzen, um nicht sich selbst, sondern die anderen zu retten. Jesus hat uns diese Sichtweise nahegelegt, als er sagte: „Reißt diesen Tempel nieder und in drei Tagen werde ich ihn wieder aufrichten.“ Jesus sprach von seinem Leib, der auferstehen würde. Mit diesen Worten weiht Jesus jeden Leib zu einem Tempel Gottes, den, so schwach und baufällig er auch sein mag, nichts zerstören kann, wenn nur die Liebe Gottes darin wohnt. Die Liebe ist stärker als der Tod.

Gebet für die Kranken

Dienstag, 10. November

Gedenktag des heiligen Leo des Großen († 461), der als Bischof von Rom die Kirche in schwierigen Zeiten führte.

Tit 2,1–8.11–14. **Standespflichten**

Der Apostel ermahnt Titus, bei seiner Verkündigung aus „der gesunden Lehre" zu schöpfen und sie vollständig zu übermitteln, ohne etwas wegzunehmen oder hinzuzufügen. Die gesunde Lehre, von der der Apostel spricht, ist keine abstrakte Theorie, sondern eine lebendige Quelle, die das Herz und das ganze Leben dessen verändert, der sie annimmt. Jeder Gläubige ist aufgefordert, das, was er aus der Verkündigung des Evangeliums gelernt hat, in seinem alltäglichen Leben umzusetzen. Der Apostel ruft vor allem die Älteren in die Pflicht, in denen der Glaube, die Liebe und die Geduld aufleuchten sollen. Die älteren Frauen sind gehalten, durch ihr Verhalten den Glauben reifer Jüngerinnen an den Tag zu legen. Deshalb sollen sie ihre Zunge zügeln und jedes Gerede vermeiden. Außerdem lädt er sie ein, ihre Verantwortung wahrzunehmen und mit ihrem Leben echte Lehrerinnen guter Werke für die jungen Ehefrauen zu sein. Letztere, schreibt Paulus, müssen vorbildliche Ehefrauen und Mütter sein. Die Liebe zu ihrem Mann und ihren Kindern soll eine wegweisende Lebensentscheidung sein. Die Ermahnung der jüngeren Männer ist kurz. Von ihnen fordert Paulus Besonnenheit und Selbstbeherrschung. Im Grunde muss jedes Mitglied der Gemeinde sich vorbildlich verhalten, damit das Evangelium in ihm aufstrahlt. Deswegen wendet sich der Apostel direkt an Titus und erinnert ihn daran, dass sein Beispiel mehr bewirkt als jedes Wort. Er soll mit seinem Leben und seiner Verkündigung ein so leuchtendes Vorbild sein, dass alle Feinde innerhalb wie außerhalb der Gemeinde verstummen müssen. Paulus, der hervorheben will, welche Kraft es ist, die die Christen zu Vorbildern macht, deutet ein Loblied auf die Gnade Gottes an, die sich in Jesus Christus kundgetan hat. Dies ist das Geheimnis, das Titus allen – und zwar mit Nachdruck – verkünden soll.

Gebet mit Maria, der Mutter des Herrn

Mittwoch, 11. November

Tit 3,1–7. **Pflichten gegenüber Machthabern und Nächsten**

Titus soll die Christen daran erinnern, dass sie – in dem Bewusstsein, dass jede staatliche Gewalt „von Gott eingesetzt" ist, wie Paulus im Römerbrief (Röm 13,1) unmissverständlich schreibt – allen, auch den heidnischen Obrigkeiten gehorchen und sich ihnen unterordnen sollen. Der Apostel will, dass die Christen sich auch für das Leben in der Gesellschaft verantwortlich fühlen, damit es von Verhaltensweisen geprägt ist, die zu einem friedlichen Miteinander beitragen, das dem Gemeinwohl dient. Der vorbildliche Umgang, den die Christen untereinander pflegen, soll auch nach außen strahlen. Deshalb ruft der Apostel dazu auf, „zu jedem guten Werk bereit zu sein, niemanden zu schmähen, friedfertig zu sein, gütig und alle Freundlichkeit allen Menschen gegenüber zu zeigen!" Diese Hinweise sind besonders kostbar – auch in der heutigen Zeit. Die Christen sind aufgerufen, die Gesellschaft, in der sie leben, menschlich zu machen, damit sie weniger gleichgültig, weniger gewalttätig, weniger streitsüchtig ist. Der Apostel erinnert daran, dass er selbst und auch seine Leser noch vor nicht allzu langer Zeit „unverständig" waren wie die Heiden, das heißt, sich ohne Verstand, ohne Sinn, Richtung und Orientierung verhalten haben und Sklaven eines der Sünde und dem Tod preisgegebenen Lebens waren. Deshalb dürfen die Gläubigen niemals die traurige Situation vergessen, in der sie sich befunden haben und aus der sie aus Gnade, das heißt durch „die Güte und Menschenfreundlichkeit Gottes, unseres Retters" und „nicht aufgrund von Werken der Gerechtigkeit, die wir vollbracht haben, sondern nach seinem Erbarmen" gerettet worden sind. Der Apostel unterstreicht den Vorrang des Erbarmens Gottes, der uns gerettet hat. Diese Rettung aber geschieht „durch das Bad der Wiedergeburt", nämlich die Taufe. Getauft zu sein heißt, zu einem neuen Leben geboren, in das Leben der Kirche, in das Leben der christlichen Gemeinde eingetaucht zu sein. Das ist ein unentgeltliches Geschenk Gottes, der uns wiedergeboren werden lässt, indem er uns liebt.

Gebet mit den Heiligen

Donnerstag, 12. November

Phlm 7–20. **Den Sklaven wie einen Bruder aufnehmen**

In der heutigen Liturgie wird der Philemonbrief gelesen. Es handelt sich um ein kurzes Schreiben, das Paulus während seiner Gefangenschaft – in Rom oder in Ephesus, das wissen wir nicht – verfasst hat, um bei Philemon ein gutes Wort für dessen Sklaven Onesimus einzulegen. Onesimus, der seinem Besitzer entlaufen war, begegnet dem Apostel, der ihn zum Evangelium bekehrt, und bleibt eine Zeitlang bei ihm, um ihm zur Hand zu gehen. Dann schickt Paulus ihn zu Philemon zurück und gibt ihm diesen kleinen Brief mit, in dem er an Philemon appelliert, Onesimus „nicht mehr als Sklaven, sondern … als geliebten Bruder“ aufzunehmen. Diese Worte zeigen, wie tief die Kraft des Evangeliums in das menschliche Leben eingreifen und auch die menschlichen Beziehungen verwandeln kann. Der Apostel hebt die rechtlichen Verhältnisse seiner Zeit nicht auf – Onesimus behält den gesellschaftlichen Status eines Sklaven –, und doch werden diese Verhältnisse von der Liebe des Evangelium grundlegend überwunden. Sie ist der Hebel, den Paulus ansetzt, um den Gründen, die die Sklaverei aufrechterhielten, den Boden zu entziehen. Die neue Dimension der im Evangelium wurzelnden Geschwisterlichkeit erlaubt es dem Besitzer und dem Sklaven, eine neue Beziehung der Zuneigung zu leben. Im Horizont des Evangeliums werden wir alle gleichsam in die Gotteskindschaft und mithin in eine Geschwisterlichkeit untereinander hineingenommen, die zuweilen auch über die gesellschaftlichen Stellungen und menschlichen Gewohnheiten hinausgeht. Als Paulus Onesimus zurückschickt, weiß er genau, dass der gemeinsame Glaube jene Ungleichheit zwischen den beiden aufgehoben hat, die aus weltlicher Sicht nach wie vor besteht. Obwohl der eine der Herr und der andere der Sklave ist, sind sie von Grund auf zu Brüdern geworden und sollen auch als solche leben. Heute soll uns dieser Brief zum Nachdenken über die vielen Formen der Sklaverei bringen, die die Menschen auf neue, aber nicht weniger drückende Weise unterjochen – man denke nur an die schwerwiegenden Ungleichheiten überall in der Welt oder auch an die verschiedenartigen Mauern, die gerade errichtet werden – und angesichts derer von den Christen erwartet wird, dass sie ein Sauerteig der Menschlichkeit des Evangeliums sind.

Gebet für die Armen

Freitag, 13. November

2 Joh 4–9. **Das Gebot der Liebe**

Der „Älteste“ (2 Joh 1,1), der diesen zweiten Johannesbrief verfasst hat, ist wahrscheinlich ein Schüler des Apostels. Deshalb kann er das „Wir“ der Zugehörigkeit zur johanneischen Gemeinde verwenden, der er auch mit diesem Brief dienen möchte. Er spricht die Gemeinde als „die auserwählte Herrin“ an (Vers 1), um zu unterstreichen, dass sie eine Gemeinde aus Auserwählten, aus Gläubigen ist, die der Herr erwählt hat, damit sie seine Kinder sind. Schon am Anfang des Briefes bringt der Verfasser seine Liebe zu ihnen zum Ausdruck, „die ich in Wahrheit liebe“ (Vers 1). Als wolle er es zum zentralen Thema des Briefes machen, wiederholt er das Wort „Wahrheit“ (*aletheia*) viermal innerhalb weniger Zeilen. Denn die Liebe Gottes ist keine Frage der Psychologie oder spontaner Gefühle, sondern eine Frage der Wahrheit, die als der Geist Gottes selbst aufgefasst wird, der den Jüngern ins Herz gegossen wird. In der Wahrheit zu leben heißt, sich vom Geist des Herrn leiten zu lassen. Die Wahrheit und die Liebe sind untrennbar miteinander verbunden. Darum bringt der Briefschreiber seine Freude darüber zum Ausdruck, von Mitgliedern der Gemeinde erfahren zu haben, „die in der Wahrheit wandeln, gemäß dem Gebot, das wir vom Vater empfangen haben.“ Diese Feststellung entbindet ihn aber nicht von der Pflicht, im Hinblick auf das Gebot, „das wir von Anfang an hatten“, nämlich das Gebot der Liebe, zur Beharrlichkeit zu raten. Jesus selbst hat in seiner Abschiedsrede, ehe er sie verließ, zu seinen Jüngern gesagt: „Ein neues Gebot gebe ich euch: Liebt einander! … Daran werden alle erkennen, dass ihr meine Jünger seid“ (Joh 13,34–35).

Gebet des heiligen Kreuzes

Samstag, 14. November

3 Joh 5–8. **Die Aufnahme der Missionare**

Der dritte Brief ist eher ein kurzes Schreiben wie das, das Paulus an Philemon schrieb. Der Verfasser – „der Älteste" – beginnt mit einem Gruß an Gaius, „den ich in Wahrheit liebe" (3 Joh 1), und wiederholt damit die typisch johanneische Formel, die bereits im zweiten Brief verwendet worden ist. Er wünscht Gaius in jeder Hinsicht Erfolg, „so, wie es deiner Seele wohlergeht" (3 Joh 2). „Ich habe keine größere Freude, als zu hören, dass meine Kinder in der Wahrheit wandeln" (3 Joh 4). Es ist die Freude des Hirten, der seine Gemeinde auf den Pfaden des Evangeliums wandeln sieht. Wir könnten diese Freude mit der Freude vergleichen, die Jesus empfand, als er die Jünger bei der Rückkehr von ihrer ersten Missionsreise empfing. Dieser selbe Jubel prägte auch den Empfang, den die christlichen Gemeinden den ersten Missionaren des Evangeliums bereiteten. Wir stehen am Anfang der Verkündigung des Evangeliums, und es ist bezeichnend, dass der Verfasser des Briefes diesen Empfang der Missionare hervorhebt. Auf diese Weise zeigt er die christliche Geschwisterlichkeit, die die Unterschiede zwischen Fremden und Bekannten aufhebt, wie es schon aus den Worten Jesu selbst unmissverständlich hervorgeht. Das Evangelium macht auch die Fernen und Fremden zu Schwestern und Brüdern. Diese neuen Verhältnisse verpflichten die Christen dazu, diejenigen als Schwestern und Brüder aufzunehmen und zu versorgen, die ihr Zuhause verlassen und sich auf den Weg machen, um das Evangelium zu verkünden, wohin auch immer der Herr sie sendet. Die gastfreundliche Sorge für die anderen Jünger ist nicht einfach nur ein gutes Werk, sondern bedeutet Teilhabe an der Mission der Kirche selbst, wie es im Brief heißt: „Darum sind wir verpflichtet, solche Männer aufzunehmen, damit auch wir zu Mitarbeitern für die Wahrheit werden." Die Gastfreundschaft macht zu Mitarbeitern an Gottes eigenem Plan, der seinen Sohn gesandt hat, um die Welt zu retten. Wer jenen, die das Evangelium verkünden, in irgendeiner Weise hilft, wird zum Mitarbeiter im gleichen Dienst. Daran zeigt sich auch die

Universalität der Kirche, die die Fremden als Schwestern und Brüder aufnimmt.

Gebet der Vigil

Sonntag, 15. November: 33. Sonntag im Jahreskreis

Welttag der Armen
Weihetag der Basilika Santa Maria in Trastevere, in der die Gemeinschaft Sant'Egidio jeden Abend betet.

Spr 31,10–13.19–20.30–31; Ps 128; 1 Thess 5,1–6; Mt 25,14–30

„Nimm teil am Freudenfest deines Herrn!", sagt jener Mann, der seinen Dienern sein Vermögen anvertraut hatte. Dieser Satz ist ein Bild für das Himmelreich. Das Himmelreich ist Teilhabe an der Freude Gottes, an der Freude jenes Herrn, der für seine Jünger seine eigene Freude und die Fülle der Freude gewollt hat. Uns gelingt es zuweilen nur mit Mühe, an der Freude der anderen teilzunehmen. Wir sind so sehr damit beschäftigt, in uns hineinzuhorchen, dass wir meinen, die Freude sei etwas zu Intimes, als dass man es teilen könnte. Dennoch lehrt uns kein anderer als Jesus, dass die wahre Freude die Freude ist, die man teilt, und dass es allein keine Freude gibt. Diese Freude ist umso größer und umso wahrer, wenn man sie mit Menschen teilt, die wenig Freude in ihrem Leben haben, nämlich den Armen. Heute feiern wir den Welttag der Armen, ein Fest, das Papst Franziskus eingeführt hat, um daran zu erinnern, dass die Armen genau wie das Wort Gottes im Zentrum des Lebens der Kirche stehen. Dieses große und schöne Zeichen erinnert uns alle an das Geschenk der Freundschaft mit den Armen, einer Freundschaft, die uns begleitet und uns hilft, das Leben zu verstehen. Deshalb ist das Gleichnis von den Talenten ein Gleichnis, das das Leben erklärt. Wir könnten alle in dieselbe Versuchung geraten wie jener Diener, den das Evangelium schlecht und faul nennt, dessen Verhalten wir aber eher als vorsichtig oder realistisch bezeichnen würden: unser Leben zu vergraben, weil wir meinen, dass es dann sicher und friedlich verlaufen wird.

Doch um den Sinn des Gleichnisses zu verstehen, muss man es mit den Augen des Herrn lesen. Er will in allen Dingen und auch in der Geringfügigkeit jedes einzelnen Menschenlebens eine umfassende, große Freude leben und vertraut uns deshalb schon jetzt an, was er hat, das heißt, er teilt seine Reichtümer mit uns. Ein Talent entspricht 50 Kilogramm Gold, ist also ein sehr großes Vermögen. Ist es nicht riskant, ein solches Vermögen Dienern anzuvertrauen? Im Grunde betrachtet er sie nicht als einfache Angestellte, sondern als Mitarbeiter, als Freunde, die gemeinsam mit ihm für seinen Besitz verantwortlich sind. Ich nenne euch nicht mehr Knechte, sondern Freunde, hat Jesus gesagt, und er will, dass auch wir auf diese Weise an seiner Freude teilhaben. Der Anfang jener Freude ist ein Geschenk, ein Geschenk, das nicht vergeudet oder verkannt oder verachtet, sondern dankbar angenommen werden will. Der schlechte Diener ergreift keinerlei Initiative. Er hat es vorgezogen, das Talent und folglich das Leben zu verstecken. In seinem Herrn fürchtet er einen strengen Mann zu finden, der erntet, wo er nicht gesät, und sammelt, wo er nicht ausgestreut hat. Jene Talente, die für die anderen ein Vertrauensbeweis waren, sind für ihn nur eine Last. Die Härte, die er in seinem Herrn zu erkennen meint, ist in Wirklichkeit die Härte seines eigenen Herzens. Er hat kein Vertrauen, er hat Angst um sich und deshalb hat er Angst vor allen und allem. Deshalb hört er auf zu lieben. Wie leicht geschieht es, dass wir etwas von uns vergraben und verstecken, weil wir Angst haben, es zu verlieren. Ja, wer sein Leben nicht einsetzt, wer sich nicht um die anderen kümmert, wer – womöglich in dem Glauben, es lohne sich nicht – aufhört, das Gute zu tun, der vergräbt das Leben und die Liebe, die er zum Geschenk erhalten hat, und verliert am Ende alles. „Wer hat, dem wird gegeben werden und er wird im Überfluss haben; wer aber nicht hat, dem wird auch noch weggenommen, was er hat.“ Was wir nicht geben, geht uns früher oder später verloren, und wir werden es nicht mehr zurückerhalten. Das Leben aber, das wir geben – mit unserer Zeit, unserer Kraft, unserer Energie, unserer Sympathie mit den anderen –, geht niemals verloren, sondern wird vervielfacht. Auf diese Weise wird unsere Schwäche in Kraft, unsere Armut in Reichtum verwandelt werden und unsere Freude vollkommen sein: „Sehr gut, du tüchtiger und treuer Diener. Über Weniges warst du treu, über Vieles werde ich dich setzen. Komm, nimm teil am Freudenfest deines Herrn!“

Gebet am Tag des Herrn

Montag, 16. November

Offb 1,1–4; 2,1–5a. **Die Offenbarung**

In diesen beiden letzten Wochen des Kirchenjahres begleitet uns die Liturgie bei der Lektüre des Buchs der Offenbarung oder, auf Griechisch, Apokalypse. Die ganze Heilige Schrift ist eine Offenbarung, eine Enthüllung des Geheimnisses der Liebe Gottes zu uns. Außerdem bezeichnet der Verfasser, den die Tradition mit Johannes identifiziert, das Buch als „Worte der Prophetie“, insofern es den Sinn des Lebens, jenen roten Faden der Liebe Gottes enthüllt, der das Gewirr des menschlichen Schicksals durchzieht und zusammenhält, bis es sich im Himmel erfüllt. Am Ende des Texts verwendet Johannes ähnliche Worte wie zu Beginn: „Gott, der Herr über den Geist der Propheten, hat seinen Engel gesandt, um seinen Knechten zu zeigen, was bald geschehen muss. Siehe, ich komme bald. Selig, wer an den prophetischen Worten dieses Buches festhält!“ (Offb 22,6–7). Durch einen Engel teilt Jesus Johannes mit, was er vom Vater empfangen hat. Man braucht tatsächlich immer einen Engel, um das Geheimnis Gottes zu hören und zu begreifen. Schon der Prophet Amos hat gesagt: „Nichts tut GOTT, der Herr, ohne dass er seinen Knechten, den Propheten, zuvor seinen Ratschluss offenbart hat“ (Am 3,7). Wir alle sind aufgerufen, aus uns herauszugehen und auf einen anderen zu hören. Der Herr sendet immer einen Engel, der zu uns spricht und uns das Evangelium erklärt, und wer es seinerseits weitererzählt, der wird wie Johannes zu einem „Knecht“ jenes Wortes. Er ist nicht gesandt, sich selbst, sondern das Wort Gottes, den Willen Gottes, das Denken Gottes und die bevorstehenden Ereignisse, das, „was bald geschehen muss“, bekannt zu machen. Deshalb kann Johannes die erste der sieben Seligpreisungen verkünden, die dieses Buch durchziehen: „Selig, wer die Worte der Prophetie vorliest, und jene, die sie hören“. Es ist eine persönliche und zugleich gemeinschaftliche Einladung – selig, wer „vorliest“, und selig, die „hören“ –, dem, der spricht, zuzuhören. Das Wort Gottes muss persönlich gehört werden, damit jene Bindungen entstehen, die es möglich machen, dass Fremde zu einer Gemeinschaft von Gläubigen werden.

Gebet für den Frieden

Dienstag, 17. November

Offb 3,1–6.14–22. **An die Gemeinden in Sardes und in Laodizea**

Die heutige Lesung aus dem Buch der Offenbarung stellt zwei Briefe zusammen, einen an die Gemeinde von Sardes und einen zweiten an die Gemeinde von Laodizea. Christus, der als derjenige dargestellt wird, der die Fülle des Geistes besitzt, fällt ein überaus hartes Urteil über die Gemeinde von Sardes: Diese Gemeinde ist nur Fassade. Sie bildet sich ein, lebendig zu sein, doch sie liegt im Sterben, weil sie gleichgültig und kalt ist. Ohne Liebe und ohne Barmherzigkeit stirbt jede christliche Gemeinde. Nicht die Organisation und auch nicht die Werke, sondern allein der Glaube rettet, der den Menschen dazu bringt, sich völlig und ausschließlich auf den Herrn zu verlassen. Der Apostel mahnt die Gemeinde, das Wort anzunehmen, damit es zur Grundlage ihres alltäglichen Lebens wird. Jede Gemeinde ist aufgerufen, aus ihrem Dämmerschlaf zu erwachen, um mit neuer Kraft auf das Evangelium zu hören und es der Welt zu verkünden. Der letzte der sieben Briefe ist an die Gemeinde von Laodizea gerichtet und fasst die anderen gewissermaßen zusammen. Laodizea war eine sehr reiche Stadt mit vielen Banken und Handelsbeziehungen. Die christliche Gemeinde hatte sich von diesem Klima anstecken lassen, und Jesus, „der treue und zuverlässige Zeuge, der Anfang der Schöpfung Gottes“, macht ihr harsche Vorwürfe. Auch wir heute leben in einer zutiefst materialistischen Gesellschaft, manche sprechen sogar von einer Welt, die Gott hinter sich gelassen hat. Die christlichen Gemeinden, die mit sich selbst beschäftigt sind, laufen Gefahr, sich von einem weltlichen Klima ohne gemeinsame Visionen und Hoffnungen mitreißen zu lassen. Man darf nicht in der Welt leben und dabei wie die Welt sein. Wenn die christliche Gemeinde nicht stört, nicht beunruhigt, keine Fragen stellt, dann tut sie nicht nur nichts gegen das Böse, sondern lässt sich zu Banalität und Unwirksamkeit hinreißen, kurz: Sie ist weder kalt noch heiß. Das Evangelium fordert ein Wachstum in der Liebe, im Mitleid, in der Solidarität. Jesus selbst bettelt auch heute noch um Liebe und sagt zu jedem von uns: „Siehe, ich stehe vor der Tür und klopfe an." Die Armen und die Schwachen, Einzelne und ganze Länder, sie alle stehen vor unseren Türen und klopfen an. Selig sind jene Gemeinden, selig sind jene Christen, die die Tür öffnen und sie aufnehmen. In ihnen nehmen sie Jesus auf, und wenn sie mit ihnen zu Tisch sitzen, sitzen sie mit Jesus selbst zu Tisch. Doch dieses Bild ist nur in seiner Umkehrung wahr. Nicht wir sind es, die Jesus aufnehmen, sondern er ist es, der uns in den Armen und den Schwachen aufnimmt und auf seinen eigenen Thron setzt, den Thron der Liebe. Mit diesen Taten beginnt das Reich Gottes seinen Weg auf dieser Erde, wie es die Evangelien immer und immer wieder sagen.

Gebet mit Maria, der Mutter des Herrn

Mittwoch, 18. November

Weihetag des Petersdoms und der Basilika St. Paul vor den Mauern in Rom.

Offb 4,1–11. **Der Thron, die vier Lebewesen und die 24 Ältesten**

Johannes führt uns in den Hauptteil des Buches der Offenbarung ein: eine echte und eigentliche Theophanie, deren Inhalt – mit Bildern, die dem Ersten Testament entnommen sind – die Offenbarung dessen betrifft, was Gott für die Geschichte plant. Das Leben der Menschen und der Völker ist, obwohl oft von Kriegen und Konflikten geplagt und entsprechend dramatisch, keinem blinden Schicksal preisgegeben. Es liegt im Gegenteil in den starken und barmherzigen Händen Gottes, der im Mittelpunkt der Vision und der ganzen menschlichen Geschichte steht. Johannes sieht den Thron Gottes von 24 Ältesten umgeben. Vermutlich stehen sie sowohl für die zwölf Stämme Israels als auch für die zwölf Apostel, wie um anzudeuten, dass das Volk Gottes als Ganzes im himmlischen Jerusalem angekommen ist. Sodann zeigt die Vision „in der Mitte des Thrones und rings um den Thron … vier Lebewesen", die gemeinsam einen liturgischen Hymnus auf den Herrn der Schöpfung und der Geschichte anstimmen. Der Hymnus beginnt mit dem *Trishagion*, dem Ruf „Heilig, heilig, heilig". Er gilt dem, der auf dem Thron sitzt, und ist der Erzählung von der Berufung des Jesaja entnommen (vgl. Jes 6,3). Es ist die himmlische Liturgie, und sie spiegelt die irdischen Liturgiefeiern wider, die die Gemeinden der Gläubigen an jedem Sonntag auf Erden in Erwartung jenes Sonntags feiern, an dem die Sonne nicht mehr untergeht und wir Gott von Angesicht zu Angesicht schauen werden. In der Tradition der Kirche werden die vier Lebewesen seit Irenäus von Lyon als die Symbole der vier Evangelisten interpretiert. Tatsächlich lassen sich jene Augen, von denen sie bedeckt sind, mit dem Licht des Evangeliums vergleichen, das unser Herz erleuchtet, damit wir das Geheimnis der Liebe Gottes, die in der Menschheitsgeschichte wirkt, verstehen können. Mit Augen, die von den vier Evangelien erleuchtet sind, können wir uns schon jetzt, da wir noch als Pilger auf dieser Erde wandeln, dem Himmelsthron nahe fühlen und in den Gesang all jener einstimmen, die sich danach sehnen, das Antlitz Gottes selbst zu schauen.

Gebet für die Kirche

Donnerstag, 19. November

Offb 5,1–10. **Das versiegelte Buch**

Im großen himmlischen Thronsaal hält der, der auf dem Thron sitzt, eine Buchrolle in der rechten Hand. Es ist Gott selbst, der das Buch, sein an die Menschen gerichtetes Wort, in der Hand hält. Die Buchrolle ist wie üblich innen, aber, und das ist außergewöhnlich, auch „auf der Rückseite“ beschrieben. Das soll heißen, dass das Wort Gottes, das einzige Wort, nicht nur eine Bedeutung hat. Über den Buchstabensinn hinaus hat es noch eine spirituelle, tiefere Bedeutung. Diese ist den normalen Augen verborgen und kann nur im Licht des Geistes gelesen werden, das heißt, wenn man sich in einer Atmosphäre des Gebets, also mit der Hilfe des Heiligen Geistes, bereit macht, das Wort Gottes zu hören. Ohne das Gebet bleibt die Heilige Schrift „mit sieben Siegeln versiegelt“. Ohne den Geist Gottes, der die Augen unseres Verstandes öffnet, bleibt jene „Buchrolle“ wie ein versiegeltes Wort, dessen Reichtum nicht erfasst werden kann. Genauso hatte es übrigens Jesus seinen Jüngern angekündigt: „Der Heilige Geist … wird euch alles lehren und euch an alles erinnern, was ich euch gesagt habe.“ Das mit der Hilfe des Heiligen Geistes, also in einer Atmosphäre der Aufmerksamkeit und des Gebets gehörte Wort offenbart den tieferen Sinn der Worte des heiligen Texts und setzt sie zu unserem Leben, zu der Situation, in der wir leben, in Bezug. Deshalb wird Johannes von Verzweiflung ergriffen und beginnt herzzerreißend zu weinen, weil niemand die Buchrolle öffnen und das Wort mithin nicht gelesen werden kann. Er weint wie jemand, der das Licht verliert, der für sein Leben keine Inspirationsquelle findet. Johannes, der über die Abwesenheit des Gotteswortes weint, zeigt uns, welche Haltung jeder Jünger vor dem Herrn einnehmen muss. Wenn wir uns beim Hören jener Worte auch nur ein wenig anrühren lassen, kommt Jesus selbst, der „Spross aus der Wurzel Davids“, ein weiteres Mal, um „das Buch und seine sieben Siegel [zu] öffnen“ und uns zu lehren, wie er es mit den Jüngern getan hat. Jesus hat den Aposteln seinen Geist versprochen, der sie „in der ganzen Wahrheit leiten“ würde (Joh 16,13).

Gebet mit den Heiligen

Freitag, 20. November

Offb 10,8–11. **Das kleine Buch essen**

Es ist die zentrale Szene der Offenbarung. Als Johannes den Engel, den Messias sieht, der „das kleine Buch" in der Hand hält, hört er eine Stimme, die ihm befiehlt, hinzugehen und es aus seiner Hand entgegenzunehmen. Er vollführt dieselbe Geste wie das Lamm, als es die Buchrolle aus der Hand dessen empfing, „der auf dem Thron saß" (Offb 5,7). Während jedoch das Lamm aus eigenem Antrieb und eigener Machtvollkommenheit gehandelt hatte, muss Johannes auf den Befehl warten: „Geh, nimm das Buch". Wir brauchen immer einen Engel, der uns zeigt, was und wie wir es tun müssen. Wir alle müssen aufgefordert werden, das kleine Buch zu nehmen. Das Heil kommt nicht von uns, von unserem Engagement, unseren Bemühungen, unserer Weisheit, sondern vom Hören auf das Evangelium. Es ist immer notwendig, dem Engel zuzuhören und ihm weiter zuzuhören. Als nächstes vernimmt Johannes die Aufforderung: „Nimm und iss es!" Wir müssen auf das Evangelium hören, oft darin lesen, ihm auf den Grund gehen, es auswendig kennen, lesen und wieder lesen, es ansehen und wieder ansehen wie unseren kostbarsten Schatz. Es muss in gewisser Weise, um das Bild des Johannes aufzugreifen, nicht nur geschluckt, sondern auch verdaut werden. Von jenem kleinen Buch hängt unser Heil und hängt das Heil der Welt ab. Dieses Wort ist „süß wie Honig", denn es ist Gottes Liebesbrief an uns, wie die Väter sagen. Doch es ist auch „bitter", wenn es in den Magen, also ins Leben herabkommt, es korrigiert und ausrichtet, beschneidet und aufbaut, ermahnt und tadelt. Diese Bitterkeit ist unverzichtbar, um jedwede Ichbezogenheit abzuschütteln und stattdessen zum „Format Christi" heranzuwachsen.

Gebet des heiligen Kreuzes

Samstag, 21. November

Gedenktag Unserer Lieben Frau in Jerusalem. Das Gedenken an die Darstellung der Mutter des Herrn im Tempel entstand in Jerusalem und wird auch im Osten gefeiert. Es erinnert an den alten Tempel und gleichzeitig daran, dass Maria ihr Leben dem Herrn dargebracht hat.

Mt 12,46–50. **Die wahren Verwandten Jesu**

Das Gedenken an die Darstellung Marias im Tempel hängt mit der Weihe der Kirche Sancta Maria Nova zusammen, die im Jahr 543 in der Nähe des Jerusalemer Tempelbergs gebaut wurde. Maria, die *Theotókos* oder Gottesgebärerin, ist der wahre Tempel, in dem das eine, Gott wohlgefällige Opfer dargebracht wird. Mit diesem Gedenken wird die Überlieferung aus dem apokryphen Protoevangelium nach Jakobus aufgegriffen, die von der Weihe der jungen Maria an Gott erzählt. Der Evangelist Matthäus überliefert uns eine Szene aus dem Evangelium, die uns die Notwendigkeit, bei Jesus in die Schule zu gehen, wieder neu bewusst machen kann. Es ist eine Episode, die als Härte gegenüber der Mutter Jesu ausgelegt werden könnte, tatsächlich aber genau den Weg beschreibt, dem Maria immer gefolgt ist. Es wird erzählt, dass Jesus in einem Haus ist und viele sich um ihn drängen, um ihm zuzuhören. Als seine Verwandten mit seiner Mutter kommen, lassen sie ihn herausrufen. Die Verwandten standen draußen, schreibt der Evangelist, und er meint dies offenbar nicht nur im räumlichen Sinne. Nur die, die drinnen sind und auf sein Wort hören, sagt Jesus, sind seine wahre Familie. Die christliche Gemeinschaft entsteht und lebt immer aus dem Hören auf das Wort Gottes. Wir alle müssen uns vor der Versuchung hüten, Verwandte Jesu zu sein, das heißt zu denken, wir hätten es nicht mehr nötig, uns um ihn zu drängen, um ihm zuzuhören, weil es gleichsam natürlich und selbstverständlich wäre, dass wir Zugang zu ihm haben. Doch es genügt nicht, zur Gruppe der Christen zu gehören, um das Heil zu finden. Tag für Tag müssen wir uns nach drinnen begeben, also in die Gemeinschaft hinein, um auf das Evangelium zu hören, wie die Kirche es verkündet. Das Beispiel Marias, die zum Tempel gebracht wird, ist ein kostbarer Fingerzeig für alle christlichen Gemeinden, eine Schule des Miteinanders und der Liebe zu sein. Dies ist auch für die christlichen Familien entscheidend, die sich bemühen sollen, ihren Kindern den Glauben von klein auf weiterzugeben, damit auch sie, wie Jesus, heranwachsen, an Weisheit zunehmen und Gefallen finden „bei Gott und den Menschen" (Lk 2,52).

Gebet mit Maria, der Mutter des Herrn

Sonntag, 22. November: Hochfest Christkönig

Ez 34,11–12.15–17; Ps 23; 1 Kor 15,20–26.28; Mt 25,31–46

Im Evangelium heißt es, dass der Richter zunächst die einen von den anderen trennt, so wie der Hirte die Schafe von den Böcken scheidet. Die einen stellt er rechts, die anderen links von sich auf. Wie man sich denken kann, verläuft die Trennlinie nicht zwischen dem einen und dem anderen Volk, sondern durch die Völker hindurch, wie sie auch nicht die Glaubenden von den Nichtglaubenden scheidet. Die Trennlinie verläuft innerhalb der beiden Gruppen und auch innerhalb der Menschen selbst. Deshalb steht ein Teil unseres Selbst links und ein anderer Teil rechts von Jesus. Die Trennung erfolgt nicht nach ideologischen oder kulturellen, ja nicht einmal nach religiösen Kriterien, sondern basiert auf der Beziehung eines jeden zu den Armen. Von jedem von uns wird jener Teil und jene Lebenszeit gerettet, da wir den Hungrigen zu essen, den Durstigen zu trinken, den Nackten Kleidung gegeben und die Gefangenen besucht haben. Der Rest, also das, was links steht, wird verbrannt und vernichtet.
Der Richter selbst, Jesus, tritt vor und sagt: „Ich war hungrig, und ihr habt mir zu essen gegeben, ich war durstig, und ihr habt mir zu trinken gegeben …“ Der Dialog zwischen dem Richter und den Sprechern der beiden Gruppen rückt eine befremdliche Tatsache in den Blickpunkt: Der Weltenrichter vom Ende der Zeiten, den alle, Gute und Böse, Glaubende und Nichtglaubende, als König und Herrn anerkennen, hat das Gesicht eines Menschen, der auf der Straße lebt, eines einsamen alten Menschen, jenes verkrüppelten Kindes, jener vielen abgewiesenen und nicht aufgenommenen Fremden. Jeder kann diese Liste verlängern, man muss nur ein bisschen durch die Straßen unserer Städte gehen. Die Monotonie, mit der die sieben Situationen der Armut innerhalb weniger Verse wiederholt werden, ist vielleicht eine Anspielung darauf, wie oft sie sich auch in der Realität wiederholen. Das soll heißen, dass die entscheidende Begegnung zwischen uns und Gott nicht im Rahmen heldenhafter und außergewöhnlicher Taten, sondern in der Alltäglichkeit der Begegnungen mit den Schwachen und Armen geschieht. Nach dem Evangelium, das uns verkündet wird, besteht das Kriterium des

Heils in der tätigen Liebe und Aufmerksamkeit für die Armen – ganz gleich, ob man weiß oder nicht weiß, dass in ihnen Jesus selbst gegenwärtig ist.
Die Identität Jesu mit den Armen ist eine objektive Tatsache. Sie sind Sakrament Christi: nicht, weil sie gut und anständig, sondern allein deshalb, weil sie arm sind. Die, die gerettet werden, erklären ausdrücklich, dass sie Christus in jenen Armen, denen sie geholfen haben, nicht erkannt haben. Doch das spielt keine Rolle. Was zählt, ist das Mitgefühl und die Hilfe und, wenn man so will, ein Herz, das so gesinnt ist wie der Herr selbst (vgl. Phil 2,5) – ob man sich dessen nun bewusst ist oder nicht. Sicher ist, dass die Hilfe für die Armen über unser persönliches und über unser gemeinsames Heil entscheidet.

Gebet am Tag des Herrn

Montag, 23. November

Offb 14,1–3.4b–5. **Das Lamm und die Hundertvierundvierzigtausend**

Nach der Vision von den beiden Tieren hat Johannes eine dritte Vision. Er sieht den Berg Zion und darauf das Lamm, Christus, das nun verherrlicht in die Mitte des Geschehens zurückkehrt. Wir wissen bereits, dass das Lamm für Fügsamkeit steht und eine Bestimmung zum österlichen Opfer versinnbildlicht. Mithin ist es ein passendes Zeichen für Christus: für seinen Tod am Kreuz – „es sah aus wie geschlachtet“ (Offb 5,6) –, aber auch für seine österliche Herrlichkeit. Denn es steht auf dem Tempelberg, und dieses Aufrechtstehen ist ein Zeichen des Sieges und der Herrlichkeit. Zion wird zum Ort, an dem die ganze Schar derer, die durch das Blut des Lammes erlöst worden sind, zusammenströmt. Die unüberschaubare Prozession der Auserwählten, der Gerechten und der Märtyrer steigt die Hänge dieses Berges hinauf. Der Gegensatz zu der vorherigen Prozession der Anhänger des Tieres ist nicht zu übersehen: Jene trugen das Brandzeichen der Knechtschaft und Gewalt, diese hier aber tragen das Siegel Gottes und Christi. So sehr sich das Böse auch gegen die Gläubigen abmühen mag – niemand vermag sie mehr der Hand Gottes zu entreißen. Die Hundertvierundvierzigtausend stehen nicht so sehr für die Gemeinschaft, die den Himmel erreicht hat, sondern für die Gläubigen, die noch immer den Angriffen des Feindes ausgesetzt sind. Es sind die Christen, die treu auf das Evangelium hören und dem Lamm beharrlich nachfolgen, „wohin es geht", bis in den Tod, bis ins Martyrium. Sie sind „von der Erde weg freigekauft" und mithin das Eigentum und der Besitz des Herrn, „denn sie sind jungfräulich", das heißt, nicht von den Götzen dieser Welt besudelt. Die Unzucht ist nämlich immer ein Symbol für den Götzendienst. Der Apostel fährt fort: „Sie allein unter allen Menschen sind freigekauft als Erstlingsgabe für Gott und das Lamm." Sie werden nicht dem blinden Schicksal der Welt überlassen werden. Ihre Stirn ist mit dem Namen Gottes und des Lammes und nicht mit dem Namen des Tieres bezeichnet. Sie und nur sie können das Lied verstehen, das vom Himmel herabsteigt – die Gemeinschaft mit Gott und den Heiligen – und gemeinsam dem Herrn ein Loblied singen.

Gebet für die Armen

Dienstag, 24. November

Offb 14,14–19. **Die Gerichtsengel**

Johannes sieht eine neue Szene: sechs Engel mit Christus in ihrer Mitte, der einen Kranz auf dem Haupt und eine Sichel in der Hand trägt. Er ist der Herr, der Richter über die Geschichte. Das Weltgericht wird angekündigt und vorbereitet. Schon der Prophet Joël hatte den „Tag des Herrn … im Tal der Entscheidung" beschrieben (4,14): „Schwingt die Sichel; denn die Ernte ist reif. Kommt, tretet die Kelter; denn sie ist voll, die Tröge fließen über. Denn ihre Bosheit ist groß" (4,13). Auch Jesus hatte mehrfach von diesem Tag der Weinlese und der Ernte gesprochen. Der erste Engel warnt, dass das Gericht bevorsteht, und bringt „ein ewiges Evangelium" (Offb 14,6). Es ist nicht das „kleine Buch", das den Jüngern vorbehalten ist, sondern die Verkündigung des Vorrangs, der Gott und der Liebe im Leben der Menschen gebührt:

„Fürchtet Gott, und erweist ihm die Ehre!“ (Offb 14,7). Wer sich von der Liebe leiten lässt, wird gerettet werden – so könnten wir diese Worte übersetzen. Das lesen wir auch in der Beschreibung des Endgerichts im 25. Kapitel bei Matthäus. Das „ewige Evangelium“ ist das universale Evangelium der Liebe. Wir können es mit der zweiten Seligpreisung in Verbindung bringen, die der Apostel im Buch der Offenbarung aufschreibt: „Selig die Toten, die im Herrn sterben“, denn ihnen wird das Himmelreich geschenkt. Die Menschheitsgeschichte fließt nicht sinnlos dahin und ist auch kein Weg ohne Licht. Die Geschichte erwächst aus der Liebe Gottes und findet in seiner Liebe auch ihr Ziel. Das Übrige, alles, was nicht von Gott stammt, alles, was nicht Liebe ist, wird abgeerntet, abgemäht und verbrannt, angefangen bei der Hurenstadt Babylon. Sie wird gestürzt, und alle, die sich vom Tier haben verführen lassen, werden von den Qualen zerrissen. Doch Christus, der sein Blut vor den Toren der Stadt vergossen hat, wird zur Quelle des Heils für alle, die ihn aufnehmen. Das Heil kommt von ihm, wir müssen es nur annehmen.

Gebet mit Maria, der Mutter des Herrn

Mittwoch, 25. November

Offb 15,1–4. **Die sieben Plagen aus den sieben Schalen**

Mit der heutigen Lesung beginnt die letzte Siebenerreihe vor der Vollendung. Das Ende der Zeiten bricht an, das Gericht steht bevor. Auf die sieben Engel, die die Posaunen blasen, folgen sieben Engel, deren jeder eine Schale in Händen hält. Der Apostel beschreibt ein gläsernes Meer, auf dem die Zeugen Christi stehen: jene, die dem Tier widerstanden haben. Wie die Juden nach dem Durchzug durch das Rote Meer singen sie ein Loblied auf die Wundertaten des Herrn. Sie besingen nicht ihr eigenes Zeugnis, sie loben sich nicht selbst, sie fordern auch keine Privilegien als Gegenleistung für ihre Werke, wie wir es in der Regel versucht sind zu tun. Sie loben die großen und wunderbaren Taten Gottes. Denn der Herr hat sie gestärkt, gerettet und beschützt. Ihnen ist klar, dass Gott der Vorrang vor ihrem Leben, ja vor der ganzen Menschheitsgeschichte gebührt. Die Offenbarung stellt sie uns vor Augen, damit sie uns lehren, wie wir uns zu Gott verhalten und wie wir ihm unser Loblied darbringen sollen. Ihr Gesang ist von Bibelstellen durchzogen, wie um anzudeuten, wie kostbar die Bibel auch für unser Beten ist. Denken wir nur an die Schönheit und Kraft des Psalmengebets! Wer mit den Psalmen betet, dessen Gebet ist wirkungsvoll, weil wir sicher sein können, dass diese Worte, die Gott selbst uns in den Mund gelegt hat, sein Herz erreichen und ihn treffen. Am Ende des Liedes sieht Johannes, wie sich „das Zelt des Zeugnisses im Himmel“ öffnet (Offb 15,5). In der Tradition Israels war dieses Zelt der Ort, an dem sich Gott seinem Volk offenbarte, und damit ein Ort nicht des Zornes oder der Züchtigung, sondern des Erbarmens und der Liebe. Jede Gebetsversammlung muss ein solches Zelt des Zeugnisses und der Barmherzigkeit werden.

Gebet mit den Heiligen

Donnerstag, 26. November

Offb 18,1–2.21–23; 19,1–3.9. **Die Klagen über das gefallene Babylon**

Johannes legt die Schilderung von Babylons Untergang – Babylon war bei den frühen Christen der Name für die Stadt Rom – denen in den Mund, die zur Pracht jener Stadt beigetragen und davon profitiert und die sich von ihrer Lasterhaftigkeit haben anstecken lassen. Es sind dies drei Kategorien von Personen: die Könige, die Kaufleute und die Kapitäne, praktisch gesprochen also die politische, wirtschaftliche und kommerzielle Macht, die in der großen Metropole entsprang, gespeist wurde und mündete. Schließlich kommt eine Stimme von außen hinzu, die sich an die Gerechten und an die Opfer der unterdrückerischen Macht wendet. Diese wohnen dem göttlichen Gericht mit Freuden bei, weil ein Albtraum endet und ein Horizont des Lichts und des Friedens anbricht (vgl. Offb 18,20). Gott verurteilt das Böse und verschafft so dem Guten sein Recht. Denn die Kehrseite des Gerichts über die Sünder ist der Ruhm der „Heilige[n], Apostel und Propheten“, der Männer und Frauen Gottes, und der Triumph der Wahrheit und der Gerechtigkeit. Ein „gewaltiger Engel“ veranschaulicht das Ende des kaiserlichen Babylon durch eine symbolische Handlung: Er wirft einen Mühlstein ins Meer. Wer sich nicht vom Bösen losreißt, läuft Gefahr, in dessen Netzen verstrickt zu bleiben und sogar dessen tödliches Schicksal zu teilen. Der letzte Blick auf Babylon zeigt ein Szenario äußerster Verwüstung. Die Stadt, die einst blühend und voller Leben war, ist nun ausgelöscht. An sechs Beispielen macht der Engel das Schweigen des Todes fest, das die Stadt wie ein Schleier völlig bedeckt. Die Musik, die Geräusche, die fröhlichen Stimmen sind für immer erloschen.

Gebet für die Kirche

Freitag, 27. November

Offb 20,1–4.11–21,2. **Das tausendjährige Reich Christi**

Nachdem das Tier und sein Heer besiegt worden sind, muss noch der Satan bezwungen werden. Endlich darf Johannes zusehen, wie „die alte Schlange“ in Ketten gelegt und in den Abgrund geworfen wird. Über Satan, nicht über die Menschen bricht die Kraft Christi herein. Für ihn gibt es keine Hoffnung mehr, wohl aber für die Menschen, für jeden Menschen. Es ist ja gerade der Drang, keinen Einzigen verlieren zu wollen, der das Wort auf die Erde herab und zum Entscheidungskampf gegen Satan bringt. Die endgültige Vernichtung ist noch nicht gekommen. Der Autor spricht von tausend Jahren, eine Perspektive, die im Lauf der Geschichte zahlreiche Interpretationsprobleme hervorgerufen hat. Es handelt sich natürlich um eine symbolische Zahl, und die häufigste Auslegung sieht in diesen tausend Jahren die Zeit der Kirche von Ostern bis zur letzten Vollendung des Reichs – das „schon“ des Sieges und das „noch nicht“ seiner Fülle. In dieser Zeitspanne – dem Zeitraum der Menschheitsgeschichte – ist das Böse nicht vernichtet. Es liegt gleichsam in Ketten und kann noch handeln. Der Sieg über das Böse geschieht nicht von einem Moment auf den nächsten, sondern vollzieht sich im täglichen Kampf der Gemeinschaft der Gerechten, die von Christus unterstützt werden. Schließlich kommt der Tag des letzten Gerichts. Gott selbst hält Gericht, und die ganze Menschheit zieht an ihm vorüber. Jeder wird nach dem gerichtet, was in den himmlischen Büchern aufgeschrieben ist. Darin werden die irdischen Maßstäbe mit ihren Lügen auf den Kopf gestellt, und alle, die dem Weg der Liebe gefolgt sind, werden hören, wie ihnen die Werke der Barmherzigkeit aufgezählt werden: „Ich war durstig und ihr habt mir zu trinken gegeben“, und dann all die anderen. Jedes Werk der Liebe, und sei es noch so klein, reicht aus, um „im Buch des Lebens verzeichnet“ zu sein.

Gebet des heiligen Kreuzes

Samstag, 28. November

Offb 22,1–7. **Der Baum des Lebens**

Schließlich sieht Johannes einen „Strom, das Wasser des Lebens“. Es ist der Strom, der in Eden entsprang (Gen 2,10), das Wasser, das Ezechiel aus dem Tempel hatte hervorströmen sehen (Ez 47,1) und das Sacharja prophezeit hatte (Sach14,8). Auch Jesus hatte es angekündigt, als er zu der Samariterin sagte: „Wer aber von dem Wasser trinkt, das ich ihm geben werde, wird niemals mehr Durst haben; vielmehr wird das Wasser, das ich ihm gebe, in ihm zu einer Quelle werden, deren Wasser ins ewige Leben fließt“ (Joh 4,14). Johannes, der sich bestimmt an diese Worte Jesu erinnert, sieht nun mit eigenen Augen jenes Wasser, das für alle Ewigkeit sprudelnd hervorquillt. Denn jener Strom lebendigen Wassers entspringt aus dem Thron Gottes und des Lammes. Ringsherum versammeln sich die Geretteten, um die ewige Liturgie der Anbetung zu feiern. Endlich wird die Seligpreisung Jesu Wirklichkeit: „Selig, die rein sind im Herzen; denn sie werden Gott schauen“ (Mt 5,8). Das war die große Hoffnung, die sowohl von Paulus als auch von Johannes selbst verkündet worden war: „Jetzt schauen wir in einen Spiegel und sehen nur rätselhafte Umrisse, dann aber schauen wir von Angesicht zu Angesicht" (1 Kor 13,12). „Wir wissen, dass wir ihm ähnlich sein werden, wenn er offenbar wird; denn wir werden ihn sehen, wie er ist" (1 Joh 3,2). Ihm für immer geweiht – „sein Name ist auf ihre Stirn geschrieben" – stehen die Gerechten vor Gott in der Freude einer Begegnung, die nichts und niemand je wird unterbrechen können. Sodann erblickt Johannes mitten in der Stadt den „Baum des Lebens". Für die Stammeltern war dieser Baum Anlass zur Sünde, nun aber ist er Quell des Lebens für die Auserwählten Gottes. Es ist der Baum Christi, sein Kreuz, das nicht mehr Zeichen des Todes, sondern des Lebens ist.

Gebet der Vigil

GEBETE

Gebet der Gemeinschaft

Herr, unser Gott,
in der Verwirrung und Einsamkeit dieser Welt
hörst du nicht auf, durch dein Wort ein heiliges Volk zu sammeln
aus jedem Volk, jeder Stadt, jedem Land,
damit es dir in der Liebe einen wohlgefälligen Dienst erweist,
behüte die Herde, die du gesammelt hast,
bewahre sie in deiner Liebe,
jetzt und in Ewigkeit.
Amen.

Gebet für das Zeichen des Friedens

Herr, unser Gott,
mache uns würdig für deinen Frieden
trotz unserer Armseligkeit.
Mach, dass wir vereint sind ohne Verstellung,
Heuchelei und eitle Interessen.
Es vereine uns nur das Band
deines Friedens und deiner Liebe.
Stärke unsere Einheit
durch die Gegenwart deines Geistes,
damit wir der Welt jenen Frieden bezeugen können,
den nur du gibst.
Du, der du der Gott des Friedens bist,
der Liebe, der Verzeihung
und des Erbarmens,
jetzt und in Ewigkeit.
Amen.

Gebet der unnützen Diener

Herr, unser Gott,
erinnere dich an uns,
deine sündigen und unnützen Diener.
Stärke uns nach deinem Wort,
wenn wir deinen Namen anrufen,
und wir werden Leben haben.
Enttäusche uns nicht in der Hoffnung,
sichere deinen Dienern das Gute zu.
Mache uns würdig, dich zu lieben
mit unserem ganzen Herzen,
damit wir dich immer fürchten
und in allem deinen Willen tun.
Denn du bist ein guter und großer Gott,
ein Freund der Menschen.
Vater, Sohn und Heiliger Geist,
jetzt und in Ewigkeit. Amen.

Gebet der Umkehr und der Vergebung

Herr Jesus,
du hast zur Menge gesagt:
„Kehrt um, denn das Reich Gottes ist nahe".
In deinem Erbarmen hast du
die Sünder, die Dirnen und die Zöllner aufgenommen.
Du hast die Menschen
von jeder Krankheit geheilt.
Schau nicht auf unsere Sünde.
Empöre dich nicht über diese Stadt,
nimm uns alle auf in deiner Liebe,
mache uns rein mit deiner Vergebung,
wasche uns mit deinem Geist,
zeige uns dein Antlitz
und wir werden gerettet sein.

Denn du bist barmherzig,
voller Liebe für die Menschen,
jetzt und in Ewigkeit. Amen.

Gebet des Lichtes

Herr, unser Gott,
wir danken dir
für die Helle dieses Lichts,
wenn der Tag zu Ende geht.
Wir bitten dich,
erleuchte unsere Herzen,
führe unsere Schritte
mit dem Licht deines Geistes
für alle Tage, die kommen.
Amen.

Gebet zur Entlassung

Allmächtiger Herr,
Vater unseres Herrn Jesus Christus,
segne uns deine Diener,
beschütze uns und stärke uns,
mache uns froh durch deine Gegenwart.
Behüte uns und mache uns stark vor dir.
Lehre uns, dein Wort zu befolgen,
auf deinem Weg zu gehen,
dich zu erkennen, wenn wir dir begegnen
als Armen, Schwachen und Gefangenen.
Schenke uns deinen vertrauensvollen und heiteren Frieden
durch das Wirken deines Geistes,
jetzt und in Ewigkeit.
Amen.

Abendgebet

Herr, mein Gott,
meine einzige Hoffnung,
mach, dass die Müdigkeit mich nicht daran hindert,
dich vor dir und unter den Menschen zu suchen,
sondern dass ich immer in Liebe dein Angesicht suche.
Bewahre mich in deiner Beständigkeit,
heile meine Schwachheit.
Bewahre mich in deiner Weisheit,
befreie mich von meiner Unwissenheit.
Du, der du mir geöffnet hast, nimm mich auf,
öffne mir die Türe, wenn ich anklopfe,
jetzt und in Ewigkeit.
Amen.

Gebet des Kreuzes

Herr Jesus,
der du an deinem Kreuz die Welt gerettet hast,
wir bekennen dich als den Freund
und Befreier der Menschen.
Trotz unserer Armseligkeit und Sünde
werden wir dich nicht wie Judas verraten,
sondern wie der gute Verbrecher bitten wir dich:
Denk an uns, Herr, wenn du in dein Reich kommst!
Schau nicht auf unsere Unwürdigkeit:
Wir waren abwesend, fern,
vergesslich und voller Angst,
als du verlassen und ohne Trost
gekreuzigt wurdest.
Lehre uns, mit deiner beredsamen Liebe
dir immer auf deinem Weg zu folgen,
um mit dir das Kreuz deiner Erlösung zu tragen.
Du, der du Gott bist

und lebst und herrschst
mit dem allmächtigen Vater,
mit dem Heiligen Geist, der Liebe ist,
jetzt und in Ewigkeit.
Amen.

Gebet vom Heiligen Geist

Vater,
sende in deinem Namen den Heiligen Geist,
der uns alles lehren wird,
der uns an die Worte Jesu erinnern wird,
der immer bei uns bleiben wird.
Der Geist wird uns trösten,
der Geist wird uns stützen
auf den schwierigen Wegen der Welt.
Der Geist wird uns in die Wahrheit einführen,
um wahrhaft in der Liebe zu sein.
Der Geist wird uns für die Zukunft öffnen.
Der Geist wird uns das schenken,
was vom Vater und vom Sohn ist.
Vater,
dein Geist möge das Leben von uns allen erfüllen,
er möge unsere Herzen erfüllen,
unsere Gemeinschaft möge von Liebe überströmen,
Propheten mögen erstehen, Träume mögen wachsen,
Barmherzigkeit möge in Fülle hervorströmen
und die ganze Welt erfüllen.
Er möge wehen, wo er will,
besonders wo das Böse, Leid, Einsamkeit und Hass herrschen.
Er möge das Antlitz aller Menschen erneuern,
er möge die Herzen der Völker erneuern,
er möge die Erde verwandeln.
Gläubig und einträchtig, Vater,
bitten wir dich darum.
Amen.

Gebet mit der Mutter Gottes

Herr, unser Gott,
du hast im Schoß der Jungfrau Maria
den Sohn unserer Rettung gezeugt.
Jeden Tag entzündest du im Schoß deiner Kirche
das Licht des Lebens.
Schau nicht auf unsere Sünden,
befreie uns von der Bürde, die uns bedrückt,
und mach uns bereit,
mit der Mutter Gottes
die Größe deiner Barmherzigkeit zu besingen.
Amen.

Gebet zum Trishagion

Herr,
nimm am Ende des Tages
das Gebet dieses Abends an.
Angesichts der Finsternis der Sünde
und der Nacht dieser Welt,
bleibe bei uns,
denn es wird bald Abend
und der Tag hat sich schon geneigt,
der du heiliges, frohes und unendliches Licht bist.

Gebet der Vigil

Herr Jesus,
dein Wort ist in unser Herz gelegt,
wie du damals ins Grab gelegt wurdest.
Du bleibst nicht in der Erde und im Felsen,
sondern erscheinst im Leben deiner Jünger.
Du bist ein Gott, der nicht Legionen von Engeln vertrauen wollte,
sondern der Treue deiner Freunde.
Du bist ein Gott, der zum Tod geführt wurde,

aber zum Leben auferstanden ist.
Du bist ein Gott, der sich auf das Kreuz begeben hat,
weil du die Menschen liebst.
Dein Wort ist wie ein Same,
der in unser Leben gefallen ist.
Wir bitten dich,
dass der Same Frucht bringen möge,
Frucht in Fülle,
dass ein großer Baum wachsen möge,
der die Vögel des Himmels aufnehme.
Dein Wort wurde in unsere Erde gelegt,
während wir deines Leidens gedenken,
deines Todes am Kreuz
und deiner Auferstehung zum Leben.
Du wirst als Herr im Licht deines Tages kommen,
Christus gestorben und auferstanden.
Wir bitten dich,
zögere nicht, Herr,
nimm das Gebet deiner Diener an,
die dich wie Marta und Maria erwarten,
die dich wie die Witwe von Nain anrufen,
denn du bist der Herr des Lebens.
Am Ende dieses Tages,
an der Schwelle deines Tages,
schau nicht auf unsere Schuld,
löse uns von unserer Sünde
und führe uns in dein Reich des Friedens und der Gerechtigkeit
jetzt und in Ewigkeit.
Amen.

Litanei des Sonntags

Herr, behüte deine Jünger in deiner Liebe,
bewahre deine Familie, erleuchte unsere Schritte.
Kyrie eleison, Kyrie eleison, Kyrie eleison.

Herr, vergib dem, der heute seine Sünde bekannt hat,
der um Verzeihung gebeten hat,
der dein Erbarmen angerufen hat.
Kyrie eleison, Kyrie eleison, Kyrie eleison.
Herr, sprich mit Macht zu dem, der nicht auf dich gehört hat,
berühre das Herz, damit du erkannt wirst.
Kyrie eleison, Kyrie eleison, Kyrie eleison.
Herr, komm als Hirte, wo es Hass und Trennung gibt,
wo Finsternis, Tod und Gewalt herrschen.
Kyrie eleison, Kyrie eleison, Kyrie eleison.
Herr,
in deiner heiligen Liturgie haben wir dich
als den Auferstandenen bekannt.
Bleibe bei uns und bei allen, die im Glauben dein Lob gefeiert haben,
bewahre uns in deinem Licht,
denn der Tag hat sich schon geneigt,
bleib bei uns, auch wenn es Abend wird,
denn du bist auferstanden, o Freund der Menschen,
jetzt und in Ewigkeit.
Amen.

Gebet der Brotvermehrung

Herr Jesus,
am Ende des Tages hast du deinen Jüngern Gehör geschenkt,
zur Menge hast du vom Reich Gottes gesprochen
und alle Bedürftigen und Kranken geheilt.
Als der Tag sich neigte,
hast du an einem abgelegenen Ort den Auftrag gegeben,
den Leuten zu essen zu geben.
Wo sollen wir genügend Brot finden?
Wo sollen wir Kraft finden?
Gepriesen ist der Herr,
der das Brot vermehrt

und unter den Seinen gegenwärtig ist!
Nimm die Gabe deiner Jünger an,
die Sorgen und Erwartungen dieser Tage
und vermehre deine Liebe zu uns,
jetzt und in Ewigkeit.
Amen.

Gebet im Licht der Auferstehung

Dank sei dir, Herr,
denn du hast uns in der Auferstehung deines Sohnes erleuchtet.
Wir haben diesen Tag gelebt,
wir sind am Beginn der Nacht angekommen,
das von dir geschaffene Licht hat uns erleuchtet.
Vor deinem Licht weicht die Finsternis des Herzens.
Wir bitten dich,
erleuchte deine Diener durch das Licht deines Wortes,
befreie uns von den Schatten der Sünde
jetzt und in Ewigkeit.
Amen.

Gebet des Kreuzes für die Verstorbenen

Wir bitten den gekreuzigten Herrn
für das Leben aller Menschen.
Kyrie eleison, Kyrie eleison, Kyrie eleison.
Wir bitten den Herrn des Lebens,
der am Kreuz gestorben ist, für alle, die sterben,
für den armen Lazarus,
dass er nach so viel Leid seinen Lohn empfange,
für den Reichen, der herrlich und in Freuden lebte,
dass er in sich gehe.
Kyrie eleison, Kyrie eleison, Kyrie eleison.
Wir bitten den Herrn für jeden Menschen,

dass er in der Liebe lebe und wie Simeon in Frieden scheide,
nachdem er das Licht gesehen hat,
das die Heiden erleuchtet.
Kyrie eleison, Kyrie eleison, Kyrie eleison.
Wir bitten den Herrn,
dass das Leben der Menschen nicht mehr vernichtet werde
durch Gewalt anderer Menschen,
durch Ausbeutung und Hass.
Kyrie eleison, Kyrie eleison, Kyrie eleison.
Wir bitten den Herrn,
dass alle das Leben lieben,
es verteidigen und achten
in der Erwartung und Vorbereitung auf das Reich Gottes.
Kyrie eleison, Kyrie eleison, Kyrie eleison.
Wir bitten den Herrn,
der Marta und Maria durch die Auferstehung des Lazarus getröstet hat,
dass er durch seine Auferstehung alle tröste,
die von der Härte und Herrschaft des Todes
in ihrer Nähe betroffen werden.
Kyrie eleison, Kyrie eleison, Kyrie eleison.
Wir bitten den Herrn,
der neunundneunzig Schafe zurücklässt,
um das verlorene Schaf zu suchen,
dass er sich des Bruders (der Schwester) annehme,
der (die) uns verlassen hat,
nachdem wir nichts mehr für ihn (sie) tun können,
außer dass wir ihn (sie) seinem Erbarmen anvertrauen.
Kyrie eleison, Kyrie eleison, Kyrie eleison.
O Herr,
du hast am Grab deines Freundes Lazarus geweint,
du warst tief betroffen vom Schmerz der Menschen,
begleite in deiner Liebe
alle, die uns verlassen haben,
sprich nur ein Wort und der Tod wird besiegt sein.
Du bist ein Gott der Lebenden,

Geist des Lebens,
jetzt und in Ewigkeit.
Amen.

Gebet zum ohnmächtigen Christus

Herr Jesus,
du bist ohnmächtig gestorben,
ans Kreuz gefesselt,
du hast nicht dich selbst gerettet,
obwohl gerade du viele gerettet hast,
wende uns deine Augen zu,
hab Mitleid und verzeih
die Stunden des Geizes,
des Stolzes und der Arroganz,
befreie uns von der Versuchung,
unser Leben zu retten,
hilf uns, es zu verlieren
für dich und das Evangelium,
der du auferstanden bist
und zur Rechten des Vaters sitzt
jetzt und in Ewigkeit.
Amen.

Dankgebet

Gepriesen bist du, Herr, unser Fels,
du hast das Haus unseres Lebens aufgerichtet,
du hast unser Leben gerettet
vor Einsamkeit und Stolz,
vor der Sünde und vor dem Bösen.
Du hast uns ein gutes Leben geschenkt
und uns Anteil gegeben an deinem Haus
auf den Wegen deines Willens.

Segne die Tage unserer Vergangenheit durch deine Vergebung.
Segne unsere Zukunft bis in Ewigkeit.
Segne unsere Gemeinschaft,
erfülle sie mit reichen Früchten deiner Liebe,
jetzt und alle kommenden Tage.
Amen.

Adventsgebet

Herr,
du Fels unserer Gemeinschaft,
erhalte uns in deiner Liebe,
erneuere uns durch deinen Geist.
Öffne unsere Herzen, damit wir dich aufnehmen.
Hilf uns, unsere Gemeinschaft gastfreundlich zu machen,
um dich und unsere Geschwister aufzunehmen.
Mach uns fähig, dein Wort an alle weiterzugeben.
Herr,
dir sei Dank, dass du uns aufgenommen hast
und aus uns deine Familie gemacht hast,
Brüder und Schwestern, deine Freunde,
Zeugen deines Advents,
deines Kommens in unsere Mitte.
Amen.

Gebet der Entlassung

Herr, Gott unserer Väter,
Vater unseres Herrn Jesus Christus,
Geist der Liebe und Barmherzigkeit,
Hirt deines Volkes,
erfülle unseren Leib und unsere Seele
mit allem Segen,
schenke dem Werk unserer Hände reiche Frucht,
befreie uns, wenn wir flehend rufen,
mach das Zeugnis unseres Lebens gütig und kraftvoll.
Segne den, der bleibt, und den, der fortgeht.
Schenke uns die Gnade,
uns bald und treu in der Einheit des Geistes wiederzusehen.
Nach dem Leben führe uns alle wieder zusammen
in deinem Reich des Friedens und der Barmherzigkeit.
Wie du es uns verheißen hast,
so möge es geschehen.
Amen, Amen.

VERZEICHNIS DER BIBELSTELLEN

Jeremia

Klagelieder

Ezechiel

BÜCHER DER GEMEINSCHAFT SANT'EGIDIO

- Gemeinschaft Sant'Egidio: Jesus als Freund – mit geistig behinderten Menschen auf dem Weg des Evangeliums, 2004
- Roberto Morozzo della Rocca: Mosambik – Frieden schaffen in Afrika, 2003
- Gemeinschaft Sant'Egidio: Das Weihnachtsmahl – eine weltweite Familie ohne Grenzen, 2010
- Roberto Morozzo delle Rocca (Hrsg.): Wege zum Frieden – die internationale Friedensarbeit der Gemeinschaft Sant'Egidio, 2. Aufl. 2019
- Pacem Kawonga: Eine Zukunft für meine Kinder – Eine mutige Frau und ihr Kampf gegen Aids, 2015
- Gemeinschaft Sant'Egidio: In der Schule des Friedens – Kinder erziehen in einer globalen Welt, 2018

DIE GEMEINSCHAFT SANT'EGIDIO

Die Gemeinschaft Sant'Egidio entstand im Jahr 1968 in Rom in den Jahren nach dem Zweiten Vatikanischen Konzil. Heute ist sie eine Laienbewegung, zu der mehr als 70.000 Personen gehören. Sie setzen sich in mehr als 70 Ländern der Welt für die Weitergabe des Evangeliums und im Dienst an den Armen ein. Sant'Egidio ist ein „Öffentlicher Verein von Gläubigen" in der Kirche. Die verschiedenen Gemeinschaften auf der ganzen Welt sind durch dieselbe Spiritualität und die Grundlagen miteinander verbunden, die den Weg von Sant'Egidio kennzeichnen:

- Das **Gebet** begleitet alle Gemeinschaften in Rom und auf der Welt.
- Es bildet ihr Fundament und den Mittelpunkt, auf den ihr Leben ausgerichtet ist.
- Die **Weitergabe des Evangeliums** ist grundlegend für die Gemeinschaft und ist an alle gerichtet, die auf der Suche sind und nach einem Sinn fragen.
- Die **Solidarität mit den Armen** wird als ehrenamtlicher Dienst im Geist des Evangeliums und im Geist einer Kirche verwirklicht, die „Kirche aller und besonders der Armen" ist (Johannes XXIII.).
- Die **Ökumene** lebt die Gemeinschaft in der Freundschaft, im Gebet und in der Suche nach der Einheit unter den Christen auf der ganzen Welt.
- Der **Dialog** im Sinne des II. Vatikanums als Weg des Friedens und der Zusammenarbeit unter den Religionen, als Lebensweise und als Methode für die Versöhnung in Konfliktfällen ist ein weiteres Anliegen von Sant'Egidio.

Das Zentrum der Gemeinschaft befindet sich in der römischen Kirche Sant'Egidio, die ihr auch den Namen gegeben hat. Seit ihren Anfängen ist sie im Stadtviertel Trastevere und in Rom durch das Abendgebet und die Gastfreundschaft gegenüber den Armen und den Pilgern präsent.

KONTAKTADRESSEN

DEUTSCHLAND

Hauptsitz München
Biedersteiner Straße 1
80802 München
Telefon: 089/38667680
E-Mail: info@santegidio-muenchen.de

Berlin
Wrangelstraße 51
10997 Berlin
Telefon: 030/61073700
E-mail: berlin@santegidio.de

Würzburg
Schönthalstraße 6
97070 Würzburg
Telefon: 0931/322940
E-Mail: info@santegidio.de

Mönchengladbach
Franziskanerstraße 30
41063 Mönchengladbach
Telefon: 02161/209496
E-mail: sant.egidio@t-online.de

ITALIEN

Comunitá di Sant'Egidio
Piazza Sant'Egidio 3a
00153 Roma
Italien
Telefon: 0039/06/585661
E–Mail: info@santegidio.org

Internet: www.santegidio.org